동방고전한글역주대전

노자가 옳았다

도올 김용옥 지음

통나무

목 차

노자老子『도덕경道德經』

아랫벼리: **얻음의 성경**

노자가 옳았다

특별부록도판

윗벼리

길의 성경

一章

道可道, 非常道;
_{도 가 도 비 상 도}

名可名, 非常名。
_{명 가 명 비 상 명}

無名, 天地之始;
_{무 명 천 지 지 시}

有名, 萬物之母。
_{유 명 만 물 지 모}

故常無欲以觀其妙,
_{고 상 무 욕 이 관 기 묘}

常有欲以觀其徼。
_{상 유 욕 이 관 기 교}

此兩者同,
_{차 양 자 동}

出而異名。
_{출 이 이 명}

同謂之玄,
_{동 위 지 현}

玄之又玄,
_{현 지 우 현}

衆妙之門。
_{중 묘 지 문}

노자가 옳았다

첫째 가름

도를 도라고 말하면

그것은 늘 그러한 도가 아니다.

이름을 이름지우면

그것은 늘 그러한 이름이 아니다.

이름이 없는 것을

천지의 처음이라 하고

이름이 있는 것을

만물의 어미라 한다.

그러므로

늘 욕심이 없으면

그 묘함을 보고

늘 욕심이 있으면

그 가생이를 본다.

그런데 이 둘은 같은 것이다.

사람의 앎으로 나와서

이름만 달리했을 뿐이다.

그 같음을 일컬어 가믈타고 한다.

가믈코 또 가믈토다!

뭇 묘함이 모두

이 문에서 나오는노다!

沃案 "난 너를 사랑해."

어느 여학생이 어느 남학생에게 이런 말을 했다고 하자. 이 말이 어느 상황에서, 어떤 분위기 속에서, 어떤 사람에게 던져졌는지, 그리고 이 두 사람은 어떠한 관계를 지녀온 사람들인지, 이런 모든 함수가 정밀하게 논의되어야만 이 말의 진정한 의미가 밝혀지겠지만, 과연 이 말을 들은 남학생은 무엇을 느꼈을까?

상기의 명제에서 "나"니, "너"니 하는 것은 명제를 구성하는 문법의 요소일 뿐이고, 별로 큰 뜻은 없다. 그것은 주어와 목적, 즉 화자話者라는 주체와 그 말이 던져지는 대상을 지칭하는 문장의 기능적 요소일 뿐이다.

"난 너를 사랑해"라는 명제에서 의미를 전달하는 포인트는 역시 "사랑해"라는 동사이다. 동사로서는 "사랑하다," 명사로서는 "사랑," 동명사로서는 "사랑함" 등등의 표현이 열거될 수 있다. 그런데 여기서 중요한 것은 "사랑해"라는 것이 화자의 어떠한 느낌을 전달하고 있던지간에, 그 느낌이 "사랑해"라는 말로써 표현되었다는 사실이다. 이 "사랑해"라는 말이 과연 화자인 여학생의 어떤 내면적 느낌을 표현한 것인지, 남학생의 모습의 잘생긴 윤곽에 대하여 심미적 기호를 느낀 것인지, 남학생의 도덕적 행위에 대하여 고마움을 표시한 것인지, 남학생의 건장함에 대하여 섹스를 하고 싶다는 육욕적 충동을 표현한 것인지, 남학생의 지성미에 대하여 동반자적 교감을 느꼈다는 것인지, 혹은 그대와 결혼하여 가정을 꾸리고 살고 싶다는 결의를 표현한 것인지, …… 도무지 그 느낌의 내용에 관해서는 백과사전만큼의 설명으로도 모자랄 지경일 것이다.

그런데 "사랑해"를 말로 하지 않고, 얼굴을 살짝 붉혔다든가, 오묘한 시선을 던졌다든가, 부끄러워 고개를 숙였다든가, 눈물을 글썽거렸다든가, 머뭇거리다가 끝내 아무 말도 하지 않았다든가 …… 했다면 과연 어떤 느낌이었을까?

과연 말로 하는 것보다 전달하려는 의도가 덜 전달되었을까? 표정의 메시지의 내용은 전달함이 없었을까? 애매한 표정은 오해만 불러일으켰을까?

아마도 이 글을 읽는 독자들 대부분은 "사랑해"라고 말로 하는 것보다는 얼굴을 붉히는, 언어 이전의 표정의 전달력이 더 효과적일 수 있다, 더 내면의 실상을 잘 나타내주고 있다라고 생각할 것이다. 그것은 독자들이 이미 수천 년 동안 『노자』가 읽혀 내려온 문명의 감성 속에서 살아온 사람들이기 때문일 것이다.

여기 가장 중요한 테마는 "말로 표현되었다"는 사실이다. 이것을 줄여서 "언표言表되었다"라고 해보자.

사실 이 책은 평생 나의 사유의 기반이었던 『노자』라는 서물의 내용을 아주 쉽게, 원문에 대한 주해형식을 취하지 않고, 실제적으로 우리의 삶에 던져주는 의미만을 선별하여 해설하는 방식으로 풀이하기 위하여 집필된 것이다. 그런데 서두를 장식하다보니 또다시 어렵게 서술되고 있다는 생각이 든다. 내가 이런 집필을 기획하게 된 가장 직접적인 이유는 『노자』에 관한 나의 사유가 너무 깊고 넓어서 점점 집필이 불가능해지는 방향으로 진행되고 있다는 공포감이 들었기 때문이다.

『노자』라는 텍스트에 관한 정보의 양이 너무나 방대해졌기 때문에 최근 『노자』에 관한 대역주를 쓰려고 했다가 원고지 4천 매를, 본문에 들어가지도 못하고, 서문으로 낭비해버리고 말았다. 4천 매가 넘는 미간未刊의 원고가 내 서재 한 켠에 지금도 쌓여 있다. 그래서 이런 학술적 작업을 포기하고 쉽게 대중과 호흡하는 방식으로 쓰자, 하고 근맘을 믹었지민 자꾸 어러워지는 느낌이 드는 것이다. 자아! 그러나 『노자』는 『노자』이다. 『노자』라는 텍스트를 무시할 수가 없다. 아무리 텍스트를 떠나 의미만을 이야기한다 해도, 그 텍스트의 디프 스트럭쳐를 떠날 수는 없다. 우리는 『노자』를 이해해야 한다.

그런데 지금 이 논의가 어려워지고 있는 제1의 이유는 『노자』는 전체가 81장으로 구성되어 있는데, 첫머리에 해당되는 "제1장"의 내용이 81장 전체를 포섭하는, 그러니까 2장부터 81장까지의 전 내용이 연역될 수 있는 대전제와도 같은 성격을 지니고 있어, 지극히 함축적이라는 사실 때문이다. 그래서 하는 수 없이 좀 어렵더라도 제1장의 내용을 충실히 이해하는 자세가 필요하다. 제1장만 제대로 이해하면 『노자』라는 텍스트는 쉽게 "뻐개진다." 그런데 제1장은 제대로 이해하기가 어렵다. 그 가장 중요한 이유는 이미 우리의 일상언어가 근대화 과정을 거치면서 서양화되어서 우리의 사유 자체가 서구화되었기 때문이다. 이 "서구화"의 근본에는 헬레니즘과 헤브라이즘의 초월주의transcendentalism, 관념주의idealism, 이상주의, 존재론ontology이 자리잡고 있다. 우리는 우리의 모든 편견과 선이해Pre-Understanding를 버리고 『노자』라는 텍스트 그 자체로 다시 들어가야 한다.

"나는 너를 사랑해"라는 명제에서 가장 중요한 것은 "사랑해"라는 것이 언표言表되었다는 사실이라고 이미 누차 말했다. 언표라는 것은 "말로 표현되었다"는 것이다. "말로 표현되었다"는 것은 과연 무슨 뜻일까? 일반적으로 말이라는 것은 말로 표현되기 이전에 의식에 떠오른 의미체계를 지칭하는 것으로 이해되고 있다. 말은 의미를 가지며, 그 의미는 대상을 지칭한다는 것이다. "사랑한다"는 말 한마디에 국한시켜 이야기를 해보면, 사랑한다는 말이 선택되기까지 그 이전의 세계는 화자의 의식상에서 복잡하고도 혼돈스러운, 그러면서도 표현하기 어려운 미묘한 감정이 얽혀있는 그러한 세계이다. 그런데 그러한 복잡계가, 언어가 선택되는 동시에, 단순계로 이동하는 것이다. 복잡계가 단순계로 이동했다는 것을 우리는 "개념화conceptualization"되었다고 말한다. 보다 쉽게 말하자면, 사랑하는 감정이 사랑이라는 개념 속으로 들어와 버렸다는 것이다.

노자가 옳았다

지금 이런 설명을 하면서도 자꾸 어려워지는 것 같아, 이마에 땀이 삐질삐질 솟고 있다. 그러나 조금만 참고 들어보라. 우리가 일상적으로 쓰고 있는 언어는 사랑하는 실제행위나 감정으로 이루어진 것이 아니라, "사랑"과도 같은 단순한 개념들로서 이루어진 것이다. 자아! 사랑하는 실제적 감정이 사랑이라는 개념 속으로 들어온다는 것은 과연 무엇을 의미할까? 어떠한 변화가 일어날까? 이 변화는 인류가 지구상에 생명체로서 존재하게 된 이후로 가장 거대한 변혁이라고 말할 수 있을 것이다.

　자아! 언어 이전과 언어 이후는 어떻게 달라지는 것일까? 20세기에 들어와서 하도 많은 언어에 관한 논의가 이루어져서 언어에 관한 이론들이 너무도 복잡한 갈래를 이루고 있지만 실제로 우리의 삶의 체험 속에서 잘 생각해보면 다 알 수 있는 이야기들이다. 지금 우리가 이야기하려고 하는 것은 너무도 거대한 문제이기 때문에 우선 표를 하나 그려놓고 이야기해보기로 한다.

언어 이전	언어라는 장벽	언어 이후
감 정	→	이 성
혼 돈	→	질 서
카오스	→	코스모스
비논리	→	논 리
순간순간 변화	→	불 변
유 동	→	고 정
비관념	→	관 념
무 형	→	유 형
현상적 실상	→	초 월
개별자	→	보편자

사랑한다라고 하는 미묘하고도 다양한 갈래의 감정행위, 오묘해서 말로 표현하기 힘든 행위가 "사랑한다"라는 말로 언표되는 순간, 즉 "사랑한다"라는 언표로써 개념화되는 순간, 사랑은 개념의 틀 속에 갇혀버리고, 고정불변의 관념이 되어버린다. 그럼에도 불구하고 우리가 그러한 언표를 선택하는 이유는 일차적으로 그 표현이 전달이 쉽고, 또 개념적 보편성을 획득하기 때문이다.

사실 알고보면 우리가 일상적으로 사용하는 모든 일반명사(고유명사가 아닌)가 개별자the Individual가 아닌 보편자the Universal이다. "나무"가 여러분들은 그냥 주변의 나무들을 가리키는 평범한 명사로 생각한다. 그러나 나무라는 말이 지칭하는 실제 나무는 수없이 다양한 종류와 헤아릴 수 없이 다양한, 거의 무한대라고 말할 수 있는 다양한 상태와 모습을 지니고 있다. 이 수천수만 억 개의 나무를 우리는 "나무"라는 단 하나의 보통명사로 다 묶어 표현하고 있다.

언어개념으로서의 나무는 실제로 수천수만 억 개의 실제 나무의 "하나님 God"이라고도 말할 수 있는 것이다. "하나님"을 철학용어로서는 "보편자"라고 표현한다. 현상으로서의 나무는 끊임없이 생성하고 변하고, 또 나무라고 말할 수도 없는 다양한 변종도 포함될 수도 있는 것이지만 우리는 그러한 상태의 변화나 다양한 모습과 무관하게 "나무"라는 보편의 불변개념 하나를 머릿속(즉 관념)에 간직하고 있다.

"사랑한다"라고 하는 감정적 행위는 실상에 있어서는 끊임없이 변하는 것이다. 왜냐하면 그 행위의 주체 그 자체가 끊임없이 변하는 주체이기 때문이다. "난 너를 사랑해"라는 표현은 사실 그것이 언표된 그 순간의 감정상태만을 지칭한 것이다. 얼마 지난 후에 그 말은 "난 너를 사랑하지 않아"라고 바뀔 수도 있다. 그리고 "사랑해라고 말한 것은 잘못된 표현일 수도 있어"하고 변명할 수도 있다. 그러나 이러한 변화는 언어의 세계에 있어서는 즉각즉각 반영되지 않는다. 언어는 개념화된 틀을 계속 가지고 간다. "너 그때 사랑한다고 말하지 않았니"하고 언어의 고정불변성에 근거하여 싸움이 일어나는 것은 우리 주변의 다반사일 것이다. 그런데 서양사람들은 인간세의 진리의 기준을 언어에 둘 수밖에 없다고 생각했다. 순간순간 변하는 것은 너무 허망하고 신뢰할 수가 없다고 생각했다.

사막에서 사는 사람들은 집이 없다. 가벼운 텐트 하나로 쉽게 이동하면서 살기 때문에 땅에 박은 뿌리가 없다. 지상에서는 생명의 근원을 발견하기 어렵고, 또 보이는 모든 주변의 현상들은 쉽게 이동하고 변한다. 산과 같은 모래더미도 바람에 따라 위치가 변할 수 있기 때문에 항구한 그 무엇이 아니다. 따라서 오관五官으로 감지하는 현상의 세계를 불신하는 습관을 기르게 되었다. 그렇게 허망하게 변하는 현상 속에 사는 사람들은 땅과 하늘을 분리시키기를 좋아한다. 땅이 변화의 상징이라고 한다면, 하늘은 불변과 영원의 상징이 되는 것이다.

개별자 the Individual	보편자 the Universal
변　화	불　변
땅	하　늘
현　상	관　념
언어 밖	언어 속

중동문명권의 사막에서 그 토대를 키운 서양문명은 기본적으로 변화를 증오하고 불변, 즉 영원을 사랑한다. 변화에 대한 증오가 하늘에 대한 동경은 낳았고 분변을 사랑하게 되었다. 그러나 우리가 끝내 벗어날 수 없는 이 시공간 속에는 "불변"이라는 것이 존재하지 않는다. 모든 "불변"은 불변 changelessness(무변화)이 아니라, 변화의 지속태duration일 뿐이다.

우리 동양사람들, 아름다운 사계절 산하山河의 사람들은 불변을 추구할 아무런 이유가 없었다. 오히려 불변보다는 변화를 사랑했다. 모든 이법理法을 불변이 아닌 변화 속에서 추구했다.

　　불변이란 변화가 전혀 없다는 뜻인데, 그것은 시간의 부정이다. 시공간 밖으로 나갈 수밖에 없는데 그것은 도저히 물리적으로 불가능한 사태였다. 그러기 때문에 불변을 추구하는 사람들은 인간의 관념세계를 "불변의 자리"로 삼을 수밖에 없었다. 그래서 개념화된 언어의 세계를 존중했다. 기실 그 언어의 표준이 수학과 논리였다. 그래서 수학과 논리가 희랍문명권에서 비상하게 발달하게 된 것이다.

　　그러나 동방의 사람들은 그러한 수학과 논리의 연역적 사유, 그 보편성이나 관념성을 별로 사랑하지 않았다. 논리학자나 수학자가 없는 것은 아니었지만 그들은 방대한 철학적 동지들의 지원을 얻지 못했다. 동방인의 철학적 관심은 불변의 허구적 관념이 아니라 변화하는 시공간 속의 우주 그 자체에 있었다. 이 변화하는 우주와 어떻게 인간이 화해하면서도 융합된 혼연일체를 이룰 수 있는가 하는 천인합일天人合一에 관심이 있었고, 그에 기초한 우리의 도덕적 삶, 즉 가치관에 지대한 관심이 있었다.

　　어떻게 살아야 우리는 도덕적일 수 있는 것일까? 어떻게 살아야 우리의 삶이 천지대자연과 지속적인 관계를 유지할 수 있는가? 오히려 논리와 수학의 연역적 폭력을 배제하려고 노력했다. 존재론에 관심이 있는 것이 아니라 도덕적 당위론에 관심이 있었다. 문명의 위기상황에 대한 철저한 반성이 있었다. 『노자』라는 책을 읽으려면 이러한 세계관의 근본적 핵심을 이해하고 있어야 한다. 그렇지 않으면 읽을수록 오해가 생겨난다. 근본이 잘못되어 있으면 그 지엽이 다 뒤틀려 버리는 것이다.

변　화	불　변
노자의 도道Dao	플라톤의 이데아ἰδέα
천지우주가 도의 고향	초월적 하늘이 이데아의 고향
노자가 사랑하는 것	노자가 배제하는 것
플라톤이 배제하는 것	플라톤이 사랑하는 것
현상	관념
생성 Becoming	존재 Being
내재 immanence	초월 transcendence

　사랑을 사랑이라고 말한다는 것, 사랑을 사랑이라는 개념 속으로 집어넣는다는 것, 그렇게 해서 개념화된 사랑은 참사랑이 아니다. 여태까지 진행되어온 이 논의를 노자는 『도덕경』의 첫 줄에 이렇게 표현했다.

　　도가도, 비상도.
　　道可道, 非常道。
　　도를 도라고 말하면 그 말하여진 도는 상도常道가 아니다.

　"도道"라는 것은 상식적 의미대로 그냥 "길Way"이라고 생각하면 된다. 길이라는 것은 천지대자연의 운행의 법칙을 의미하기도 한다. "길"은 "Way"도 되고, "Law"도 되는 것이다. 우리가 산중에서 길을 잃으면 당황케 되는 것은 어디로 가야 할지, 그 미래운행의 예측성predictability이 불투명해지기 때문이다. 우리가 천지의 운행에 대해 믿음reliability을 가질 수 있는 것은 그 운행의 예측이 가능하기 때문이다. 모든 역법曆法이 이러한 예측가능성 때문에 성립한 것이다. 그리고 천지의 운행은 주기성의 리듬을 지닌다. 이러한 우주의 법칙을 근세과학은 자연의 법칙의 탐구라는 명분하에 거시적 세계로부터 미시적인 세계에 이르기까지 상세히 밝혀놓았다. 모두가 도道의 탐구라고 말할 수 있다.

도는 과학적 법칙일 뿐 아니라, 우리의 삶의 길Way of Life이기도 하다. 우리가 살아가는 것도 시간 속에서 움직이는 것이기 때문에 길이 없을 수 없다. 모든 움직임에는 길이 있다. 먹는 것도 먹음의 길이 있고, 자는 것도 잠의 길이 있고, 술 마시는 것도 술의 도酒道가 있다. 섹스하는 것도 색色의 도가 있고, 차를 마시는 것도 다도茶道가 있게 마련이고, 싸우는 것도 싸움의 도(태권도跆拳道·유도柔道)가 있게 마련이다. 감정을 나타내는 것도 칠정의 도가 있게 마련이다. 배우는 것도 배움의 도가 있다. 우리가 살아가는 것이 도 아닌 것이 없다. 우주의 길로부터 우리 삶의 길에 이르기까지 그 모든 법칙성을 통관하는 개념이 도道이다.

우주의 원질Urstoff을 묻는 희랍인들의 아르케archē와 우리 동방의 도道는 좀 성격이 다르다. 희랍인들은 우주의 궁극적 실체가 무엇이냐라는 자연철학적 관심에서 철학사를 출발시켰다. 그들은 모든 변화를 야기시키는, 변화의 궁극에 있는 불변의 실체, 그 존재성 자체에 대한 관심에서 철학적 물음을 출발시킨 것이다. 그러나 우리 동방의 사람들은 그러한 궁극적 실체성이나 원초성(아르케에는 "시작starting point"이라는 뜻이 있다)에 관심을 갖기보다는 "길"이라고 하는 천지대자연의 운행의 규칙성의 도덕적 의미를 물었다.

그러니까 그 출발점이 존재론ontology이 아니라, 가치론이고 실천론이 되는 것이다. 천인합일天人合一이라고 하는 대전제를 떠나지 않는다. 물론 이러한 사유에도 약점이 있을 수 있으나, 수리적 연역성이나 그 궁극의 대전제를 묻는 환원주의적 사고는 형이상학적인 폭력성이 너무 강하다고 말할 수 있다. 이제부터 이런 이야기를 좀 자세히 시작해보기로 한다.

노자가 옳았다

도가도道可道, 도를 도라고 말한다! 이 문장에서 목적이 도道이고, 그 목적을 받고 있는 동사도 도道이다. 그런데 한자에 "도道"라는 말 속에는 "말한다"라는 뜻이 "길"이라는 뜻과 함께 들어 있다. 그것은 마치 서양고전의 "로고스 λόγος"라는 단어가 이성, 궁극적 원리 같은 뜻을 가지는 동시에 "말"이라고 하는 뜻을 갖는 것과도 비슷하다. 요한복음에서는 "로고스" 즉 "말씀"이 하나님과 동가의 의미를 지니는 것과 비견될 수도 있을 것 같다. 아주 축자적으로 번역한다면, "If Dao is daoed,"라고도 번역될 텐데, 그것은 도道가 도道라는 말로써 개념화된다는 의미일 것이다. 그러니까 "도라고 말할 수 있는 도可道之道"는 언어 속으로 들어온 도, 개념화된 도conceptualized Dao를 의미하는 것이다.

조건절이 아닌 본절, 비상도非常道의 주어는 가도지도可道之道, 즉 언어 속으로 들어온 도가 된다. 전후 문맥에서 그것은 너무도 명백하다. 인류역사상 대표적인 노자의 주석가로 알려진 왕필王弼, AD 226~249도 명료하게 비상도의 주어로서 가도지도를 내세웠다. 그렇다면 이제 그 문장은 이렇게 될 것이다.

가도지도可道之道**는, 즉 도라고 언표된 도는 상도**常道**가 아니다.**
可道之道, 非常道。

이 문장에서 가도지도가 상도가 아니라는 논의는 매우 이해가 쉽다. "비非"는 "A is not B"의 "is not" 즉 "……이 아니다"라는 매우 평범한 뜻이니까. 그런데 이 구절의 해석에 있어서 최대의 난처難處는 바로 "상도常道"라는 이 한마디에 있다. "상도"에서 "상"은 도道를 수식하는 형용사이다. 문자 그대로 말하면 "상常스러운 도道"라는 뜻이다. 그런데 이 "상常"은 시간을 초월해 있다든가, 또는 "불변不變"(변하지 않는다)이라든가, "영원永遠eternity"(시간에 종속되지 않는다)의 뜻을 전혀 내포하지 않는다. 우리가 "상常"이라는 글자는 평상적으로도 "항상 상常"이라고 훈訓한다. "항상"은 불변이나 단순한 변화를 뜻하지 않는다. 항상이란 변화의 항상스러운 모습을 나타내는 말이다.

변화의 규칙성regularity이나 지속성durability, 혹은 변화하는 물체의 아이덴티티의 지속을 나타내는 말이다. "텔레비전에 나오는 도올의 목소리는 항상 그렇다"라고 말한다면, 실상 그 목소리가 변하지 않는다는 말은 아니다. 10년 전목소리와 요즈음의 목소리를 들어보면 현저한 차이가 있다. 10년 전의 청아한목소리가 더 허스키해졌기 때문이다. 그러나 역시 도올의 목소리라는 유니크한 음색이 유지되고, 다시 말해서 지속되고 있기 때문에 "항상 그러한 도올의목소리"라는 그 아이덴티티가 확인되는 것이다. 불변은 없다. 그러나 변화의항상성은 있는 것이다.

그런데 16세기부터 노자의 『도덕경』이 서방언어로 번역되기 시작하면서 이상도는 "영원불변한 도"로서 번역되는 불운을 맞이하였고 오늘날의 중국철학적 세계관에 대한 깊은 이해가 없는 일본학자들, 그리고 선진고경의 세계관에대한 전반적 이해가 없는 중·한의 얄팍한 학자들은 아무런 반성 없이 "영원불변의 도"를 계속 정론인 것처럼 뇌까리고 있다. 중국의 고경에도 "불변不變"이라는 표현이 없는 것은 아니지만 "불변"이라는 말 그 자체가 시간성의 초월을 의미하는 것이 아니라 시간 속에서 지속성을 의미하는 것이다.

최근에 가장 정통적인 영역을 낸 라우(Prof. D. C. Lau 劉殿爵, 1921~2010: 런던대학 교수, 홍콩 중문대학 교수)는 매우 소박하고 원의에 충실한 번역을 내어놓았다.

> The Way that can be told
> Is not the constant way.

여기 "constant"라는 것은 "unchanging"이라는 뜻이 아니다. 변화의 항상성constancy of change을 의미하는 말이다. 『도덕경』의 번역자로서 매우 높

노자가 옳았다

은 평가를 받고있는 영국의 사이놀로지스트 아더 웨일리Arthur Waley亞瑟偉利, 1889~1966는 이렇게 첫 줄을 번역했다.

The Way that can be told of is not an Unvarying Way.

웨일리는 "상도"를 "Unvarying Way"라고 대문자를 써서 번역했지만 이것 역시 "불변"을 의미하는 것은 아니고, "변덕을 부리지 않는 항상스러운 도"라 는 뜻이다.

만약 "도가도비상도"가 "말하여지는 도는 영원불변한 도가 아니다"라는 의미로서 해석되어야 한다면, 『도덕경』 전체가 나타내고 있는 세계관은 플라 톤이나 기독교가 말하고 있는 세계관과 동일한, 아니 그 아류에도 못 미치는 초라한 것이 되어버린다. 내가 대만대학 철학과 대학원에서 황 똥메이方東美, 1899~1977(동성파고문 창시자 황 빠오方苞의 16세손. 위스콘신대학 철학과 박사) 교수 의 『도덕경』 강의를 들었을 때(1973년), "상도"의 "상"을 "changeless"의 불변 성으로 이해하는 모든 사상가들을 싸잡아 폄하하면서, 중국인의 세계관, 주역 적 우주관 속에는 "changeless"라고 없다! "changeless-less"만 있을 뿐이다라 고 막 역정을 내던 모습이 지금도 생생하게 되살아난다.

언어화된(언표된, 개념화된) 도가 영원불변의 도가 아니라고 말한다면 노자적 세계관이 추구하는 이상은 "영원불변의 도"가 되어버리고 만다. 지고의 가치 기준이 시간 너머의 "영원불변의 도"에 있게 되는 것이다.

최근에 하이데거라는 서양의 사상가가 『존재와 시간Sein und Zeit』(1927)이라 는 책을 써서 20세기 모든 대류의 철학사조에 심원한 영향을 끼쳤다. 그가 나 치활동을 한 것으로 알려져 있기도 하지만 그의 심원한 철학적 영향력에 비하 면, 그의 나치참여가 그토록 그의 존재의 도덕성 전체를 매도할 만한 행적을 남기지는 않았다고 말하여지기도 한다. 그리고 그의 말년사상이 현대기술문명적 사유 전체에 대한 매우 적확한 비평을 가하고 있고, 그의 삶 또한 그 모든 것을 새롭게 반추하는 시인詩人의 모습에 접근했기 때문에 그의 사유의 보편적 가치는 용인되고 수용되고 있다. 우리가 그의 사유의 세부적 과제를 따라다닐 필요는 없겠으나, 그가 말하는 존재와 시간이 과연 무엇인지, 그의 주장을 『도덕경』의 이해를 돕는 차원에서, 한번 살펴볼 필요가 있다.

우선 그가 말하는 "존재Sein, Being"라는 것은 존재하는 것들, 즉 "존재자Seiende"와는 구분되는 것이다. 영어로는 존재자를 "entity"라고 번역했는데, 있는 실제적 사물, 그 모든 것thing을 가리킨다. 존재자들은 우리 인간 현존재Da-Sein에게 도구연관구조를 가진 것들로서 나타나는데, 그 도구연관얼개 전체를 보통 세계Welt라고 부른다(세계는 우주 전체를 가리키는 말이 아니다. 시인에게는 시인의 세계, 과학자에게는 과학자의 세계, 수녀에게는 수녀의 세계, 철수에게는 철수의 세계가 있다고 생각하면 된다). 존재하는 것, 그 "것entity"이 아닌 "존재" 그 자체는 무엇일까? 있는 것이 아닌 "있음" 그 자체는 무엇일까?

사실 우리말에는 "존재한다"라는 말이 존재하지 않는다(이 말 자체가 우습게 들린다). "존재한다"라는 말은 모두 20세기 서양철학적 사조들이 번역·소개되면서 폼 잡는 지성인들의 어휘로 정착된 조어이지 결코 우리말의 내재적 표현이 아니다. "존재存在"라는 한문의 표현에서 "존存"은 "담지한다," "지속시킨다," "존속시킨다," "보존한다"는 뜻이고, "재在"는 그냥 "있다"의 뜻이다. 각기 독자적 뜻을 지닌 말이지, 양자가 결합하여 하나의 뜻을 나타내지는 않는다.

우리말에 "있다"라는 말의 어근 "잇"은 "눈目"의 뜻을 가지고 있다. 그러니까 눈으로 보는 것, 그것이 그냥 그대로 있는 것이지, 그것이 존재하냐, 아니하냐 그 존재성을 따로 따질 필요가 없다는 것이다. 우리말에서 있는 것은 그냥 있는 것이다. 그것은 존재론적 성찰의 대상은 아니다. 그래서 한국사람들은

노자가 옳았다

"존재론Ontology"이라는 소리만 들으면 골치가 지끈지끈 아파진다. 사실 서양의 존재론은 존재하지 않는 것을 억지로 존재하게 만들려고 하는 데서 생겨난 말장난에 불과하다.

하이데거는 서양철학의 존재론의 역사가 "존재망실"의 역사였다고 말한다. 그리고 또 "존재자에게서 존재가 빠져 달아나버렸다"라고도 말한다. 서양의 존재론은 존재자의 궁극적 원질, 궁극적 실체, 궁극적 본질, 궁극적 실재를 추구했다. "실재實在"라는 말은 "실제로 있다"라는 뜻이다. 이 말은 내 눈앞에 현전現前한 존재자가 실제로 있는 것이 아니라 가짜라는 뜻을 내포하고 있는 것이다. 즉 나의 감관에 드러난 모든 존재자들이 가짜이고, 진짜가 아니라는 뜻이다.

감관에 나타난 허환虛幻을 넘어서 궁극적 실재(실제로 있는 것)를 추구하게 되면, 결국 그 실재는 시간을 넘어서는 것, 영원불변의 존재, 시공의 변화에 무관하게 자기동일성을 지니는 실체라는 궁극성에 도달하게 되는 것이다. 변화하는 존재자의 밑바탕에 놓여있어 변화 속에서도 변하지 않고 버티는 어떤 것, 그 기체基體를 실재라고 부르게 되는 것이다. 그러나 사실 그들이 "실재"(실제로 있다)라고 부른 것은 관념적 허구이다. 변화하는 세계 즉 감관에 나타난 대로의 있는 세계야말로 실재라고 믿는 사유도 얼마든지 정당성을 지닐 수 있다.

우리 동방인의 사유, 우리가 논의하고 있는 노자의 세계관은 바로 이러한 정당성 위에서 성립한 디스꾸르이다. 서방인이 진짜라고 믿은 실재가 우리 동방인에게는 가짜였고, 우리 동방인이 궁극적으로 긍정한 실재가 서방인들에게는 가짜로서 인식된 것이다. 산은 산이 아니다라는 철저한 부정을 거쳐서 산은 산이라는 대긍정에 도달한 여여如如의 경지를 단순한 감각의 희환으로 간주하는 서구인들의 인식론적 오류는 궁극적으로 그들의 신학적 관심에서 유래되는 것이다.

파르메니데스Parmenides of Elea, BC 515~475는 존재의 세계에서 생성의 세계를 철저히 배제시켰다. 존재Being는 불변이며, 영원하며, 불멸이며, 불가분이라고 말했다. 그리고 이 파르메니데스의 존재론은 플라톤의 이데아론으로 발전하게 된다. 이데아는 관념이며, 완전한 인식의 대상이며, 진정한 學의 근본이다. 플라톤에게는 변화하는 감각의 대상은 진정한 인식의 대상이 될 수 없었다. 플라톤의 이데아론은 서양철학사를 집요하게 관장하는 관념론Idealism의 아성이 되었다. 그리고 플라톤의 이데아론은 사도 바울의 부활론적 케리그마와 결합하여 하늘나라Kingdom of Heaven, Kingdom of God와 우리가 살고있는 이 코스모스를 이원론적으로 분리시키는 서구문명 가치관의 홍류洪流를 형성시켰다.

하이데거가 존재망실의 역사라고 비판한 서방인의 사유세계는 존재자로부터 존재가 사라졌다는 뜻을 내포한다. 그러나 이것을 다른 말로 표현하면 존재하는 것들로부터 "시간"이 사라졌다는 뜻을 내포하기도 한다. 다시 말해서 존재는 존재자의 의미이며, 존재자들이 가진 고유하고 성스러운 성격을 가리키는 말인데, 존재 그 자체 또한 오직 시간 속에서 고찰될 때만이 그 "있음"의 본래적 의미가 바르게 드러난다는 뜻이다. 존재로부터 시간을 공제해버리게 되면, 파르메니데스나 플라톤이 말한 세계, 즉 이성적 관념으로만 파악되는 계량화된 법칙적 세계가 되어버리고 만다. 존재자는 도구이성의 수단적 대상이 되어버리고 마는 것이다.

삼각산의 아름답기 그지없는 인수봉이 자기 나름대로의 고유한 존재이유를 갖는 것이 아니라 광물학적 도구이성의 대상이 될 때는 자원의 가치를 계산하여 순식간에 폭파되어 버리고 만다. 짙은 황토빛의 대지도 생명의 근원으로서 있는 그대로 존중되기보다는 끊임없이 재화창출의 수단으로서 가차 없이 착취되고 있는 것이다. 물론 인간과 인간의 관계도 그 고유한 존재이유가 존중되는 것이 아니라, 나의 도구이성의 이용가치로서 전락되어 버리고 마는 것이다.

결국 존재는 초시간적인 것이 아니라 시간내적인 것이며, 세계—내—존재의 주체인 현존재는 존재의 시간성으로 인하여 비본래적 자아를 버리고 본래적 자아로 회귀하는 결단을 내릴 수 있게 된다. 존재는 "있음"이며, 있음은 "시간 속에 있음"을 의미한다. 시간 밖에 어떻게 존재가 가능하겠는가? 하나님이 시간 밖에 있다면 그것은 존재할 수가 없다. 시간 속에 있는 인간과 역사에 관여할 길이 전혀 없다. 예수도 갈릴리역사의 지평 속에서만 존재 가능했던 것이다.

"있다"는 것은 "시간과 더불어, 시간 속에 있다"는 것을 뜻하며, 그것은 "변화하고 있음"을 의미한다. 하이데거가 말하는 존재는 기존의 존재론과는 달리 시간을 말하는 것이며, 시간은 "늘 그러함의 길"인 것이다. 이것을 노자는 "상도常道"라 표현했다. 상도라는 것은 "늘 그러한 길"이며, 도의 시간존재론적 time-ontological 모습이다. 최근에 발견된 백서帛書본 『노자』에는 "상도常道" 가 "항도恒道"로 되어있다(1973년 호남성 츠앙사長沙 마왕뚜이馬王堆 한묘漢墓에서 발굴됨. 하장下葬 시기는 한나라 문제 시기이지만[BC 168] 텍스트 그 자체는 그보다 앞서 성립한 것이다). 역시 "항상스럽다"라는 변화 속의 도가 재삼 확인된 것이다(갑본·을본이 모두 "항恒"자가, 문제 유항劉恒, BC 180~157재위의 휘임에도 불구하고 그냥 쓰고 있는 것을 보면, 둘 다 문제 이전에 성립한 텍스트임을 알 수 있다).

"영원불변의 도"라는 것은 존재하지 않는다. 그것은 참된 존재론의 대상이 될 수 없다. 모든 존재는 변화 속에서 존재한다. 하나님도 존재하기 위해서는 변화 속에서 존재해야 한다. 우리가 불변이라고 부르는 것은 모두 변화의 다양한 양태에 불과한 것이다. 우리가 보통 "불변"이나 "영원"이라 말하는 것은 모두 시간 속의 지속태일 뿐이다. 시공간 내의 모든 것이 변화에 복속된다는 것은 지극한 상식이다. 파르메니데스도 플라톤도 사도 바울도 시공간 내에서 불변을 찾을 수는 없었다. 그래서 그들이 발견한 불변의 장소가 수학(기하학)이었고, 수학의 자리가 관념이었다. 관념의 자리가 바로 이성이었던 것이다. 그러나 이 모든 것이 인간의 능력일진대, 그것은 불변의 존재가 아니라 개념적 약속에 불과한 것이다. 과학의 법칙도 끊임없이 변하는 것이다.

노자가 어떻게 기원전 6세기에 이러한 고도의 성숙한 사유를 감행할 수 있었는지, 그 사유를 탄생시킨 문명의 난숙도를 헤아리기가 난감하다. 노자는 이미 인간의 언어나 관념이 실재의 모습을 나타낼 수 없다고 판단한 것이다. 이상의 논의를 다시 한 번 정리해보자!

道可道, 非常道。
도 가 도　비 상 도

**도를 도라는 언어개념 속에 집어넣어 버리면, 그 개념화된 도는
항상 그렇게 변화하고 있는 도의 실상을 나타내지 못한다.**

다시 말해서 노자가 비판하고 있는 대상을 요즈음 말로 번역해서 말한다면 "존재망실"의 서구존재론의 역사를 야기시킨 이데아론의 허구성이다. 그가 비판하고 있는 것은 "상도常道"가 아니라 "가도지도可道之道"이다. 그가 긍정하는 것은 변화하는 도의 실상(항상 그러한 도)이다. 그가 부정하는 것은 언어개념 속에 밀폐된 관념적 불변의 도이다. 노자는 변화를 긍정하고 불변의 허구성을 부정한다.

노 자	파르메니데스·플라톤
가도지도可道之道 부정	가도지도可道之道 긍정
항상 그러한 도의 추구	불변의 관념적 이데아 추구
변화긍정 불변부정	변화부정 불변긍정
몸각(몸 전체의 감수성)이 인간의 주체	이성이 인간의 주체
심미적 도법자연	과학적 세계구성
내재주의	초월주의
무종교·무체제적 개방	종교적 독단과 결합

노자는 가도지도의 고정성·관념성·연역성·제약성을 버리고, 끊임없이 변화하는 상도常道에로 회귀하려 한다. 상도는 영원히 변하는 것이기 때문에 "공간화된 시간성"의 성격을 거부한다. 따라서 가도지도를 파기하는 인간의 행위는 끊임없는 과정Process 속에 놓이게 된다.

가도지도의 거부는 결국 인간의 언어에 대한 불신을 내포한다. 그리고 언어를 구사하는 이성의 능력도 그다지 신뢰하지 않는다. 따라서 지상의 모든 연역주의적 폭력을 거부한다. 사실 이러한 논리와 이성의 불신Taoist mistrust of the powers of reason and logic이 과학의 진보를 훼방놓았다는 비판도 있다.

그러나 과학의 진보와 테크놀로지의 비약적 발전이 결합하여 인류문명의 도약을 이룩하기 시작한 것은 18세기 말기의 사건이며 그 후로 약 200여 년의 과학의 횡포는 지구상에서의 인류의 존립 자체를 회의하게 만드는 수많은 참극을 불러왔다. 이제 과학의 횡포에 대해서도 윤리적 제재가 필요하다는 목소리가 높다. 과학을 종교화하는 과학맹신에 대한 비판이 고조되고 있는 21세기 지적풍토에서는 더욱 더 노자의 사유야말로 인간존립을 위한 근원적 도덕성의 요청이 되어야 한다는 신념이 증대하고 있다.

지금이야말로 우리가 노자를 정밀하게 이해해야 할 시기이다. 도를 도라고 말하는 것, 그것이 곧 진리의 척도가 될 수 없다는 노자의 외침에 우리의 양심을 열어제껴야 할 시기이다. 도를 도라고 말할 수 없는 무변광대한 침묵의 깊이로 우리는 침잠해야 한다. 이제 우리는 "있다"는 것만으로도 경이로움을 느낄 줄 아는 시인의 마음으로, 언어를 뛰어넘어 노자라는 시인의 언어를 이해해야 한다.

다음 구절, "명가명비상명名可名非常名"은 마치 두 마리의 말이 한 마차를 끌 듯이 앞 문장과 대對를 이루며 달리고 있다. 이런 문장을 병문騈文, 혹은 병체문駢體文, 병려문駢儷文, 병우문駢偶文이라고 하는데 노자의 문장은 한말漢末에 나타난 병체문 이전의 것이므로 정확히 병문이라고 부를 수는 없다. 그러나 그 조형을 이루는 형식임에는 틀림이 없다. 주어, 동사 등의 품사가 짝을 이루며 나아간다.『도덕경』의 경우 자수字數는 자유롭다. 두 구절이 병駢을 이루기 때문에, 이 구절도 앞 구절에 맞추어 쉽게 해석해버리고 마는 경향이 있다. 그러나 사실 평생을『도덕경』과 함께 살아온 나도 이 구절을 반추해보면 볼수록 해석이 어려운 구석이 있다.

"도가도비상도"를 "도를 도라고 말하면 늘 그러한 도가 아니다"라고 해석하면, "명가명비상명"은 자연히 "이름을 이름지우면 늘 그러한 이름이 아니다"라고 해석될 것이다. "도가도道可道"에서 뒤의 "도道"는 "말하다," "도라고 말하다," "도라고 언어적으로 규정하다"라고 하는 동사로서의 뜻이 있다고 했다. 마찬가지로 "명가명名可名"에 있어서도, 뒤의 명은 앞의 명이 명사임에 반하여, 동사로 쓰이고 있다. 영어로 말하면 "to name," 즉 "이름지우다," "…라고 이름하다"는 뜻이 된다.

그런데 "이름을 이름지우다"라는 것은 "도를 도라고 말하다"라고 말하는 것처럼 명료한 뜻을 전달하지 않는다. 이미 이름이 지워져 있는데, 그 이름을 이름한다는 것은, 도무지 동어반복의 무의미한 토톨로지처럼 들린다. 아무리 생각해도 앞의 "명名"은 단지 "이름"이라는 로고스적 개념으로 규정할 수는 없는 것 같다. "명가명비상명"의 핵심적 단어는 두 번째의 동사로서의 명名이다. 가명의 명이다. 그것은 "이름한다," "이름짓는다"라는 우리의 언어적 행위를 가리킨다. 그러나 가명의 대상이 되는 첫 번째의 명은 "이름"이라기보다는 이름이 지시하는 어떤 사물 그 자체를 가리키는 것으로 해석할 수밖에 없다.

"도올을 도올이라 이름한다"고 할 때 앞의 도올은 이름화된 도올nominal Doh-ol이 아니라 실존재자real entity로서의 도올을 지칭하는 것과도 같다. 살아

숨쉬고 있는 존재자 도올을 도올이라고 이름하면, 시시각각 변하고 있는 존재자 도올은 도올이라는 이름이 규정하고 있는 바 암암리 사회적으로 약속된 이름의 함의 속에 갇혀버리게 된다. 그 이름화된 도올은 항상 그러한 도올이 아니다. "명가명비상명"은 이런 정도의 의미가 될 것이다.

『주역』이라는 고대 동방인의 우주론을 요약한 서물의 아펜딕스에 해당되는 「계사繫辭」상上에, 너무도 유명하지만 사람들이 그 정확한 뜻을 모르는, 다음과 같은 구문이 실려있다.

> **형이상자**形而上者, **위지도**謂之道;
> **형이하자**形而下者, **위지기**謂之器。

근세로 들어오면서 서양철학이 동방에 소개되자 많은 번역개념들이 생겨난다. BC 1세기 안드로니코스Andronichos of Rhode라는 헬레니즘시대의 주석가가 아리스토텔레스의 저작집을 정리하다가, 자연철학 즉 피직스Physics 다음에 오는 문헌이 실재의 근원적 성격을 다루고 있는 매우 고답적인 성격의 내용이있는데 그 제목이 부재하였기 때문에 그냥 "타 메타 타 퓌지카ta meta ta physika"(자연철학서 다음에 오는 책The works after the Physics)라고 이름을 붙이었다. 그것이 계기가 되어 "메타퓌직스metaphysics"라는 이름이 생겨났다.

그러나 실상 "메타퓌지카metaphysika"는 자연학에 포섭되는 성격의 것이 아니며, 경험적 대상을 초월한 초감성적 초자연 세계를 다루고 있으므로 차라리 "트란스퓌지카transphysika"라 이름해야 옳다. 그런데 이 "메타퓌직스"를 일본학자들이 『주역』「계사」의 메시지를 원용하여 "형이상학形而上學"이라고 번역했다. 그래서 마치 "형이상자形而上者"가 형形을 초월하는 초감각적 세계를 지칭하는 것처럼, 엉뚱하게도 서양철학 역어의 함의에 따라 왜곡되는 무지한 현상이 벌어졌다.

「계사」의 메시지는 건괘와 곤괘가 상징하는 하늘과 땅, 그 사이에서 벌어지고 있는 변화의 세계, 즉 역易의 만상萬像을 이야기하고 있다. "건괘와 곤괘가 훼멸되면 역易의 우주도 사라진다. 변화의 역易이 드러나지 않으면 건괘와 곤괘도 사라지고 만다. 乾坤毁, 則无以見易。易不可見, 則乾坤或幾乎息矣。" 이런 말을 하는 중에 "그러하므로是故, 형이상자를 일컬어 도道라 하고, 형이하자를 일컬어 기器라 한다"라는 말이 이어지고 있는 것이다.

　여기 중요한 것은 형이상자나 형이하자나 모두 변화의 역易, 즉 시간 속의 현상이라는 것이다. "형이상자形而上者"라는 것은 형체가 있는 현상(우리 감관에 드러난 모습)을 초월하는 것이 아니라 "형이 있고 나서 그 위의 것"이라는 뜻으로서 형이하자形而下者와 분리되는 것이 아니다. 형이상자나 형이하자나 모두 형이 있고 나서 위·아래이므로 그 양자는 모두 구체적 형形(시공간)의 세계 속에 포섭되는 것이다. 그러니까 서구적 의미에서의 형이상학이나 존재론은 동방적 사유 속에서는 그 근저根底를 찾을 길이 없다. 명말청초의 유로遺老(나라를 잃고 지조를 지키며 산 학자들)이자 대유大儒인 왕 후우즈王夫之, 1619~1692는 이 문제에 관하여 다음과 같이 명료한 입장을 제시하고 있다.

　"형이상자라고 하는 것은 형이 없다는 것을 말하는 것이 아니다. 이미 형形이라는 전제를 달았으므로 형이 있고 나서야 비로소 형이상이 있게 되는 것이다. 무형의 초월적 상上이라고 하는 것은 고와 금에 걸쳐, 만화무쌍한 현상을 통틀어, 하늘을 다하고 땅을 다하고, 사람을 다하고 물을 다해도 도무지 있어본 적이 없는 것이다. 그래서 맹자가 말하기를 성인이래야 비로소 천형踐形, 즉 주어진 형체의 가능성을 있는 그대로 발현할 수 있다고 말한 것이다. 천형은 그 아래(형이하자)를 밟는 것이지, 그 위(형이상자)를 밟는 것이 아니다. …… 그릇(구체적인 사물)이 있고 나서야 형形이 있는 것이요, 형形이 있고 나서야 상上이 있는 것이다. 형이 없으면 아래下(형이하자의 세계) 또한 있을 수 없다는 것은 상식인들이 보통 말하는 것이다. 그러나 형이 없으면 위上(형이상자의 세계)가 있을 수 없다는 것은 너무도 명백하여 알기 쉬운 이치임에도 불구하고, 사설을 음란하게 펼치는 자들은 농간을 부리면서도 그 부끄러움을 알지 못한다. 군자라면 그 우매함을 잘 살펴 거울삼아 그 망령됨에 속아 넘어가서는 아니 될 것이다."

形而上者, 非无形之謂。既有形矣, 有形而後有形而上。无形之上, 亘古今, 通萬變, 窮天窮地, 窮人窮物, 皆所未有者也。故曰:「惟聖人然後可以踐形。」踐其下, 非踐其上也。…… 器而後有形, 形而後有上。无形无下, 人所言也。无形无上, 顯然易見之理, 而邪說者淫曼以衍之而不知慙, 則君子之所深鑒其愚而惡其妄也。『周易外傳』「繫辭上傳 第十二章」

선산船山(왕 후우즈의 호)의 문제의식은 너무도 명료해서 마치 21세기 서양 철학의 존재론 반박의 핵심적 논거를 읽고 있는 느낌이 든다. 왕 후우즈가 「계사」의 이 구절을 해석하는 논지를 하나 더 인용해 보자!

"'형이상자를 도라고 일컫는다'라고 했을 때, '라고 일컫는다之謂'라는 뜻은, 그 일컫는다는 객관화된 행위에 따라서 이름을 세운다는 뜻이다. 그러니까 위니 아래니 하는 것은 본래 정해진 경계가 없는 것이다. 그것을 말로써 표현하여 논의를 하려고 하니까 일컫는다고 말하여 객체화시킨 것이다. 그러므로 형이상과 형이하가 본래 다른 영역을 가지고 있는 것이 아니다. 그러니까 도道와 기器는 본래 그 체體를 달리하는 것이 아니라(두 개의 실체로 나뉘는 것이 아니다)는 것은 애초에 명백한 것이다. 하늘 아래 있는 것이라고는 기器(시공간 속의 물체, 물체적 사건)밖에 없다. 도道라는 것은 기器의 도이다. 그렇지만 기器는 도道의 기器라고 말할 수는 없는 것이다(형이상학적인 본질이 현상적 사물을 규정하지 않는다). 도가 없으면 기 또한 없다고 사유 깊은 인간이 말할 수는 있다. 그렇지만 우리 주변에 명백히 기器가 있는데 어찌하여 도道가 없는 것을 걱정한단 말인가! 군자가 (도에 관하여) 모르는 바를 성인이 알 수도 있고, 성인이 능하지 못한 바를 필부필부가 능할 수도 있다. 사람이 도에 어둡기 때문에 그 그릇(물체)이 이루어지지 않을 수 있다. 그러나 그릇이 이루어지지 않았다고 해서 그릇이 없는 것은 아니다(기器의 세계는 항상 엄존하는 것이다)."

「謂之」者, 從其謂而立之名也。「上下」者, 初无定界, 從乎所擬議而施之謂也。然則上下无殊

畛, 而道器无異體, 明矣。天下惟器而已矣。道者器之道, 器者不可謂之道之器也。无其道則
无其器, 人類能言之。雖然, 苟有其器矣, 豈患无道哉! 君子之所不知, 而聖人知之, 聖人之所
不能, 而匹夫匹婦能之。人或昧於其道者, 其器不成, 不成非无器也。

이러한 17세기의 사상가 왕선산의 논의는『노자』제1장의 해석에 있어서 우리가 여태까지 서술해왔던 핵심적 주제를 매우 명료하게 재삼 천명해주고 있다. 선산의 논의가 우리 가슴에 짜릿하게 다가오는 이유는 불교, 주자학, 양명학의 모든 사유의 갈래를 통하여 서양철학적 문제의식이나 논리구조가 이미 선산에게 전달되어 있기 때문이다. 선산은 실체적 사고, 즉 현상의 배후에 불변의 본체가 있다든가, 항상 그러한 기器의 세계를 지배하는 초월적 도道가 있다든가 하는 식의 사유를 철저히 거부하고 있는 것이다.

내가 형이상자와 형이하자, 즉 도와 기의 이야기를 갑자기 꺼낸 이유는 많은 주석가들이『노자』의 도道와 명名의 관계를 이야기할 때, 그것을 도道와 기器의 관계로 유추하여 이야기하기 때문이다. 실제로『노자』라는 텍스트는『주역』「계사」의 텍스트보다는 성립연대가 몇 세기 빠르고, 또 두 텍스트의 사유의 계보는 각기 다른 전승을 지니고 있다고 말할 수 있겠지만, 도와 명의 관계를 도와 기의 관계에 견주어 말하는 것이 크게 잘못된 일은 아닐 것 같다. 단지 형이상자와 형이하자가 모두 형形으로 통섭되는 것이라는 비실체적 생성론적 사유, 다시 말해서 형이하학의 일원론적 사유를 전제로 해서 풀이되기만 한다면 크게 문제될 것이 없다.

도道	도道	보편자 the Universal	형이상자 形而上者	형이상학	체 ≠ 본체 體　noumena	일형 一形 에 통섭 된다	모두 시공 내의 사건 이다
명名	기器	개별자 the Particular	형이하자 形而下者	형이하학	용 ≠ 현상 用　phenomena		

우리나라에서 최초로 본격적인 노자주석서를 낸 학자로서 서계西溪 박세당 朴世堂이라는 소론계열의 학자가 있다. 놀랍게도 『노자』주석은 서계 이전에, 율곡 이이李珥, 1536~1584에 의하여 『순언醇言』이라는 제목하에 시도된 바 있다. 그러나 그것은 『도덕경』텍스트를 온전하게 놓고 주석을 가한 것이 아니라, 단장취의적으로 텍스트의 일부를 도려내어 자기 나름대로 배열하고 또 자신의 유가적 입장의 해석을 가한 것이다.

"순醇"이라는 말에는 발효brewing의 의미도 들어가 있고, "순수하다pure," "맛이 진하다concentrated"는 뜻이 있으므로, "순언"은 "유가의 누룩으로 발효 시킨 순결한 노자의 말들" 정도의 의미가 될 것 같다. 몇 가지 기발한 해석을 엿볼 수 있지만 노자의 본령에는 미치지 못한 작품이다. 그러나 협애한 유교의 정통주의, 즉 주자학의 교조성을 초극해보려는 율곡의 심오한 배려의 애처로 움을 느끼게 하는 희론稀論이라 할 수 있다.

아마도 율곡의 이러한 시도가 있었기 때문에, 그나마 같은 서인西人 계열의 후학인 서계가 『신주도덕경新註道德經』이라는 과감한 시도를 할 수 있었을 것 이다. 주자학 일변도의 조선의 사림세계에서는 『노자』를 주석한다는 것은 사 문난적으로 몰려 멸문의 화를 자초할 수도 있는 위험한 모험의 프로젝트라고 말할 수 있다. 서계 박세당도 결국 『신주도덕경』 때문만은 아니었지만 "사문 난적"으로 몰려 귀양을 가야 했고, 다음 해(1703) 죽음을 맞이한다.

박세당은 인조 7년(1629)에 태어나 숙종 29년(1703)에 향년 75세로 생애를 마 감했다. 그러니까 어렸을 때 병자호란을 겪었고 그 후에 정의롭지 못하게 전개 된 역사의 난맥상을 체험하였으며, 효孝·현顯시대의 예송禮訟을 목도하면서 사림이 이론적 참발성이니 본래의 존재의의를 상실케기는 디락상을 가슴아프 게 바라보았다. 서계는 실현불가능한 북벌정책과 명분위주의 관념적인 숭명배 청론의 허구성과 교조주의가 송시열과 그 문벌의 주자학 절대주의에서 비롯되는 것이라고 판단했으며, 인간적으로도 송시열을 상식 이하의 인물로 평가하고 있었다. 서계는 현종 원년(1660)에 증광시에서 장원, 성균관 전적典籍으로서 관직 생활을 시작하였지만, 현종 9년 정월에 불과 40세의 나이로 은퇴를 선언하고, 죽을 때까지 관직에 나아가지 않았다(예외적 사례가 몇 건 있지만 줄곧 관직을 떠난 삶을 살았다).

효현시대의 예송정국은 숙종조로 접어들면서 계속되는 환국換局(1680년 경신환국 서인득세, 1689년 기사환국 남인득세, 1694년 갑술환국 서인득세)의 소용돌이 속에서 왕권이 강화되는 듯이 보이기는 했으나 결국 역사의 대세는 노론의 독주로 귀결되어 간다. 이 와중에서 박세당은 외롭게 『노자도덕경』의 주해를 시도하고 있었던 것이다. 주자학 일변도의 권위주의로부터 탈피하기 위해서는 사상의 다양성이 필요하다고 판단하였으나, 그것은 매우 위험한 프로젝트였다.

그러나 서계의 『도덕경』 신주는 결코 노자의 본의를 있는 그대로 드러내는 과감한 사유의 전환을 과시하지는 못했다. 그는 율곡과 마찬가지로 유교적 개념의 틀 속에서 『도덕경』을 해석하려 했다.

『노자』 1장의 해석에 있어서도 도道와 명名의 관계를 주자가 말하는 체體와 용用의 관계로 환원시켜 주해를 시도했다. 서계는 말한다.

> 도道는 체體(=몸Mom)를, 명名은 용用(=작용Function)을 가리킨다. 도는 명으로써 그 작용을 삼고, 명은 도로써 그 몸을 삼는다. 체와 용, 이 양자는 절대 하나라도 없을 수가 없다. 그러므로 도가 단지 도만으로써 도가 된다면 그 용이 없으므로 체가 자립自立할 수가 없으니, 이른바 상도常道라 일컬을 수가 없다. 또한 명이 단지 명만으로써 명이 된다면 그 체가 없으므로 용이 자행自行(스스로 기능하다)할 수가 없으니, 이른바 상명常名이라 일컬을 수가 없다. 항상 그러함이라 하는 것은 항상 소통되는 것이요, 따라서 시공 속에서 지속되는 것이다.

道者體, 名者用。道以名爲用, 名以道爲體, 體用二者, 廢一不可。故道而但可爲道, 則無其用而體不能自立, 非所爲常道矣。名而但可爲名, 則無其體而用不能自行, 非所爲常名矣。常, 通也, 久也。

나는 대학교 3학년 때, 박세당의 『신주도덕경』이라는 텍스트를 어렵사리 구해서 펼쳐보았는데, 내가 배운 『도덕경』의 지식과 너무 동떨어져 있는 것처럼 보여서 도무지 해석이 되질 않았던 기억이 생생하다. 박세당이 도무지 무엇을 말하려는지 그 의도가 전혀 파악되질 않았다. 이제 칠순이 넘어서야 그 의미맥락이 눈에 들어온다. 그러나 사실 노자의 도와 명의 관계를 구태여 체와 용의 관계로 도식화해서 이해하는 것은 정당하다고 말할 수 없다. 그만큼 조선조 지식사회에서 주자학의 권위가 절대적이었다는 것, 주자학을 비판하는 마음자세를 가지고 있어도 주자학의 개념을 빌리지 않을 수 없었다는 것을 말해준다.

체와 용이라는 개념은 중국철학사에서 위진현학의 분위기를 주도한 사상가 왕필王弼, 226~249이 『노자』에 주를 달면서 최초로 활용한 개념이라고 말하지만(錢穆, 『中國思想史』 p.93. 在中國思想史裡所用體用二者, 亦首先由王弼老子注中提出。) 실상 왕필은 체와 용을 대립적 개념으로 사용한 직이 없다. 단지 노자가 말하는 "무無"를 "빔의 기능"으로 규정하면서 그것을 "용用"이라 말했을 뿐이다.

주자학에서 말하는 "체용론體用論"은 근본적으로 불교가 산스크리트어의 신택스syntax에서 발생하는 본체와 현상의 이원론적 사유(공空과 색色의 개념도 대승적 해소 이전의 원래적 함의는 서양[희랍]철학에서 말하는 본체noumena와 현상phenomena의 뜻이 있다)를 중국적 사유에 침투시킴에 따라, 그것을 중국의 역易 일원론적 사유 속으로 소화시킨 결과물로 탄생한 방편적 개념체계일 뿐이다. 그러니까 도의 명名, 도의 기器, 리理의 기氣, 리理의 상象, 성性과 심心, 등등의 모든 대립적 개념이 본체와 현상이라는 초월적 본체를 지칭한 것이 아니라, 단지 체體와 용用, 그러니까 몸Mom과 그 기능, 작용Function으로 환원될 수 있다고 말하고 있는 것이다. 이때 체體는 현상을 초월하는 본체가 아니라 시공 속에 내재하는 몸Mom(개별적 존재 그 자체를 가리킴)을 가리킨다.

정이程頤, 1033~1107(자 정숙正叔, 세칭 이천선생伊川先生)는 이미 『역전서易傳序』에서 "지극히 미묘한 것은 리理이고, 지극히 드러나는 것은 상象이다. 리는 체이고, 상은 용이다. 그러나 체와 용은 하나의 근원이고, 드러나 현저한 것과 숨겨져 미묘한 것 사이에는 거리가 없다. 至微者, 理也; 至著者, 象也。體用一源, 顯微无間。"라고 그 대의를 천명하고 있다. 체는 어디까지나 현상 속의 몸이고, 그 몸은 용用을 통하여 드러나므로 체와 용은 한 근원이고, 현과 미는 사이가 없다고 말한 것이다.

박세당은 바로 이러한 신유학의 체용론을 빌려다가 노자의 도와 명, 무명無名과 유명有名, 무와 유의 세계가 근본적으로 하나의 세계임을, 드러난 것과 숨겨져 있는 것이 사이가 없음을(초월과 내재의 관계가 아니다) 말하려 했던 것이다. 서계는 이러한 논리를 가져다가 극심한 당파의 편협성과 주리론적 경직성을 비판하고 있었는지도 모른다(박세당이 『신주도덕경』을 쓸 때 즈음, 서인 내부의 분열이 심화되어 노론과 소론의 분당이 이루어진다. 『신주도덕경』은 53세, 1681년의 작품. 노소분당老少分黨은 그로부터 두 해 후의 일이다).

그러나 내가 어렸을 때 서계의 『신주』로부터 받은 인상은 그 논리가 노자의 원의에 충실하지 못해 좀 답답하다는 느낌이었다.

체體	도道	리理	무명無名	무無	≠ 본체	체용일원 體用一源	역易의세계
용用	명名	상象	유명有名	유有	≠ 현상	현미무간 顯微无間	

그런데 이 땅에서 살다보니 서계에게서 느낀 답답함을 속시원하게 뻥 뚫어버리게 되는 기적적인 사건도 생겨났다. 나의 학부시절만 해도 도무지 한국철학사 혹은 한국사상사에 대한 총체적 개념이 없었고, 또 노장사상에 관한 조선시대의 자료가 충분히 드러나지 않았다. 『노자』에 관해서는 율곡의 『순언』과 박세당의 『신주도덕경』 이외로 알려진 것이 없었다.

그래서 서계의 『신주』야말로 조선왕조시대의 유일한 『도덕경』 주석으로 알려졌다. 그런데 사계의 학자들이 조선유학을 깊게 천착하다보니 여기저기서 『노자』에 주석을 단 학자들이 새롭게 조명되고, 그들의 학문적 성과가 알려지게 되었다. 이들의 학문세계를 여기 다 소개할 수는 없을 것 같다. 단지 엄혹한 주자학 교조주의 시대에도 『노자』와 같은 이단사상에 의지하여 새로운 시대정신을 갈구하고자 하는 창조적 충동이 조선후기의 유자들에게서 발견된다는 사실을 감동스럽게 바라보게 된다.

서계로부터 이야기를 풀어가 본다면 서계의 노자해석은 숙종연간의 환국정황換局政況과 관련있다는 것을 언급하였다. 환국 때마다 도륙되는 지식인들의 모습을 우리는 예사롭게만 바라볼 수는 없다. 조선왕조기 왕정체제Monarchy라고는 하지만 그것은 어디까지나 사림 위에 얹혀진 왕정이고, 왕정의 사건들은 결국 사림들간의 조작적 행태들의 결말일 뿐이라는 것이다. 숙종은 서인과 남인의 정치적 야욕으로 전개되는 미인계작전에 놀아났고, 결국 장희빈의 몰락으로 그 애정행각이 끝나게 되는데 그 결론은 매우 애석하다. 장희빈의 세력에 의지하여 권력을 장악한 남인들의 영락零落을 초래하게 되는 것이다.

이제 남인들이 정가政街에서 사라지자 또다시 전개되는 사림싸움은 남인들과 대립했던 서인西人들 자체 내의 분당과 알력으로 그 바톤을 넘기게 된다. 비운의 왕 경종(장희빈의 아들)을 지지했던 소론과 연잉군(나중의 영조)을 지지했던 노론의 피튀기는 싸움이 바로 그것이다. 결국 착하기 그지없고 병약했던 경종은 만 4년 2개월 만에 서거하고 연잉군이 등극한다. 결국 기나긴 영조시대의 개막은(재위기간 51년 7개월로서 최장기집권을 기록했다) 외면적으로 "탕평"운운하지만 대체적으로 보면 소론의 몰락과 노론의 독주를 의미한다. 역사의 대세를 일괄하면 소론계열에 보다 합리적인 인물이 있는 편이지만, 노론의 발호를 초래한 소론의 행태들을 보면(노론4대신을 포함하여 60여 명의 목을 날린 1722년의 임인옥사壬寅獄事 등) 어느 편에게 도덕성의 우위를 허여할 수 있는 여지도 별로 없다. 하여튼 영조가 자기 친아들 사도세자를 복더위에 뒤주에 가두어 죽이는 사건(1762)에까지 이르게 만드는 노론의 행태는 사건의 시말의 시시비비를 떠나 그것은 인간이성의 마비된 광란의 소치요, 사림정치의 파멸을 의미하는 것이다.

우리나라 양명학의 개척자인 소론계 학자 하곡霞谷 정제두鄭齊斗, 1649~1736는 노론의 핍박과 그것을 두려워하는 같은 소론의 정치적 비난을 피하여 60세 때(1709) 강화도로 이거하였는데, 그의 양지良知사상을 흠모하는 해악海嶽 이광명李匡明, 1701~1778과 원교員嶠 이광사李匡師, 1705~1777가 강화도로 찾아가서 그에게 배움을 얻고, 그곳에 정착하게 된다.

이광명은 하곡의 아들 정후일鄭厚一의 두 딸 중 큰딸과 결혼하여 하곡의 손녀사위가 되었고, 이광사의 막내아들 이영익李令翊은 정후일의 막내딸과 결혼한다(하곡의 손녀 둘이 이씨 집안에 항렬을 달리하여 시집갔다. 그러나 이 두 여인은 배가 다르다. 원교는 자기 아들이 하곡의 손녀와 나이가 비슷하였고 하곡 선생에 대한 사모의 정이 깊어 그렇게 혼인의 연을 맺게 되었다고 쓰고 있다. 정축 12월 8일 편지). 이렇게 하여 전주 이씨 왕손의 후예(정종定宗의 열 번째 아들 덕천군德泉君의 후손)인 원교의 일가는 하곡의 집안과 혼인으로 얽히면서 강화도에 정착하게 되고 소위 강화학파라는 우리나라 사상사에서 이색적인 학풍·학맥을 형성하게 된다. 우리나라에 한 집안에 뛰어난 인물들이 밀집되어 있는 경우가 적지 않지만(달성[대구] 서씨 명응 집안, 나주[압해] 정씨 약용 집안, 풍산 홍씨 석주 집안 등등), 원교 이광사의 집안처럼 출중한 인물이 밀집되어 있는 상황은 보기 드물다. 반드시 한 집안에 관직에 오른 사람이 많다 하여 그 집안을 평가할 수 있는 것은 아니다. 그 인물들이 역사에 어떠한 가치를 남겼나 하는 것으로 평가되어 마땅하다.

이것은 원교 집안사람들이 소론으로서 극심한 핍박을 받는 중에, 원한이나 이념적 경직성에 사로잡히지 않고 인간 삶의 근원적 진리를 탐색했다는 데 있다. 이들은 양명학을 수용하면서 불교나 도가사상의 심오한 철리를 편견 없이 이해하였을 뿐 아니라, 조선사림의 좁은 테두리를 뛰어넘어 새로운 인간실존의 바탕을 그려가고 있었던 것이다. 추사가 원교를 혹평하는 경향이 있어 혹 사람들이 원교의 서도書道의 경지를 폄하하기도 하지만 나는 단연코 말하겠다: "추사의 만 획이 원교의 일 획에 미치지 못한다." 인간의 결이 다르고, 일 획의 내공의 경지가 다르다. 추사는 삶과 예술의 이데아가 자기실존의 내부에 있질 못했다. 말년에 조금 철이 들었을 뿐이다.

이충익의 5대조 경직景稷은 김장생의 문인으로 호조판서를 역임하였는데, 인조반정과 병자호란 때 공을 세운 일등원종공신一等原從功臣이다. 그의 아들 정영正英(고조할아비지)은 글씨에 뛰어났는데, 이조판서와 형조판서를 거쳤다. 정영의 아들 대성大成(증조할아버지)은 병조참판과 이조참판을 지냈는데, 슬하에 진유眞儒, 진검眞儉, 진휴眞休, 진급眞伋, 진위眞偉 다섯 아들을 두었다. 진유는 이조판서를 지냈고, 진검은 예조판서를, 진급은 세자세마世子洗馬를 지냈다. 진검의 아들 중에 원교 이광사가 있고, 원교의 맏아들이 바로『연려실기술』을 지은 이긍익李肯翊, 1736~1806이요, 차자가 출중한 서예가이자 문장가인 신재信齋 이영익李令翊, 1738~1780이다.

이충익은 진급이 셋째 아들 이광현李匡顯이 둘째 아들이다(이충익은 17세쯤 진위의 외아들인 이광명의 양자가 되었다). 그러니까 원교 이광사와 이광현은 4촌형제이고, 이긍익과 이충익은 6촌형제간이다. 세상에서 "6진8광六眞八匡"이라고

칭한 이 인물군들은 출세에 탐하거나 문장의 묘경에 취하기보다는, 생민生民의 이병利病, 국정의 득실, 사회의 전축展蹙, 학문의 진위眞僞에 관하여 서로 가르치고 이끌고 토론하며 인간으로서의 도리를 발견하고자 노력했던 것이다.

불행하게도 이충익의 백조부 진유眞儒는 노론4대신을 죽음으로 휘몰아간 소론 주모자 중의 한 사람이었고, 연잉군의 등극으로 이 집안에는 죽음과 몰락의 검은 구름이 휘덮는다. 더구나 이러한 소론몰락의 시국에서 치밀한 대책 없이 일어난 이인좌의 난은 소론의 파국을 여지없이 만든다.

영조 31년(1755), 탕평이라는 영조의 제스처가 명목상의 허세로 전락해갈 즈음, 소론계열의 사람들이 일으킨 나주괘서사건이 일어났다. 그 주모자는 윤지尹志였는데, 그는 영조 즉위년(1724)에 김일경 일파로 몰려 사형당한 소론 강경파 윤취상尹就商의 아들이었다. 그런데 윤지의 문서상자에서 영조 6년에 이미 장살당한 이진유와 이진검(원교의 아버지)의 서찰뭉치가 발견되어, 집안자손들에게 추율追律하게 되니, 직계는 벼슬이 막히고 가까운 후손들은 귀양 가게 된다. 이때 원교의 정숙한 부인 류씨柳氏는 남편의 죽음을 예견하고 깨끗이 이 세상과 결별하여 버렸고(家人入是中, 豈有生理? 旣不得生, 吾何所顧待苟活? 남편이 을해옥의 한가운데로 들어갔으니 어찌 살길이 있으리오? 살길이 보이지 않는데 내가 무엇을 기다리며 구차히 살 것인가!), 원교는 기나긴 23년의 귀양살이 길을 떠난다(신지도薪智島 적소에서 73세의 목숨을 마침. 1777년 8월 26일).

뿐만 아니라 이충익의 생부 광현은 경상도 기장機張(현재 부산광역시)으로, 훗날 양부가 되는 광명은 함경도 갑산甲山으로 유배되었는데, 이때 이충익의 나이가 불과 12살이었다. 충익은 어린 나이에 조선의 남극, 북극 수천릿길을 왔다갔다 하면서 배소의 두 아버지 시중을 들었는데, 설상가상으로 18세 때에는 친형 문익文翊, 1735~1761이, 33세 때에는 생부가, 35세 때에는 양부마저 세상을 떠나가는 불행을 당하였다.

원교 이광사·초원 이충익 가계도(員嶠 李匡師·椒園 李忠翊 家系圖)

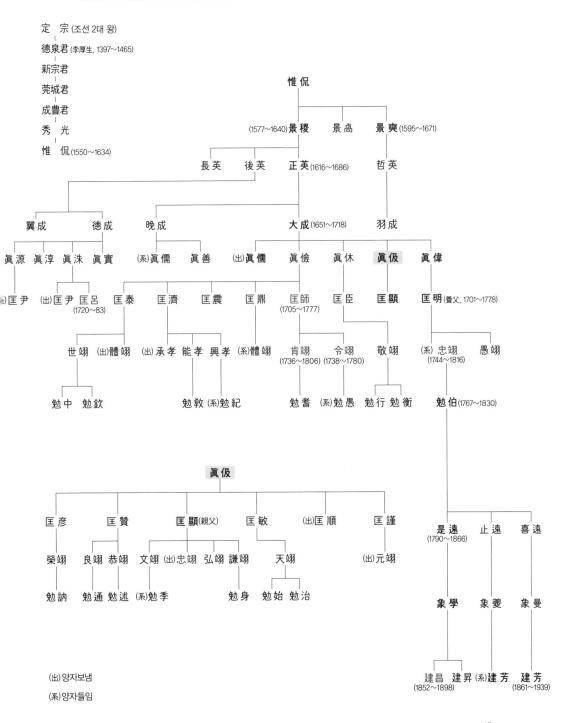

定 宗 (조선 2대 왕)
｜
德泉君 (李厚生, 1397~1465)
｜
新宗君
｜
莞城君
｜
成豊君
｜
秀 光
｜
惟 侃 (1550~1634)

惟 侃

(1577~1640)景稷　　景㚇　　景奭(1595~1671)

長英　　後英　　正英(1616~1686)　　哲英

翼成　　　德成　　　晩成　　　　　　　大成(1651~1718)　　羽成

眞源　眞淳　眞洙　眞實　　(系)眞儒　眞善　　(出)眞儒　眞儉　　眞休　　眞伋　　眞偉

(系)匡尹　(出)匡尹　匡呂(1720~83)　匡泰　　匡濟　　匡震　　匡鼎　　匡師(1705~1777)　匡臣　　匡顯　　匡明(養父, 1701~1778)

世翊　(出)體翊　　(出)承孝　能孝　興孝　(系)體翊　　肯翊(1736~1806)　令翊(1738~1780)　敬翊　　(系)忠翊(1744~1816)　愚翊

勉中　勉欽　　　　　勉敎　(系)勉紀　　　　　勉耆　(系)勉愚　勉行　勉衡　　勉伯(1767~1830)

眞伋

匡彦　　匡贊　　匡顯(親父)　　匡敏　　(出)匡順　　匡謹

榮翊　　良翊　恭翊　　文翊　(出)忠翊　弘翊　謙翊　　天翊　　(出)元翊

勉訥　　勉通　勉述　(系)勉季　　　勉身　勉始　勉治

是遠(1790~1866)　　止遠　　喜遠

象學　　象夔　　象曼

建昌(1852~1898)　建昇　(系)建芳　建芳(1861~1939)

(出)양자보냄

(系)양자들임

이충익은 생부와 양부를 여읜 후 과거도 단념하고 여러 곳을 떠돌며 살다가 나이가 들어 강화도로 돌아왔는데 뼈저린 가난 속에서 학문에 몰두하다가 73세에 한 많은 생을 마감한다.

> "나는 일평생 동안 집이라는 것을 갖지 못했다. 폭염과 한풍, 휘몰아치는 삭설을 몸으로 견디며 짚신발로 걸어다니며 떠돈 것이 수만릿길이었다. 거처를 또한 자주 옮겼으니 정미년(1787, 44세) 봄 강화도에서 배를 타고 동량㠐梁에 갔고, 거기서 5년 동안 서너 곳을 이사 다녔으며, 신해년(1791) 가을에 송악 남쪽으로 이사 갔고, 다시 7년을 장단長湍의 납산納山 아래 살았는데, 그간에도 다섯 번을 옮겨 살았고, 납산에서는 이웃집까지 불태웠던 적도 있었다. …… 이제 나도 늙었다. 도를 사모하였지만 끝내 듣고 본 바가 없고, 처자가 주리고 추위에 떠는 것을 보면서 오악五嶽(금강산, 묘향산, 지리산, 백두산, 삼각산)에 놀 수도 없었다. 떠돌이 신세 일정한 곳이 없으니 처량키만 하다." 『초원유고椒園遺稿』 「구사설龜槎說」

왜 갑자기 『노자』 제1장 주석을 운운타가 삼천포로 빠졌는가? 제1장에 의미 있는 주석을 단 초원椒園 이충익의 논리를 밝히기 위해서는 그의 삶을 알아야 하기 때문이다. 그 삶의 절박한 실존적 상황으로 우리가 이입할 수 있을 때 비로소 그의 논리가 료해되기 때문이다. 초원의 『담노談老』는 현재 필사본으로만 남아 있는데, 그 저작연대를 정확히 추정키 어렵다. 분위기로 보아 그가 강화도로 귀향한 후 사상적으로 완숙한 시기에 쓰여진 것으로 보이는데 연도를 확정하기가 어렵다(김윤경은 1793년 경에 쓰여진 석천石泉 신작申綽, 1760~1828[신대우申大羽의 차남. 이충익의 이종동생]의 『노자지략老子旨略』보다 몇 년 전에 저술된 것으로 보인다고 말하지만 그 이후의 저술일 수도 있다).

초원은 원교 이광사의 둘째 아들, 그러니까 이긍익의 동생, 신재信齋 이영익 李令翊, 1738~1780(하곡의 손자사위)과 각별한 우정이랄까, 학문의 동반자랄까,

손위 형님으로서의 존경심이랄까(신재는 초원보다 6살 위이다), 하여튼 위대한 정신적 교류를 하였다. 신재는 매우 깐깐한 사람이었고 정통주의적 품격을 지닌 인물이었는데, 초원은 그에 비하면 재기가 높고 기이하며 술 잘 마시고 논변을 잘하며, 노자, 장자, 불교, 의학 모든 방면의 핵심을 꿰뚫지 못하면 부끄러워하는 매우 탁 트인 성품의 인물이었다.

　신재는 초원을 자기 친동생처럼 아끼고 사랑하였으며 끊임없이 사상적으로 훈도하였다. 신재는 초원이 양명학을 수용하는 것은 봐줄 수 있지만 불리佛理를 계산稽山(왕양명을 출신지로써 지명하여 부른 말)에 덮어씌우는 망행妄行은 봐줄 수 없다 했다. 신재는 주자학 정통주의를 고수하는 성향이 있어 초원에게 배주부왕背朱赴王(주자학을 버리고 양명학에 빠짐)하는 객기客氣를 버리라고 종용한다.

　이에 초원은 이렇게 답한다.

瀑布庵中一病夫	폭포 앞 암자 속의 병든 한 사내
靑天與我盖頭顱	내 머리를 덮고 있는 것은 푸른 하늘일 뿐
門前露坐無人識	문 앞에 이슬 맞고 앉아있어도 아무도 알아보지 못해
已得三車自在娛	나는 이미 삼승의 즐거움을 깨달았도다

그리고 또 이렇게 논한다.

捨筏稽山已度人	계산으로 건너간 후에는 계산도 버려야지
三乘時教摠非眞	삼승의 때맞은 가르침도 결코 진리가 아닐세
隨緣導說何論跡	연기따라 설법할 뿐, 자취는 따져 무엇하리오
閉戶開戶只一身	문을 닫고 또 문을 여는 일은 단지 시 한 몸뚱이의 문제일 뿐

초원 이충익에게는 이미 주자도 없고, 양명도 없고, 불교도 없고, 노자도 없다. 문을 열고 닫는 것은 단지 내 몸의 주체적 판단에 따를 뿐이다. 더구나 초원에게는 국가도 없고, 충신도 없고, 임금도 없고, 법률도 없고, 도덕도 없고, 권위도 없다! 초원은 여하한 은택도 입어볼 수 있는 체제가 부재한 그러한 처절한 삶의 밑바닥을 헤매었다. 초원의 『담노』는 진실로 조선사상사의 종점이요, 출발점이요, 기화奇花요, 궁극점이다. 초원은 진정한 해탈을 획득한 자유인이다. 그는 염라대왕의 문턱에서 각설이타령을 외치면서 자유자재로 붓을 움직이고 있는 것이다.

오늘날의 안다고 하는 자들이 노자의 "상도常道"조차도 "영원불변의 도"로 날조하여 플라톤의 이데아를 정당화시키고, 기독교적인 허상(신의 존재)을 숭배케 만들고, 서양적 사유의 우위를 확보하려 한다. 초원의 시대에도 도덕적 우위를 확신하는 모든 지식인들이 주자학의 권위를 빙자하여 당쟁 일파의 권위를 확보하고 썩어빠진 왕조의 수명을 연장케 하며 세도정치의 정당성을 확보하려 하였으니, 초원의 무전제적인 노자해석이야말로 모든 권위주의의 붕괴를 의미하는 것이었다. 초원의 노자해석은 불교가 지향하는 개인의 초탈을 넘어서서 직접적인 사회적 메시지를 던지는 힘이 있었다.

초원에게 영향을 준 월암月巖 이광려李匡呂, 1720~1783(초원의 집안 아저씨. 강화학파 중의 한 사람. 민중의 삶의 질의 개선을 위해 노력한 대 사상가)의 『독노자오칙讀老子五則』에 이런 말이 있다.

도라는 것은 길(도로道路)을 말하는 것이니, 사람들이 함께 따라가는 것이다. 사람에게 도가 있다고 하는 것은 마치 길이 있다고 하는 것과 같기에, 길이라는 말로써 도를 비유한 것이다. 그런데 이왕 도라고 해버리면 곧 이름을 갖게 되는 것이므로 생하여 구비되어 있는 천연의 모습일 수가 없다. 그러므로 도는 늘 그러하기에 이름이 없다. 그러나 또 도라고 말하지 않을 수도 없는 것이나, 항상 그러한 모습에는 이름이 본시 없는 것이다. 이름이 없는 것이래야 항상 그러하여 사라지지 않는다. 이름이 있는 것은 항상 그러할 수가 없는 것이다. 그러므로 도라 말할 수 있으면 상도常道일 수가 없고, 이름 지을 수 있으면 상명常名일 수가 없다고 말한 것이다. 도라 말할 수 있으면 상도가 아니요, 이름 지을 수 있으면 상명이 아니다.

道者, 路也, 人所共由也。人之有道, 猶夫道路然, 故以道喩道。旣曰道, 已名之矣, 夫非其生而俱者, 則道常無名。不得不謂之道, 而常無名。無名者, 常不去; 有名者, 不可常。故曰, 可道而非常道, 可名而非常名。可道則非常道, 可名則非常名。

조선조 주자학이나, 오늘날 대한민국의 꼴통 반공 예수쟁이학문의 병통의 핵심은 변통變通을 거부한다는 데 있다. 자신의 신념체계의 이데아(명名)의 불변성에 고착됨으로써 모든 시세의 당연한 변화를 거부하고 그 불변하는 이데아의 우월성을 자랑하는 것이다. 월암의 논변 중에서 가장 핵심적인 것은 이 한마디이다.

이름이 없는 것은 항상 그러하여 사라지지 않고,

이름이 있는 것은 항상 그러할 수가 없으니 곧 사라지고 만다.

無名者, 常不去; 有名者, 不可常。

『도덕경』의 첫 두 구절에서 가장 핵심적인 두 대립개념을 명名과 상常으로써 파악한 것이다. 명名은 고착이요 규정이요 제약이다. 방편으로서만 유용한 것이다. 이 명과 짝을 이루는 지고의 개념은 도道가 아니라 상常이라고 본 것이다. 사실『도덕경』은 도와 덕을 말하는 경전이 아니요, 상을 말하는 경전인 것이다. 상常은 변통이요 변화요 생성이요 무제약적인 것이다. 상은 관념이나 개념이 아닌 물 그 자체의 창발이다. 여호와를 여호와라 이름하면 여호와는 곧 사라지고 마는 것이다.

초원 또한 월암의 사상을 발현하여『노자』의 첫 두 구절에서 "가도지도可道

之道”와 “상도常道,” 그리고 “가명지명可名之名”과 “상명常名”이라는 두 대립의 짝을 명료하게 드러낸다. 초원은 그 짧은 “도가도비상도, 명가명비상명”이라는 첫 두 마디에 함축되어 있는 철학적 주제를 예리하게 파헤쳐내고 있는 것이다. 초원은 서계 박세당과 같이 도道와 명名의 관계를 체體와 용用의 문제로 규정하는 그런 부질없는 짓을 하지 않는다. 그 두 구절이 레토릭상의 문제일 뿐 특별히 철학적 테마를 나타내기 위한 개념적 분별이 아니다. 초원은 “가도지도可道之道”를 “가명지도可名之道”라고도 말하며, “가도可道”는 “가명可名”과 다를 바가 없는 표현이라고 본다.

그러니까 문제의 핵심은 “명名”(이름 짓는다)과 “상常”(항상 그러하다)에 있는 것이다. 이 주제를 “가도可道”와 “상도常道,” “가명可名”과 “상명常名”으로 펼쳐 논구했을 뿐이다. 도道는 그 전체를 보편적으로 말한 것이요, 명名은 존재하는 것들을 개별적으로 말한 것이다. 도는 “존재Sein”이고 명은 “존재자Seiende”라고 말할 수 있다. 그러나 노자에게 있어서 존재와 존재자는 분리되지 않는다. 존재자는 존재와 더불어 있으며, 존재는 존재자와 더불어 있다. 초원은 “상常”이야말로 “명名”으로 규정될 수 없는 것이라는 생각을 명확히 밝힌다. 상은 명 이전의 것이다. 명은 방편方便upāya이요, 상은 여여如如tathatā라 말할 수 있다. 명名은 방편이기에 고착적 성격이 있고, 상常은 여여이기에 유동적이고 여하한 고착적 규정을 거부한다.

인도인들은 여여如如나 여래如來를 불변적인 절대진리로 생각하는 성향이 있었지만, 중국에서 발현된 대승불교의 정신 속에서는 여如(같고 같다)는 상常(항상 그러하다)으로 재해석되었다. 다시 말해서 중국불교는 진리의 궁극에 변變을 상정하지 불변不變을 상정하지 않는다. 다시 말해서 중국불교는 노자에 의하여 격의화格義化된 불교일 뿐이다. 초원은 노자, 양명, 불교가 결국 같은 진리를 설파하고 있으며 그 일체一體됨을 깨달아야 유교적 상식이 의미를 갖게 된다고 보는 것이다.

도道Dao	
가도지도可道之道	상도常道
가명지명可名之名	상명常名
방편方便*upāya*	진여眞如*tathatā*
불변, 고착	유동, 생성
언어言語의 세계	실상實相의 세계
유有	무無
유명有名 · 유형有形	무명無名 · 무형無形
가차假借	자연自然

마지막으로 초원이 『담노談老』에서 제1장을 해석하고 있는 그 원문을 정확히 살펴보자!

도를 도라고 언어화할 수 있다는 것은 우리 삶의 행위의 인연을 따르는 것이요, 우리 삶의 자취를 기탁하는 데서 생겨나는 일이다. 어떤 물체를 이름지을 수 있다는 것은 그 형태의 비유요, 그 호칭의 편리함 때문이다. 그러나 상도常道를 가지고 말한다면, 리理가 이미 행위와 자취 그 이전에 단절되는 것이다(따라서 언어로써 접근할 수 없게 된다). 마찬가지로 상명常名이라 하는 것도 그 존재의 의미가 형체나 물체의 드러남 그 이전 속에 감추어져 있는 것이다.

상도常道라는 것은 지극한 것이며 존재의 궁극이다. 그것은 언어로써 미칠 바가 아니다. 마찬가지로 상명常名이라 하는 것도 그 이름이 스스로 그러한 데서 나오는 것이니 언어로써 미칠 바가 아니다. 만약 도를 도라고 이름 지을 수 있다면 그것은 행위와 흔적에 가차假借한 방편이니 본시 가명지명可名之名과 하나도 다를 바가 없다. 그러나 왕래무궁하여 끊임없이 변화하고, 성인이나 바보나 다 같이 말미암을 수 있고, 만고에 오래오래 지속되어 폐廢할 수 없는 것이 있으니 그것이 바로 노자가 말하고 있는 상도常道인 것이다.

道之可道者, 行之緣, 而跡之寄也. 名之可名者, 形之喻, 而物之號也. 若夫常道者, 理絶於行跡之先. 常名者, 趣隱於形物之表. 常道者, 至矣尙矣, 非言之所及也. 常名者, 名出於自然. 如道之名道, 其假借於行跡者, 固可名之名. 然往來無窮, 聖愚之所共由, 萬古長存, 而不能廢者, 卽所謂常道也.

와아! 얼마나 명쾌한 해석인가! 초원은 첫 주석의 모든 언어를 "상도常道"라는 궁극적 테마를 향해 휘몰아가고 있다. "상도"는 왕래무궁이며 만고장존이다. 즉 "끊임없는 변화 속의 지속"이다. 모든 궁극적 진리는 변화 속에 내재하는 것이라는 만고불변의 예지를 설파하고 있다. 우리의 언어·논리는 모두 행적지연行跡之緣이요 형물지표形物之表일 뿐이다. 그 리취理趣가 절은絶隱되는 자연自然의 세계를 보지 못하고 단지 그 표면적 언어에 고착되어 그 상常의 여여如如를 파악치 못한다면 그것은 인간이 살아가는 도리 그 모든 것을 잃는 것이다.

말 한마디, 메시지 하나의 언표言表에 모든 혐의를 씌워 유능한 정치인들을 이승에 발 못 붙이게 하는 오늘날의 세태를 여유롭게 형량할 줄 아는 사람이라면, 별다른 직접적 연관도 없이 노론의 칼날에 도륙당하는 도유道儒들의 비참한 형세를 평생 목도해온 초원의 심정이 어떠했는가, 왜 『노자도덕경』을 붙들고 씨름했어야만 했는가, 그 쓰라린 심사를 충분히 헤아리고도 남을 것이다. 가도可道, 가명可名에 대한 확신은 옹졸한 도그마의 생산, 이 이상 아무것도 아니었던 것이다.

초원이 첫 문장에서 "가도지도可道之道"와 "상도常道"를 주요테마로 내걸었다는 사실은, 그가 왕필주王弼注를 정확히 읽었으며, 그 이면의 의취, 그 총체적 결구를 정확히 파악했다는 것을 의미한다. 이것은 조선사상사에서 매우 중요한 의미를 지닌다. 재미있게도 율곡이나 서계는 왕필주를 보지 못했다. 따라서 그들의 노자이해는 중국 노자철학 이해방식의 본류(노학사老學史)에서 벗어나 있었다. 초원이야말로 『노자도덕경』이라는 텍스트 그 자체를 현학玄學의 본류 속에서 이해한 최초의 인물이라 말할 수 있다.

초원 이후에도 풍산 홍씨 연천淵泉 홍석주洪奭周, 1774~1842(정약용과도 교류한 탁월한 석학. 다산보다 6년 늦게 규장각 초계문신으로 발탁됨. 다산보다 12살 아래)는 『정노訂老』라는 매우 치열한 『노자도덕경』 주석을 내어놓았다. 그러나 연천은 주자학의 정통성을 포기하지 않는다. 주자학에서 성리학적인 레토릭을 씻어내면 원시유학의 적통을 이은 주자학도 노자가 말하는 정치철학적인 비판을 수용할 수 있다고 보는 것이다. 다시 말해서 연천의 『정노』는 거시적으로 보면 주자학을 조선왕조의 건강한 체제이데올로기로서 재정립하고자 하는 열망을 끼고 있다는 것이다. 따라서 그것은 초원의 『담노』보다 늦게 나왔어도 노학老學의 궁극적 지향처에 달하고 있질 못하다.

초원은 성리학 그 자체, 주자학 그 자체, 유학 그 자체, 아니 학문 그 자체를 거부하기를 주저함이 없다. 노자의 아나키즘이 가슴의 진실, 내면의 눈물로서 초원의 정신세계를 적시고 있는 것이다. "절성기지絶聖棄智," "절학무우絶學無憂"가 어찌 그냥 레토릭의 쇼일 수 있는가? 성을 끊고 학을 끊어야 진실한 성이 되고 성실한 학이 되는 것이 아닌가! 성학聖學을 떠받치고 사는 인간들의 작태가 무엇이뇨? 순결한 인간들을 특별한 이유도 없이, 아무런 양심의 가책도 없이 도륙하는 행태가 그들의 학문의 핵심이 아니고 무엇이랴! 소론이든 노론이든 남인이든 그 누가 가슴을 열고 민중의 실상을 목도하며 대동법에 박차를 가했는가? 오직 당리당략에 헌신하는 편협한 명언종자, 그것이 그들의 학문이 아니고 무엇이랴!

초원의 『담노』는 조선왕조의 종언이며 체제System의 종언이며, 모든 권위주의의 종언이다. 서양에서는 칼 맑스가 나와서 사회지배계급의 질서를 전복시키는 혁명Revolution의 이론을 창안하였지만, 이 사회주의적 혁명이론은 인류의 사유의 질서를 전복시키고 문명과 자연의 관계를 변혁시키는 데는 미치지 못하였다. 문명(인위人爲)의 자연에 대한 착취를 정당화한 채 오직 문명의 소득에 대한 분배만을 운위하였을 뿐이다. 노자는 비록 기원전 6세기경의 사상가(최근 다양한 죽간의 발견은 전통적인 연대를 보다 신빙성 있게 만든다. 공자, BC 551~479보다 약 30세 정도 위의 인간으로 보면 좋을 듯)이긴 하나, 그의 사상은 인류문명 전체와 씨름하고 있기에 문명의 발전도상에서 그 이기利器에 심취해 있는 인간들에게는 전혀 그 전체상이 드러나지 않는다.

칼 야스퍼스가 말하는 대로 인류의 주축시대Achsenzeit에 이미 각 문명권에서 서로의 직접적인 연관성이 없는 상황에서도 인류의 역사가 지향해야 할 모든 이상, 자유라든가, 평등이라든가, 도덕과 아름다움의 기준이라든가 하는 모든 가치체계를 다양한 사상가들이 제시했지만 향후 인류의 역사는 이러한 이상적 가치를 향한 도전을 허락하지 않았다. 주축시대의 가치의 축은 2천 년 이상을 묵살되어 왔다.

초원의 『담노』가 함축하는 내용은 실상 왕필의 주해보다도 더 노자가 소기하는 해체주의적 본질에 접근하며, 더 절실하게 존재 그 자체의 의미를 묻고 있다. 부정되어야 할 것을 부정하는 데 주저함이 없다. 모든 금기를 초탈한 인간이다. 초원의 『담노』가 단지 조선인들의 『도덕경』 해석의 오메가 포인트라는 논리적 사실이 중요한 것이 아니라, 초원과 같은 인간작품을 만들어낸 조선

사회의 역사적 회명晦明과 득실得失을 거시적으로 조망할 필요가 있다. 초원의 절규는 초원 한 개인의 절규가 아니었다. 초원을 만들어낸 조선사상사의 풍토 밑바닥에는 수없는 초원이 같이 신음하고 있었다. 그 신음을 초원은『노자』라 는 텍스트의 해석을 통해서 드러내고 발산하고 흩어 내버리고 있었던 것이다.

초원은 왜 그토록 명료하게 "상도常道"의 "상常"을 인식하고 있었을까? 나 는 초원을 발견하면서 비로소 최수운崔水雲, 1824~1864의 "불연기연不然其然"의 의미, 즉 그 역사적 맥락을 깨달을 수 있었다. "불연기연"은『동경대전』에 실 린 논문들 중에서도 가장 후기에 속하는 작품이며, 그가 체포당하기 직전, 그의 죽음을 예견하고 쓴 최종적인 걸작이다(1863년 11월). 그 문장이 너무도 토속적 이고 함축적이고 또 오리지날하기 때문에, 그 글을 근본으로부터 잘 이해하지 못하는 경향이 있다. 그래서 이 작품은 여태까지도 바르게 료해되지 못했다. 그 러나 이 작품은『동경대전』의 핵심이요, 그의 유언이며, 서구문명이 결국 조선 문명을 휘덮으리라는 것을 예견하면서 조선의 민중에게 포고하는 일종의 선언 문이다. 조선민중에게 남기는 수운의 유서이며 케리그마이다.

"불연不然"이란 "그리하지 아니힘"이요, 그러하지 아니함이란 시공간 내에 서 이루어지는 우리의 인과론적 인식체계를 벗어나는 현상을 총칭하는 것이 다. 그것은 초월적 사태일 수도 있고, 우리의 상식으로 해석되지 않는 신비적 사태일 수도 있고, 차세간을 넘어서는 피세간적인 사건일 수도 있다. 그에게 이 불연이라는 개념이 주요저작의 테마로 자리잡게 된 것은 바로 그가 일생을 씨 름하여 온 "서학西學"이라는 신문명의 성격이 "새롭고 좋기만 한 것"이 아니 라 그 특징을 총결짓자면 결국 "불연不然의 체계The System of Not-Being-So" 라는 것이다. 수운이 막강한 탱크처럼 밀고 들어오는 서학을 "불연"으로 파악 한 통찰력이랄까, 깡이랄까, 그 청신은 기공할 진실을 담고 있다. 그는 서학을 오히려 조선문명의 위기로 생각하였고, 그래서 그것을 막아내는 우리 고유의 "동학東學Eastern Learning"을 창안하고 유포하는 것이 그가 할 수 있는 최대의 과업이요 사명이요 천명이라고 판단하였던 것이다.

"불연기연"을 많은 사람이 "불연과 기연"으로 오독하는데, "불연기연"은 그 자체로 온전한 하나의 센텐스이다. 불연이 주부이고 기연이 술부인 한 문장이다. 그 뜻은 매우 단순하다: 불연이 곧 기연이라는 뜻이다. 문장을 풀면 "그러하지 아니함은 그러그러함이다"라는 뜻이 된다. 다시 말해서 그러하지 아니함이라고 우리에게 인식되는 모든 초월적 사태, 즉 인과적 상식을 벗어나는 사태(서학이 말하는 초월적 존재자로부터 연역되는 모든 디스꾸르)는 알고 보면 다 그렇고 그러한 것이라는 것이다. 다시 말해서 우리의 상식적 인과 속에서 다 용해되고 해결될 수 있는 것이라는 해석이다. 불연不然(Not-Being-So)은 궁극적으로 기연其然(Being-So-and-So)이라는 수운의 과감한 주장은 19세기 후반으로부터 21세기를 관통하는 모든 사상운동의 기저가 되는 통찰이요 케리그마(선언)인 것이다.

어떻게 창도한 지 3년 만에, 자신의 죽음을 예견하는 긴박한 상황에서 "불연기연"이라는, 의미론적으로 분석해보아도 너무도 추상적이고 고도의 사유를 집약한 논문을 쓸 수가 있는가? 이러한 의문을 누구든지 가질 수밖에 없는데 나는 초원의 『담노』를 접하는 순간 이미 초원의 "상도常道" 속에 수운의 "기연其然"이 내재해 있다는 생각을 하지 아니할 수 없었다.

초원이 이단의 극치라고 생각하여 그 원의대로 주석한 『노자』의 담론은 기실 알고보면 송시열 같은 노론 정통학자들이 절대적인 권위로서 숭앙하는 주희朱熹의 담론의 모태이다. 주희가 조종으로 받들어 모시는 공구孔丘의 사상 속에는 노담(노자)의 사상이 배어 있다. 우리는 『논어』 속에서 노자의 무위사상적 측면이나 초윤리적 원융한 사유의 심오한 논리를 무수히 발견할 수 있다. 다시 말해서 원시유학의 형성에도 도가적 사유는 결정적인 기여를 한 것이다. 모든 위대한 사상의 탄생은 단독적일 수가 없다. 노자나 공자나 모두 함께 야

스퍼스가 언급한 주축시대의 사상축, 즉 내가 동아시아사상의 제1기원the First Epoch이라고 말한 그 사상축의 핵을 형성했던 것이다.

노자나 공자나 다 같이 함께 제1기원의 "작자作者Creator"(『예기』「악기」의 "작자지위성作者之謂聖"에서 온 말)인 것이다. 그 후 언어체계를 달리하는 이국적인 문명의 대대적인 유입(위진남북조·수당을 통한 불교의 전래)으로 인하여 생겨난 새로운 사고를 유교 내로 흡입하여 새로운 영양분을 만들고 축적하여 태어난 주자학을 제2기원the Second Epoch이라고 한다면, 우리나라 조선유학, 즉 조선성리학의 전개는 동아시아사상의 제2기원 속에 포섭되는 것이다. 세계로부터 초원에 이르는 서인계열 사상가들의 몸부림은 그들이 의식했던지 안 했던지간에 실로 이 제2기원을 벗어나 새로운 기원을 수립하려는 노력이었던 것이다. 초원을 조선사상의 종국終局이라고 말하는 것은 바로 제3기원the Third Epoch의 출발을 의미하는 것이다.

항상 그러한 도, 즉 늘 그러한 길인 상도常道가 조선유학의 붕괴를 꿰뚫고 불연기연不然其然, 즉 늘 그렇고 그러함의 새로운 길을 개척하는 데는 불과 반세기도 소요되지 않았다. 수운이 초원의 유적을 보았을 리는 없지만, 초원이 구현한 절망의 시대정신은 수운에게 그대로 연속되었다. 수운은 절망 속에서 신음하며 "무無"의 밑바닥을 헤맨 초원과는 달리, 아편전쟁으로 인한 중국의 붕괴를 몸소 체험하였고 조선왕조의 모든 권위체계의 본질적 몰락을 확신하였으며 그것은 새로운 세상의 열림이라는 "개벽開闢"의 희망으로 귀결되었다.

초원의 절망이 수운의 희망으로 전환되는 논리의 구조적 전개가 바로 상도에서 기연으로 가는 길이다. 초원이 주자학의 절대적 권위구조 속에서 형성된 성리性理의 가도가명적可道可名的 고착성의 방벽을 뚫고 항상 그러한 상常, 모든 윤리적 실체성이 허물어지는 무無로 가는 길은 제2기원을 오히려 제1기원의 기연其然으로 환원하는 작업이었다. 제2기원에서 제1기원으로 돌아가는 길이 곧 제3기원의 개벽이었다. 그것은 바로 칼 야스퍼스가 말한 주축시대가 다시 도래하는 것을 의미했다. 이 "다시 도래"를 수운은 『용담유사』에서 "다시 개벽"이라 노래하였던 것이다.

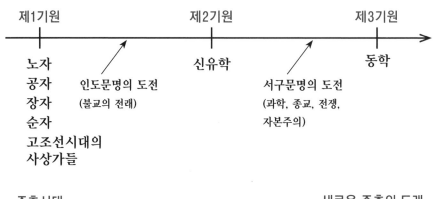

고조선문명을 재창조하여 제3기원을 여는 과정

이제 독자들은 내가 왜 이 시점에서 『노자』의 주석을 달고 있는지, 왜 『노자』 제1장의 첫 구절의 의미의 바른 이해가 중요한지, 그리고 그것이 얼마나 이 시점의 우리 실존의 문제와 관련되어 있는지를 대강 깨달았을 것이다.

"도가도비상도, 명가명비상명"의 의미는 매우 단순한 것이다. 우리의 삶이나 문명이 추구하는 모든 진리가 "상도常道"와 "상명常名"을 기준으로 하여 이루어져야 한다는 것이며, 도와 명의 궁극적 실상은 "상常"에 있다는 것이며, 상에 있다는 것은 시공간의 변화 속에 있다는 것이다. 불변의 도, 불변의 명을 추구하는 삶은 허망한 것이며 위선적인 것이며 시의를 망각하는 것이다. 예를 들면, 하나님을 믿는다고 하는 자들은 하나님은 불변의 절대적인 존재라고 서슴지 않고 말할 것이다. 그러나 노자가 "도가도비상도"를 말한 뜻은, 하나님도 반드시 시공 속에서 항상 그러한 존재가 되어야 한다는 것이다. 시공간의 변화와 무관한 하나님은 하나의 개념적 픽션이며, 저열하고 단순한 약속 Conventionalism에 불과하다. 하나님을 바로 이해하는 첩경은 상常을 이해하고 사랑하는 것이다. 그러하기 때문에 초원은 상도를 말했고 수운은 기연을 말하며 시공간 속의 인간존재를 하나님으로 파악했던 것이다.

이제부터 간결하게 『노자』 텍스트를 주해하기로 하겠다.

> 無名, 天地之始;
> 有名, 萬物之母。

이 두 문장은 첫 두 문장처럼 병려騈儷를 이루는데 첫 쌍구雙句 중의 명名을 동사로 해석할 수도 있다. "무명無名, 천지지시天地之始"를 "무無, 명천지지시名天地之始"로 끊어 읽을 수도 있다는 것이다. 첫 번째 독법으로는 "무無는 천지의 시초이다"라는 뜻이 되는데, 두 번째 독법으로는 "무無는 천지의 시초天地之始라고 이름한다"가 된다. 궁극적인 뜻을 고구考究해 들어가면 양자에 대차가 없다고 말할 수도 있겠지만, 『노자』라는 텍스트의 전체적 맥락에서 보면 무명과 유명을 주어로 놓는 것이 맞다.

무명과 유명을 독립된 개념으로 보는 것은 왕필주에서 이미 확고하게 드러날 뿐 아니라, 그 앞의 "도가도비상도, 명가명비상명"의 문구에서 가장 명료한 주세는 "명名"과 "상常"이 있기 때문에 그 주세를 받는 문장의 연속성을 생각하면 무명과 유명이 훨씬 더 자연스럽다. 갑자기 무와 유라는 극도의 추상적인 개념이 주어로 등장한다는 것은 부자연스럽다.

이미 최초의 병려문에서 명名과 상常의 문제가 현상과 초월의 문제가 아니라는 것이 토로되었으므로, 유有와 무無의 문제도 존재Being와 비존재Non-Being의 문제가 아니라는 것을 알 수 있다. 동방인들이 말하는 무無는 초월이나 비존재, 혹은 아무 것도 없음을 말하는 것이 아니라 무형無形을 말하는 것이다.

무형은 곧 무명無名을 말하는 것이다. 노자의 현상주의는 모든 개념을 시공간 내의 상常으로 통섭하므로 유와 무는 시공간 내와 시공간 밖의 문제일 수가 없고, 상의 유, 상의 무가 될 수밖에 없으므로 그것은 결국 유형有形과 무형無形, 유명有名과 무명無名의 문제로 환원된다. 이러한 문제를 초원은 매우 명쾌하게 다음과 같이 풀이하고 있다.

> 노자에게 있어서 무無라고 하는 것은 유有에 상대적인 무가 아니다. 유有 역시 무無로부터 생겨나는 종속적인 유가 아니다. 무는 상무常無일 뿐이며 이름할 수 있는 무가 아니니, 그 묘妙함이 헤아릴 수 없을 뿐이다. 유 또한 상유常有이니, 이름할 수 있는 유가 아니며, 그 가상자리도 가없을 뿐이다.
> 無非對有之無, 有非自無爲有。無乃常無, 而非可名之無, 則其妙不測。有亦常有, 而非可名之有, 則其徹無際。

파르메니데스는 존재를 사유와 일치시켰다. 따라서 사유되는 모든 것은 외계에 상응하는 실재 대상이 있다고 믿었다. 비존재의 존재는 실재할 수가 없다. 빈 공간도 있을 수 없다. "빔"이라는 것 자체가 사유된다는 것은 그것이 이미 존재로서 공간을 점유한다는 의미가 된다. 따라서 빈 공간이라는 것은 없다. 따라서 사물은 움직이지 않는다. 운동이라는 것 자체가 허구이니까. 파르메니데스는 존재와 사유를 일치시킴으로써 세계로부터 생성과 소멸을 추방시켰다. 궁극적으로 존재하는 것은 사유의 세계이며 따라서 가시세계는 존재하지 않는 것이다.

말해지고 사유되기 위한 것은 있어야만 한다. 단편6 심플리키오스(DK28B6)

…… 길에 관한 이야기가 아직 하나 더 남아 있다, 있다라는. 이 길에 아주 많은 표지들이 있다. 있는 것은 생성되지 않고 소멸되지 않으며, 온전한 한 종류의 것(oulon mounogenes)이고 흔들림 없으며 완결된 것(ēde teleston)이라는. 단편8 심플리키오스(DK28B8)

…… 그런데 어떻게 있는 것이 나중에 있을(epeita peloi) 수 있겠는가? 또 어떻게 그것이 생겨날 수 있(었)겠는가? 왜냐하면 생겨났다면 그것은 있지 않고, 언젠가 있게 될 것이라면 역시 있지 않기에, 이런 식으로 생성은 꺼져 없어졌고 소멸은 들리지 않는다. (그것은) 나누어질 수 있는 것도 아니다. 왜냐하면 전체가 균일하기에,

(이상 대우고전총서 『소크라테스 이전 철학자들의 단편 선집』 pp.277~282에서 인용).

서구문명의 가장 깊은 근원의 난편Fragments이라고 말할 수 있는 이 알쏭달쏭한 이야기들은 실로 하나의 궤변에 지나지 않는다. 이 세계의 생성소멸을 전적으로 인정하지 않고 사유로만 도배질한 것이다. 그 사유는 고등한 것이 아니라 저열하다. 그러나 이러한 파르메니데스의 사유체계는 2천 년 이상 서구존재론의 바탕이 되었다.

주어를 무명無名과 유명有名으로 끊어 읽어야 한다는 나의 주장은 『노자』라는 텍스트 그 자체에서 증명되는 것이다. 32장에서 "道常無名 …… 始制有名"이라 하였고, 37장에서 "吾將鎭之以無名之樸"이라 하였으며, 41장에서 "도은 무명道隱無名"이라 하였으니, 무명, 유명은 노자 자신의 고유한 개념임을 알 수 있다.

자아! "無名, 天地之始; 有名, 萬物之母。"라는 것은 정확히 무슨 뜻일까?

우선 무명 다음에는 천지天地가 왔고 유명 다음에는 만물萬物이 왔는데, 노자백서텍스트에는 천지라는 말이 없고 다같이 만물로 되어있다(無名, 萬物之始; 有名, 萬物之母). 사마천의 『사기』의 열전 중에 「일자열전日者列傳」(일자라는 것은 천상天象을 살펴 점을 치는 사람이라는 뜻이다. 즉 점쟁이열전이다)이라는 것이 있는데 그 재미있는 얘기 중에 바로 『노자』의 이 구절이 인용되어 있다. 그런데 그 인용문은, "無名者, 萬物之始也"로 되어있다.

그리고 또 왕필이 제1장의 "무명無名, 천지지시天地之始; 유명有名, 만물지모萬物之母"의 본문조條에 주를 다는 데 있어서, "凡有皆始於無, 故未形無名之始, 則爲萬物之始"라고 되어있어, 그가 주석을 달고 있는 대상텍스트 자체가 "천지지시天地之始"가 아닌 "만물지시萬物之始"로 되어있었다는 추론을 가능케 한다. 마서륜馬叙倫, 1885~1970(절강성 항주杭州 사람. 중국민주촉진회中國民主促進會 수위중앙주석. 『동방잡지』 편집인. 훈고訓詁의 대가), 장석창蔣錫昌, 1897~문화대혁명 때 희생당함(강소성 무석無錫 사람. 건가박학乾嘉樸學의 의발을 계승했다고 평가되는 대 훈고학자. 노장 방면의 탁월한 문헌비평저술을 냄. 사학자 전목錢穆의 친구) 같은 이들이 이미 마왕퇴백서가 나오기 이전에 이와 같은 문헌적 사실을 고증하였고, 백서의 발굴로 인하여 이들의 고증이 사실이라는 것이 입증된 것이다.

그러나 실상 문의文義로 볼 때 같은 단어를 써서 "만물지시, 만물지모"라 말하는 것보다는 "천지지시, 만물지모"가 의미론적으로는 보다 심화된 맛을 제공한다고도 말할 수 있다. 다시 말해서 천지코스몰로지Tian-di Cosmology적 사유가 강화되어갔다고도 말할 수 있을 것이다. 하늘 천天과 땅 지地의 기능적 묘합에 의하여 구체적 만물萬物이 생성되므로 "시始"를 말하는 데 있어서는 만물보다는 천지가 보다 더 추상적이고 오묘한 맛을 전할 수 있다.

백서의 출현은 『노자』라는 텍스트 그 원래의 모습이 "만물지시, 만물지모"였다는 것을 우리에게 알려준다. 그리고 기원후 3세기 전반의 왕필이 본 텍스트도 "만물지시, 만물지모"의 모습을 지니고 있었다는 것을 추론케 한다. 그러나 이러한 텍스트상의 동이同異를 건드리기 시작하면 그 디테일에서 생겨나는 훈고학상의 문제가 끝이 없기 때문에 우리가 소기하는 바 노자의 사상의 총체적 국면이 흐려지거나 유실되고 말 가능성이 크다. 백서의 출현이 우리에게 확신을 심어주는 대체적 의미는 생각했던 것보다는 텍스트 배리에이션의 폭이 크지 않다는 것이다. 현행 중국고전들의 전승과정의 정밀성을 입증해주었다는 것이다. 따라서 우리는 현행 왕필주본 텍스트를 기준으로 하여 전체적 의미를 파악하는 데 주력하기로 한다.

상기의 병문에서 "만물"이 공통분모가 되면, 중요한 것은 "시始"와 "모母"가 된다. "시"는 시작, 시초, 태초의 의미이며 "모"는 어미, 생성의 근원 등의 의미를 가진다. "모母"는 그 자형字形 자체가 여자가 무릎을 꿇고 있는 모습이며 점 두 개가 찍힌 것은 아기를 양육하는 여인의 유방을 나타낸다. 그러니까 "모"는 생성의 근원, 더 구체적으로는 생명의 탄생과 관련이 있다는 것을 쉽게 일 수 있다.

그런데 "시始"도 또 계집 녀女 변을 가지고 있으므로 여자와 관련이 있는 듯한데, 우리가 보통 글자해석의 가장 정통적 근원으로 삼는 『설문해자說文解字』(동한東漢 허신許愼의 작품, AD 100~121에 성립. 세계역사상 가장 빠른 자전字典 중의 하나. 10,516글자 수록)에도 "始, 女之初也"라고만 되어있어, 그 명확한 의미를 파악하기가 힘들다. "시, 여자의 처음이다"라는 것이 과연 무슨 뜻일까? "시始"를 "태胎"와 관련있는 글자로 본다면 여자가 최초로 회임을 하는 그 순간을 나타낸다고도 말할 수 있을 것이다. "시始"에서 계집 녀의 입구를 제외한 글자 "厶"는 본래 농경을 상징하는 보습(쟁기날)의 모습으로 해석한다. 보습은 농사의 시작을 의미할 수도 있고, 입 구口는 언어의 시작을 의미할 수도 있다.

시라카와白川静 같은 학자는 입 구口를 첫 삽을 땅에 박을 때 축도祝禱를 하는 제기로 해석한다. 하여튼 이 모든 상징체계가 "처음"의 의미를 나타내고 있다고 볼 수 있다. 그것은 우리가 살고 있는 코스모스cosmos의 시작을 상징하는 것이다.

도道	
무無	유有
무명無名	유명有名
무형無形의 세계	유형有形의 세계
카오스	코스모스
천지지시天地之始	만물지모萬物之母
시始	모母
무욕無欲	유욕有欲
묘妙	교徼

자아! 이렇게 표를 펼쳐놓고 생각하면 보다 생생하게 제1장의 전체 의미가 드러날 것이다. 노자는 사물, 인간과 우주를 포함하는 전 존재자의 세계를 인식하는 방법으로서 유有와 무無를 동시에 직관하는 통관通觀의 태도를 고집한다. 노자에게는 서양의 고전철학이 고민하였던 존재와 비존재의 문제는 있을 수 없다. 무無라는 것은 비존재 즉 아무것도 없음Nothingness을 뜻하는 것이 아니요, 단지 무형無形일 뿐이며, 무형이기 때문에 무명無名일 뿐이다.

**이름이 없음이 천지의 시작이요,
이름이 있음이 만물의 어미이다.**

"이름이 없음"은 "모습의 없음"이요, 모습의 없음은 천지의 시작, 즉 태초의
모습이다. 요한복음 1:1에서 말하는 "아르케άρχῆ"가 로고스(말씀)가 아닌 무
명이다. 태초에 로고스가 있었던 것이 아니라, 로고스(=명名)가 부정되는 무명,
무형이 있었을 뿐이다. 그렇다고 소크라테스 이전 철학자들이 추구하였던 원
질로서의 아르케도 거부한다. 그러한 원소주의적 사유는 오행론자들에게서 나
타나지만 그것은 천박한 환원주의reductionism에 불과하다. 모든 사물은 무명과
유명 이 두 차원의 사태에서 통관되어야 한다. 유명은 구체성을 띠는 생성의
형태이므로 그것은 만물의 어미가 된다. "어미"가 젖을 먹이는 양육의 상징이
라는 것은 앞에서 이미 논구한 바 있다.

AD 550년경에 중국사상사에 등장한 대승불교 전반의 사상을 개략한 『대승
기신론大乘起信論』이라는 탁월한 저작이 있고, 이 저작물은 원효가 소疏를 내
는 바람에 우리나라 불교계에서도 항상 논의의 대상이 되어왔다. 『대승기신론』
이 AD 100~160년경에 활동한 인도의 마명馬鳴 보살이 쓴 것을 양梁나라에 온
서인도의 승려 삼장법사 진체眞諦가 한역漢譯하였다고 전하지만 실제로 마명
이 누구인지 그 저자의 아이덴티티를 확인할 길이 없고, 또 산스크리트 원본이
발견된 바가 없기 때문에 이 책의 성립과정에 관해서는 논란이 그치지 않는다.
애초 중국에서 중국말로 성립한 경전이라는 주장도 만만치 않다.

그런데 『대승기신론』은 "대승"을 "일심一心"이라고 규정한다. 그런데 일
심이라는 것은 특별한 깨달음을 얻은 특별한 사람의 마음이 아니라, 뭇 인간의
보편적 마음, 즉 "중생심衆生心"을 일컫는 것이다. 일심은 중생심이기 때문에
진여眞如와 생멸生滅이라는 두 문(이문二門)을 갖는다. 번뇌를 일으키는 생멸이

없으면 그것은 중생의 마음일 수가 없기 때문이다. 그런데 진여문과 생멸문을 생각하는 데 있어 많은 사람들이 진여문을 불생불멸의 구극적 실체로 놓고 생멸문을 빠져나와 진여문으로 들어가는 것이라고 생각한다. 그러나 그것은 넌센스이다. 불교의 이론가들의 말버릇에 배어 있는 무의식 중의 실체의 논리가 항상 이러한 넌센스를 유발한다.

이문二門에서 중요한 것은 진여문이 아니라 생멸문이다. 진여문은 "불생불멸"이라 하지만 그것은 시간의 초월을 의미하는 것이 아니다. 최소한 대승의 사상에 있어서는 진여문이 생멸문 속으로 융합되지 않으면 일심(큰 마음, 우주마음)은 이루어지지 않는다. 생멸문과 진여문의 구극적 일체성은 곧 대승의 가장 핵심적 진리이다. 이문二門이 곧 일심一心이라고 하는 사유, 즉 동일한 대상세계를 심진여문과 심생멸문이라고 하는 양면의 견지見地에서 바라보는 사유, 이문을 일심화하는 사유는 결코 마명이라는 한 인도 스님의 창작물이라고 보는 것은 어리석은 것이다.

일심이문의 사상은 노자의 무명과 유명의 사유를 전제로 하지 않고서는 이해될 수 없다. 즉 한역화된 대승의 핵심에 바로 노자가 놓여있는 것이다. 『노자도덕경』과 『대승기신론』은 최소한 1천 년의 시간을 격하고 있다. 1천 년 동안 동방인의 사유와 생활 속에 배어있는 사유가 인도불교적인 레토릭을 구성하여 내놓은 것이 『기신론』, 아니 대승 중생심의 요체이다.

일심이문의 사상은 아라야식阿梨耶識, 阿賴耶識 ālaya-vijñāna이라고 하는 유식의 사상을 전제로 한 것이지만 노자의 무명·유명은 우주론의 문제이며, 우주를 감지하는 인간의 인식방법 전반의 문제이기 때문에 여래장식의 논의를 뛰어넘는 총체적인 논의이다. "진여眞如"라는 것은 "도가도비상도"라는 노자의 말대로, 말할 수도 없고 생각할 수도 없는 것이다. 불가설, 불가념이기 때문에 진여라 이름한 것이다(不可說不可念故名爲眞如). "진여"의 "진眞"은 진가

眞假의 분별을 전제로 한 것이 아니라, 일체 법이 다 있는 그대로 진실하다는 의미에서의 "진"이며, 그 진은 여실如實하다는 의미에서의 진이므로 "진여眞如"라고 말한 것이다. 진여는 일체법이 "동등하게 여여하다"는 "동여同如"를 의미한다. 그러니 그것은 결국 노자가 말하는 상常으로 포섭될 수밖에 없다. 심생멸心生滅이 의지하고 있는 여래장如來藏의 문제도 노자를 떠나서 해석할 수 없다. 여래장이란 자성청정심인데 어둠에 가려져 생멸심이 되기도 하지만, 그것이 어둠에 가려졌다고 해서 여래장이 아닌 것이 아니며, 어둠이 걷히면 그것은 곧 진여로 화하는 것이다.

그러나 여래장의 여래성如來性이라는 것을 또다시 실체화하는 오류를 범하면 아니 된다. 여래성 그 자체가 상常의 생멸 속에 있는 것이다.『기신론』에서 아라야식의 화합식적인 성격을 설명하는 데 있어서 "불생불멸"과 "생멸"의 화합이라는 표현을 썼는데(心生滅者依如來藏故有生滅心。所謂不生不滅與生滅和合, 非一非異, 名爲阿梨耶識。) 원효는 이것을 해석하여, "이것은 근원적으로 생하거나 멸하지 않는 마음의 바탕과 생멸하는 현상이 화합한다는 의미이지 생멸과 불생멸이 화합한다는 의미는 아니다"(此是不生滅心與生滅和合, 非謂生滅與不生滅和合也。)라고 밀했는데 전하의 명해明解라 밀하지 않을 수 없다.

새로 생겨나거나 없어지거나 할 수 없는 심적 현상과 생멸하는 번뇌의 세계의 화합을 의미하는 것이지, 시간성과 초시간성의 화합을 의미하는 것은 아니라는 뜻이다. 염정화합식染淨和合識이니 진망가합식眞妄假合識이니 하는 따위의 문제들이 모두 노자가 말하는 상常의 일체성 속에서 논구되어야 마땅하다.

무명은 천지지시요, 유명은 만물지모이다. 모든 사물은 무명과 유명의 복차원複次元에서 동시적으로 인식되어야 한다. 서양철학은 현상이 곧 본체라고 하는 겹차원을 이해하지 못했다. 현상 그 자체가 본체의 중층적 구조를 갖는다는 것을 이해하지 못했다. 나라는 존재는 유명의 존재인 동시에 무명의 존재이요,

모母와 시始를 동시에 구유하는 존재이다. 내가 인지하는 모든 사물이 그와 같다.

　무명과 유명의 문제가 우주론적 차원의 문제라고 한다면 무욕과 유욕의 문제
는 인생론적, 가치론적, 윤리학적 차원의 문제가 된다.

> 常無欲以觀其妙,
> 常有欲以觀其徼。

　명名(이름)이라는 것은 분별을 전제로 한 것이다. 분별의 요청이 없으면 명은
생겨나지 않는다. 그러기에 명은 욕欲을 유발시킨다. 불교에 있어서 "욕欲"이
란 "집執abhiniveśa"이라는 말로 표현되며, 망집妄執은 번뇌의 근원이 된다. 그
러나 노자에게 있어서 욕欲은 개인의 내면적 심리상태의 문제(attachment)라기
보다는, 사회적 행위를 일삼는 사회적 주체의 부귀에 대한 갈망 같은 것을 더
의미하게 된다. 노자가 강론하고 있는 대상은 성인이다. 성인을 자처하는 자들,
성인이 되고 싶어하는 자들, 사회적 영향력을 끼치고 있는 모든 치자治者들을
대상으로 하고 있는 것이다. 불교가 개체의 심리철학이라고 한다면, 노자의 담
론은 사회철학Social Philosophy이라 말해야 한다.

　"욕欲"은 반드시 부정되어야만 하는 것은 아니다. 그것은 생명의 근원이며
생활의 명증이며 문명의 기저이다. 욕이 없는 인간은 인간이 아니다. 우리가 잘
아는 『예기』「예운禮運」편에 이와 같은 말이 있다.

> 음식남녀는 인간의 거대한 욕망이 자리잡고 있는 곳이다. 사망빈고(죽고 사라지고
> 가난하고 고통스러운 것)는 인간이 크게 싫어하는 바의 것이다. 그러므로 욕망하고
> 싫어하는 것, 그것이야말로 인간의 마음의 대국적 형세이다. 인간은 그런 마음을
> 항상 숨기고 있으니 참으로 헤아리기 어렵다. 아름다움과 추함이 동시에 그 마음에
> 숨겨져 있어 그 본색을 드러내지 않는 것, 그것이 바로 인간이다.

飲食男女, 人之大欲存焉; 死亡貧苦, 人之大惡存焉。故欲惡者, 心之大端也。人藏其心, 不可測度也。美惡皆在其心, 不見其色也。

이안李安, 1954~ (대만 출신의 세계적인 영화감독. NYU에서 수학)의 영화『음식남녀』(1994) 때문에 이「예운」편의 성어가 많이 알려지기도 했지만 읽을 때마다 가슴을 숙연케 만드는 그 무엇이 있다. "음식남녀"는 고자告子가 말한 "식색지성食色之性"의 변양이요 뭐 특별한 말은 아니다. 그러나 오늘날 우리 사회의 "미투사화"의 제 양상처럼 인간세를 괴롭히고 있는 인성人性의 대단大端임에는 틀림이 없다.

노자는 무욕과 유욕을 말한다. 즉 무명과 유명의 인식론·우주론을 인간론으로 바꾸어 말하면 무욕과 유욕이 된다는 뜻이다.

> **늘 바램(욕심)이 없음으로써 그 묘함을 보고,**
> **늘 바램(욕심)이 있음으로써 그 교함(가상자리)을 본다.**

"묘妙"는 센터Center를 지시하는 것이요, "교徼"는 페리페리Periphery를 지시하는 것이다. 센터는 블랙홀과 같이 모든 것이 빨려 들어가는 무형의 자리인 동시에 모든 것이 생성되어 나오는 창조의 센터이기도 하다. 교徼는 본시 어느 코스모스(마을)의 외곽, 근교에서 주령呪靈을 맞이하는 주의呪儀와 관련 있다고도 이야기되나 확실한 자의는 알 수가 없다. "요행徼幸"(이때는 "교"가 "요"로 발음된다)이라는 말에도 쓰이고, 또 "구한다求"는 뜻도 있다.

"욕심이 있음으로써 가상자리를 본다"는 명제에서 가상자리는 무명과 유명, 즉 무형과 유형의 경계, 명과 형이 생겨났다 없어지고, 또 없어졌다 생겨나고 하는 그 경계의 자리를 의미한다. 묘함이라는 것은 무명의 중앙이며, 인간의 분별지가 미칠 수 없는 언설을 떠난 자리이다. 『기신론』의 저자는 진여를 설명하는 총론의 자리에서 이와 같이 말하고 있다.

> 우리가 진여라고 언설을 사용하고는 있지만 그것은 어떠한 상相도 지니고 있지 않
> 다. 그것은 언설의 극한을 일컫는 것이며, 말로 인하여 말을 버리는 것이다.
> 言眞如者亦無有相, 謂言說之極, 因言遺言。

　　노자는 『기신론』이 말하는 진여와 생멸을 매우 소박하게 무욕無欲과 유욕有
欲으로 표현한다. 무욕함으로써 그 묘를 보고, 유욕함으로써 그 교를 본다. 유
욕은 형명形名의 분별의 세계와 관계되므로 당연히 유욕이 관觀하는 세계는
분별이 명료하게 드러나는 페리페리의 세계이다. 그러나 무욕함으로써 인간은
분별의 앎을 떠난 그 전체, 무명의 본바탕 그 센터로 직입直入할 수 있게 된다.
무욕은 결코 욕의 전면적인 거부가 아니다. 욕은 인간에게서 사라질 수도 없고
사라져서도 아니 되는 것이다. 무욕이란 분별지의 폭력에서 벗어나는 것이다.
무욕이 대상으로 하는 세계, 즉 무욕함으로써 보고자 하는 세계는 묘妙한 세계
이다.

　　노자의 원문을 보면 무욕과 유욕 앞에 "상常"이 있는데, 그것은 신택스상으
로는 "늘"이라는 부사적 용법으로 쓰인 말씨이지만, "늘 무욕함으로써," "늘
유욕함으로써"라는 표현은 무욕과 유욕이 일자를 부정하고 타자에게로 나아
간다는 뜻이 아니라, 다같이 "상常"의 우주의 두 측면임을 나타내고 있다. 묘
妙(센터)와 교徼(페리페리)는 어느 일자가 부정됨으로써 고존孤存하는 것이 아니
라 상常의 두 측면으로 공존共存하는 것이다. 우리의 일상日常에도 묘妙와 교
徼는 공존하는 것이며, 병존하는 것이다. 이것이 바로 동방인에게는 서양사상
이나 종교가 강요하는 극단적 금욕주의Asceticism가 부재하는 이유이다.

　　노자가 『도덕경』이라는 경전을 쓴 이유는 분명, 우리에게 유욕이나 유명을
가르치려는 것이 아니요, 무욕과 무명의 웅혼함과 그 웅혼함이 길러내는 그 인

격자세를 가르치려는 데 있다는 것은 자명하다. 노자의 사유의 전반에 깔려있는 정조情調는 유에 대한 무의 가치론적 우위성이다. 유형보다는 무형이, 유명보다는 무명이, 유욕보다는 무욕이, 모母보다는 시始가, 교徼보다는 묘妙가 가치론적으로 우월성을 지니는 것이다. 그러나 무가 무로써 진정하게 존립하기 위해서는 유를 같이 상정해야만 하는 것이다. 이것은 하나님이 이 세계를 떠나서는 하나님일 수 없다는 것, 진여가 생멸 속에서만 진여일 수 있다는 일심의 논리와 정확하게 일치하는 것이다. 노자는 말한다.

此兩者同。
이 둘은 같은 것이다.

바로 이 노자의 선포에서 이문二門이 일심一心이라는 마명의 논리가 나왔고 원효의 화쟁사상이 성립한 것이다. 차양자동, 이 4글자야말로 서구고전철학의 아르케적 탐구의 편협성을 타파한 인류의 예지의 원점이며, 동서고금의 모든 사유를 회통시킬 수 있는 비실체적 기점基點이라 말할 수 있다. "이 둘"이라는 것은 무와 유, 무명과 유명, 무욕과 유욕, 천지지시와 만물지모, 묘와 교, 기존의 문맥의 어떠한 짝이든 기간에 무리없이 해당될 수 있다.

무욕함으로써 바라보는 묘한 세계, 유욕함으로써 바라보는 페리페리의 분별세계가 결국은 같은 것이라는 사실의 선포야말로 동방인의 웅혼한 사유의 원점이라 아니 말할 수 없는 것이다. 혼륜渾淪한 무분별의, 무명의 카오스와 명료한 분별을 지니는 유명의 코스모스가 결코 둘이 아니라는 것은 이문二門이 일심一心이라는 주장에 그치는 것이 아니라 모든 이원론적, 초월론적 사유의 래디칼한 전복을 요청하는 것이다. 우리가 가장 원초적이라고 멸시한 사유의 데이터들이 가장 고등한 최후적 구성물이라는 사실이 드러나게 되는 것이다.

차양자동此兩者同! 본체와 현상이 둘이 아니다. 하늘나라와 이 세계가 둘이 아니다. 하나님과 사람이 둘이 아니다. 해탈과 번뇌가 둘이 아니다. 실존과 본질이 앞서고 뒤지고 할 건덕지도 없이 하나다. 나의 현존과 존재가 하나다. 그렇다면 번뇌의 진흙탕물 속에 뒹굴고 있는 현존재, 그대로 좋단 말인가! 사람이 곧 하나님이라니! 그럼 사망빈고와 음식남녀에 허약하게 무너지는 가련한 실존이 곧 하나님이란 말이냐? 우리에게 마야māyā의 허환을 일으키는 현상 그 자체가 본체noumena요 실재reality란 말이냐? 하나님은 과연 사소한 통고痛苦에도 어쩔 줄 몰라 하는 가련한 인생과도 같은 존재란 말이냐! 하나님 없이, 의지 없이, 이 가련한 미물微物에게 어떻게 살아가라고 무책임하게 내던지고 마는 것이냐?

이러한 질문은 누구나 할 수 있는 질문이고, 누구든지 던져야 하는 질문이다. 그러나 문제는 질문을 하는 근원적 자세가 틀려먹었고, 또 대답을 하는 방식이 문화적 편견에 오염되어 있거나 권위주의적 성견成見에 매몰되어 건강한 풀이를 찾지 못하는 딱한 결구에 모두가 묶여있다는 데 있다.

현상과 본체라는 문제설정, 하나님과 인간이라는 존재설정 그 자체가 하나의 픽션이다! 노자에게는 그러한 픽션 자체가 존재하지 않는다. BC 6세기에 이미 동아시아문명권에는 초월자의 압박이 부재했다. 현상과 본체의 문제는 양자를 분리하고 대립시키고 서로 초극시켜야 하는 실체로 설정되어야 할 문제가 아닌 것이다. 하나님은 완전하고 인간은 불완전한 존재라는 문제설정 자체가 사기요, 엉터리요, 인간을 등쳐먹으려는 놈들의 사업농간이다.

하나님은 완전하기에 불완전해지려고 노력하고 인간은 불완전하기에 완전해지려고 노력하는 그 과정, 하나님과 인간이 완전과 불완전을 서로가 공유하는 복잡한 관계, 그 과정이 곧 우주요, 삶이요, 생生이요, 도道라고 생각하면 어디가 덧나냐! 사유는 자유다. 철학은 무전제다.

노자는 일단 무욕과 유욕, 즉 묘妙와 교徼의 세계를 이원적으로 설정했다. 그러나 동방의 철리를 말할 때는 "이원二元"이라는 말을 서양철학적 "듀알리즘 Dualism," 우주의 원질archē을 두 개의 실체로 보는 그러한 "이원"이라는 말로서 해석하면 아니 된다. 적절한 표현이 없기 때문에, 서구언어에 이미 우리말이 오염되었기 때문에 피할 길이 없으나, 두 개의 실체Substance라는 의미에서의 이원론은 우리에게는 존재하지 않는다. 서양의 실체는 반드시 자기원인 causa-sui을 전제로 한 것이고, 우리의 "원元"은 관계적 개방을 전제로 한 것이다. 다시 말해서 무욕과 유욕의 이원은 이원론적인 대립관계가 아니다. 노자는 명료하게 말했다.

> **무욕의 세계와 유욕의 세계는 같은 것이다. 무의 세계와 유의 세계
> 는 같은 것이다. 무명의 세계와 유명의 세계는 같은 것이다.**

그러나 우리는 유욕에서 무욕의 세계를 향해 여행을 떠나야 한다. 이 여행에는 앞으로도 80개의 관문이 우리를 기다리고 있다(기실 『노자』라는 텍스트에는 도경과 덕경의 구분은 있었으나, 장절의 구분은 없었다). 이 80개의 관문을 통과하면서 우리는 새로운 지식를 발견하고 새로운 우주를 발견하게 되는 것이다.

"차양자동此兩者同"을 아랫 문장과 연속해서 읽는 용법도 있다: "이 양자는 같은 곳으로부터 나와 다른 이름을 갖게 되었을 뿐이다 此兩者, 同出而異名." 결국 대차가 없다고 말할 수도 있겠으나 나는 그러한 독법을 취하지 않는다. 차양자동! 진여와 생멸은 하나다! 본체와 현상은 하나다! 나의 현존과 지향점은 하나다! 훨씬 더 강력한 선포적 의미를 지닌다.

> 出而異名。

이 둘(차양자此兩者)은 나와서 다른 이름을 갖게 되었다고 번역될 수도 있는데,

여기서 "출出"이란 오리지네이션origination을 의미하는 족보적 사유(서구인들에게 가장 흔해빠진 진부한 생각)를 의미하지 않는다. "나와서"라는 뜻은 곧 "우리 인간의식에 접하여"라는 뜻이다. 인식의 대상이 되었을 때 비로소 다른 이름(이명異名)을 갖게 되었다는 뜻이다. 제1장의 이 짧은 몇 마디 속에서도 서양의 고대, 근세, 현대철학적 모든 문제를 찾아낼 수 있다. "도가도비상도"에서 노자는 언어에 대한 불신을 표명했지만, 그것이 결코 언어를 부정한 것은 아니었다. 인간이 욕의 세계를 떠날 수 없는 이상, 명의 세계를 떠날 수 없는 것이다. 언어부정의 신비주의mysticism적 태도로부터 언어의 방편적 긍정인 노미날리즘nominalism(유명론唯名論)에 이르는 근세철학적 테제가 여기 다 들어있는 것이다. 유욕과 무욕, 유와 무는 결국 노미나nomina(=only name)에 불과하다는 것이다.

"차양자동"이 "출이이명"으로 바뀌었다. 같음의 선포가 다른 이름들의 긍정으로 바뀐 것이다. 그렇다면 우리가 던져야 하는 오묘한 질문은 이런 것이다.

"같다"는 것은 "둘이 아니다"(不二)라는 얘기에 불과하다. 둘이 아니라구? 같다구! 좋다! 그럼 같다는 것은 과연 무엇이냐? 같다는 것 그 선언 자체를 설명해야 할 것 아니냐? 과연 같다는 것이 무엇이냐? 이 난해한 질문에 노자는 천하에 다시 있을 수 없는 명답을 제시하고 있다.

同謂之玄,
같다는 것, 그것을 일컬어 가믈타고 한다.

"위지謂之"의 "지之"는 "같음"을 지시하는 지시대명사이다. 따라서 "위지"는 "같음"을 거리를 두어 대상화하고 새롭게 규정한다는 자세를 명료히 하는 어법이다. 혹자는 "같음"을 "현玄"이라는 한 글자로 바꾸어 말한 것이 어떻게 "같음"을 정의하는 새로운 내용이 될까 보냐 하고 눈살을 찌푸릴 수도 있겠지만, "동위지현同謂之玄"이라는 이 네 글자야말로 하이데거가 "존재망실의 역사"라고 개탄한 바의 모든 문제점을 광정하고도 남을 끝없는 묘수妙數를 비장하고 있다.

"동同"은 바로 앞 문장에 있는 "차양자동此兩者同"을 있는 그대로 반복하여 승계한 주어에 불과하다. "이 둘은 같다"라는 표현에서 "같다"는 "이 둘"이라는 주어의 상태를 규정한 술부이다. "이 둘"은 무와 유, 무명과 유명, 무욕과 유욕, 묘와 교, 우리가 살고 있는 세계를 분별적으로 바라볼 수 있는 이원성의 극대치이다. 그러나 바로 그 둘은 결국 하나라는 것이다. 그 둘은 둘이 아니라는 것이다. 그 둘은 원래 하나라는 것이다. 그 둘은 이름만 달리했을 뿐 동일한 하나라는 것이다. 그 하나는 일체一體(한몸)요, 전일全一한 그 무엇이라는 것이다.

여기서 우리의 질문은, 전일한 그 무엇이 과연 무엇이냐에 관한 것이다. "둘이 알고 보면 하나"라는 규정은 전혀 그 둘이나 하나에 대한 속성의 규정성이 없다. "둘이 하나"라는 것은 단순한 수리적인 선언이다. 그 둘을 둘로만 알고 있었던 사람들에게는 그 둘이 결국 하나라는 선언은 충격적일 수 있겠으나, 그 하나됨에 대한 설명은 부재하다. 원효는 심생멸心生滅을 설명하는 데 있어서 적절한 비유를 사용하고 있다. 바다의 해수와 바람에 의하여 일어나는 파도를 들어 진여와 생멸을 말하고 있는 것이다.

바람에 의하여 일어나는 파상波相(풍상風相)은 생하고 멸하는 심생멸문을 상징한다. 바람이 잦으면 파도는 사라진다. 그러나 파도가 사라진다고 해수 그 자체가 사라지는 것은 아니다. 바닷물(水相)은 불생불멸의 진여眞如다. 그러나 바닷물과 파도는 둘이 아니다, 결국 바닷물과 파도는 같은 것이다. 이것이 결국 "차양자동"이라는 노자 1장의 논리가 대승불교에 원용된 대표적인 예이다. 유욕의 세계(파도가 이는 세계)와 무욕의 세계(고요한 바닷물의 세계)가 결국 하나라는 것이다. 원효는 진여와 생멸을 설명하는 데 또 진흙(미진微塵)과 와기瓦器의 예를 들기도 한다. 흙을 이겨 그릇을 만든다. 그릇은 생멸生滅한다. 그러나 그릇이 생멸해도 진흙은 영속한다. 진흙이 진여의 상징이고 그릇이 생멸의 상징이다. 미진과 와기는 통상이다. 통상 외로 또다시 별도로 와기가 있는 것이 아니다. 와기는 모두 미진에 통섭되는 것이다. 진여문이 또한 이와 같은 것이다(如微塵是瓦器通相, 通相外無別瓦器, 瓦器皆爲微塵所攝, 眞如門亦如是。).

원효가 바닷물과 파도가 둘이 아니요, 진흙과 와기가 둘이 아니라고 설파한 것은 대승의 본의에 적합한 것이다. 그런데 우리나라에서 원효를 논의하는 논객들은 이 말의 궁극적 의미를 망각하고 있다. 파도가 일지 않는 바닷물이라 해서 그 바닷물이 불생불멸하는 것은 아니다. 다시 말해서 시간을 초월하는 존재가 아니라는 뜻이다. 바닷물도 궁극적으로 생하고 멸하는 것이다. 한문에서 "불생불멸"이라고 하는 것은 "생멸 즉 번뇌"에 대비하여 강조하여 말하는 것이지 생과 멸을 부정하는 불생불멸을 지칭하는 것은 아니다. 바닷물과 파도가 둘이 아니요 하나라는 것은 그 모두가 시공간의 상常에서 성립하는 것이다. 와기와 진흙의 관계도 마찬가지다. 어떻게 진흙이 초시공적 존재일 수 있겠는가! 진흙도 시간과 공간을 점유하기는 와기와 마찬가지다. 그러기 때문에만 진흙과 와기가 불이不二할 수 있는 것이다. 그 양자는 동同한 것이다.

반야계열의 경전에서 잘 쓰이는 말인 "진공묘유眞空妙有"라는 개념의 뜻(육조六朝 초기부터 한역경전에 나타난다)도 결국 공空이 가假가 아닌 진眞이 되기 위해서는 곧바로 묘유妙有이어야 한다는 뜻이다. 진짜 공은 묘유일 수밖에 없다는 반야경전의 논리는 노자 1장의 무와 유, 차양자가 동同하다고 하는 주장을 떠나서 생각할 수 없다. 공空(=무無)과 유有가 별도로 존립하는 것이 아니라 공이 허무虛無 아닌 유有라는 뜻이요, 그 유有는 묘妙를 관觀하는 유有라는 뜻이다. 반야의 핵심논리가 이미 노자 1장에 포섭되어 있는 것이다.

이제 우리가 묻는 것은 그 "같음" 그 자체의 규정성에 관한 것이다. 같음은 과연 어떠한 것인가? 그 같음은 과연 어떻게 규정되는 것이냐? 그 같음의 속성을 어떠한 언어로 표현할 수 있겠는가?

同謂之玄
그 같음을 일컬어 가믈타고 한다.

"같음"을 일컬어 "가믈타"고 한다라는 메시지에서 우리는 "가믈타"가 "현玄xuan"의 번역어임을 알 수 있다. 재미있게도 "현"은 『천자문千字文』(양무제 때 활약한 안휘 지역 출신의 남조대신 급사중給事中 주흥사周興嗣, ?~521가 무제의 명으로 편찬한 작품. 조선조에서 아동교육용으로 크게 유행)의 첫 줄에 나오는 글자이다. 『천자문』은 중복되지 않는 1,000개의 글자가 4개씩 한 문장을 이루며 배열되어 있다. 그러니까 250개의 성어로 이루어져 있다. 그 시작이 "천지현황天地玄黃"이고 그 마지막이 "언재호야焉哉乎也"인데, 이것은 1천 개 글자의 나열이 하늘 천天으로 시작하여 어조사인 입겿 야也("입겿"은 문자 그대로 "어조"의 의미이다)로 끝나는 온통 한 문장인 듯한 인상을 주는 구성을 과시하고 있다. 내용도 천문, 사연, 수신앙성, 인륜도덕, 시리, 역사, 농경, 세사, 원예, 음식기서 등 문명을 구성하는 각 방면의 주제들로 구성되어 있다.

"천지현황"이란 "하늘은 현玄하고, 땅은 누렇다"는 의미인데, 이 첫 명제가 던져주는 의미는 천지는 일시에 태어나거나 창조되거나 조작된 것이 아니라 존재 그 자체이며, 그것은 단지 기술Description의 대상일 뿐이라는 것이다. 천지는 있는 그대로 그러할 뿐이다. 천은 현玄하고 지는 황黃하다.

현玄은 천天을 수식하는 형용사이다. 그런데 이 현은 황黃처럼 한 세동의 색깔을 나타내지 않는다. 현은 "다크Dark"라고 영역되며, 그것은 "블랙Black"을 의미하지 않는다. "다크"는 "다크 레드," "다크 블루," "다크 옐로우"처럼 모든 색깔에 "그윽한" 느낌을 주는 색조의 깊이를 나타낸다. 시간·공간과 더불어 짙어만 가는 질감을 형용한다.

『천자문』 중에서 가장 오래된 고본으로 알려진 『광주판천자문』(선조 8년, 1575년 광주光州에서 간행된 것)에 현은 "가믈 현"으로 훈되어 있고, 선조 16년(1583)에 간행된 『석봉천자문石峯千字文』에는 "가믈 현"으로 되어 있다. 그리고 순조 4년(1804) 서울에서 방각본坊刻本(민간 간행본)으로 나온 『주해천자문註解千字文』에는 "감을 현"이라고 훈했고, "유원幽遠"(그윽하고 멀다)이라는 의미 있는 주석을 붙여놓았다.

그러니까 "현玄"은 "검다"라고 훈되면 아니 된다. 그것은 반드시 "가믈하다"라고 훈되어야만 한다. 현재 우리말 표준어로 "가물가물하다"라는 말이 같은 계열의 말이지만, 나는 옛 발음을 존중하여 "가믈타"라고 훈하였다.

재미있게도 "블랙black"을 의미하는 "흑黑"이라는 글자는 『천자문』에 나오지 않는다. 그 글자는 최세진崔世珍, 1468~1542이 중종 22년(1527)에 편찬한 『훈몽자회訓蒙字會』(『천자문』이 조선의 현실에 맞지 않는다고 생각하여 새롭게 편찬한 3권의 한자학습본. 3,360자를 수록)에 나오고 있다. 『훈몽자회』에서는 "흑黑"을 "거믈 흑"이라고 훈하였다. 그러니까 "검다"와 "가믈타"는 전혀 다른 말인 것이다. 내가 어렸을 때도 동네 서당에서 모두 "하늘 텬, 따 디, 가믈 현, 누루 후앙," 이런 식으로 발음하곤 했던 것이다.

同謂之玄

이제 독자들은 "동위지현"의 뜻을 어렴풋하게나마 파악하기 시작했을 것이다. 여기 "동同"이란 무와 유, 무명과 유명, 무형과 유형의 세계가 하나로 된, 노미나의 분별을 넘어선 혼융한 전체의 모습을 가리킨다. 그 "같음"이 과연 무엇인가? 노자는 우리의 질문 그 자체에 대하여 브레이크를 건다. 그 같음이 무엇인가? 그 같은 무엇이 과연 무엇인가? 그것은 "무엇"이라는 질문으로써 접근되면 아니 된다. 그 같음은 오직 기술될 뿐이다. 이것은 『천자문』이 "천지현황"으로 시작되는 것과 동일한 사유체계이다. "하늘은 가믈하고 땅은 누렇다!" 이것은 천지에 대한 모든 실체적 사유를 거부하는 것이다.

동위지현, 같음을 가믈타고 한다. 여기서 중요한 사실은 현玄이 명사가 아니라는 것이다. 현은 "다크dark"라는 형용사로서 동同을 형용하는 것이다. 그것은 다크하기에 가믈가믈 가말가말한 것이다. 유명과 무명이 따로 분립되어 있지 않고 하나로 되었을 때 그것은 가믈가믈한 깊은 색조, 짙은 정조를 지니게 되는 것이다.

여기서 독자는 내가 평생 주장해온 한마디를 상기해볼 필요가 있다: "하나님은 명사가 아니라 형용사 혹은 부사이다."(나는 서양 기독교에서 말하는 "갓God"은 "하나님"이라는 표현을 쓰고, 동학을 비롯한 우리 전통의 신을 이야기할 때는 "하느님," "하늘님"이라는 표현을 쓴다. 공동번역이 "하느님"을 채용하였기 때문에 지금 이 말들은 혼용되고 있다). 동위지현의 논리로 말하면, 하나님은 도저히 명사가 될 수 없다. 명사가 된다는 것은 그것이 하나의 존재물Seinende로서 전락한다는 것을 의미하며 명사로서 실체적 속박 속에 갇힌다는 것을 의미한다. 서양인들, 기독교신앙인임을 자처하는 모든 자들은 하나님이 형용사라는 사실을 수용할 수 없다. 그러나 하나님은 존재물일 수 없다. 형용사일 때만이 존재물임에서 해방되어 존재 그 자체로 화한다.

동방인들에게 "신神"은 명사로 쓰인 적이 없으며, "신비롭다mysterious," "초간섭저이다," "거룩하다holy," "신성하다," "신적이다divine," "신기하다"라는 형용사로서 쓰여왔다. 신기, 신묘, 신동, 신경神境, 신공神工, 신교神巧, 신회神會 등등의 단어를 보아도 신神은 명사가 아닌 형용사이다. 그리고 또 이 형용사들은 부사적으로 생성하고 있는 동적인 상태인 것이다. 일상 대화에서도 중국인들의 "선神shen!"이라고 하면 "신적이다!"라는 형용의 뜻이지, 하나님이라는 명사를 지칭하지 않는다. 모세가 시내산에 가서 느낀 것도 신적인 떨림이지, 하나님이라는 존재자를 목도한 것이 아니다. 내가 산에 가서 신성한 그 무엇을 느끼면 나는 그 산에서 하느님을 발견하는 것이다. 동학의 도유道儒가 자기 집 며느리의 베틀 짜는 모습에서 신성한 그 무엇을 느꼈을 때만이 그는 그 며느리를 하느님으로 느낄 수 있는 것이요, 뭇 사람을 "사인여천事人如天" 할 수 있는 것이다. 노자는 제1장에서 우주에 대한 바른 인식 자체가 우리를 신적인 경지로 이끌게 된다는 것을 설파하고 있는 것이다.

같음을 가믈타고 일컫는다. 그것은 규정이 아닌 기술이요, 정의가 아닌 형용이요, 언어의 속박이 아닌 느낌Feeling의 무한한 개방이다.

동위지현, 같은 것을 가믈타고 한다. 이 명제에서 가장 중요한 것은 "가믈하다"는 형용사 자체를 또다시 명사화하는 오류에 관한 것이다. 현묘함 그 자체를 존재화하는 것이다. 모세의 떨림은 떨림 그 자체로 영속되어야 한다. 그러나 그 모세의 떨림이 모세의 언어를 타고 유대민족에게 전해졌을 때, 이미 그 떨림은 우상화된다. 야훼는 영원한 우상이다. 인류를 파멸시키는 죄악의 근원이 된 것이다. 노자는 이러한 폐쇄, 단절, 완성, 극한을 거부한다. 가믈한 것은 영원히 가믈가믈해야 한다. 가믈한 느낌이 정체되어서는 아니 된다. 그래서 노자는 말한다.

玄之又玄
가믈코 또 가믈토다!

한번 가믈한 데서 완성되면 그것은 모든 저열한 유일신론monotheism의 온상이 된다. 노자가 거부하는 것은 현玄의 실체화이다.

가믈코 또 가믈토다! 현지우현玄之又玄! 이 메시지에서 중요한 것은 "우현又玄"의 영원한 개방성이다. 우현은 상도常道가 실재Reality가 아닌 과정Process이라는 메시지를 최종적으로 확인하고 있다. 다시 말해서 현지우현에서 끝나는 것이 아니라, 현지우현 우현 우현 우현 우현 …… ∞ 즉 끝없는 과정이라는 것을 나타내고 있다.

玄之又玄, 衆妙之門。
가믈코 또 가믈토다! 뭇 묘함이 모두 그 문에서 나오는도다!

현지우현, 즉 끝없는 우현又玄의 프로세스야말로 모든 묘함, 중묘衆妙가 생성되어 나오는 문門이라는 것이다. 문門은 출입의 상징이다. 바로 이 노자의 중묘지문衆妙之門에서 진여문, 생멸문이라는 "문門"의 개념이 나왔다.

뿐만 아니다. 통일신라와 더불어 생애를 마감한 천재적 사상가 고운孤雲 최치원崔致遠, 857~?이 그가 찬한 「난랑비서鸞郎碑序」(애처롭게도 이 비는 현존하지 않고 그 일부만 『삼국사기』 「신라본기」 진흥왕조에 전하고 있다. 총 76자의 단편. 여기 "난랑"이란 특정의 인물을 가리킬 수도 있으나 "화랑도" 진체를 가리키는 일반명사일 가능성이 높다. "상서로운 낭도들"이라는 뜻일 가능성이 더 높다고 나는 생각한다)에서 말하고 있는 우리민족 태고로부터의 내재적인 철학, 우리민족에게 고유한 기질, 정감, 삶의 태도, 우주인식방법 그 전체를 나타내는 개념으로서 제시한 "현묘지도玄妙之道"도 그 언어적 표현은 모두 『노자』 제1장에서 온 것이다. 현은 동위지현의 현이요, 묘는 무욕이관기묘의 묘요, 중묘지문의 묘다. 도道도 상도常道의 도요, 불가명不可名의 도다. 한 글자 한 글자가 모두 제1장에서 비롯되지 않은 것이 없다.

그러나 최치원의 기술의 위대함은 노자를 모방하지 않고 노자와 같은 사유를 탄생시킨 그 원류를 캐낸다는 데 있다. 그는 그의 비문을 "국유현묘지도國有玄

妙之道"라는 말로써 시작하고 있다. "현묘지도"는 실상 노자 1장에서 온 레토릭에 불과하고 진짜 중요한 말은 사람들이 잘 해석치 아니하는 "국유國有"라는 말에 있다. "국國"이라는 말이 당시 어떠한 의미로 쓰였는지 확정지어 말하기 어려우나 단지 "신라국"이라는 의미로 쓰였다고 단정지을 수는 없다. 그때는 오늘날 우리가 생각하는 형식적인 "국가state" 개념이 부재했다. 따라서 여기 국이라는 것은 우리민족 전체의 공동체적 의식 속에서 한 말이라고 보아야 한다.

그런데 "국유國有"라는 말은 단순히 "나라에 있다"라는 뜻이 아니다. 여기 "유有"는 단순한 "있음"을 나타내는 말이 아니라, "고유固有," "내유內有," "소유素有," "항유恒有"의 의미이다. 우리나라에는, 이 땅에 사는 사람공동체에는 다음과 같은 도가 원래, 본질적으로, 항상 있었다는 것이다.

"고유"라는 의미는 자외적自外的(밖으로부터의) 영향에서 생겨난 것이 아니라 원래 내면적으로 그 심성의 바탕에 깔려있는 경향성이 있다는 것이다. 그런데 그 경향성이 현묘玄妙하다는 것이다. 현묘에 관해서는 이미 내가 충분히 설파했으므로 더 이상의 의미부연을 필요로 하지 않는다.

그런데 "국유현묘지도國有玄妙之道"라는 선포를 정당화하기 위해서 고운은 이 고유의 현묘지도는 효충孝忠을 가르치는 노사구魯司寇(노나라 법무장관=공자)의 영향만으로 이루어진 것이 아니요, 무위지사無爲之事를 가르치는 주주사周柱史(주나라 도서관 관장=노자)의 영향만으로 이루어진 것도 아니요, 제악諸惡을 막작莫作하고 제선諸善을 봉행하라는 연기를 가르치는 천축국 태자(싯달타)의 영향만으로 이루어진 것이 아니라고 선언한다. 다시 말해서 유·불·도의 영향이 있기 이전의 원래 고유한 사유, 삶의 태도가 "현묘지도玄妙之道"라는 것이다. 노자를 인용하면서 노자를 뛰어넘는 고유의 생각, 고유의 도道를 최치원은 탐색하고 있는 것이다.

그러기에 고운은 "현묘지도玄妙之道"라는 말을 우리민족 지고의 궁극적인 도로서 제시하지 않는다. 그것은 노자의 웅혼한 사유를 빌어 그 우주적 통찰을 기술하기 위하여 쓰는 방편적 언표에 지나지 않는다. 우리민족에게는 고유한 현묘지도가 있다. 이 현묘지도는 외래사상인 유교·불교·도교의 이전의 것이면서 이 삼교를 통섭하는 것이다. 이것을 고운은 이렇게 표현하였다: "실제로 그 고유한 현묘지도는 그 내면에 삼교를 다 포섭한다.實內包含三敎."

유·불·도 이전의 고유한 것이면서 유·불·도의 가르침을 이미 통섭하는 것! 그것이 뭐냐?

이에 고운 최치원은 단도직입적으로 그 해답을 명쾌하게 선포한다.

> 國有玄妙之道, 曰風流。
> 우리민족에게는 고유한 현묘지도가 있으니
> 그것을 우리말로 바꾸어 표현하면 곧 "풍류"다.

아마도 최치원이 당나라유학생이 아니었다면 이 "풍류"라는 말을 이두를 써서 우리발음으로 표기했을 수도 있다. "풍風"은 "바람"이고, "류流"는 "흐름"이다. 그런데 현묘지도와 풍류 사이에는 의미론적 대응관계가 있다. 풍은 현묘와 대응하고, 류는 도와 대응한다.

다시 말해서 풍과 류는 현묘와 도를 리프레이즈to rephrase한 것이다. 바람은 현묘한(가믈타) 것이고, 길은 흐르는 것이다. 현묘지도를 우리말로 바꾼 것이 풍류가 되는 것이다. 여기서 우리는 고대로부터 우리민족이 노자를 해석해온 태도의 한 단면을 엿볼 수도 있다.

국유현묘지도國有玄妙之道, 왈풍류曰風流。	
현묘玄妙Dark	도道Dao
가믈타	길
풍風	류流
바람	흐름
성령(프뉴마)	우주의 상도常道
God, Divinity	Cosmic Dance, Constant Flow

실로 풍과 바람은 같은 것이다. "풍風"의 상고음은 복성모 계열의 [pliəm]으로 재구성되는 것인데, 이 발음하기 어려운 복성모가 단성모 두 개로 분화하여 두 음절화 하는 과정을 거치게 되면 곧 바람[param]이 된다.

요한복음 3장 초두에 유대인의 관원 니고데모Nicodemus와 예수 사이에서 진지한 대화가 오가는 장면이 수록되어 있는데 그 8절에 이와 같은 말이 있다.

> 바람이 임의로 불매 네가 그 소리를 들어도 어디서 오며 어디로 가는지 알지 못하나니 성령으로 난 사람은 다 이러하니라.
> τὸ πνεῦμα ὅπου θέλει πνεῖ καὶ τὴν φωνὴν αὐτοῦ ἀκούεις, ἀλλ᾽ οὐκ οἶδας πόθεν ἔρχεται καὶ ποῦ ὑπάγει· οὕτως ἐστὶν πᾶς ὁ γεγεννημένος ἐκ τοῦ πνεύματος.

이 짧은 한마디 속에 인류고대사상의 공통된 기저를 확인케 하는 중요한 메시지가 들어있다고 말할 수도 있다. 여기에 "바람"이라는 말이 나오고, "성령"

이라는 말이 나오는데, 재미있는 사실은 이 두 개의 다른 함의를 지니는 말이 "프뉴마πνεῦμα"라는 동일한 단어로 표기되고 있다는 것이다. 고운 최치원이 말하는 우리민족 고유의 "현묘"(가믈코 묘하다)는 다름 아닌 "바람"이다. 바람은 예수가 희랍어의 본래적 의미를 빌어 표현한(아람어에도 비슷한 맥락의 말이 있었을 것이다) "프뉴마"이다. 프뉴마는 바람Wind인 동시에 생명의 특징인 숨 Breath이다. 숨이 출입하지 아니하는 몸은 죽은 몸이다. 숨은 곧 생명anima이다. 생명은 신비로운 것이며 구극적인 것이다. 그것은 신령스러운 것이다. 신령은 곧 성령이다.

고대인들의 우주의 특질은 그것이 무생명적인 것이 아니라 그것 자체로 하나의 거대한 생명이라는 공통점을 갖는다. 우주라는 유기체는 그것이 생명이기 때문에 숨을 쉰다. 우주가 숨을 쉬는 현상을 "바람"이라 이른 것이다. 바람은 우주적 생명Cosmic Life의 증표이며 상징이다. 바람은 신령스러운 것이며 가믈한 것이며 그래서 현묘한 것이다. 가믈하고 또 가믈한 것이기에 어떠한 실체적 규정성도 거부한다. 그래서 성령Spirit이라 표현한 것이다.

여기 예수는 유대교의 신실한 관원이며 산헤드린의 멤버인 니고데모와 "하나님의 나라를 보는 것," 즉 "하나님의 나라에 들어가는 것," 다시 말해서 천국의 멤버십을 획득하는 문제에 관하여 진지한 대화를 나누고 있다. 니고데모는 율법의 훌륭한 실천인이었으며 고위관원으로서 동족들에게 선행을 베푼 좋은 인품의 사람이었다. 니고데모는 예수가 선포하는 "하나님의 나라"에 관하여서도, 자기의 캐리어라면 무난히 들어갈 수 있으리라고 낙관하고 있었다. 그러나 예수는 니고데모에게 천국입장의 티켓을 허락하지 않는다. 예수는 그의 기대를 철저히 좌절시키면서 이와 같이 선포한다: "진실로 진실로 네게 이르노니 사람이 거듭나지 아니하면 하나님 나라를 볼 수 없느니라."(요 3:3).

여기 핵심적인 단어는 "거듭남γεννηθῆναι ἄνωθεν겐네테나이 아노텐"이다. 이

"거듭남to be born again"이라는 표현은 진실로 후대요한과 기독교 교리의 핵심이 되었다. 그렇다면 거듭난다는 것은 무엇을 의미하는가? 엄마 자궁 속으로 다시 기어들어갔다가 다시 태어날 수는 없는 것이 아닌가? 이러한 니고데모의 질문에 예수는 단연코 이와 같이 대답한다: "진실로 진실로 네게 이르노니, 사람이 물과 성령으로 나지 아니하면 하나님 나라에 들어갈 수 없느니라."

예수가 "진실로 진실로Verily, verily"라는 표현을 반복해서 쓰는 것은 그의 언명이 매우 중대한 의미를 함장하고 있다는 것을 나타내고 있다. "하나님 나라에 들어간다to enter the Kingdom of God"는 것은 실제로 최수운의 언어를 빌리자면 "다시개벽을 맞이한다"는 뜻이다. 여태까지와는 다른 새로운 세계를 향유한다는 뜻이다. 그러나 하나님 나라에 들어가려면 특별한 자격이 필요하다. 그것은 율법이나 사소한 선행의 업業으로 되는 것이 아니라, 인간 자체가 물과 성령으로 다시 태어나지 아니하면 안된다는 것이다.

여기 "물"이라는 표현이 첨가된 것은 모든 주석가들의 의견이, 세례 요한의 "물세례"를 의식한 데서 온 레토릭상의 문제라는 데 일치하고 있다. 불트만은 원래 요한복음의 텍스트에는 "물"이라는 말은 없었는데, 사본이 반복되는 과정에서 초대교회의 제식에 관심 있는 교리 에디터들이 살짝 삽입해넣은 췌언贅言에 불과하다고 확언한다. 나 역시 불트만의 견해에 전적으로 동의한다.

핵심은 "다시 태어남"이요, 다시 태어난다고 하는 것은 "성령으로 거듭나는 것이다." 여기 "성령"이라는 말에 쓰인 단어도 역시 "프뉴마pneuma"이다. "다시 태어난다"라는 표현에서 핵심적인 단어가 "다시ἄνωθεν아노텐"라는 것인데, 이 말은 "다시"라는 뜻 외로도 "위로부터from above," "일찍부터," "근원"의 뜻을 가지고 있다. 그러니까 "다시 태어난다"는 것은 "하늘로부터 태어난다"는 의미다. 그러니까 하늘나라에 들어가기 위해서는 하늘로부터 태어나야 한다는 것이다. 하늘로부터 태어난다는 것은 곧 성령으로 다시 태어난다는 뜻이다. 땅의 질서를 전폭적으로 전복하는 새로운 질서, 부분적인 인격의 변화가 아닌 토탈한 인성의 신생the renewal of the whole nature을 의미하는 것이다. 성령으로 다시 태어난다는 것은 곧 "바람으로 다시 태어난다"는 것을 의미한다. 여기 비로소 최치원이 말하는 "풍류"의 진의眞意가 드러나는 것이다.

여기 예수의 말 중에 "바람이 임의로 불매The Wind blows where it wills,"라는 표현이 있다. 이것은 바람(風)의 흐름(流)은 우리의 상식적 인과를 벗어난다는 뜻이다. "네가 그 소리를 들어도 어디서 오며 어디로 가는지 알지 못하나니"라는 뜻 또한 바람의 흐름은 우리의 상식적 인과를 벗어난다는 뜻이다. 그것은 신령스러운 흐름이다. 바람은 소리도 있고 흐름도 있지만, 우리는 그것이 어디서 와서 어디로 가는지 알지 못한다. 그 존재성은 확실하게 느낄 수 있는 것이지만, 구체적인 형상이나 흐름에 대한 예측prediction은 불가하다. 그것은 우리의 상념을 뛰어넘는 것이다: "성령으로 난 사람은 다 이러하니라so it is with every one who is born of the Spirit."

최치원의 비석의 주제는 "화랑"이었다. 최치원이 말하고 싶었던 것은 "화랑"은 바로 "풍류"를 구현한 인간, 즉 신령인 인간이요, 프뉴마로 거듭난 인간이다. 우리 고대사회의 풍속을 기술하는 데 빼놓지 않고 등장하는 음식가무飲食歌舞나 국중대회國中大會, 군취가무群聚歌舞의 제천행사도 이러한 바람신을 맞이하는 현묘지도와 깊은 관련을 맺고 있다. 영고迎鼓(부여), 동맹東盟(고구려), 무천舞天(예濊), 소도蘇塗(마한)의 행사들이 우리민족의 "풍류"라는 고래의 신성한 기질에서 우러나오는 것이다. 그것은 단순히 바카스의 오르지orgy 축제를 의미하는 것이 아니다.

그런데 요한복음이 기술하고 있는 예수의 말 중에서 노자의 언어나 최치원의 언어로부터 크게 빗나가는, 아마도 동서사유의 분기점이 바로 여기에 있다고도 말할 수 있는 매우 치한 언설이 개입되고 있다.

"육으로 난 것은 육이요, 성령으로 난 것은 영이니,"(3:6).

노자는 무명과 유명을 말했고, 무욕과 유욕을 말했지, 영과 육을 이원화시켜 말한 적이 없다. 최치원 역시 현묘지도와 풍류를 말해도 영·육의 대립을 운운치 않는다. 요한복음이 기술하는 예수의 사상은 이미 희랍의 영육이원론에 의하여 짙은 세뇌를 거친 그노스티시즘Gnosticism(영지주의)의 이원론적 틀에 예속되어 있다. 프뉴마의 세계는 오로지 인간의 영혼의 세계이며, 프뉴마에 대비되는 인간의 모든 죄악의 세계는 육(사르크스σάρξ)에 예속되며, 그 육이 이 세상, 이 코스모스κόσμος의 주체가 된다. 따라서 이 코스모스는 가치론적으로 부정되어야 할 대상이다(요한복음 제1장 서두에는 이런 식으로 빛φῶς과 세상κόσμος이 대적적 관계를 이루고 있다). 노자에게서는 무욕과 유욕은 말해도 욕이 부정되지 않는다. 교의 코스모스에서 묘의 코스모스로 나아갈 뿐이다. 최치원의 풍류도 무욕과 유욕이 하나된 동위지현同謂之玄의 세계를 말하고 있을 뿐이다.

도道	
무욕無欲	유욕有欲
묘妙	교徼
동同	
현玄	
현지우현玄之又玄	
중묘지문衆妙之門	
여기에는 인간과 우주에 대한 이원적 분열이 없다	

영靈	육肉
프뉴마*pneuma*	사르크스*sarx*
영생	타락
긍정의 대상	부정의 대상
가사세계*kosmos noetos*	가시세계*kosmos horatos*
관념觀念	현상現象
수리數理	환영幻影
플라톤의 이데아론에서부터 기독교의 영육이원론을 거쳐 데카르트의 심신이원론, 현대인의 모든 심신이원론적 실체적 사고에까지 이르는 서양문명의 대세	

내가 여기 노자를 설設함에 최치인을 언급힌 뜻은 노자의 사상이 딘순히 고대 중국의 낙양에 살았던 한 사상가의 인위적 작품이 아니라 우리 조선대륙의 사유를 비롯한 당대의 다양한 문명이 교류하면서 형성해나간 사유체계의 본질적 바탕이 집결된 인류 철학적 사유의 원점이라는 것이다. 노자의 사유는 우리 고조선문명의 기저이기도 한 것이며, 그것은 열등한 서구문명의 기저를 크게 뛰어넘는 것이다.

이제 『노자』 제1장에 대한 나의 해설이 대강 끝난 것 같다. 내가 『노자』를 최초로 접한 것은 1970년이 사건이었다. 이미 그 전에에 우암愚庵 김경탁金敬琢, 1906~1970 선생님의 『노자』강론을 듣기는 했지만, 그 내용을 깊게 파악하지는 못했다. 1970년 봄학기 고려대학교 철학과에 새로 부임한 김충렬 교수의 강의를 듣고 나는 노자의 대의를 파악하였다. 김충렬 교수의 강의는 당시로서는 상상키 어려운 압축적인 내용을 밀도 있게 나에게 전해주었는데, 실로 그의 논리는 황 뚱메이方東美 교수의 동서철학 전관적全觀的 혜안에 의하여 단련된 정치精緻한 수준을 과시하고 있었다. 사실 내가 지금 여기 전하는 내용은 1970년 봄학기에 내가 깨달은 논리의 범위를 크게 벗어나지 않는다. 만 50년 전의 일이라고는 하지만 그만큼 당시 나의 깨달음의 폭은 컸다. 아무리 대단한 고승의 대각을 여기 피력한다 한들 그 명함을 내밀기가 쉽지 않을 것이다. 나는 그래서 더욱 이 50년 동안 울체된 나의 울분, 아니 터무니없이 왜곡된 사유의 원점에 대한 바른 그림을 전달해야겠다는 소박한 사명 같은 것을 버릴 수가 없었다.

『노자』 1장에 대한 나의 강론을 한마디로 요약하자면 "상常" 혹은 "상도常道," 그 한마디로 귀결된다. 그것은 변화의 부정의 부정이며, 시간의 긍정이다. 시간을 초월하는 어떠한 실체Substance도 부정되는 우주를 노자는 피력하고 있다. 그런데 사실 내가 말하는 것, 그리고 노자가 말하는 것은 굳이 말할 필요조차도 없는 너무도 상식적인 것이다.

수운이 한 말 중에 이런 말이 있다: "오도吾道는 박이약博而約이라 불용다언의不用多言義니라." 나의 도는 넓지만 매우 간략하다. 그래서 많은 말을 필요로 하지 않는다라는 뜻이다. 매우 강렬한 언사이다. 나는 언젠가 이런 말을 한 적이 있다: "오도吾道는 이이난易而難이라 도용다언의徒用多言義니라." 나의 도는 한없이 쉽고 또 쉬운 것인데, 쉽기 때문에 사람들에게 어렵게 들린다. 그래서 부질없이 많은 말을 하게 된다는 뜻이다.

노자는 너무도 상식적이고 너무도 쉬운 말들일 뿐인데 그것이 쉽지 않게 들리는 것은 쉬운 것을 쉽게 듣지 못하는 왜곡된 귀의 구조가 이미 이 사회의 들음의 정도인 양 정착되어 버렸기 때문이다. 하나님은 형용사, 부사일 뿐이라는 그토록 단순하고도 소박한 상식이 들릴 수 없도록 모든 사유가 명사화되어 있기 때문이다.

물론 하나님이 명사가 아니라 형용사, 부사와 같은 동적 상태라면 믿음을 강요할 수 없고 연보돈을 걷기 힘들어진다. 그래서 그러한 정직한 논리에 대해서는 유신론이니 무신론이니 다신론이니 범신론汎神論이니 이신론理神論이니 하는 따위의 명사적 사유의 잣대를 들이대곤 하는 것이다. 절대적 타자를 운운하는 신비주의도 명사적 사유를 고집하는 그럴듯한 개소리에 지나지 않는다. 모든 신비도 타자가 아닌, 현지우현의 현묘한 세계 속에 융합되어야 하는 것이다.

얼마 전에(2020년 7월 1일) 갤러리 학고재에서 열린, "그림과 말 2020" 전시회를 가보았다. 1980년대 민중미술을 주도한 "현실과 발언"의 작가들이 이제 원로가 되어 다시 여는 작품전이었다. 나는 그곳에서 제주4·3의 실상을 그림으로 민중에게 웅변한 강요배姜堯培, 1952~ 화백을 만났다. 나는 그의 형님 불문학자 강거배姜莒培 교수를 잘 안다. 강거배 교수는 나의 기철학논문을 아름다운 불어로 번역해주기도 하였다.

그런데 거기에 강요배 화백의 그림이 한 짐 강렬하게 나의 시선을 끌었다. 1981년에 강 화백이 그린 "꽃"이라는 제목이 달린 작품(156cm×156cm)이었는데, 강 화백은 그 그림 앞에서 나에게 이런 설명을 해주었다.

> "사실 이 그림의 제목은 '꽃'이 아니라 '중묘지문'입니다. 저는 그 당시 『노자』를 읽고 어떻게 인간이 이런 생각을 할 수가 있나 도무지 그 사유의 스케일에 거대한 충격을 받았습니다. 그리고 제1장에 나오는 중묘지문이라는 말에 너무도 매력을 느꼈고, 그것을 어떻게 해서든지 표현하고 싶었습니다. 그러한 고민 끝에 노자로부터 받은 인스피레이션을 이렇게 꽃 한 송이로 표현해보았습니다. 이 그림은 꽃이 아니라 중묘지문이라 제목을 달아야 마땅하지요. 그런데 제가 감히 노자를 안다고 폼 잡을

수도 없는 노릇이고, 80년대 선생님과 같은 철학자가 나타나기 이전에는

아무도 노자가 뭔지 몰랐어요 ······"

내가 1982년도에 귀국하여 곧바로 동양고전에 관한 포문을 열기 시작했으니까 강요배 화백이 1981년에 이미 "중묘지문"을 그림으로 표현했다는 사실은 매우 조숙한 그리고 오리지날한 그의 철학적 탐색을 입증하고 있다. 그의 사회적 관심의 배면에 심오한 철학적 성찰이 있었다는 얘기가 된다. 나는 "도가도 비상도"에서 시작하여 "중묘지문"으로 끝난 『노자』 제1장 전체의 내용을 강요배 화백의 꽃 한 송이 그림으로 마무리 지으려 한다. 우리는 이 세계를 철인의 마음으로써가 아니라 시인의 마음으로써 바라보아야 한다. 있는 그대로.

강요배, "죽무지믄"(156cm×156cm, 1981년)

二章

天下皆知美之爲美,
_{천 하 개 지 미 지 위 미}

斯惡已;
_{사 오 이}

皆知善之爲善,
_{개 지 선 지 위 선}

斯不善已。
_{사 불 선 이}

故有無相生, 難易相成,
_{고 유 무 상 생 난 이 상 성}

長短相較, 高下相傾,
_{장 단 상 교 고 하 상 경}

音聲相和, 前後相隨。
_{음 성 상 화 전 후 상 수}

是以聖人處無爲之事,
_{시 이 성 인 처 무 위 지 사}

行不言之教。
_{행 불 언 지 교}

萬物作焉而不辭,
_{만 물 작 언 이 불 사}

生而不有,
_{생 이 불 유}

爲而不恃。
_{위 이 불 시}

功成而弗居,
_{공 성 이 불 거}

夫唯弗居, 是以不去。
_{부 유 불 거 시 이 불 거}

두째 가름

천하 사람들이 모두
아름다움의 아름다움됨을 알고 있다.
그런데 그것은 추함이다.
천하 사람들이 모두
좋음의 좋음됨을 알고 있다.
그런데 그것은 좋지 못함이다.
그러므로 있음과 없음은 서로 생하고
어려움과 쉬움은 서로 이루며
깊과 짧음은 서로 겨루며
높음과 낮음은 서로 기울며
음과 소리는 서로 어울리며
앞과 뒤는 서로 따른다.
그러하므로 성인은
함이 없음의 일에 처하고
말이 없음의 가르침을 행한다.
만물이 스스로 잘 자라나게 하면서도
참견하지 아니하고
낳으면서도 소유하지 아니하고
되게 하면서도 기대지 않는다.
공이 이루어져도 그 속에 살지 아니한다.
대저 오로지 그 속에 살지 아니하니
사라지지 아니하리!

沃案 제1장이 우주론cosmology과 인식론epistemology의 제 문제를 다루었다면, 제2장은 가치론axiology의 전반적 문제를 다루고 있다. 오늘날의 윤리학이라든가 미학의 제 문제, 그리고 그러한 전제에서 파생되는 우리 삶의 태도, 즉 우리 삶이 추구해야 할 가치를 폭넓게 논구하고 있다.

제1장에서 『노자』라는 텍스트를 바라볼 수 있는 근원적인 우리의 인식자세, 그리고 『노자』라는 텍스트 전체를 관통하는 정합적整合的인 우주론적 구조deep cosmological structure를 충분히 상설해놓았기 때문에 2장에서부터는 자의字義나 문의文義, 그리고 문헌고등비평적 제 문제를 논구하기보다는 그 전체적 대의大義, 그리고 그것이 우리 삶에 던져주는 의미체계meaning system의 대강을 강론하고자 한다. 기실 나의 일차적 목적은 정확하게 50년 전 내가 이 텍스트를 접했을 때의 감동, 나 역시 "한 인간이 이렇게도 생각할 수 있구나"라고 느꼈던, 일상적 숭고의 카테고리를 뛰어넘는 거대한 사유의 충격의 아름다움, 그 감성의 체계를 있는 그대로 전하고자 하는 것이다.

돌이켜보면, 조선의 한 학동인 내가 약관 스물두 살의 나이에 서울 안암골에서 『노자』 5천여 언을 접했다는 사실은 어찌 보면 격풍激風 속의 일엽一葉과도 같은 우연지사일 수도 있겠으나, 달리 보면 2천 5백여 년의 세월을 격하여 점지된 조화造化의 필연일 수도 있다. 나는 분명 노자를 만났다. 그 사람, 그 생각, 그 시대, 그 사회를 만났다.

내가 이런 말을 하는 뜻은, 노자에 대하여 안다고 하는 자들이 『노자』라는 텍스트에 관하여 심히 왜곡된 정보를 전하고 있기 때문이다. 『노자』에 관하여 공부를 많이 한 사람일수록, 노자 기인其人 기서其書로부터 멀어져 있다. 『노자』에 관한 연구서는 한우충동하는 것이지만, 그 대부분의 연구서가 『노자』의 본의를 전하지 못한다. 따라서 전문서적이라고 하는 책들을 읽으면 읽을수록 『노자』에 관한 왜곡된 이미지만을 형성해간다. 내가 이런 말을 자신있게 할 수 있는 이유는, 나의 학문적 자만감을 토로하려는 것이 아니라, 기존의 모든 권위 있는 『노자』연구서가 대부분 비노자非老子적인 입장을 기반으로 하고 있다는 사실을 지적할 수 있기 때문이다.

노자는 이미 선진시대로부터, 그 포괄적 사유체계가 인간사유의 원점으로서 정합적으로 인지되는 통합적 비젼의 철학으로 취급되는 정당한 대접을 거부 당하였다. 제자백가의 원점으로서가 아니라 한 변방의 아웃사이더처럼 취급되는 부당한 대접을 받아왔다. 장자뿐만 아니라 제자백가의 다양한 사유가 부분적으로라도 노자에게 근원하지 않은 것이 없다.

더구나 한무제 때 정치적인 이유 때문이었지만(중앙집권적 왕권과 지방분권적 신권의 대결) "파출백가罷黜百家, 독존유술獨尊儒術"이라는 국가시책을 내걸은 이후로(물론 이 동중서董仲舒의 건의 때문에 독존유술이 문자 그대로 이루어진 것은 아니었다) 노자에 대한 이해가 "반유가적 정서"로 물들여졌다. 그러나 실상 노자의 영향을 배제한 공자라고 하는 것은 있을 수가 없다. 공자의 위대성은 노자적 사유를 흡수한 바탕 위에서 현실적 도덕을 건설했다는 데 있는 것이다.

더구나 진시황 때 이미 우리에게 잘 알려진 바대로 신선설神仙說이 문화적 가치로서 전면부상하였고, 동한 말에는 태평도太平道니 오두미도五斗米道니 하는 민간신앙에 바탕을 둔 종교적 조직집단이 창궐하게 된다. 이들은 흥망성쇠의 명맥을 유지하면서 북위 사람 구겸지寇謙之, 365~448의 신천사도新天師道에 이르러 도교Religious Taoism라고 부를 수 있는 확고한 체제와 이론을 갖추게 된다. 이러한 도교의 흐름은 결국 금나라·원나라 시기에 전국조직을 확보한 전진교全眞敎(개조는 왕중양王重陽, 1112~1170, 그의 제자 마단양馬丹陽이 교리를 확립. 5명이 종조宗祖아 왕중양이 7계자른 "오즈친진五祖七眞"이라 부른다 전진교는 외단外丹의 불건강한 신비주의를 극복하고 상식적인 내단內丹의 수련법을 개발하여 도교의 혁명적인 흐름을 형성하여 명·청시기에도 살아남았다)에 이르러 이론적으로 내면적 깊이를 더하게 되지만 결국 종교조직의 질곡을 벗어나지는 못했다.

내가 말하려고 하는 것은 중국역사에 있어서 『노자』의 이해가, 이 도교라고 하는 기실 전혀 노자와 무관한 민간신앙의 틀에 예속되는 경향성을 탈피하지 못한 측면이 있다는 것이다.

중국역사에 있어서, 아니 중국의 라오빠이싱老百姓의 상식적 세계관에 있어서, 철학적 세계관으로서의 도가사상Philosophical Taoism과 종교적 인생관으로서의 도교이론Religious Taoism은 실제로 구분할 수 없을 정도로 밀착되어 있는 것이다. 그러나 이 양자를 혼효하는 것은 넌센스이다. 우선 도가철학이라고 하는 것, 특히 노학老學 체계는 우주론, 인식론, 가치론, 정치철학, 역사관을 망라하는 포괄적인 세계관Weltanschauung이며 다양한 사유갈래의 남상을 형성하는 포용적인 원점이다.

그러나 도교이론이라고 하는 것은 제도화된 종교조직의 이해관계를 떠나서 이야기해도, 그것은 하나의 구체적인 목적성을 가지고 있다. 서구인들에게 이러한 목적성은 참으로 이해되기 어려울지 모르지만 동방의 역사에 있어서 도교라든가 신선술, 방술方術 등의 이론은 구체적인 하나의 목적에 그 초점이 모아져 있는 것이다. 동방의 사상에는 초월적 세계가 존재하지 않는다. 따라서 현세적 시공간에서 사는 인간의 구극적 관심은 현세적 시공간의 관계성 속의 자기존재성을 극대화시키는 것이다. 그것은 오래 사는 것이다. 오래 살되 병마에 시달리며 오래 사는 것이 아니라 건강하게 오래토록 삶의 기쁨을 향유하는 것이다. 신선이란 다름아닌 건강한 극노인을 말하는 것이다.

민간신앙의 특질은 이 "불로장생不老長生"을 주요목적으로 현세의 이익을 추구하는 데 있다. 도교라 하는 것은, 노자를 개산조로 한다든가 하는 식의 관련이 있을 수 없는, 노자 훨씬 이전부터 존재하는 자연발생적인 자연숭배사상의 필연적 귀결이라 말할 수 있다. 고대의 민간신앙을 기반으로 하여 신선설을 그 중심에 두고, 거기에다 도가적 이론, 역리易理, 음양, 오행, 참위, 의술, 도인, 벽곡, 방중술, 점성술, 무술巫術, 무도武道 등의 온갖 잡술을 포섭하여 신화적 레토릭으로 부풀려 치장한 이론체계인 것이다. 도교는 불교가 전래되면서 불교의 화려한 인식론과 신화적 담론, 그리고 그 종교조직이론을 흡수하여 민간신앙차원을 탈피하여 도관, 도사, 경전을 갖춘 버젓한 종교조직으로 발전하여 갔고 그 나름대로 심오한 이론서를 창작해내기도 하였으나, 그러한 이론서의 관점에서『노자』라는 텍스트를 바라볼 수는 없는 것이다.

그러나 실제로 많은 사람들이 의식적이든 무의식적이든간에 도교적 관점에서『노자』라는 텍스트를 바라보는 데 익숙해 있는 것이다. "불로장생"이라는 테마가『노자』라는 텍스트로부터 연역되어 나올 수는 있으나(특히『장자』속의 지인至人, 신인神人, 성인聖人, 진인眞人, 보신保身, 전생全生, 진년盡年 등의 개념은 신선술의 원형적 성격을 가지고 있다고 말할 수도 있다),『노자』는 "불로장생"이라는 주제를 전제로 가지고 있는 텍스트가 아니다. 인간은 반드시 오래 살아야만 그 가치를 발현하는 것은 아니다.

도교에 의한『노자』의 왜곡 이외로도 주자학의 도통이론이 성립하면서『노자』를 이단으로 휘몰아치는 맹목적 경향성은 짙어만 갔다. 근세를 접어들면서 서양의 사상가들에 의하여『노자』를 초월주의적으로 바라보거나, 또는 신비주의로 바라보는 왜곡이 일어났고, 또 20세기에는 맑시스트들에 의하여 유물론의 원칙에 위배되는 유심론으로 규정해버리는 황당한 논리들이 우후죽순처럼 피어올랐다. 노자는 근원적으로 유물, 유심이라는 개념설정의 대상이 될 수가 없다.

그리고 개화기의 중국지성계는 "의고풍疑古風"에 미쳐있었다. 고경古經의 대부분의 역사적 신뢰성authenticity을 인정하지 않는 것이다. 고경을 모두 후대의 날조품으로 배격해버리는 것이야말로 근대지성의 비판정신의 진실한 면모라고 생각했던 것이다. 그것은 일종의 지적 유행병과도 같은 것이었다.

2500년 이상을 거치면서 형성된 이러한 모든 왜곡의 틀을 깨부수고 나는 약관의 나이에 노자라는 그 사람, 『노자』라는 그 텍스트를 만났던 것이다. 아무리 다시 그동안에 이루어진 학계의 성과를 섭렵해보아도 『노자』는 역시 『노자』일 뿐이다. 내가 스물두 살에 만났던 『노자』, 그때의 감성충격에 미치질 못한다. 이제 모든 것을 다 잊어버리고 『노자』를 『노자』로서 말하려 한다.

한문텍스트는 가장 보편적으로 읽히고 있는 왕필주 화정장씨본華亭張氏本 『노자』를 썼고, 우리말 번역은 1989년 동국대학교 동국관 4층에서 『노자』를 한 학기 강의한 직후에 그 강의기념으로 펴낸 『노자老子─길과 얻음』의 역본을 기준으로 하였다. 『길과 얻음』은 내가 『노자』를 처음 만났을 때의 생생한 느낌을 가장 잘 보존하고 있고, 우리나라의 『노자』 역본으로서는 당시 가장 널리 읽혀 일반에게 영향력을 크게 미친 책이다. 활자본인 『길과 얻음』을 구판 그 모습대로 다시 출판할 생각도 해보았으나, 『길과 얻음』의 번역을 『노자가 옳았다』의 기준텍스트로 쓰는 것이 『길과 얻음』의 가치를 더 잘 살리는 길이라 생각되어, 미래세대에게 쉽게 이해될 수 있는 새로운 번역문으로 펴낸다.

天下皆知美之爲美, 斯惡已; 皆知善之爲善, 斯不善已。

이 장은 처음부터 인간세의 가치의 양대 주제라고도 할 수 있는 "미美 Beauty"와 "선善Goodness"의 문제를 다루고 있다. 그런데 노자의 의식 속에서 선 즉 윤리적 가치보다 미 즉 심미적 가치를 먼저 다루었다는 것은, 인간의 의식에 있어서 심미적 가치야말로 윤리적 가치보다 더 본원적인 것이라는 생각을 내비치고 있는 것이다. 우리가 선하게 산다고 하는 것도 결국은 아름답게 사는 것을 의미하는 것이다. 선한 사회를 만든다고 하는 것도 결국 아름다운 사회를 만든다는 것을 의미하는 것이다. 윤리적 선을 성립시키는 의식의 관계

항목보다는 심미적 아름다움을 성립시키는 의식의 관계항목이 훨씬 더 복잡하고 다원적이며 우리 느낌에 더 직접적인 것이다.

그런데 윗 문장에서 우리의 상식과 배치되는 개념들의 짝이 나타나고 있다. 그런데 "우리의 상식"이라고 하는 것은 기실 알고보면 19세기 말, 20세기 개화기 때부터 형성된, 서양언어번역개념으로 구성된 "현대 한국어"라는 특수장르 속에서 통용되는 상식이다. 우리는 이 움직일 수 없는 명백한 사실을 재삼 확인해야 한다. 현재 우리의 상식으로 "선善the Good"의 반대는 "악惡the Evil"이다. 제1장의 인식론적 이해가 중요하다고 내가 계속 강조해온 뜻은 바로 1장의 우주론을 이해해야만 2장부터 전개되는 이런 가치론의 문제가 명료히 드러나기 때문이다. 선의 반대가 악이라고 하는 것은 서구적 관념에 오염되기 이전의 우리의 일상적 언어체계에 있어서 일반적 가치판단의 체계로서 쓰였던 용례가 아니다. 선과 악이라고 하는 반대개념의 특징은 선과 악이 독립된 실체Substance로서 대자적對自的für sich 관계상에서 이원화된다는 것이다. 선신과 악신, 천사와 악마, 선인과 악인, 선행과 악행, 빛과 어둠, 천당과 지옥, 이 모든 짝이 실체적 대자성(서로를 부정하는)의 관계에 놓이게 되는 것이다.

서양의 언어 ≡ 기독교적 세계관	
선the Good	악the Evil
빛Φῶς	코스모스 = 어둠κόσμος
선행good deed	악행evil deed
선인a good man	악인an evil man

그러나 이러한 대자적 실체의 관계성antithetical relation은 노자에서는 그림자도 비추지 아니한다. 제1장에서 말했듯이 노자의 상常의 세계, 현지우현玄之又玄의 세계에서는 모든 개념의 실체성, 보다 정확히 말하자면 개념이 지시하는 사물의 실체성은 성립할 수가 없다. 당연히 선과 악은 실체적 개념일 수가 없다.

우선 노자는 가치라는 것을 인위적 "작作"의 세계에 귀속시킨다. 돌멩이 하나도 자연에서 뒹굴고 있을 때는 가치를 발생시키지 않는다. 그것이 사람에 의하여(인위人爲man-made) 운반되고 깎이고 닦이고 하여 수석이나 반석이 되면 가치를 지니게 된다. 우리가 알고 있는 모든 가치가 물질적이든 비물질적이든 모두 인위에 속한다. 노자는 인위를 "유위有爲"라 부른다. 그리고 유위는 "무위無爲"에 대비된다. 노자에게 있어서 무위는 항상 유위가 지향해야 할 가치이다. 그러나 무위는 가치를 거부하는 것이다.

노자는 "선善"의 문제를 먼저 건드리지 않는다. "미美"의 문제를 우선 문제삼는다. 윗 문장에서 "천하"는 문자 그대로 "하늘아래"인데 "하늘아래"라고 하는 것은 "천지天地"(시공간의 우주)와 대비되는 개념으로, 우주를 가리키지 않고 인간이 사는 세상the World을 가리킨다(『노자』 텍스트 전체를 살펴보면 드문 용례이지만 "천하"가 "천지"와 같은 의미로 쓰일 때도 있다). 그러니까 인간이 사는 사회the Society를 가리킨다. 그런데 보통 "천하"라고 하면 "세상 사람들" 즉 "보통 사람들"을 가리킨다. 보통 사람들은 가장 상식적이면서도 상식을 실체화하기 쉬운 사람들이다.

"세상 사람들은 아름다움을 아름다움으로만 알고 있다天下皆知美之爲美"

즉 아름다움의 아름다움됨만을 인정한다는 것이다. 이것은 아름다움이 실체화되는 경향성을 내포하게 된다는 것이다. 다시 말해서 상도常道가 가도지도可道之道화 되는 경향성을 띠게 된다는 것이다. 그런데 노자는 곧바로 세상 사람들이 상식적으로 아름다움이라고 여기는 것, 그것이 바로 그 반대의 상황, 즉 추함일 수 있다고 선언한다. 아니, 가능성으로서의 "수 있다"가 아니라, 곧바로 "추함이다"라고 선언한다.

斯惡已。
그것이 바로 추함일 뿐이다!

여기서 우리는 충격적인 사실을 발견하게 되는데, "미美"의 반대개념은 분명 "추함"인데, 그 "추함"을 나타내는 글자가 "추醜"(무당이 술을 먹고 무덤 현실에서 악귀를 내쫓는 춤을 추고 있는 모습의 글자)로 되어있지 않고 현대어로 보면 선악이라는 윤리적 개념의 대를 이루는 "악"으로 되어있다는 놀라운 사실이다.

그런데 이것은 현금 우리 자신의 언어에 대한 이해의 저열성을 나타내는 것이다. 동방인의 의식 속에는 본시 "선善"에 대한 "악惡"이라는 대자적 개념이 존재하지 않는다. 지금 학교에서 아이들끼리 싸울 때에 "착한 아이"에 대하여 "착하지 못한 아이"라는 대립개념은 있을 수 있으나 곧바로 "악한 아이"라고 말하지는 않는다. 그러나 서양인들은 곧바로 "배드 씨드bad seed"니 하여 악을 실체화하는 경향성이 있다.

노자는 처음에 심미적 가치를 거론하여 "미美"와 "惡"을 대비시키고, 다음으로 윤리적 가치를 거론하면서 "선善"과 "불선不善"을 대비시켰다. 그런데 내가 "惡"의 발음을 말하지 않는 이유는 이것을 "악è"으로 읽을 수 없기 때문이다. 이것은 "악"으로 읽을 수 없으며 반드시 "오wù"로 읽어야 한다. "혐오嫌惡," "증오憎惡," "수오羞惡," "훼오毀惡," "오한惡寒," "오풍惡風," "오조惡阻"(입덧), "오심惡心"(욕지기) 등의 용례에서 볼 수 있듯이 "惡"는 기본적으로 "미워할 오" "부끄러워할 오"로 읽어야 한다. "惡"라는 글자의 자형에도 마음 심心이 들어가 있듯이 그것은 악이라는 실체를 지칭하는 의미로 쓰인 적이 없으며, 미움이나 증오나 기피를 나타내는 마음의 상태와 관련이 있다.

철학사를 운운하는 몰지각한 지성인들이 맹자의 성선性善과 순자의 성악性惡을 마음놓고 대비시키는 오류를 범하고 있으나 동방인에게 있어서는 성선과 성악의 실체론적 대비는 있을 수 없다. 순자는 성악을 말한 적이 없으며 단지 "성오"를 말했을 뿐이다. 인간의 본성을 존재론적으로 악하다고 규정한 적이 없다. 그의 "性惡篇"도 반드시 "성오편"으로 읽어야 마땅하다. 인간이 왜 그렇게 혐오스러운, 미운 행동을 하는가에 대한 분석일 뿐이며 그는 예의禮義에 의하여 그러한 혐오스러운 행동을 선한 본성으로 다시 되돌리는 작위적 과정을 교육의 본질로서 평가했을 뿐이다.

본성 그 자체를 악으로 규정했다면 교육이나 후천적 작위의 가치가 어디 발붙일 수 있겠는가! 우리가 사람을 평가할 때 "좋은 놈이다"라고 하든가 "저 놈은 좋지 못해"라고는 해도 "저 놈은 악한 놈이다"라고 말하지 않는다. 오늘날 한국인의 의식구조 속에서도 "선"의 반대는 "악"이 아니라 "불선不善"이다. 한문고전에 "선"의 반대는 예외 없이 "불선"으로 되어있지, "악the Evil"이라는 개념을 쓰지 않는다.

"惡"이라는 글자는 "악"이 아니라 "추할 오"이며, 그것은 "미美"의 상대개념이다. 신약성서에서도 악을 실제적으로 의미하는 "죄," 그러니까 "죄악"에 해당되는 단어가 "하마르티아άμαρτία"인데 이것은 궁술에서 쓰이는 단어로서 "과녁에서 빗나갔다missing the mark"라는 뜻이다. 그러니까 나의 행위가 도덕적 선의 과녁에서 빗나갔다, 즉 하나님의 영광에 미치지 못하였다는 것이다. 그러니까 성서에서조차도 그 원의는 악이 악이 아니라 불선(=과녁에서 벗어났다)이었다는 것이다. 선과 악의 이원적 대립은 예수의 사상이 아니라 페르시아종교의 이원적 사유를 계승한 초대교회의 종말론주의자들의 절박한 음모의 소산이라고 보아야 한다.

심미적 가치의 양면성	
미美 **아름다움** the Beautiful	오惡 **추함** the Ugly
윤리적 가치의 양면성	
선善 **좋음** **착함** the Good	불선不善 **좋지 못함** **착하지 못함** the Not-Good
양자는 결국 상생相生, 상성相成의 관계에 있다	

미에 대하여 오를 말하는 것이나, 선에 대하여 불선을 말하는 것은 결국 같은 사유패턴의 소산이다. 아름다움에 대하여 추함을 말하는 것과 같은 태도로 우리는 선에 대하여 불선을 말해야 한다는 것이다. 추함이란 악한 것이 아니다. 추함은 그 자체로 적극적인 심미적 가치이다. 추함이 없으면 아름다움은 성립되지 않는다. 아름다움은 아름다움을 구성하는 요소들간의 조화Harmony의 문제인데, 조화는 어떠한 경우에도 개념적인 고정성을 가질 수 없다. 조화는 역동적 관계이며, 역동적 관계는 반드시 "새로움novelty"의 요소를 창출해야 한다. 이 새로움의 요소는 항상 추함의 계기를 필요로 하는 것이다.

마찬가지로 선에 대하여 불선을 말하는 것은 선 그 자체가 실체화될 수 없다는 것을 전제로 하고 있는 것이다. 불선의 계기로 인하여 선함은 새로운 선함을 더해간다. 모든 인위적 가치는 역동적 상常의 세계 속에서 끊임없이 새로운 조화를 창출해야 한다. 고정된 완벽한 조화보다는 새로움을 지향하는 불완전한 조화가 더 고등한 것이다. 선에 대하여 악은 존재하지 않는다. 미나 선의 고정성은 존재하지 않는다.

왕필은 말한다: "아름다움이란 사람의 마음의 장난인데, 사람의 마음이 끌려 좋아하는 것이요, 추함이란 역시 사람의 마음의 장난인데 사람의 마음이 미워하고 싫어하는 것이다. 그러니까 아름다움과 추함은 우리 마음의 희노喜怒, 즉 기뻐함과 성냄과 다를 바가 없다. 그런데 희喜와 노怒는 마음의 같은 뿌리에서 나오는 것이지 이원적 실체를 갖는 것은 아니다. 美者, 人心之所進樂也; 惡者, 人心之所惡疾也。美惡猶喜怒也 ⋯⋯ 喜怒同根⋯⋯"

20세기 초 서양의 논리실증주의자들 가운데 "이모티비즘emotivism"이라고 불리는 윤리학설을 주장한 사람들이 있다. 이들은 도덕판단이 학문적 연구의 대상이 되려면 검증의 가능성을 가져야 하는데 도덕판단에는 검증의 가능성이 없기 때문에, 윤리학의 판단들은 철학 밖으로 퇴출되어야 한다고 주장한다. 도덕적인 발언은 경험계의 현상을 서술하는 바가 전혀 없다고 이들은 말한다. 예컨대 "약속은 지켜야 한다," "남의 것을 훔치는 것은 악이다" 따위의 발언은 우리에게 어떠한 사실도 알려주지 않는다. 그러한 발언들은 오직 발언자의 감정을 표명하거나 듣는 이의 감정을 유발하는 구실을 할 뿐이라는 것이다.

도덕적 명제가 실제로는 "오호라!" "예이끼!" "개새끼!" 따위의 외마디 부르짖음에 불과하다는 것이다. "도덕판단"이 감정emotion을 표명하거나 환기하는 발언에 불과하다고 보는 논리실증주의자들의 윤리설을 이모티비즘이라고 부른다. 루돌프 카르납Rudolf Carnap, 에이어A. J. Ayer가 대표적 주창자로 꼽힌다. 그런데 이 현대윤리학설의 핵심을 이미 왕필은 이야기하고 있는 것이다.

이모티비스트들은 윤리적 명제의 허구성을 까발리기 위해서 그런 이야기를 했지만, 동방인들은 윤리적·심미적 명제가 본질적으로 인간의 마음(감정emotion)의 진락進樂(=희喜)과 오질惡疾(=노怒)로부터 출발하는 것임을 시인하고, 그러한 감정으로부터 어떻게 인간의 아름다움과 선함을 구성해나가느냐 하는 문제를 긍정적으로 고민하였다. 다시 말해서 그러한 감정의 뿌리에서 나오는 것이기 때문에 윤리적 가치의 절대성, 즉 실체성을 불인不認하고 보다 포섭적이고 역동적이고 과정적인 세계를 구성해나갈 수 있다고 노자는 주장하는 것이다.

우리의 위대한 사상가 초원은 또 이와 같이 말한다: "윤리적 가치에 연연치 말고 스스로 그러한 자연의 세계로 돌아가라! 그리하여 아름다움과 선함을 항상 그러하게(상常의 세계 속에서) 유지하라. 그리하면 아름다움과 선함의 가치는 오래도록 우리 곁을 떠나지 않을 것이다. …… 乃能反乎自然, 常其美善, 而長不去也。"

초원은 미와 선에 대한 고집스러운 편견이나 절대주의적 주장이 조선지성계를 얼마나 피폐롭게 만들었는지를 잘 알고 있었다. 그는 미와 선이라고 하는 것은 인위적 언어의 장난이며 근원적으로 자연(스스로 그러함)으로부터 나오는 것이 아니라고 말한다. 그는 당론의 선함만을 고집하는 편협한 조선 지식인들의 패턴으로 세상이 이 지경이 되었다고 개탄해 마지않는다. 그는 말한다: "당론黨論은 어진 사람이나 호걸들이 떠받들 일이 도무지 아니다."

인류사를 되돌이켜보건대 선과 악의 절대적 실체화처럼 인류에게 재앙을 안겨준 졸렬한 사유체계는 없다. 그럼에도 불구하고 노자의 사유를 거부하는 독선의 파행이 여전히 판치고 있는 것이다. 얼마나 많은 순결한 요조숙녀들이 아무 이유도 없이 마녀사냥의 저주에 걸려 화형을 당했는가? 정치권력자들의 터무니없는 종교적 열정이나 선악의 판단 때문에 얼마나 많은 선남선녀들이 전쟁의 포회 속에 목숨을 잃어야만 했는가? 아무 근거 없는 빨갱이 지목 때문에 얼마나 많은 백의민족이 핏물 속에 허우적거려야 했는가? 예수의 사랑도, 선과 악의 논리를 전제로 하면, 성립하지 않는다. 악이 아닌 불선을 전제로 하기 때문에 "오른편 뺨을 치거든 왼편도 돌려 대라"는 명제도 의미를 가질 수 있는 것이다.

미가 곧 오요, 선이 곧 불선이다. 이렇게 철저히 가치를 개방할 수 있을 때, 우리는 비로소 모든 상대적 가치의 대적적 관계를 상생적 관계로서 포용할 수 있게 되는 것이다.

유有와 무無, 난難과 이易, 장長과 단短, 고高와 하下, 음音(일정한 음정을 가지는 노트note)과 성聲(음정이 무시되는 노이즈noise), 전前과 후後, 이러한 모든 상대적 가치가 상생相生, 상성相成하게 되는 것이다. 이러한 상생상성은 오직 아름다움을 아름다움으로서 고착시키지 않는 가치의 개방성에서만 가능한 것이다. 도를 도라고 말하면 이미 그것은 상도常道가 아니라고 말한 첫 구절에서 이미 가치의 고정성은 무너졌던 것이다. 신념, 신앙, 이 따위 말들이 절대주의적 질곡에 빠지면 무서운 인간세의 재앙이 된다.

일례를 들면, "장단상교長短相較"라는 말은, "길다," "짧다"라고 하는 판단이 오직 두 개의 물체를 비교할 때에만 의미를 갖는다는 것이다. 길다, 짧다라는 판단이 한 사물의 절대적 성격규정이 될 수가 없다는 것이다. 긴 것은 더 긴 것과 비교될 때는 짧은 것이 되고 만다. 우리가 사물에 대해 허여許與하는 명名의 세계가 모두 이와 같은 것이다. 그러나 여기에 우리는 절대주의니 상대주의니 하는 개념을 노자의 사유를 가늠하는 잣대로 사용해서는 아니 된다.

是以聖人處無爲之事, 行不言之敎。

여기 "시이是以"는 "그러므로therefore"라는 접속사이다. 전통적인 교석가校釋家들은 이 "시이"는 앞의 문단의 내용과 뒷 문단의 내용이 형연逈然하게 다르기 때문에 후대의 사본을 만드는 사람들이 그 양자를 어색하지 않게 연결시키고자 하는 방편으로 첨가한 것이며『노자』텍스트의 원문에는 없었던 것이라고 교고校詁하였으나(고형高亨의 설), 재미있게도 최근 발견된 백서본(갑·을본 모두), 곽점본(갑조甲組에 2장이 포함되어 있다)에는 "시이是以"가 있음이 확인되었다.

그러니까 현재 우리가 가지고 있는 판본이 그렇게 임의적인 변화를 거친 텍스트가 아니라는 것, 그리고 그러한 접속사가 적재적소에 있다는 것은 원래의 『노자』텍스트가 매우 논리적으로 치밀한 정합적 구조를 가지고 있다는 사실이 밝혀진 것이다. 허사나 접속사가 없는 텍스트가 오리지날 형태에 가까운 것이 아니라 오히려 후대의 판본일수록 그런 허사나 접속사가 글자수에 맞추어 정리되어 사라진 경향성을 보인다는 것이다.

"천하개지天下皆知"로부터 시작된 2장은 "시이是以" 전까지는 가치의 상대성, 아니, 가치의 비실체성, 가치의 역동성, 가치의 포용성包融性, 그리고 가치의 개방성을 논한 매우 추상적인 가치론의 테제를 다루고 있었다. 그런데 노자는 여기서 갑자기 그러한 가치론의 테제를 구체적인 인생론, 정치론으로 방향을 전환시키면서 제3장의 정치철학적 주제로 연결시키고 있는 것이다. 이 전환의 포인트에 비로소『노자』라는 텍스트의 참다운 주어가 등장하는 것이다.

그 주어가 바로 "성인聖人"이다. 여태까지 논의되어온 우주론과 인식론과 가치론의 논리에 의거하면 곧 "그러므로是以" 성인은 다음과 같이 그 가치를 구현하는 행위방식을 취하게 되고, 삶의 양식을 전개해나가게 된다는 것이다. 81장까지 성인이라는 숨은 주어는 계속된다.『노자도덕경』이라는 텍스트는 이제 그 물리적 현존성이 BC 500 전후까지는 확실하게 올라간다는 사실을 아무도 부인할 수 없게 되었다. 그렇다면 이『도덕경』이라는 지극히 논리적이고 추상적이고 포괄적인 내용의 저작물이 누군가에 의하여 집필되었다는 것이 확실하다고 한다면 그 저자는 도대체 이것을 누굴 위하여 쓴 것인가?

당시는 종이도 없었고, 출판매체는 지극히 협애한 범위 내에서 유통되고 있었다. 예수의 전기가 양피지나 코우덱스에 의존하여 꽤 널리 민중에게 보급된 것과는 대조적으로 이 죽간은 몇 사람 안되는 고귀한 신분의 사람들의 손에 머물렀다. 노자가 이 위대한 철학서를 죽간에 새겼다면 그는 누굴 위하여 이러한 작업을 감행한 것일까? 노자는 이 도와 덕의 경전을 성인을 위하여 쓴 것이다. 성인을 교육시키기 위하여 쓴 것이다. 그렇다면 "성인聖人"은 누구인가?

재미있게도 백서(갑본)는 성인을 "聲人"이라고 쓰고 있는데 고문헌에서는 발음이 같은 계열일 때 쉽게 차자借字가 가능하므로 별 의미 없다고 말할 수도 있겠지만 하여튼 성인은 소리와 관련이 깊은 글자임에는 틀림이 없다. 『설문해자』는 "성聖"을 귀 이耳와 드러날 정壬으로 분해하여 이해하였는데, 시라카와는 "耳"와 "壬"과 "口"의 3요소로 분해되어야 한다면서 신의 계시와 관련된 제식의 의미를 상설하고 있다.

그러나 간단히 말하자면, 성인은 "귀가 밝은 사람"이다. 귀가 밝은 사람은 "소리를 잘 듣는 사람"이다. 소리를 잘 듣는다고 하는 것은 고대사회에서 일차적으로 신의 소리를 잘 듣는 것이요, 인문정신으로 말하자면 사람의 소리를 잘 듣는 것이다. 다시 말해서 하늘과 땅의 소리를 잘 들을 수 있는 사람은 총명한 사람이요, 달통한 사람이요, 지혜로운 사람이다(중국 고경에서 "聖"은 대개 총명·지혜를 뜻한다).

그런데 이런 총명한 사람, 신의 소리를 들을 줄 알고, 사람의 소리를 잘 알아듣는 자만이 통치의 자격이 있다는 것이 노자의 생각이다. 타자를 다스린다는 것은 타자의 소리를 들을 줄 안다는 것이다. 민중을 다스린다는 것은 민중의 소리를 듣는다는 것이요, 그것은 곧 신의 계시(정壬)를 듣는다(이耳)는 것이다. 신의 계시를 듣는다는 것은 곧 인류역사의 보편적 정칙을 깨닫는다는 것을 의미한다. 그 깨달음 그것이 바로 지혜다. 인도사람들이 말하는 반야*paññā, prajñā*

와 중국 고전이 말하는 지혜는 근본성격이 다르다. 반야는 무명으로부터의 벗어남이요, 6바라밀의 최종목표이지만 동방의 지혜 즉 성聖은 구체적인 인간세 통치의 슬기로움을 말하는 것이다.

『노자도덕경』은 바로 지상의 가장 바람직한 이상적인 통치자, 성인을 위하여 집필된 것이다. "성인"이라는 말은 유교적 용어가 아니라, 노자에 의하여 비로소 그 내포가 충실하게 된 것이다. 유교의 성인은 세속적 도덕규범의 완성자이지만 노자가 말하는 성인은 그러한 도덕규범을 초월하는 상도常道의 내재적 생명가치를 구현하여 일체의 속박으로부터 벗어난 자인 것이다. 그 성인이 구현해야 할 덕성은 무엇인가? 이 질문에 노자는 매우 명쾌하게 두 개의 덕목을 제시한다.

1. 處無爲之事
2. 行不言之敎

"처무위지사處無爲之事"는 백서갑·을본에 모두 "거무위지사居無爲之事"로 되어있고, 곽점갑조에 "거망위지사居亡爲之事"로 되어있다. 문맥상 큰 차이가 없다. 상기 두 명제에서 우리가 따져봐야 할 것은 역시 "무위"의 "불언不言" 두 마디의 정확한 의미를 부석剖析하는 일일 것이다.

이미 앞서 말한 가치의 상대성, 가치의 포용성, 가치의 개방성은 성인의 삶의 태도에서 어떤 절대적 신념을 민중에게 강요하는 것이 아니라 그와는 반대 방향인 "무위의 일無爲之事"로 귀결되어야 한다는 것을 노자는 역설하고 있는 것이다.

고전중국어에 있어서 "무無"는 대체저으로, 현시논리저 부정사否定詞로서 쓰이는 적이 별로 없다. 그 역할을 하는 것은 "不bu," "弗fu," "非fei," "未wei," "勿wu"와 같은 것인데, 이것도 중국문법에서는 "부정부사否定副詞"라고 불린다. 이러한 말들은 부정사가 아닌, 동사를 한정시키는 부사로서 이해하는 것이다. 따라서 "무위無爲"를 "위爲"의 부정으로 이해하는 것은 넌센스라 아니할 수 없다. "Non-Action"이니 "Inactivity"로 번역될 수 없는 것이다.

노자에게 있어서 "무無"라는 글자는 부정사否定詞로 쓰이기보다는 그 자체로서 독자적인 의미를 가지는 품사로서 기능한다. 제1장에서 이미 말했듯이 "무"는 "무형無形"이나 "무명無名"의 축약태로서 이해되어야 한다. 그리고 때로는 무는 "없음"이라기보다는 "빔虛"의 의미를 갖기도 한다. 부정부사로 쓰일 때도 있지만 그 이면에는 항상 무분별의 세계를 지향하는 심오하고도 긍정적인 의미가 동시에 곁들여있다. "무지無知"도 "앎이 없음ignorance"이 아니라 무분별의 차원 높은 앎의 경지를 의미하게 된다.

따라서 "무위"는 위爲가 부정되는 것을 의미하지 않는다. 생명의 최대특질은 살아있다는 것이고, 살아있음은 그 자체로서 위爲가 되는 것이다. 따라서 인간은 태어나서 죽을 때까지 위爲 즉 함Doing의 존재이다. 그러니까 "무위"라는 것은 "함이 없음"이 아니라 "무無적인 함"을 하는 것이다. 생명을 거스르는 "함"이 아닌, 우주생명과 합치되는 창조적인 "함"이며, 자연自然(스스로 그러함)에 어긋나는 망위妄爲가 없는 "함"을 하는 것이다.

1장의 논리로 말한다면 곧바로 "무위無爲"는 "무명無名의 위爲"이며, "무형無形의 위爲"인 것이다. 내가 1장을 설하면서 우리가 노자를 해후한다는 것은 유명에서 무명으로, 유형에서 무형으로 가는 여행을 하는 것이라 했는데, 노자가 우리에게 던지는 최초의 관문에서의 메시지가 바로 "무위지사無爲之事" 속에서 살라는 가르침이다. 무위에서 대비되는 개념이 유위라 말할 수 있는데, 유위 즉 무엇인가를 자꾸 하면 할수록 사태가 엉크러져 가는 상황을 우리는 우리의 삶 속에서 쉽게 느낄 수 있다.

유형과 유명有名의 위를 하지 말고, 무형과 무명의 위를 하라! 어떤 때는 사태를 풀려고 애쓰지 말고 내버려두면 저절로 풀려나가는 상황도 많은 것이다. 지혜로운 동방인들의 삶의 자세에는 이 "무위"가 깔려있는 것이다.

성인은 무위의 일에 처해야 하고, 말이 없음의 가르침을 행하여야 한다. 치자가 피치자에게 가르침을 전하는 방식은 대체적으로 언어를 통하는 것이다. 그런데 노자는 여기 "무위지사"의 한 짝으로서 "불언지교"를 제시한다. 무위無爲와 불언不言은 상통하는 것이다. 1장에서 이미 노자는 도가도비상도를 말함으로써 인간의 언어나 개념에 대한 불신을 토로했다. 이성이나 논리의 허구성도 경계했다. 따라서 그러한 상도에 대한 진실을 확신하는 자는 인생살이에 있어서도 "언言"을 통해 메시지를 전하려 하지 않는 것이다. 따라서 가르침도 "언言"을 통하지 않는 가르침을 행하는 것이다.

『조선왕조실록』을 보라! 그것은 대부분 왕과 신하들간의, 혹은 신하들간에 왕에게 전달하기 위한 주제를 놓고 벌어지는 말의 잔치들이다. 그러나 이 말의 잔치들이 대부분 타인의 말이나 경전의 레토릭을 빙자한 허황된 얘기일 뿐, 그 화려한 이성의 논리적 걸구의 내면을 지배하는 것은 상대방을 때려잡기 위한 증오, 질투, 권력에의 의지일 뿐 이성이 지향해야 할 보편성을 지니고 있질 아니하다. 왕의 말이 신하에게 전달되기 힘들고, 신하의 말이 왕에게 전달되기 힘들다. 실상 이러한 정황은 오늘날의 정치상황에도 그대로 적용된다.

상도를 구현하는 성인, 즉 이상적 통치자the ideal ruler라고 한다면 반드시 무위지사에 처해야 하고, 불언지교를 실천해야 한다. 말함이 없는 가르침을 행해야 한다. 말함이 없이 세상을 움직이는 지혜, 그 지혜에 관한 책이 바로 『노자도덕경』인 것이다. 동방인들은 예로부터 논리로써 사람의 마음을 움직이려 하지 않았고, 말 없는 솔선수범Teaching by Example으로써 세상을 리드하려 했다. 무위無爲와 불언不言의 지혜, 이것은 당초에는 성인(＝치자, 군주)을 향한 노자의 충언이었지만 결국 동방인의 일반적인 생활태도로서 스며들어갔던 것이다.

무위에 관하여 역사적으로 중요한 사실을 하나 이야기하자면, 무위는 "방임 laissez-faire"이 아니라 인민으로부터 가혹하고 번쇄한 법률구속의 멍에를 벗겨 주는 정책을 의미했으며, 특히 전쟁의 폐해에 민중이 시달리지 않도록 하는 반 전의 치술을 의미했다. 그리고 더더욱 중요한 것은 "무위"의 정치는 민중의 조 세부담을 경감시키는 정책과 밀접히 관련되어 있었다. "문경지치文景之治"(서 한의 문제와 경제의 통치기간)가 그 대표적 사례 중의 하나이다. 문제는 궁궐의 비 용을 줄이고 농업에 부과되는 조세를 없애버렸다. 육형肉刑도 폐지하였다.

萬物作焉而不辭, 生而不有, 爲而不恃。

여기 갑자기 "만물萬物"이 끼어드는 바람에 주어를 무엇으로 어떻게 설정해 야 할지에 관해 약간의 혼선이 생긴다. 앞서 말한 대로 전반의 추상적인 가치 론의 주제를 그러한 가치를 구현하는 구체적인 인생론적 과제상황으로 전환시 키면서 "성인"을 주어로 등장시켰으므로 후반부의 모든 주어를 성인으로 하 여 해석하는 것이 정당하다고 할 것이다. 그러나 처무위지사, 행불언지교라는 명제는 명백하게 인간세의 작위에 관한 행동모범을 제시하고 있으므로 성인 이 주어가 되는 것이 너무도 당연하지만, 만물萬物 이후의 문장내용은 인간세 의 규범적 논의를 벗어나는 우주론적 색채를 띠고 있으므로 차라리 주어가 천 지자연 속의 "만물"이 되든가 혹은 그 만물을 총괄하는 "도道"가 되든가 하는 것이 보다 자연스럽다.

아무튼 이 후반의 주어는 "성인," "만물," "도"가 다 가능하다. 사실 여기서 말하는 성인이란 도道의 모든 덕성을 구현한 자이며 또 만인·만물의 모범이 되는 자이므로 상기의 삼자가 모두 동시에 주어가 되는 방향으로 문장을 입체 적으로 읽어야 할 것이다.

노자가 옳았다

우선 "만물작언이불사萬物作焉而不辭"라는 왕필본의 구절은 백서 을에 "만물석이불시萬物昔而不始"로 되어있다. 우선 "석昔"과 "작作"은 같은 계열의 발음이며 동일한 의미로 쓰인 것이므로 특이사항이 없다. 그런데 재미있는 차이는 "언焉"이라는 어기사語氣詞가 백서본에는 없으며, 또 "불사不辭"가 백서본에는 "불시不始"로 되어있다. 백서가 나오기 전에는 이 "불시不始"라는 표현을 별로 중시하지 않았다.

그러나 왕필 본인이 17장의 "태상太上, 하지유지下知有之"에 주를 달면서, "대인재상大人在上, 거무위지사居無爲之事, 행불언지교行不言之教, 만물작언이불위시萬物作焉而不爲始"라고 해놓은 사실이 새롭게 조명되면서 왕필이 주를 단 『노자』의 텍스트는 백서본에 가까웠다는 것이 입증되어버린 것이다. "불시不始"란 "처음 되지 않는다"라는 뜻인데, "시始"는 "이니시어티브를 장악하여 모든 것을 컨트롤한다," "창도倡導한다," "자기가 모든 것의 시원始源이라고 자만한다"는 뜻이 있다.

27장 왕필 주에, "순자연이행順自然而行, 부조불시不造不始," "보만물지자연이불위시輔萬物之自然而不爲始"라 했으니 왕필도 "불시不始"를 "만물의 스스로 그러함을 돕고 자신이 첫머리가 되지 않는다"는 뜻으로 해석했다는 것을 알 수 있다. 30장의 "기사호환其事好還"의 주에도 "위시자爲始者, 무욕립공생사務欲立功生事"라는 말이 있는데 처음 되고자 하는 자, 즉 새롭게 일을 시작하는 자는 공을 세워 뽐내고 싶어 일을 만든다는 뜻이다.

옛 발음상 "시始"와 "사辭"는 통한다. 그래서 "시"를 "사"로 썼다고도 말할 수 있겠지만 "사辭"는 사 나름대로 유니크한 뜻을 지닌다. 다시 한번 전체를 보자!

만약에 "언焉"자를 빼고 "작이불시作而不始, 생이불유生而不有, 위이불시爲

而不恃"라고 하면 이 모든 구문의 주어가 만물 하나로 수렴될 수가 있다. "만물은 잘 자라나면서도 서로가 자기가 시원이라고 클레임하지 않고, 잘 생기면서도 그 생성의 결과를 소유하려 하지 않고, 잘 되어지도록 하면서도 기대지 않는다"라는 해석이 가능하다.

그러나 왕필본의 "만물작언이불사萬物作焉而不辭"라는 표현은 분명한 의도성이 있는 구성이다. "작作"은 자동사로서 "지어진다," "자라난다"의 뜻이 있다. 작作은 시始, 기起, 홍興, 생生, 동動, 용用, 사使, 치治, 위爲 등의 훈訓이 있다. "작이불사作而不辭"라 하지 않고 "작언이불사作焉而不辭"라고 하면, 중간에 낀 "언焉"은 어기語氣의 흐름을 정돈停頓(잠깐 멈추게 한다)시키는 기능이 있다. 어기를 멈추고 분위기를 전환시키는 것이다. 그러니까 "만물이 쑥쑥 잘 자라난다," "그럼에도," "성인은 사辭하지 아니한다." 이而를 계기로 주어가 바뀌는 것이다.

"불사不辭"의 "사辭"는 크게 보아 2종의 의미가 있다. 첫째는 "언사言辭"의 의미가 있고 둘째로는 "사퇴한다," "사직한다," "사양한다"는 거절의 의미가 있다. 첫째 번 의미는, 전체를 붙여서 새기면, "만물이 잘 자라게 하면서도 (성인은) 이래라 저래라 하고 간섭하고 잔소리하지 아니한다"의 뜻이 될 것이다. 앞서 말한 바 성인은 행불언지교行不言之教라 했으므로 그 맥락을 이은 것으로 볼 수가 있다. 뿐만 아니라 34장의 본문에 "대도범혜大道氾兮, 기가좌우其可左右。만물시지이생萬物恃之而生, 이불사而不辭。"라고 되어있는 문장이 나타나는데 여기서도 "만물은 대도에 의지하여 생겨나는데도 대도는 이래라 저래라 말로 간섭하지 아니한다"의 뜻으로 해석될 수 있다.

둘째 번의 "사양한다"는 의미로 새기게 되면 이런 뜻이 될 것이다: "만물을 잘 자라게 하는데 대도(=성인)는 그들이 잘 자라게 하는 역할을 하는 것을 사양함이(멈춤이) 없다." 그러나 이런 해석은 너무 우원하여 대체적으로 주석가들이 취하지 않는다.

"생이불유生而不有"는 문맥으로 보자면 성인을 주어로 하고 있는 것으로 보통 해석하고 있지만, 기실 생이불유의 실제적 주어는 만물일 수밖에 없다. 만물이 생이불유하기 때문에 성인도 생이불유하지 않을 수 없는 것이다. 상도常道의 세계에서는 고정된 실체가 하나도 없기 때문에 A라는 실체(존재)가 B라는 실체(존재)를 소유한다는 것은 있을 수가 없다.

상常의 세계에서 "존재한다"는 것은 "생성중에 있다"는 것을 의미한다. 모든 "있음"은 생성을 위한 가능태일 뿐이다. 절대적 무Nothingness로 사라지는 것도 없고, 그런 무로부터 오는 것도 없다. 그런데 모든 생生은 합생合生일 뿐이다. 다양한 요소들이 합하여져서 서로를 용납하고 서로를 배제하면서 하나의 만족스러운 통일체를 구성해나가는 과정이다.

산천초목의 이파리 하나도 끊임없는 생성을 거친다. 새순이 또 하나의 새순을 생생하는 과정에서 묵은 순이 새순을 소유하지 아니한다. 묵은 순은 새순의 합생의 자료가 된다. 그러니까 생익 과정은 소유가 없어야만 오그라듦이 없이 새로움의 자유를 구가할 수가 있다. 나뭇가지가 뻗어가는 과정이 모두 이 "무소유의 과정" 속에 이루어지는 새로움의 전진이다.

내가 내 자식을 생하였다고 해서 소유할 수 없는 것이다. 최초로 부모의 생식세포 염색체의 결합으로 접합체가 이루어지고 세포분열이 계속되어 엠브리오가 형성되어 태아로 발달해가는 과정을 거치지만 그 모든 생성과정이 고정된 실체의 연속태가 아니며 수없이 다양한 여건을 파지把持해가면서 전개되어 가는 것이다. 생이불유는 자연의 철칙이오, 만물의 생성과정의 자연태自然態이다.

다음에 나오는 "위이불시爲而不恃"는 도(＝성인)는 "만물이 잘되어가도록 하면서도 그 되어가는 모습에 기대지 아니한다"로 나는 해석해왔다. "시恃"는 "기댄다," "의지한다"의 뜻이 있다. 그런데 많은 주석가들이 "위爲"를 "된다 to become"로 해석하지 않고, "한다 to do"로 해석하고, "시恃"를 "자부한다," "자만한다"의 뜻으로 해석한다. 그렇게 되면 이 구문은 "성인은 작위를 하면서도 그 모든 행위의 공이 자기 능력의 덕분이라고 자만치 아니한다"는 뜻이 된다. 전자의 해석은 "생이불유"와 상통하고, 후자의 해석은 "공성이불거"와 상통한다. 나는 역시 전자의 해석이 더 순하다고 생각한다.

그런데 이 상기의 구문들은 『노자』라는 텍스트 내에서도 네 군데나 겹쳐서 출현하고 있다.

2장 : 萬物作焉而不辭, 生而不有, 爲而不恃。
10장 : 生而不有, 爲而不恃, 長而不宰, 是謂玄德。
51장 : 生而不有, 爲而不恃, 長而不宰, 是謂玄德。
77장 : 是以聖人爲而不恃, 功成而不處, 其不欲見賢。

이 중에서 10장과 51장은 문자가 동일하고 백서에도 거의 동일한 형태로 수록되어 있다. 5천여 언이라는 짧은 『노자』텍스트 속에도 중복되어 나오는 구문이 있다는 사실은 이것이 단지 노자라는 사상가의 창작이 아니라 노자 당시이미 유행하던 성어成語를 노자가 풀이하면서 그 포괄적 세계관을 전개한 것으로도 볼 수 있다.

럿셀Bertrand Russell, 1872~1970은 1920년 북경대학 철학과 초빙교수로서 중국에 머물렀다. 그리고 신문화운동의 열기 속에서 중국지성들의 갈망을 흡수하고 동서문명을 자기로부터 소외시켜 객관적으로 바라보는 귀한 체험을 했다. 그의 체험은 『중국이라는 문제 The Problem of China』(1922)로 출간되었는데, 그 11장에 중국문명과 서양문명의 대비된 모습이 재미있게 기술되어 있다.

그는 유교를 종교적 도그마, 형이상학적 독단을 전혀 포함하지 않은 순수한 윤리학으로 평가하면서도 일상적인 규범을 논하는 유교경전에는 별 흥미를 느끼지 못한다. 그러나 노자의 철학에는 엄청난 매력을 느낀다.

그는 우선 자기가 속한 서구문명의 정신생활의 세 근원을 말한다. 그것은 1) 그리스 문화Greek culture, 2) 유대인의 종교와 윤리Jewish religion and ethics, 3) 근세과학의 결실로서의 산업주의modern industrialism, which itself is an outcome of modern science. 플라톤, 구약성경, 갈릴레오가 이 세 전통을 대변한다고 보면 족하다 하였다.

서구인들은 희랍인들로부터 문학과 예술과 철학과 순수수학, 그리고 사회관의 세련된 측면을 배웠다. 그리고 유대인들로부터는 신념으로 포장되는 광신적 신앙, 죄의식을 동반한 도덕적 열의, 종교적 불관용, 그리고 서구 국가주의의 위선적 측면을 배웠다. 그리고 산업주의화 된 과학으로부터는 권력과 권력의 맛, 또는 우리가 스스로 신神이라고 하는 착각, 그래서 비과학적인 종족은 마음대로 죽일 수 있다고 생각하는 믿음을 배웠다. 그리고 거의 모든 실재적 지식all real knowledge을 획득하는 데 사용되는 경험적 방법을 과학에서 배웠다. 이 세 요소야말로 서구정신의 모든 것을 설명한다고 럿셀은 말한다.

이와는 매우 다른 가치체계를 럿셀은 노자라는 고대의 철학자에게서 발견한다. 그가 중국문명을 대변하는 노자의 사상으로 제시하는 것이 바로 우리가 논의하고 있는 이 세 구절이다.

"Production without possession, action without self-assertion, development without domination."
소유 없는 생성, 자기고집 없는 행위, 지배 없는 성장!

럿셀은 이 세 마디를 서구인들이 결여하는 중국문명의 핵심이라고 보았다. 이 번역문으로 보면, 럿셀은 이 문장을 2장에서 취하지 않고, 10장과 51장에서 취했다. 그리고 "위이불시爲而不恃"의 해석도 내가 말한 뜻 중에서 후자의 것을 취했다. 소유, 자기주장, 지배욕 이것이 서구인들을 파멸로 휘몰고 있다고 본 것이다.

내가 1970년에 『노자』를 접하면서 실제적으로 내 가슴에 가장 심오한 인생관의 핵심으로 새겨두었던 말씀이 바로 이 세 구절 이후에 나오는 명제이다.

功成而不居,
공이 이루어져도 그 속에 거하지 아니한다.

불교가 "무소유"를 말하고 "무아"를 말하지만 실제적으로 우리 일상경험에서 쉽게 이야기할 수 있는 덕목은 내가 무엇을 성취한다 할지라도 그 열매를 독차지하고, 그 성과를 따먹으면서, 그 성과 속에서 안주하는 삶의 태도를 근원적으로 벗어내버리는 것, 그 이상으로 별로 크게 말할 것이 없다. 나는 "공성이불거"라는 이 한마디 때문에 오늘까지 나의 슬기로운 삶의 태도를 지킬 수 있었다. 노자의 가치론의 총결로서의 마지막 구절은 이러하다.

夫唯弗居, 是以不去。
대저 오로지 공 속에 거하지 아니하니 사라지지 아니한다.

"거居"와 "거去"는 압운押韻된다.

마왕퇴 제1호묘 최초 발굴의 모습. 문화대혁명 와중에서 박물관 전문요원들은 거의 다 "하방下放"되었고, 이 발굴은 아주 열악한 환경에서 아마츄어 인력을 모집하여 시작되었다. 그럼에도 불구하고 이 발굴은 비슷한 시기에 있었던 우리나라 백제 무녕왕릉 발굴보다는 더 조직적인 성과를 내었다.

1922년 11월 4일(공식발표 11월 29일), 하워드 카터Howard Carter에 의한 투탕카멘Tutankhamun 무덤 발견 이래, 인류사상 최대규모라 할 수 있는 마왕퇴 발굴은 매우 불행한 환경 속에서 이루어졌다. 중국은 문화대혁명의 절정기를 맞이하면서 문화라면 모든 것을 훼철毁撤시켜 내버리는 분위기였다. 1969년 말, 중소분쟁 와중에서 당대 실권자 임표林彪는 장사에 있는 호남성군구 366병원을 교외로 옮기라고 명령했고(제1호전비령), 따라서 황급히 옮긴 곳이 마왕퇴馬王堆(원래 마안퇴馬鞍堆[말안장 언덕]였는데, 와전)에 있던 간부요양원이었다. 그리고 전비戰備를 위해 방공호를 파야 했다. 방공호를 파던 중 가스가 분출하는 구멍을 발견, 불을 붙여보니 남색의 화염이 타올랐다. 유경험자가 곧 화갱묘火坑墓라 일러주었고, 고묘에서 흔히 있는 현상임을 알게 된다.

발굴은 1호묘, 3호묘, 2호묘의 순서로 진행되었고(1972~74) 그나마 문화적 감각이 있는 주은래 총리의 비호 아래 질서있게 진행되었다. 121쪽 사진은 1호묘의 발굴현장 사진인데, 묘구는 남북 19.5m, 동서 19.8m, 4계단의 구조로 되어 있다. 16m를 파고 들어가 묘실(4관2곽)을 만났는데 숯가루(內)와 두꺼운 백회 콘크리트로 싸여있어 완벽하게 보존되었다. 부장품은 정자井字 곽郭의 4방 공간에서 발견된다. 노자의 백서가 발견된 분묘는 3호묘이다.

【1호묘 4관2곽 단층도】, 3호묘는 3관2곽이며 1호묘 보다 약간 작다.

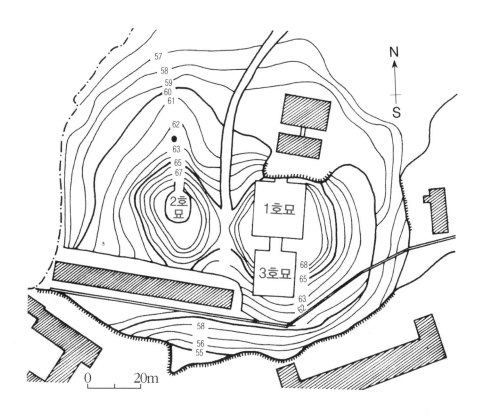

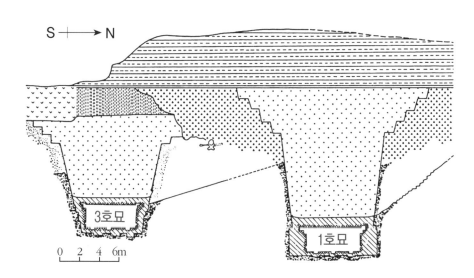

三章

不尙賢, 使民不爭;
불 상 현 사 민 부 쟁

不貴難得之貨, 使民不爲盜;
불 귀 난 득 지 화 사 민 불 위 도

不見可欲, 使民心不亂。
불 견 가 욕 사 민 심 불 란

是以聖人之治,
시 이 성 인 지 치

虛其心, 實其腹;
허 기 심 실 기 복

弱其志, 强其骨。
약 기 지 강 기 골

常使民無知無欲,
상 사 민 무 지 무 욕

使夫智者不敢爲也。
사 부 지 자 불 감 위 야

爲無爲,
위 무 위

則無不治。
즉 무 불 치

셋째 가름

훌륭한 사람들을 숭상하지 말라!

백성들로 하여금 다투지 않게 할지니.

얻기 어려운 재화를 귀하게 만들지 말라!

백성들로 하여금 도둑이 되지 않게 할지니.

욕심낼 것을 보이지 말라!

백성들의 마음으로 하여금 어지럽지 않게 할지니.

그러하므로

성인의 다스림은

그 마음을 비워

그 배를 채우게 하고,

그 뜻을 약하게 하여

그 뼈를 강하게 한다.

늘 백성으로 하여금

앎이 없게 하고

욕심이 없게 한다.

대저 지혜롭다 하는 자들로 하여금

감히 무엇을 한다고 하지 못하게 한다.

함이 없음을 행하면

다스려지지 않음이 없을 것이다.

沃案 정말 지금부터는 텍스트의 디테일에 사로잡히지 않고 왕필 텍스트에 준하여 그 대강을 설하기로 하겠다. 원래 노자를 이해한다고 하는 것은 제1장과 제2장과 제3장, 이 세 장을 이해하면 그 대의가 파악된다고 하는 것이다. 제3장은 노자의 사회철학social philosophy, 정치철학political philosophy의 요체로서 동방인의 세계관에 엄청난 저류를 형성하였다.

첫째, 맑시즘Marxism과 노자철학Laoism을 비교하면, 맑시즘은 불평등한 사회적 현실에서 출발하여 그러한 계급적 불평등구조를 타파하는 것을 주 테마로 삼는 사회이론이기 때문에 계급혁명의 필연성을 설득력 있게 설파했는지는 몰라도, 그러한 사회변화의 당위성을 뒷받침하는 우주론, 인식론, 인생론, 가치론, 자연주의적 환경론naturalistic ecology의 복합적 이론이 거의 없다고 혹평해도 별로 할 말이 없다. 따라서 계급혁명을 필요로 하는 사회구조가 사라지면 맑시즘은 무기력해지고 만다. 사회혁명을 위한 인생의 투쟁역정은 있으되 혁명이 이루어진 사회는 과연 어떤 인간들이 어떻게 살 것인가에 대한 가치론적 처방이 전무하다. 만인이 자신의 능력에 따라 사회의 부에 기여하고 또 자기의 필요만큼 공공자산으로부터 쓸 수 있다고 하는 환상적 처방만을 이야기하고 있을 뿐, 바울의 재림Second Coming 이상의 구체적 비젼이 없다.

나는 중국과 같이 노자철학의 영향이 깊은 사회의 20세기에 그토록 지속적으로 맑시즘의 침투가 이루어졌고 또 21세기에도 그 침투는 막강한 세력으로서 작용할 것이라는 전망은 실로 세계사의 기적 중의 하나라고 생각한다. 21세기 중국공산주의는 전제적 당조직을 유지하기 위한 효율적인 산업주의 체제System일 뿐, 공산주의의 원의와는 거리가 멀다고도 말할 수 있다.

우선 "불상현不尙賢"의 "현賢"은 유가적인 관념을 전제로 하는 것은 아니다. "현賢"이라고 하는 것은 단순히 현명하다, 지혜롭다는 것을 의미하는 것이 아니라, 사회적 가치의 우위를 점령케 하는 모든 슬기로움, 똘똘함의 소유자들, 그래서 지배자의 위치에 서게 되는 강자들을 지목하는 것이다. 그런데 이러한 "현자들을 숭상치 말라"고 하는 노자의 메시지의 포인트는 "상尙"이라는 동사에 있다. "숭상한다"는 이 "상尙"은 "팔八"과 "향向"이 합쳐진 회의자인데(尙), 팔은 하늘님의 기운(神氣)이 내려오는 모습이며 "향向"은 그 하늘님을 맞이하여 제사 지내는 모습이다. 하여튼 "상尙"에는 신적神的으로 받든다는 의미가 있다.

인간세상의 기본적 원칙은 나보다 더 훌륭한 사람이 있고, 그 훌륭하고 똑똑한 사람을 신적으로 숭상하도록 만듦으로써 가치의 하이어라키(위계질서)를 조성하고, 그 하이어라키에 모든 사람의 삶을 예속시키는 것이다. 오늘의 대학입시병이나 스펙 운운하는 사회병태病態가 이러한 가치서열의 조작에서 생겨나는 것이다. "생이불유"하는 나뭇잎 사이에서는 없는 현상이다. 그런데 왜 이런 "상현尙賢"의 하이어라키를 만드는가?

노자는 이러한 상현의 사회구조화가 최종적으로 지향하는 목표를 "경쟁Competition"이라고 갈파한다. 상현을 하도록 하여 경쟁하게 만드는 것이라고 갈파하는 것이다. 왜 경쟁토록 만드는가? 그러한 경쟁에 몰두하고 있는 인간들이래야 가지고 놀기가 좋다는 것이다. 문명의 질서에 예속시킴으로써 통치가 매우 용이해진다는 것이다. 가치관의 획일화가 이루어지는 것이다. 노자의 정치철학의 핵심은 이 두 마디에 있다: "부쟁不爭!" 그런데 19세기 말부터 동방세계에 침투한 자본주의, 과학주의, 교육주의, 민주주의는 모두 한결같이 이 "쟁爭"을 지상의 덕목으로 삼는다. 노자의 정치철학은 근원적으로 "쟁爭"이 없는 사회를 만드는 것이다.

훌륭하다 하는 사람들을 숭상케 하지 말라! 백성들로 하여금 다투지 않게 할지니. 불상현不尙賢, 사민부쟁使民不爭! 나는 이 한마디를 들었을 때 까무러치듯 놀랐다. 맑시즘이 꿈도 못꿀 사회변혁의 구상이었다. 나는 젊은 날의 나의 모든 가치관이 전도되는 듯한 그런 현기증을 느꼈다. 공부 잘해서 박사 따고 교수 되고 생활 안정되고 훌륭한 사람이 되어야지! 이러한 모든 상식적 향심向心이 전복되는 가치역전value-conversion의 충격을 체험하였던 것이다. 이 한마디만 해도 나에게는 맑스의 혁명이론보다 더 혁명적이었다. 맑스는 나의 청춘에 경쟁을 불러일으키는 한 사나이에 불과했다.

불귀난득지화不貴難得之貨, 사민불위도使民不爲盜。

난득지화를 귀하게 만든다는 것은 자본주의사회에서 반드시 있어야만 하는 사회진보의 계기들이며, 경쟁을 유발시키기 위한 묘방妙方으로서 필요불가결한 것이다. 사회의 진보, 과학의 진보, 자본의 진보가 모두 난득지화를 귀하게 만드는 데서 그 본질적 계기를 만들어온 것이다. 그러한 진보의 결론은 무엇인가? 사회진보의 결론은 모든 사람들을 도둑놈으로 만드는 것이다. 서로가 서로에게서 도둑질하게 만드는 것이다. 욕심 낼 만한 것들을 계속 보여주면서 그 마음을 어지럽게 만드는 것이다. 이러한 노자의 역문명사逆文明史적인 경고를 들으면서 우리는 사회진보에 대한 맹목적 신념이나 막연한 기대를 수정해야만 한다.

그렇다면 도가도비상도를 실천하는 성인은 어떠한 정치를 행하는가? 과연 "성인지치聖人之治"란 무엇인가? 노자는 이러한 질문에 간결하게 두 마디를 제시한다.

虛其心, 實其腹;
弱其志, 强其骨。

동방인들은 예로부터 생명의 중추를 신경해부학적인 구조로써 설명하지 않았다. 즉 "뇌腦"라는 중추에 무관심했던 것이다. 윗 문장을 보면 "심心"과 "복

腹"이 대비되고, "지志"와 "골骨"이 대비되고 있다. 노자에게 인간생명의 중추는 당연히 복과 골에 있지, 심과 지에 있지 아니한 것이다. 심과 복은 허와 실이라는 동사의 목적어가 되어있고, 지와 골은 약과 강이라는 동사의 목적어가 되어있다. 인간생명의 중추가 "배腹"에 있고 "마음心"에 있지 않다는 것은 과연 무엇을 의미하는가? 동방의학이 말하는 12정경十二正經의 근원이 모두 복부에 있으며, 이 12정경 중에 뇌가 포함되어 있질 않다. 노자가 말하는 "심"이라는 것은 복의 오장육부를 지배하는 별도의 기관이 아니라, 오장육부의 관계로부터 발현되는 어떤 현상을 말하는 것이다.

일례를 들면 현대의학은 우리의 의식중추를 뇌 중에서도 대뇌피질cortex of cerebrum에 두지만 대뇌피질은 손상을 받아 기능을 하지 못해도 생명은 식물인간상태를 유지할 수 있다. 그러나 간은 기능을 하지 못하면 생명은 존속될 길이 없다. 대뇌피질보다는 간이 더 생명현상의 기초를 형성하는 것이다. 대뇌피질은 진화과정에서 후발주자이며 개념적인 사유를 관장하는 것으로서 문명의 주체노릇을 하고 있기는 하지만, 생명의 중추는 아닌 것이다. "그 마음을 비워그 배를 채워라"라는 명제는 부차적인 것을 비워서 원초적인 것, 본질적인 것을 충실게 하라는 명령을 담고 있다.

여기 "지志"와 "골骨"의 관계도 동일하다. 골은 피를 생산하는 공장과도 같은 것이며 인간존재의 근간을 형성하는 것이다. 뼈대가 무너지면 모든 것이 무너진다. 건물의 철근기둥이 무너지면 방에 있는 정교한 기물들이 다 파괴된다. 지志는 쓸데없는 개념적 지향성이며 번뇌의 주체인 심心과 상응하는 것이다. 그래서 노자는 말한다: "그 뜻을 약하게 하여 그 뼈를 강하게 하라." 여기 "마음을 비운다虛其心"는 명제에는 "허虛"라는 노자철학의 주요개념이 포함되어있다. 이것은 다음 장에서 설명될 것이다. 그러니 인간이 살아간다고 하는 행위의 가장 기본적인 특성을 노자는 "마음을 비우는 것"이라고 보았다. 이것은 결국 인도사람들의 무아론이 중국적으로 변용되는 격의의 틀의 핵심적 기능을 한 것이지만 "마음을 비운다"는 것은 훨씬 쉽게 우리 상식적 느낌에 다가온다. 마음을 비우는 것이야말로 "무욕"의 행위이며 나의 생명중추를 실하게 만드는 핵심이다. 즉 마음비움을 노자는 불교사상가들과는 달리 배를 채우고 뼈를 강하게 만드는 건강의 비결로 생각한 것이다. 무아는 해탈을 지향하지만 무위는 건강을 지향한다. 요즈음 우리 사회가 농업을 경시하고 무시하는 무지막지한 경제정책도 결국 우리 문명의 심心만 키우고 복腹을 죽이는 어리석은 작태인 것이다.

"허기심 실기복"의 궁극적 결론은 무엇인가?

常使民無知無欲,

성인의 다스림은 항상 모든 사람으로 하여금 무지하고 무욕하게 만드는 것이다. 무지는 "ignorance"가 아니라 개념적 사유의 폐단으로부터 벗어나 있음을 말하는 것이다. 다시 말해서 대뇌피질의 폭력에 희생당하지 않는 순결한 상태를 말한다. 무지와 무욕은 상통하는 말이다. 천재적인 수학자는 뷰티풀 마인드의 미치광이가 될 수 있지만 워낭소리를 듣는 농부의 지혜에는 도달할 수가 없다. 불상현不尙賢, 불귀난득지화不貴難得之貨의 세상은 결국 무지무욕하는 순결한 인간들의 복감腹感visceral Feeling이 교감하는 사회인 것이다. 무지무욕이야말로 평화Peace의 원천이다. 평화는 지知와 욕欲을 해탈하는 데서 출발하는 것이다. 그렇게 된 사회에서는 지혜롭다 하는 자들이 뭘 한다고 설치지 못한다. 자본주의사회는 지혜롭다고 자부하는 인간들을 설치게 만들어 경쟁을 부추기고 부질없는 작위를 일삼고 무용의 건물들을 계속 짓게 만든다. 코로나가 유발시킨 대사회변혁, 반성의 계기들을 상고하면 이 노자의 충언이 얼마나 진실된 언어인가를 새삼 반추하게 된다.

使夫智者不敢爲也。爲無爲, 則無不治。

세상을 말아먹는 놈들은 농부가 아니요, 지게꾼이 아니요, 소위 무식하다고 하는 자들이 아니다. 참으로 무식한 자들은 오로지 유식하다 하는 자들 속에만 있다. 우리나라 정치를 말아먹는 자들은 대체로 법대계열, 그것도 가장 우수하다고 하는 학교출신 중에서 나왔다. 나같이 하바드대학에서 박사를 땄다고 하는 자들이 대체로 이 세상을 망가뜨리는 데 크게 기여했다. 그래서 노자는 "불감위"를 말한다. 지식이 많다고, 지혜롭다고 자부하는 자들로 하여금 감히 무엇을 못하게 하라! 노자의 사회철학은 극단적인 반주지주의 성향antiintellectualistic tendency을 마다하지 않는다.

여기 나오는 핵심적 말이 바로 이것이다.

爲無爲,

나는 이미 2장에서 "무위無爲"를 해설한 바 있다. 무위는 무적인 위이며, 무형의 위이며, 무명의 위이다. 그것은 위의 부정태가 아니다. 여기 중요한 것은 무위라는 구문이 또다시 "위爲"(함)의 목적어가 되고 있다는 것이다. "위무위"는 "함이 없음을 함"이다. 다시 말해서 무위는 위의 부정태기 아니라 위의 소이연인 셈이다. 무위는 우리의 삶이 실천해야 할 "위"인 것이다. 인간이 산다고 하는 것은 "함"이다. 그러나 함은 함이 없음의 실천이다. 이러한 아이러니가 지향하는 궁극적인 사회관은 무엇인가? 노자의 정치철학의 총결론은 이것이다.

無不治。

다스려지지 아니함이 없을 것이다. 무위를 실천하면 다스려지지 아니함이 없을 것이다. 곧 평화로운 세상이 온다는 것이다. 나는 스물두 살 때 이것을 깨닫고 울었다.

四章

道沖而用之,
도 충 이 용 지

或不盈。
혹 불 영

淵兮! 似萬物之宗。
연 혜 사 만 물 지 종

挫其銳, 解其紛;
좌 기 예 해 기 분

和其光, 同其塵。
화 기 광 동 기 진

湛兮! 似或存。
담 혜 사 혹 존

吾不知誰之子,
오 부 지 수 지 자

象帝之先。
상 제 지 선

넷째 가름

도는 텅 비어있다.
그러나 아무리 퍼내어 써도
마르지도 않고 차오르지도 않는다.
그윽하도다!
만물의 으뜸같도다!
날카로움을 무디게 하고
얽힘을 푸는도다.
그 빛이 튀쳐남이 없게 하고
그 티끌을 고르게 하는도다.
맑고 또 맑도다!
혹 있는 것 같도다!
나는 그가 누구의 아들인지 모르네.
하나님보다도 앞서는 것 같네.

沃案 노자의 사상체계를 이해하기 위하여 여태까지 논의된, 무와 유, 무명과 유명, 무욕과 유욕, 묘妙와 교徼, 미와 오, 선과 불선 등의 수없는 범주를 관통하는 또 하나의 근본적 범주가 있다. 이 범주가 바로 "허虛"라는 것이다.

파르메니데스의 존재론에 있어서는 생각할 수 있는 모든 것이 존재하는 것이고 실재하는 것이기 때문에 비존재의 존재는 있을 수 없다. 사유와 사유된 것은 동일하다. 빈 공간이라는 것도 사유된 실체이기 때문에 그것은 타자가 진입할 수 있는 빔이 될 수 없다. 따라서 파르메니데스의 우주에서는 운동이 불가능하고, 변화가 불가능하다. 모든 공간은 완벽하게 다 점유되어 있어 꼼짝달싹할 수가 없다.

따라서 운동과 변화라고 하는 경험적 사실은 실제로 존재하지 않는 환영에 불과하다. 이러한 파르메니데스적 우주론이 현실적으로 우리 사회의 "꼴보수 기독교인"이라고 하는 자들의 인식체계를 강력하게 장악하고 있는 것이다. 파르메니데스는 결코 우스갯소리가 아니라 세계종교인의 망집 속에 살아있다.

노자에게 있어서는 존재하는 것은 생성하는 것이다. 그런데 생성하는 것은 빔(虛)을 가져야만 한다. 따라서 존재하는 것은 비어있는 것이다. 비어있지 않은 것은 존재할 수가 없다. 빔이란 모든 가능성의 잠재태이며 창조성의 원천이다. 빔이 없으면 창조는 불가능하다.

우주도 비어있는 것이고 하찮은 미물도 다 비어있는 것이다. 비어있어야만 합생合生이 가능하고 타자의 포용이 가능하고, 다多를 일—로 통합시키는 창조적 전진creative advance이 가능하다. 노자의 우주에는 진공Vacuum이란 존재하지 않는다. 모든 공空은 기로 가득 차있다. 그것은 존재의 부정이 아닌 창조의 터전이다.

노자는 말한다: "도는 텅 비어있다. 道沖。" 그러나 "텅 빔"이라고 하는 것은 정태적인 실체가 아니라 동태적인 잠능潛能Potentiality이다. 그래서 또 말한다.

道沖而用之, 或不盈。

이것을 문자 액면 그대로 해석하면, "도는 텅 비어있는데, 아무리 써도 그것은 가득 차지 않는다"가 된다. 여기 "써도 차오르지 않는다"라는 표현이 잘 해석이 되지 않는다고 전통적인 주석가들은 보았다. 그래서 "영盈"을 그 반대의 개념인 "갈竭"이나 "진盡"으로 해석했다. 중국글자에는 그 반대되는 개념을 그 의미에 포함하는 경우가 많다. 우리말에도 그런 용례가 있다. 이렇게 되면 "도는 텅 비어있다. 그러나 그것을 아무리 써도(퍼내어 써도) 고갈되지 않는다 (마르지 않는다)"는 의미가 된다.

도는 텅 비어있는 것처럼 보이지만 아무리 그것을 써도 도가 가지고 있는 잠능은 줄어듦이 없다, 고갈됨이 없다, 다하지 않는다는 뜻이 되는 것이다. 도의 공능功能의 무궁무진함을 그 빔 속에서 발견하고 있는 것이다.

그러나 아무래도 "영盈"은 "다한다盡," "궁한다窮"는 뜻보다는 "가득 찬다"라는 뜻이 자연스럽다. 『천자문』에도 "일월영측日月盈昃"이라 했듯이 영이란 차오른다는 뜻이다. 고전에서 영은 역시 찰 영이다. 그리고 백서에도 "불영弗盈"으로 되어있다. 그러나 "영"을 "고갈된다"는 뜻으로 해석하든 "차오른다"는 뜻으로 해석하든 그 의미는 실상 동일하다.

아무리 퍼내어 써도 마름이 없는 것과 마찬가지로, 아무리 쏟아부어도 차오르지 않는 어백, 그 거대한 공능, 그 무궁무진한 창조력과 순환력은 같은 현상을 두고 하는 말이다. "불영不盈"에 깃든 이 양면성을 파악할 때 비로소 노자가 말하는 허虛의 의미를 파악할 수 있게 되는 것이다. 허는 존재자가 아닌 가능태이며, 그것은 새로움을 가능케 하는 신神적 기능이다. 우리의 위대한 초원은 이러한 의미를 단적으로 포착하여 중국의 그 어느 누구도 시도하지 않은 명료한 주석을 내어놓았다. 초원은 말한다.

道在天地之間, 冲然若虛然, 酌焉而不竭, 注焉而不滿。

도는 하늘과 땅을 초월하는 존재자가 아니요. 하늘과 땅 사이에서 현실적
존재로서 기능하는 것이다. 그것은 텅 비어 항상 허연虛然하게 보인다.
아무리 퍼 써도 고갈되지 않고 아무리 쏟아부어도 차오르지 않는다.

"갈竭"과 "만滿"의 의미를 동시적으로 해석함으로써 "허虛"의 비실체적인 "항상스러움,"도의 거대한 공능을 표현한 것이다. 중국의 어느 사상가도 이렇게 양면을 동시에 해석함으로써 허의 의미를 포괄적으로 드러낼 생각을 하지 못했다.

淵兮! 似萬物之宗。

도는 존재자Seiende가 아니다. 근원적으로 존재론의 대상이 아니다. 그것은 우리의 사유, 즉 개념적 규정성의 대상이 아닌 것이다. 여러분들은 내가 하나님을 명사로 보아서는 아니되고, 형용사 혹은 부사로 이해해야 한다고 했던 논지를 기억하고 있을 것이다. 노자는 모든 사물, 만물의 근원, 만물생성의 궁극적 일자一者를 설명하기 위하여 명사적 표현을 쓰지 않는다. 그래서 현지우현玄之又玄과 같이 개방적인 표현을 쓴다.

"연혜淵兮!" "연"은 맑은 연못의 무궁한 깊이를 표현하는 말이다. 무한한 심도를 "혜兮" 즉 감탄사적으로 표현한 것이다. 다시 말해서 도는 명사적 규정이 아니라, 형용사, 부사적 감탄의 동적 과정으로밖에는 표현될 길이 없다는 것이다. "그윽하도다!" "만물의 으뜸인 것 같다. 似萬物之宗。"

만물지종萬物之宗이란 현실적으로 하느님, 즉 데우스Deus 이외의 어떠한 것일 수 없다. 만물생성의 근원을 가리키고 있는 것이다. 그러나 하느님은 존재의 대상일 수가 없다. 그래서 노자는 끊임없이 "사似"(……인 것 같다)라는 표현을 쓴다. "……이다"가 아니라 "……인 것 같다." 다시 말해서 고정된 "것"이 아니라는 뜻이다. "것"이 아니기 때문에 그것은 무궁하게 그윽하다. 그 그윽함은 감탄사적 언어로 밖에는 표현될 길이 없다. 연혜淵兮! 사만물지종似萬物之宗. 그 얼마나 정직하고 소박하고 아름다운 표현인가! 모든 종교적 독단이 배제되고 있는 것이다. 노자는 종교를 말하지 않고, 시詩를 읊고 있는 것이다.

> 挫其銳, 解其紛;
> 和其光, 同其塵。
> **날카로움을 무디게 하고, 얽힘을 푸는도다.**
> **그 빛이 튀쳐남이 없게 하고, 그 티끌을 고르게 하는도다.**

이것은 빔의 기능을 표현한 것이다. 날카로움, 얽힘, 튀쳐나는 빛, 무소부재의 형질인 티끌, 이 모든 것들은 이질적인 요소들이 수용된 상대를 의미한다. 그러나 도는 빔이 있기 때문에 이러한 다양한 이질적인 요소들을 동질적인 통합체로서 조화시켜 나갈 수 있게 된다. 그 과정이 바로 좌挫(무디게 한다), 해解(푼다), 화和(조화시킨다), 동同(고르게 한다)이다. 이것은 바로 다多가 일一로 통합되어 가는 과정을 의미한다. 바로 이 과정에서 창조성이 개입된다.

창조성이란 새로움의 도입이다. 서양철학전통이나 기독교가 말하는 창조는 모두 일一에서 다多가 생겨나는 것인데, 이러한 창조는 독단이요 픽션일 뿐, 현실적인 상常의 세계에서의 창조가 아니다. 유대교·기독교의 창조론은 그 자체로서 폭력일 뿐이다. 시공간의 과정에서 일어나는 새로움의 요소와 무관한 픽션이다.

불교에서 보편적으로 쓰이고 있는 "화광동진和光同塵"이라는 말은 바로 이 4장의 "화기광和其光, 동기진同其塵"을 차용한 것인데(『마하지관摩訶止觀』6下), 그것은 부처나 보살이 중생의 구제를 위해 자기의 본래적 모습을 감추고 중생과 동일한 차원의 존재로서 자기를 드러내고 활동한다는 뜻이다. 그러나 노자의 원래적 의미는 빔의 창조적 성격을 표현한 것이다. 화광동진 그 자체가 도의 창조적 과정Creative Process인 것이다.

湛兮! 似或存。

"담혜湛兮!"는 앞서 말한 "연혜淵兮!"의 같은 뜻의 다른 표현이다. 담湛이라는 글자는 "물의 맑음澄淸"의 뜻이 더 강렬하게 드러난다. 도는 오묘하고 한없이 깊은 것이지만, 또 밑바닥이 다 드러나보이는 듯한 맑음의 찬탄의 대상이 된다. 또다시 "사혹존似或存"은 존재론적 규정의 대상이 될 수 없다는 것을 반복적으로 말해준다. 모든 한정성의 근원으로서의 무한정자인 도는 "혹 있는 것 같다!"

노자가 얼마나 존재의 문제를 섬세하게 고민하고 있었는지를 알 수 있을 것이다. 마이스터 엑카르트Meister Eckhart, 1260~1328(신성로마제국의 신비주의적 신학자)가 제아무리 인격성을 초월하는 신성 그 자체를 이야기하고 있다 할지라도 노자가 도를 인지하는 소박한 시심詩心에는 미치지 못한다. 하느님은 근원적으로 존재화되어서는 아니 되는 것이다.

吾不知誰之子, 象帝之先。

나는 근원적으로 도의 족보를 알지 못한다. 그러나 누군가 도를 하나님(상제上帝: 띠帝의 발음이 "데우스"의 발음과 상통한다는 중국 개화기 시대의 사상가들의 설도 있다)에 비유한다고 한다면 나는 확실히 말할 수 있지. 도는 하나님이라는 존재

이전의 그 무엇이라고 말해야 할 것 같아(帝帝가 인격성이 들어간 표현이래서 "하나님"이라는 역어를 썼다).

여기서도 노자는 "상象"이라는 표현을 쓰고 있다. "제帝의 선先인 것 같다 象帝之先。" "상象"은 코끼리의 상형자로서 "……인 것 같다"의 의미이다. 앞서 쓴 "사似"와 같은 의미의 글자이다.

노자는 당대에 이미 미신적인 "상제上帝"의 종교관을 탈피하고 있는 사상가라는 것을 우리는 확언할 수 있다.

五章

天地不仁,
천 지 불 인

以萬物爲芻狗;
이 만 물 위 추 구

聖人不仁,
성 인 불 인

以百姓爲芻狗。
이 백 성 위 추 구

天地之間, 其猶槖籥乎!
천 지 지 간 기 유 탁 약 호

虛而不屈, 動而愈出。
허 이 불 굴 동 이 유 출

多言數窮, 不如守中。
다 언 삭 궁 불 여 수 중

沃案 "천지불인天地不仁"(≡ 성인불인聖人不仁)의 사상은 노자의 사유체계를 대변하는 명구로서 잘 인용된다. 그러나 여기서 말하는 "불인不仁"의 "인仁"이라고 하는 것은 반드시 유가사상을 전제로 해서 하는 말은 아니다. 인仁이라고 하는 것은 유가적 개념이라 말하기 전에 그냥 "인간의 마음"을 표현하는 보편적인 말로서 이해하는 것이 좋다.

천지불인은, 천지의 운행이나 활동, 그 모든 것이 인간을 위해서 있는 것이 아니라, 인간의 정감이나 바램과 무관하게 그 나름대로의 생성법칙과 조화에 따라 이행되는 것이기 때문에 인간의 입장에서 보면 좀 야속하고 때로는

다섯째 가름

천지는 인자하지 않다.

만물을 풀강아지처럼 다룰 뿐이다.

성인은 인자하지 않다.

백성을 풀강아지처럼 다룰 뿐이다.

하늘과 땅 사이는 꼭 풀무와도 같다.

속은 텅 비었는데

찌부러지지 아니하고

움직일수록 더욱 더 내뿜는다.

말이 많으면 자주 궁해지네.

그 속에 지키느니만 같지 못하네.

무자비하게 느껴진다는 것이다. 아더 웨일리, 디 씨 라우는 모두 불인不仁을 "ruthless"라고 번역했고 진영첩陳榮捷Wing-Tsit Chan은 "not humane"이라고 번역했는데, 진영첩의 번역이 좀더 나은 번역이다. 나는 "Heaven and Earth are not human-hearted."라고 번역했다.

내가 이 글을 쓰고 있는 2020년 8월 유난히도 많은 비가 쏟아졌는데, 내가 이 조선땅에서 체험한 가장 진국은 비인 것 같다. 강둑이 무너지고 산사태가 나도 하늘에서는 아랑곳없이 개이는 날도 없이 꾸준히 장대비를 퍼붓는다. 장마가 아닌 열대성의 호우가 지속되는 것이다. 농부들 입장에서는 하늘이 얼마나 원망스럽고 여름한철 장사를 노리던 상인들에게는 하늘이 얼마나 야속하겠는가? 아마도 노자의 시대에는 이러한 불규칙 현상이 문명의 방비도 없이 더 심하게 느껴졌을 텐데 천지불인天地不仁의 쿨한 사상을 구성한다는 것은 도에 대한 전체적 통찰이 없이는 불가능한 일일 것이다.

이 천지불인에 대한 해설로는 왕필의 주석이 명료한 것 같다.

> 천지는 항상 스스로 그러함에 자신을 맡긴다. 천지는 억지로 함이 없고 조작함이 없다. 그래서 천지가 생하는 만물도 스스로 서로의 관계 속에서 질서를 형성해 나간다. 그러므로 불인不仁하다고 말한 것이다. 인仁하다고 한다면, 반드시 조작적으로 세우는 것이 있고 베풀어 변화를 주게 된다. 그리고 은혜가 있고 만들어줌이 있게 된다. 조작적으로 세우고 베풀어 변화를 주게 되면 사물은 진정한 본래 모습을 상실하게 된다. 은혜가 있고 만들어줌이 있으면 사물은 자력에 의하여 온전하게 존속되지 못한다. 자력에 의하여 온전하게 존속되지 못하면 천지는 구비된 조화를 이룰 수 없게 된다.
>
> 天地任自然, 無爲無造, 萬物自相治理, 故不仁也。仁者, 必造立施化, 有恩有爲。造立施化, 則物失其眞; 有恩有爲, 則物不具存。物不具存, 則不足以備載矣。

우주는 스스로의 힘에 의하여 창진해나갈 수 있다. 우주는 인간의 힘을 빌리지 아니한다. 그것은 나 인간과 무관하게 자신의 신생과 파괴와 조화를 전개해 나간다. 『노자익老子翼』에 실린 소철蘇轍, 1039~1112(당송8대가의 한 사람. 소동파의 동생)의 주는 다음과 같다.

> 천지는 사사로움이 없다. 그래서 만물의 스스로 그러함을 들을 줄 안다. 그러므로 만물은 스스로 생하고 스스로 죽는다. 내가 학대한다고 죽는 게 아니고, 내가 인자하게 사랑한다고 사는 게 아니다.
>
> 天地無私, 而聽萬物之自然。故萬物自生自死。死非吾虐之, 生非吾仁之也。

"추구芻狗"에 관해서는 왕필이 독특한 해석을 했다. 추芻(꼴 풀)와 구狗(개)를 독립된 두 단어로 보고 자연의 먹이사슬관계로 해석했다. 그리고 "땅이 짐승을 위해 풀을 생하는 것이 아니지만 짐승이 풀을 먹고, 또 사람을 위하여 개를 생하지 않지만 사람이 개를 먹는다.地不爲獸生芻, 而獸食芻; 不爲人生狗, 而人食狗。"고 하여 그것이 목적론적인 생성의 관계가 아니라는 것을 명백히 했다.

그러나 추구에 대한 일반적 해석은『장자』의「천운天運」편에 나오는, 제사상에 올라가는 "풀강아지"에 준거하여 그 뜻을 새기는 것이 더 일반적이다. 제사상에 올라가는 풀강아지는 아주 아름다운 비단천에 싸여 고귀한 대접을 받지만 제사가 끝나고 나면 내버려 지나가는 사람들이 밟아버리며, 벌초하는 자들이 불쏘시개로 쓸 뿐이라는 것이다. 다시 말해서 그 카이로스가 아니면 그 대접을 받지 못한다는 것이다.

천지는 불인하여 만물을 추구로 삼고, 성인은 불인하여 백성을 추구로 삼는다. 오히려 이러한 정치가 구비된, 믿을 만한 정치라는 것이다. 왕필은 이렇게 말한다: "혜지慧智가 자기에게 나와 수립된 것이라면 믿을 만한 것이 못된다. 若慧由己樹, 未足任也。"『장자』「제물론」편에 "대인불인大仁不仁"이라는 말이 있는데 아마도 상통하는 뜻일 것이다.

"천지지간天地之間"(하늘과 땅 사이)을 거대한 "탁약橐籥"(풀무: 오가면서 끊임없이 바람이 나오는 복동식 풀무)에 비유한 것은 "빔"의 창조성을 말한 것이다. 천지와 그 속에 살아가는 인간은 "빔"을 극대화할수록 더욱 창조적이고 지속적일 수 있는 것이다. 인간의 문명은 이 빔을 갉아먹는 "유위"의 소산이래서 항상 위험한 것이다. 그것은 말이 많은 자가 자주 궁해지는 것과도 같은 것이다. 말없이 나의 내면의 처를 지키는 것만 못하다: 다언삭궁多言數窮, 불여수중不如守中。

六章

谷神不死,
곡 신 불 사

是謂玄牝。
시 위 현 빈

玄牝之門, 是謂天地根。
현 빈 지 문   시 위 천 지 근

綿綿若存, 用之不勤。
면 면 약 존   용 지 불 근

沃案 노자는 그의 우주론을 구성하는 데 있어서 남성성masculinity보다 여성성femininity을 보다 근원적인 것, 보다 본질적인 것으로 보았다. 그러니까 니체의 "힘에로의 의지Wille zur Macht"와는 다른 방향에서 여성의 덕성을 찬양했던 것이다. 노자가 말하는 여성성이란 사회적 요청에 의하여 규정된 여성의 권리나 평등에 관한 주장이 아니라, 여성이라는 현존재의 특성을 우주론적으로 예찬한 것이다. 기실 오늘날의 페미니즘이라 하는 것은 니체의 주장대로 노예도덕Slave Morality에서 벗어나 주인도덕Master Morality의 획득을 지향하는 것으로서 여성성 그 자체의 다자인과는 거리가 멀다.

제2장에서 논의했듯이 노자는 유무상생을 말했고, 난이상성, 장단상교, 고하상경을 말했다. 우리가 알고 있는 모든 가치의 세계는 유와 무, 난과 이, 장과 단, 고와 하와 같이 상대적인 개념으로 이루어져 있다. 여자와 남자, 유와 강,

여섯째 가름

계곡의 하느님은 죽지 않는다.

이를 일컬어 가믈한 암컷이라 한다.

가믈한 암컷의 아랫문은

이를 일컬어 천지의 뿌리라 한다.

이어지고 또 이어지어

있는 것 같네.

아무리 써도

마르지 않는도다.

음과 양도 마찬가지이다. 그런데 노자의 상常의 세계에서는 이러한 상대적 가치들이 실체성을 갖는 것이 아니기 때문에 이들의 관계는 실로 상대적相對的(서로 대적적)인 관계가 아니라 상대적相待的(서로를 기다리고, 서로에게 의지하는)인 관계이다. 유가 있기 때문에 무가 있는 것이고, 무가 있기 때문에 유가 있는 것이다. 유는 무를 예상하고 무는 유를 예상한다. 그런 의미에서 상호적으로 대자對者를 생생生生하는 것이다. 이를 노자는 "유무상생有無相生"이라 표현했다. 어려움과 쉬움, 깊과 짧음, 높음과 낮음도 마찬가지다. 서로가 서로에 의지하여 존재하는 것이다. 그러니까 헤겔의 주장에 있어서처럼, 정과 반 사이에 완벽하게 논리적으로 성립하는 부정Negation이라는 것은 상常의 세계, 현상적인 질서에서는 존재하지 않는다. 헤겔은 관념적 논리와 현상적 질서를 혼동하고 있다. 그래서 관념적 부정의 논리에 충실한 공산혁명이 실패할 수밖에 없는 것이다.

노자에게 있어서는 상대相對가 아닌 상대相待를 가능케 하는 것이 바로 허虛라는 것이다. 허 속에서 상대하는 것들은 상호적으로 대자對者를 파악하고 감지하고 포섭한다. 허虛는 감感의 여백이다. 상대적인 가치는 그 나름대로 절대적인 실체성을 갖지 아니한다. 그러므로 모든 대립하는 것들은 대자對者(=대자待者)로 이행한다. 이러한 이행을 거치면서 새로움의 요소를 포함하는 통일이 이루어진다. 이러한 통일의 연속성을 보장하는 이법적理法的 근거가 바로 도道이다.

유약柔弱과 강강剛强은 상대相待적이다. 부드러움은 강함으로 인하여 존재하고, 강함은 부드러움으로 인하여 존재한다. 부드러움은 강함으로 이행하고 강함은 부드러움으로 이행한다. 유약과 강강은 결국 도의 세계에서 통일된다. 남자는 여자가 있기 때문에 남자일 수가 있고, 여자는 남자가 있기 때문에 여자일 수가 있는 것이다. 여자는 유약하며 포섭적이고 남자는 강강하며 지배적이다. 그러나 여자 속에 남자가 있고, 남자 속에 여자가 있다. 여자는 남자로 이행하고, 남자는 여자로 이행한다. 이러한 이행을 통해 온전한 도의 인간이 이루어진다.

매우 미묘한 얘기처럼 들리겠지만 내가 하는 얘기들은 모두 『노자』텍스트에 의거한 것이며 우리의 상식에 위배되지 않는다.

노자는 유약과 강강의 상생상성相生相成을 말하지만 그 상대적相待的 통합의 과정에서 강강보다는 유약이, 즉 남성적 가치보다는 여성적 가치가 훨씬 더 주체적이고 본질적이며 지속적이라고 말한다. 유약은 강강을 이긴다 柔弱勝剛强. 이것은 노자철학의 대명제이다. 여자의 유약함이 궁극적으로 남자의 강강함을 이긴다는 것이다. 춘추전국시대는 혼란의 시기이며, 전쟁의 시기이며, 패도의 시기였다. 이러한 난세 속에서 군사적 강강을 이기는 여성의 유약을 간파한다는 것은 진실로 가도지도可道之道의 허세를 다 혁파해버린 순결한 인식체계에서만 가능한 것이다. 여성성의 남성성에 대한 우위를 논구하는 가장 근원적 이

유는 여성성이 갖는 생명력, 창조력, 생산성fertility, 그리고 모험성을 간파하고 있기 때문이다.

『노자』라는 텍스트에는 여성의 성기에 대한 암묵적인 상징성이 도처에 깔려 있다. 물론 남자의 성기도 상대적으로 얘기될 수 있지만, 함부로 꼴리고, 함부로 티를 내고, 함부로 쑤셔대려고 하는 남성의 성기는 초라한 가치를 차지한다. 숨겨져 있고, 드러나지 않고, 포섭적이며, 웅혼하게 감지하며, 실제로 생산의 과정을 담당하는 여성의 성기의 위대성에는 명함도 내밀지 못한다. 자궁을 포함한 여자의 성기는 외부구조로부터 남자의 성기와 비교도 할 수 없을 정도로 복합적이다. 여자의 음핵 즉 클리토리스는 남자의 음경과 발생학적으로 상동기관homologous organ이며 소음순의 양포피 안으로 뻗은 음핵각crus of clitoris은 남성의 음경과 거의 동일한 기능을 가지고 있다. 여성의 성기는 남성의 성기를 포함하는데, 남성의 성기는 보다 단순한 구조로 이루어져 있는 것이다.

제1장의 "중묘지문衆妙之門"도 강 화백이 꽃 한 송이로 표현했지만, 실상 노자는 여성의 성기를 상징적으로 표현했다고도 볼 수 있다. "중묘지문"이나 이 장의 "현비지문玄牝之門"은 모두 같은 상징성을 가지고 있다. 파리 교문에 참가했으며 이전의 로맨티시즘이나 아카데미즘의 전통을 거부한 매우 혁명적인 미술가 구스타프 꾸르베Gustave Courbet, 1819~1877(인상주의, 입체파들에게 깊은 영향을 줌)가 1866년에 그린 "세계의 기원L'Origine du Monde"이라는 극사실주의적 작품이 있다. 나는 1978년 오르세미술관에서 이 작품을 처음 보았는데 당시 나는 하바드대학 박사반 학생으로서 노자를 계속 연구하고 있었기 때문에 아무 생각 없이 문득 이 작품을 보는 순간, 충격과 전율을 느꼈다.

이 그림의 파워는 그가 붙인 제목과 소재가 같이 주는 전체적 느낌의 강력성 때문일 것이다. 그러나 이 그림 자체로 말하자면 한 여인의 우람찬 성기를 어느 포르노그림보다도 더 사실적으로 우글거리는 양 허벅지, 몸통, 유방의 박력과 함께 표현한 것이다. 이 꾸르베의 그림이 말해주듯이, 서구인들은 19세기 후반에 와서나 이데아화 된 희랍조각의 조형성을 탈피하여 여체의 진실한 모습을 발견하기 시작하였다고 말할 수 있다. 그러나 과연 꾸르베가 노자가 말하는 중묘지문의 철학과도 같은 그런 심오한 우주론적 예술철학을 배경으로 가지고 있었는지는 의문이다. 그것은 사실주의Realism적 항변의 한 극적인 표현이었을 것이다. 사실 "몸Mom"이라는 테마는 서구에서는 20세기 후반의 포스트모더니즘 등장 이후에나 강렬하게 부각되지만 노자에는 도처에 "몸철학"의 테마가 도사리고 있다. 진실로 어드밴스드된 철학성찰이라 아니할 수 없다.

"곡신불사谷神不死!" 이 6장은 노자 81장 중에서 어느 장보다도 시적poetic이고 풍부한 메타포와 간결한 함축성과 심오한 상징체계로 가득 차있다. 내가 외국인들에게 강의를 해보면 이 장을 특별히 사랑하는 사람들이 많았다. 계곡은 양 옆의 봉우리 때문에 형성되는 것이다. 봉우리는 참滿이요, 계곡은 빔虛이다.

봉우리는 남성 성기의 상징이요, 골짜기는 여성 성기의 상징이다. 봉우리는 우뚝 서서 남 보라 뽐내지만 골짜기는 감추어져 있으며 은밀하다. 봉우리는 자기를 높이고 골짜기는 자기를 낮춘다. 골짜기는 자기를 낮추기 때문에 주변의 모든 것들이 몰려든다. 비어있기 때문에 모든 것을 포용하는 것이다. 포용하기 때문에 생성하는 것이다.

그러니까 골짜기의 상징성의 핵심은 첫째가 빔虛이요, 둘째가 낮음이요, 셋째가 포용성이요, 넷째가 물水이요, 다섯째가 생명력이다. 41장에 "가장 지고한 덕은 골짜기와도 같다上德若谷" 한 것도 바로 이런 의미를 두고 한 말일 것이다. 봉우리에는 물이 흐르지 않는다. 그러나 골짜기에는 항상 물이 흐른다. 물은 생명의 원천이다. 금강산에 가서 구룡폭포를 처다보는 사람은 우주어미의 성기의 우람찬 모습을 느끼지 않을 수 없다. 그것은 꾸르베의 그림보다 더 리얼하다.

골짜기에 서리는 신령한 기운, 그 생명력의 발출을 노자는 "곡신谷神"(골짜기의 하느님, 그러나 이것은 명사가 아니다. 신령한 기운이다)이라 표현했다. 그 골짜기의 하느님을 일컬어, "골짜기의 하느님은 죽지 않는다"라고 말한다. "죽지 않는다不死"는 표현은 명사로서 완결되지 않는다는 뜻이다. 골짜기의 하느님은 영속된다. 그것은 우주의 생명력Creativity이기 때문이다. 이 죽지 않는 신령한 기운을 일컬어 "현빈玄牝," 가믈한 암컷이라 한다. 이 가믈한 암컷의 아랫문, 현빈지문玄牝之門은 그것을 또다시 일컬어 천지의 뿌리(천지근天地根)라 한다. 여기 우리는 명백하게 그 메타포의 의미를 노자가 지시하고 있음을 알 수 있다. 우리는 남자의 성기를 "남근男根"이라 한다. 여자의 성기를 "여근女根"이라 한다. 천지우주의 성기는 당연히 "천지근天地根"이다. 영원한 생명력의 뿌리이다.

이 뿌리는 또다시 고정된 실체가 아니다. 그것은 면면綿綿한 기운이다. "면면하다"는 뜻은 솜이 물레에 들어가면서 끊임없이 실이 되어 나오는 모습을 형용한 것이다. 끊어질 듯 끊어질 듯하면서도 끊어지지 않고 이어지는 생명력의 연속성Continuity을 지칭한 것이다. 그것은 우주생성의 연속성을 가리킨다. 그런데 노자는, "현지우현"처럼, 또 실체적 사유에 간히는 것이 두려워 "있다" 말하지 않고 "있는 것 같다"라고 말한다. 이 "면면약존綿綿若存"에 대하여 왕필은 천하의 명주석을 달아놓았다.

> 그것이 있다고 말하려고 하면, 그 형체를 볼 수가 없고, 그것이 없다고
> 말하려고 하면, 만물이 그로부터 생하여 나온다. 그래서 있다고도 없다
> 고도 말하지 않고 "면면히 있는 것 같다"라고 표현한 것이다.
> 欲言存邪, 則不見其形; 欲言亡邪, 萬物以之生。故緜緜若存也。

"용지불근用之不勤"은 4장의 "도충이용지道沖而用之, 혹불영或不盈"과 같은 의미이다.

七章

天長地久,
천 장 지 구

天地所以能長且久者,
천 지 소 이 능 장 차 구 자

以其不自生,
이 기 부 자 생

故能長生。
고 능 장 생

是以聖人後其身而身先,
시 이 성 인 후 기 신 이 신 선

外其身而身存。
외 기 신 이 신 존

非以其無私邪?
비 이 기 무 사 야

故能成其私。
고 능 성 기 사

일곱째 가름

하늘은 너르고
땅은 오래간다.
하늘과 땅이 능히 너르고
또 오래갈 수 있는 것은,
자기가 모든 삶의 주체라는 의식없이 살고 있기 때문이다.
그러므로
능히 오래 살 수 있는 것이다.
그러하므로 성인은
몸을 뒤로 하기에
그 몸이 앞서고,
몸을 밖으로 내던지기에
그 몸이 존한다.
이것은 사사로움이
없기 때문이 아니겠는가?
그러므로
능히 그 성인의 경지의 사사로움을
이루게 되는 것이니.

沃案 이 장은 주요한 테마나 개념풀이를 요하지 않는 평이한 내용으로 이루어져 있다. "평이하다"고 하는 것은 우리의 일상적 삶에 구체적 교훈을 주는 내용으로 이루어져 있다는 뜻이다. 『노자』를 읽는 사람들은 실상 이러한 장으로부터 얻는 삶의 교훈 때문에 노자를 강렬하게 기억하고 있을런지도 모른다. 노자가 당대의 사람들에게 전하고 싶었던 인생론의 이야기일 것이다.

이 장의 구조는 "천장지구天長地久"라는 전제로부터 출발하고 있다. "천지의 장구함"이라는 테마가 모든 논의의 대전제인 것이다. 그리고 중간에 "그러므로 성인은 …… 是以聖人"이라는 구문이 나온다. 그러니까 천지의 모습에서 성인의 행동의 준거를 찾는 것이다. 당연히 우리 보통사람은 성인의 행동에서 우리의 행동의 준거처를 찾는다. 동방인들은 이와같이 삶의 당위를 천지의 자연에서 찾았다. 그렇다고 모든 행위가 존재Sein와 당위Sollen의 일치를 원칙으로 하는 것은 아니지만 대체로 그러한 방식으로 지혜의 준거를 마련하였다.

```
┌─────────────────────────┐
│     천지天地의 모습        │
└─────────────────────────┘
            ↕
┌─────────────────────────┐
│     성인聖人의 행위        │
└─────────────────────────┘
            ↕
┌─────────────────────────┐
│   범인凡人의 삶의 준거      │
└─────────────────────────┘
```

처음에 도道를 말하지 않고 천지天地를 말한 것은 천지는 보다 구체적인 시공간성을 가지고 있기 때문이다. 천지의 문제를 말해도 동방인들은 "영원"을 말하지 않고 "장구長久"를 말한다. 보통 장구는 시간의 지속을 말하지만 "장長"에는 공간적 성격도 들어있는 것으로 해석하였다: "하늘은 너르고 땅은 오래간다. 天長地久!"

그런데 천지가 장구할 수 있는 까닭은 그것이 "부자생不自生"하기 때문이라는 것이다. "부자생"은 여러 가지 해석이 가능하지만 문자그대로는 "자기의식 없이 생성한다," "자아를 위한 삶을 살지 않는다"는 뜻이다. 자기의 이익을 위하여 모든 것을 조작하지 않는다, 자기가 스스로 자기의 삶을 연장키 위해 발버둥치지 않는다, 만물의 생성이 모두 자기로 인하여 이루어진다고 자만하지 않는다(생이불유生而不有 계열의 해석)는 뜻이 모두 여기에 해당된다. 결국 천지가 장구할 수 있는 것은, 천지는 만물의 생명을 자기의 생명으로 삼을 뿐 자기자신의 사적인 생명을 소유하지 않기 때문이다. 천지는 자아가 없이 만물의 생생불이生生不已에 의지하여 장존長存하는 것이다.

이것은 "천지불인天地不仁"의 사유와도 일맥상통한다고 하겠다. 천지는 자기만을 위한 삶을 살고 있지 않기 때문에 능히 장구히 살 수 있는 것이다. "천장지구"라는 말은 실로 백낙천의 "장한가"의 마지막 구절로 인하여 더 유명해졌다. 하여튼 여기서 핵심 포인트는 자생自生하지 않기 때문에 장생長生할 수 있다는 것이다.

그러므로 이러한 천지의 장구한 모습을 본받아야 할 성인은 어떻게 해야 하는가? 성인은 앞서 말했듯이 보통사람이 아니라 도를 구현한 이상적인 치자治者ruler이다. 그러므로 그는 만인의 안위를 책임진 사람이요, 보통사람과는 다르다. 그러므로 성인은 자기 몸을 내세우면서 남보다 앞서가면 아니 된다. 항상 그 몸을 뒤로 해야 한다.

聖人後其身而身先,

"후기신"의 "후"는 "신"을 목적으로 하는 타동사이다. "그 몸을 뒤로 한다"는 뜻이다. 그런데 "이而" 다음에 있는 "신선身先"에 있어서는 "선"이 타동사가 아니라 자동사이다. 자연스럽게 그 몸이 앞서게 된다는 뜻이다. 자기 몸을 뒤로 하기 때문에 그 결과로서 그 몸이 자연스럽게 앞서게 된다는 것이다. 다시 말해서 그 몸을 앞서게 하기 위하여 그 몸을 뒤로 한 것이 아니다.

外其身而身存。

이것도 그 문법구조는 동일하다. "외外"가 타동사이고, "존存"이 자동사이다. 여기 "외기신外其身"은 여러 가지 해석이 있지만, "그 몸을 밖으로 한다"는 것은 결국 죽음을 불사하고 자기 몸을 자기 밖으로 내던진다고 해석하는 것이 가장 자연스러운 해석이라는 데 의견이 일치하고 있다. 죽음을 불사하고 자기를 내던질 줄 알기 때문에 오히려 그 몸이 보존될 수 있다는 것이다.

어느 나라에서나 정치인이 된다고 하는 것은 무조건 성인이 된다는 것을 의미하며, 성인이 된다고 하는 것은 무조건 대의를 위하여 소아적 생명을 버릴 줄 아는 희생물이 된다고 하는 각오를 의미하는 것이다. 대통령쯤 되었으면 목숨을 버릴 각오를 하라고 노자는 충고한다. 그 다음에 건지는 목숨(신존身存)은 역사에 위대한 이름으로 남을 수도 있고 많은 사람의 생명을 구하고 역사의 진로를 바꾼 인물로서 기억되는 것만으로도 "신존身存"의 의미가 된다.

결국 이 장은 결론은 이러하다: "무사無私하기 때문에 성사成私할 수 있다." 사사로움이 없기 때문에 오히려 사사로움을 이룰 수 있게 된다는 것이다. 이것은 결국 부자생不自生하기 때문에 장생長生하는 천지의 모습과 상통하게 된다.

마왕퇴 3호묘에서 나온 『노자』 갑본·을본 중에서 을본은 예서체로 쓰여져 있는데, 갑본이 파손이 심한 것과는 달리 거의 온전하게 보존되어 있었다. 예서체란 진시황 때 개발된 서체로서 노예도 읽을 수 있는 문자라는 뜻이다. 그만큼 쉽게 정리된 문자인데, 오늘 우리가 쓰고 있는 한자 모습과 큰 차이가 없다. 이 사진은 "천장지구"가 나오는 을본의 부분을 확대한 것인데 우에서 4째 줄에 있다. 꼭대기에 곡신불사谷神不死 장의 마지막 글자인 근董(勤)이 있고, 그 다음부터 "천장지구天長地久, 천지지소이능장차구자天地之所以能長且久者"라고 쓰여진 글자들을 쉽게 판별할 수

있다. 이 무덤의 하장시기는 BC 168년으로 추정된다. 지금으로부터 대략 2200년 전의 문헌을 이렇게 두 눈으로 볼 수 있나는 것은 참으로 기적적인 일이 아니겠는가? 서양의 성경의 경우 이러한 기적이 있을 수도 없겠지만, 정말 4복음서 당대의 문헌이 그대로 발견된다면 놀라운 일이 벌어질 것이다. 오늘날 성서문헌의 모습을 거의 찾기 어려울 것이다. 백서의 발견은 동방고전의 전승이 얼마나 정직하고 또 그 과정이 얼마나 정확한 것이었나를 잘 보여준다.

八章

上善若水。
상 선 약 수

水善利萬物而不爭,
수 선 리 만 물 이 부 쟁

處衆人之所惡,
처 중 인 지 소 오

故幾於道。
고 기 어 도

居善地,
거 선 지

心善淵,
심 선 연

與善仁,
여 선 인

言善信,
언 선 신

正善治,
정 선 치

事善能,
사 선 능

動善時。
동 선 시

夫唯不爭, 故無尤。
부 유 부 쟁 　 고 무 우

여덟째 가름

가장 좋은 것은 물과 같다.

물은 만물을

잘 이롭게 하면서도 다투지 않는다.

뭇사람이 싫어하는

낮은 곳에도 가기를 좋아한다.

그러므로 도에 가깝다.

살 때는

땅의 형편에 맞게 하기를 잘하고,

마음을 쓸 때는

그윽한 마음 가지기를 잘하고,

사람을 사귈 때는

어진 마음 가지기를 잘하고,

밀할 때는

신험 있는 말하기를 잘하고,

다스릴 때는

질서 있게 만들기를 잘하고,

일할 때는

능력 있게 하기를 잘하고,

움직일 때는

바른 때를 타기를 잘한다.

대저 오로지 다투지 아니하니 허물이 없도다.

沃案 1993년 10월 호북성 형문시荊門市 곽점촌郭店村에 있는 초묘楚墓에서 방대한 죽간이 출토되었다. 죽간이 804매에 이르고 글자가 1만 3천여 자에 이르는데 그 전체가 완벽하게 개인적 잡기가 아닌, 고도의 추상성을 지닌 학술저작이다. 그 속에 유가계열의 저작도 있고 도가계열의 저작도 있고 백가지설百家之說을 잡초雜抄한 것도 있는데, 유가계열의 작품은 초묘楚墓임에도 불구하고 공자를 이미 성인으로서 인지하는 사맹思孟계열의 의식적인 저작으로써 구성되어 있다.

이러한 초묘문헌의 구성 자체가 우리가 지금 유가니 도가니 하고 규정하는 규합개념糾合槪念organizing concepts 자체가 별 의미가 없다는 것, 그러한 저작물들이 매우 다양한 학파들의 본질적인 소통관계 위에서 이루어졌다는 것, 또 동아시아의 고대문화가 우리의 상상보다 훨씬 더 개념적이고 추상적인 전문성을 지니고 있었다는 것을 여실하게 입증하고 있다.

이 중 도가저작으로 『노자』 세 덩어리(갑조甲組·을조乙組·병조丙組)가 드러나서 전 세계에 충격파를 던지는 사건이 되었는데(현재 우리가 항시 읽고 있는 경전의 수고手稿로서 BC 5세기까지 물리적으로 소급되는 물증이 있는 그대로 드러난 사례는 없다), 더욱 재미있는 것은 병조 꾸러미에 현재 우리가 『노자』에서 발견할 수 없는 새로운 자료가 같이 묶여 있었다는 사실이다. 이 자료는 첫머리의 글자를 따서 『태일생수太一生水』라 이름하였다. 대부분의 고증가들이 이 『태일생수』는 『노자』와 별개의 문헌으로서 노자사상의 영향을 받아 『노자』 이후에 별도로 성립한 문헌이라고 본다.

이학근李學勤은 『노자』에 "일一"은 있어도 "태일太一"은 나타나지 않는다, 태일은 『장자』『회남자』『여씨춘추』『예기·예운편』 등에 나타나므로 후대의 개념이라 보아야 한다고 고증했는데, 나는 이를 단견이라고 생각한다. "일"과 "태일"은 레토릭상의 문제이며 개념적으로 구분되는 엄밀한 표현이 아니다.

노자가 옳았다

"일"과 "태일"은 혼용될 수 있다. 그리고 『태일생수』에서 말하는 논리구조, 사상구조, 그리고 그 문화적 배경이 노자 이전으로까지 올라갈 수 있는 매우 질박하고 총괄적인 것이다. 따라서 『태일생수』는 『노자』의 한 부분이었거나, 『노자』와 같이 융합될 수 있는 동질적 사유의 문헌으로 간주되어야 한다고 생각한다. 우선 그 일부를 정확히 번역하여 그 여실한 모습을 전하고자 한다.

> 태일은 물을 생한다. 생하여진 물은 생하는 태일을 오히려 도운다. 그리하여 하늘을 이룬다. 하늘 또한 자기를 생한 태일을 오히려 도운다. 그리하여 땅을 이룬다. 이 하늘과 땅이 다시 서로를 도와서 신명神明을 이룬다. 신神과 명明이 다시 서로를 도와서 음양을 이룬다. 음과 양이 다시 서로를 도와서 네 계절을 이룬다. 이 네 계절(춘·하·추·동)이 다시 서로를 도와서 차가움과 뜨거움을 이룬다. 차가움과 뜨거움이 다시 서로 도와서 습함과 건조함을 이룬다. 습함과 건조함이 다시 서로 도와서 한 해(歲)를 이루고 이로써 우주의 발생이 종료된다.
>
> 太一生水, 水反輔太一, 是以成天。天反輔太一, 是以成地。 天地復相輔也, 是以成神明。神明復相輔也, 是以成陰陽。陰陽復相輔也, 是以成四時。四時復相輔也, 是以成滄熱。滄熱復相輔也, 是以成濕燥。濕燥復相輔也, 成歲而止。

> 그러므로 일년의 시간(歲)이라 하는 것은 습함과 건조함이 생한 것이요, 습함과 건조함은 차가움과 뜨거움이 생한 것이요, 차가움과 뜨거움은 네 계절이 생한 것이다. 네 계절은 음양이 생한 것이요, 음양은 신명이 생한 것이요, 신명은 천지가 생한 것이요, 천지는 태일이 생한 것이다.
>
> 故歲者, 濕燥之所生也。濕燥者, 滄熱之所生也。滄熱者, 四時之所生也。四時者, 陰陽之所生也。陰陽者, 神明之所生也。神明者, 天地之所生也。天地者, 太一之所生也。

> 그러므로 태일은 물속에 감추어져 있고, 시간(=네 계절) 속을 흘러 다닌다. 한 바퀴 돌고나면 다시 시작하곤 하는 것이다. 그래서 자기를 만물을 생성하는 어미로 삼는다.
>
> 是故太一藏於水, 行於時, 周而或始, 以己爲萬物母。

고대인들의 우주발생론cosmogeny을 이토록 논리정연하고 소박하게, 그러면서도 포괄적으로 심오하게 요약한 문헌은 인류문명사에서 발견하기 어려울 것이다. 그런데 우선 그 "생生"이라고 하는 동사가 예외 없이 모든 단계에서 일방이 아닌 쌍방적 진행이라는 것이다. 지금 그 진행항목을 보면 태일太一 → 수水 → 천天 → 지地 → 신명神明 → 음양陰陽 → 사시四時 → 창열滄熱 → 습조濕燥 → 세歲로 되어 있지만, 생의 과정은 모든 단계에서 동시적으로 상보관계를 이루고 있다. "생生"의 과정은 반드시 "복상보復相輔"라고 하는 역의 관계를 동시에 수반한다는 것이다. 그 관계를 도식화 하면 다음과 같다.

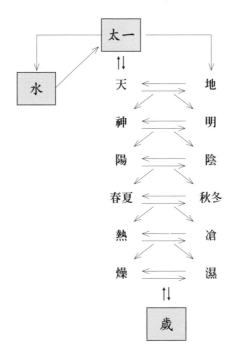

　　쉽게 설명하자면 하나님이 이 세계를 창조했다면 동시에 이 세계가 하나님을 창조했어야만 한다. 또 내가 나의 자식을 생한다면, 나의 자식은 동시에 나를 생하여야 한다. 이것이 복상보의 논리다. 태일이 물을 생한다면 물은 동시에 태일의 생성을 도와 하늘을 생한다. 하늘은 동시에 태일의 생성을 도와 땅을 생

노자가 옳았다

한다. 하늘과 땅은 서로가 서로의 생성을 도와 가믈한 신神을 생하고 밝은 명明을 생한다. 이렇게 전개되어 나가는 전 과정의 특징은 아무런 항목도 실체화되지 않는다는 것이다.

태일이라는 실체가 물이라는 실체를 탄생시키는 것이 아니라, 태일과 물은 상호교섭하는 관계일 뿐이며 그 관계는 끊임없이 서로를 포섭하고 서로가 대자對者로 이행하는 과정에서 새로운 항목, 즉 천과 지를 생성시키는 것이다. 그러나 천과 지도 실체가 아닌 교섭의 과정적 사건일 뿐이며 그것은 신명을 생성시키고, 신명은 다시 음양을 생성시키고, 음양은 다시 춘하추동을 생성시키고, 춘하추동은 다시 창열을 생성시키고, 창열은 다시 습조를 생성시킨다. 이 모든 존재Being의 과정이 아닌, 생성Becoming의 과정은 결국 무엇으로 귀결되는가? 그 귀결처를 『태일생수』의 저자는 "세歲"라고 보았다. 이게 도대체 무슨 얘긴가? 말이 되는가?

"세"라는 것은 단순히 "일 년One Year"이다. 일 년이 만들어지는 과정을 이토록 복잡한 우주론의 구조로써 기술할 필요가 있을까?

우리는 소크라테스 이전의 희랍고전철학자들이 우주의 원질인 아르케archē를 추구한 것을 알고 있다. 그것은 모든 우주현상의 궁극적 근거, 최초의 원질, 모든 현상이 그것 하나로 설명될 수 있는 가장 포괄적인 실체Substance를 찾는 것이다. 탈레스Thales of Miletus, BC 623~545는 그것을 "물"이라고 규정했다. 탈레스가 신화적 세계관을 탈피하여 만물의 원질을 찾아냈기 때문에 우리는 그를 이오니아학파의 개조이며 철학의 시조라고 부른다. 그런데 과연 그는 뮈토스를 탈피하여 로고스로 이행하였는가? 물을 실체로서 규정하는 한에 있어서는 그는 신화에 머무른 것이다. 그래서 그로부터 시작된 시양칠힉사 진제가 신화적 세계관 즉 실체와 현상이라는 이원론적 본질(＝원질)주의를 탈피하지 못하고 있는 것이다.

『태일생수』의 저자는 이 세계의 가장 보편적인 현상의 기저substratum of phenomena를 "물水"이라고 보았지만, 그 물은 태일太一(도道의 다른 이름)과의 관계에서 천지만물의 모든 현상을 생성시키는 비실체적 사건Events일 뿐, 그 나름대로 원질을 형성하는 존재의 대상이 아니라고 보았다. 그런데 그 물의 궁극적 귀결처가 세歲이다. 이것은 무엇을 의미하는가? 세라는 것은 일 년이지만, 농경사회에 있어서 일 년은 곧 영구한 시간을 의미한다. 계절로 이루어지는 세의 반복이 곧 시간인 것이다. 물은 곧 시간의 창조주인 것이다.

물은 태일을 상보相輔(=반보反輔)하여 천지를 생성시키고 천지는 물에 힘입어 결국 한열, 조습의 변화를 일으키고 그 변화가 인간에게 시간으로 인지되는 것이다. 변화가 없으면 시간은 없다. 그러나 시간은 물이 없으면 존재하지 않는다. 물의 한열조습이 우주와 인체와 사회의 리듬을 형성하는 것이다. 물은 모든 존재에 스며 있으며 그것은 생명의 원천이며 시간의 본 모습이다. 『노자』 42장에 "도생일道生一, 일생이一生二, 이생삼二生三, 삼생만물三生萬物"이라는 유명한 암호와도 같은 구절이 있지만 이것은 『태일생수』의 도식에 준거하면 쉽게 풀린다.

"도생일道生一"은 곧 "태일생수"와도 같은 것이다. 도가 태일이요, 수가 곧 일一이다. 일一은 동시에 태일(도)을 반보反輔하여 하늘天을 생성시킨다. 이 과정이 곧 "일생이一生二"인 것이다. 그러나 하늘은 동시에 "태일太一"을 반보反輔하여 지地를 형성시킨다. 이것이 『태일생수』의 "천반보태일天反輔太一, 시이성지是以成地"이고 『노자』의 "이생삼二生三"이다. 삼(도, 천, 지)이 갖추어지면 만물이 생성케 되는 것이다(三生萬物). 『태일생수』와 『노자』는 이렇게 하나로 융합되는 것이다.

본 장에서 노자는 "가장 좋은 것은 물과 같다上善若水"고 말한다. 이것은 물을 빌어 도의 덕성을 형용한 것이다. 도가 곧 물이요, 물이 곧 도이기 때문이다.

물이 왜 좋은가?

"선善"이란 그냥 "좋다"는 뜻이다. 서구화된 우리 말의 선·악의 뜻이 아니다. "좋을 선," "착할 선"으로 훈되는 말이다. 따라서 "상선上善"을 "지고의 선"으로 번역하면 안된다. 가장 좋은 것은 "물과 같다若水"고 말한다. "지고의 선은 물이다"가 아니라, "가장 좋은 것은 물과도 같은 덕성을 지니는 것"이라는 뜻이다.

경문은 물의 특성으로서 "선리만물이부쟁善利萬物而不爭"과 "처중인지소오處衆人之所惡"를 제시한다. 물은 항상 위에서 아래로 흐른다. 그것을 노자는 겸양의 미덕에 비유했다. 자기를 항상 낮춘다는 뜻이다. 낮추기 때문에 사람이 가기 싫어하는 시궁창 같은 곳에도 다 흘러 들어간다. 그렇지만 아무리 지고한 곳이라도 아니 가는 곳이 없다. 산봉우리 꼭대기에도 올라가고 『태일생수』의 저자가 말하는 것처럼 저 푸른 허공에도 올라가 하늘을 형성한다.

물은 생명의 본원이기 때문에 물이 있어야만 생명현상이 있다. 물은 만물을 잘 이롭게 한다. 만물을 지요滋潤게 하면서도 만물과 다투지 아니한다. 물은 어디나 아니 가는 곳이 없지만 그 물이 가는 방식을 "부쟁不爭"이라고 표현했다. 물은 유약의 성질을 지니기 때문에 다툼이 없다. 바위가 가로막고 있어도 비켜가고 소리 없이 스며든다. 물이 지니고 있는 이러한 겸양의 성질로써 노자는 도道적인 삶의 가치를 설파하려 한다.

남이 가지 않으려는 곳을 스스로 찾아가고, 남이 하기 싫어하는 일을 마다하지 않고 하고, 모든 비욕卑辱을 인내하면서 자기 있는 역량을 다 발휘하여 타인을 돕고, 공을 다투거나爭功, 이름을 다투거니爭名, 이를 다투지爭利 아니한다. 그래서 "도에 가깝다幾於道"고 말한다.

이에 왕필은 재미있는 주를 달았다.

道無水有, 故曰幾也。

도는 무고 물은 유이다. 그래서 "가깝다"고만 말한 것이다. 도는 무형無形의
전체이고 물은 어디까지나 구체적인 유형有形의 물상物相이다. 그래서 물로써
도를 다 말할 수는 없다고 말한 것이다. 소철도, "물은 형에 구속되어 있어, 도
와는 간격이 있다 水旣已麗於形, 則於道有閒矣。"라고 주를 달았다.

"거선지居善地"로부터 "동선시動善時"에 이르는 7개의 구문은 물의 7대 공
능을 말한 것이고, 수水적인 가치를 구현하는 인간의 삶의 모습을 말한 것이다.
그런데 문자가 소략하여 해석의 여백이 많다. "거선지居善地" 하나를 예를 들
어봐도 "살 때는 그 사는 땅을 좋게 하고," "거할 때는 낮은 땅에 잘 거하고,"
"거할 때는 그 땅을 좋아라 하고," "거할 때는 좋은 땅을 택하고," "살 때
는 땅의 형편에 맞게 하기를 잘하고" 등등의 해석이 가능하다. 나는 "선善"을
"…… 에 능하다," "…… 하기를 잘한다 擅長"의 뜻으로 해석했다.

"동선시動善時"는 "움직일 때는 바른 때(카이로스, 기회)를 타기를 잘한다"는
뜻이 된다.

물처럼 사는 사람의 일곱 가지 덕성을 밝힌 후에 그 다양한 논지의 핵심을 밝
힌다.

夫唯不爭, 故無尤。

『태일생수』를 읽으면서 누구든지 느낄 것이다. 우리 인생의 시간은 물의 시
간이다. 우리는 물과 더불어 살고 물과 더불어 투쟁한다. 물이 없어도 죽지만

물이 너무 많아도 죽는다. 『태일생수』는 농경문화의 사람들이 느끼는 우주관을 요약한 것이다. 한열과 조습의 리듬을 어떻게 타는가에 관한 지혜를 말한 것이다. 본 장에서 물은 매우 낭만적으로 묘사되었다. 그러나 요번 여름처럼 삼협이 무너지려고 하고, 한강·섬진강이 넘치려 하는 폭우의 지속 속에서 물은 "부쟁不爭이다"라는 말을 편하게 할 수 있을까?

물은 평소 "부쟁不爭"의 주체로서 우리가 고요하게 편하게 느낄 수 있는 대상이지만, 그것은 실로 강력한 "쟁爭"의 주체이다. 모든 것을 이겨낼 수 있는 가장 강력한 힘이다. 노자는 물을 빌어 "부쟁不爭"을 말하고, 반전反戰의 평화주의를 외친다. 당대의 의미 없는 싸움에 희생되는 민중의 바램을 대변해주고 있는 것이다.

오로지 부쟁不爭하니 무우無尤하다!

싸우지 않는 것만이 궁극적으로 민중의 우환이 없는 사회를 만드는 것이다. 노자의 부쟁철학은 물과도 같은 겸양과 평화를 말하지만, 그것은 동시에 홍수의 격랑과도 같이 모든 차별을 쓸어 내비리는 막강한 쟁爭의 힘을 가지고 있다. 유약이 강강을 이긴다 하는 것이 단순한 유약의 예찬이 아니라는 것이다. 바로 이러한 양면성 때문에 노자가 병가兵家의 조종으로 받들어지는 소이연이 있는 것이다.

九章

持而盈之, 不如其已;
지 이 영 지　불 여 기 이

揣而梲之, 不可長保;
췌 이 예 지　불 가 장 보

金玉滿堂, 莫之能守;
금 옥 만 당　막 지 능 수

富貴而驕, 自遺其咎。
부 귀 이 교　자 유 기 구

功遂身退, 天之道。
공 수 신 퇴　천 지 도

沃案 본 장은 이미 "허虛"의 인생론이 충분히 논파되었으므로 구구한 설명을 필요로 하지 않는다. "금옥만당金玉滿堂, 막지능수莫之能守; 부귀이교富貴而驕, 자유기구自遺其咎。"

우리나라는 해방 후 자본주의국가로서 놀라운 성장을 이룩한 나라로 꼽힌다. 우리나라의 자본주의 신화는 대부분 국가권력과 결탁하여 비상한 체제를 확보한 자들이 그 기본틀을 마련한 것이다. 그런데 이렇게 비정상적인 방법에 의하여 부귀를 획득한 자들은 오로지 부귀에만 집착하여 금옥만당에로의 길만을 걷는다. 금옥이 만당이면 그것을 지킬 길이 없다. 우리나라 부자들은 돈을 쓸

아홉째 가름

지니고서 그것을 채우는 것은

때에 그침만 같지 못하다.

갈아 그것을 날카롭게 하면

오래 보존할 길 없다.

금과 옥이 집을 가득 메우면

그것을 지킬 길 없다.

돈이 많고 지위 높다 교만하면

스스로 그 허물을 남길 뿐이다.

공이 이루어지면 몸은 물러나는 것이

하늘의 길이다.

줄 모른다. 그래서 경제민주화의 이상은 점점 멀어지고만 있다. 나는 우리나라 재벌가정에서 비트겐슈타인과 같은 인문학자가 나오는 것을 소망한다. 그리고 한 명이라도 앤드류 카네기Andrew Carnegie, 1835~1919 같은 모범을 보이는 사례가 생겨나기를 소망한다. 돈 많은 집 자식들이여! 제발 법대 가고 의대 가고 경영대 갈 생각말라! 젊은 날에 "빔"의 낭만을 만끽하라!

　"공수신퇴功遂身退, 천지도天之道"는 제2장의 "공성이불거功成而弗居"와 같은 의미맥락이다. 비슷한 표현이 17장, 34장, 77장에도 나온다.

十章

載營魄抱一, 能無離乎!
재 영 백 포 일　능 무 리 호

專氣致柔, 能嬰兒乎!
전 기 치 유　능 영 아 호

滌除玄覽, 能無疵乎!
척 제 현 람　능 무 자 호

愛民治國, 能無知乎!
애 민 치 국　능 무 지 호

天門開闔, 能無(爲)雌乎!
천 문 개 합　능 무 위 자 호

明白四達, 能無爲乎!
명 백 사 달　능 무 위 호

生之, 畜之,
생 지 축 지

生而不有, 爲而不恃,
생 이 불 유　위 이 불 시

長而不宰, 是謂玄德。
장 이 부 재　시 위 현 덕

열째 가름

땅의 형체와 피를 한 몸에 싣고

하늘의 거대한 하나를 품에 껴안는다.

능히 이 양자가 분리되지 않게 할 수 있겠는가?

기를 집중시켜 부드러움을 이루어

능히 갓난아기가 될 수 있겠는가?

가믈한 거울을 깨끗이 씻어

능히 티가 없게 할 수 있겠는가?

백성을 아끼고 나라를 다스림에

능히 유위적 앎으로써 하지 않을 수 있겠는가?

하늘의 문이 열리고 닫히는데

능히 암컷의 덕성을 지킬 수 있겠는가?

명백히 깨달아 사방에 통달함에

능히 억지로 함이 없을 수 있겠는가?

도는 창조하고 덕은 축적하네.

낳으면서도 낳은 것을 소유하지 않고,

지으면서도 지은 것에 기대지 않고,

자라게 하면서도 자라는 것을 지배하지 않네.

이것을 일컬어

가믈한 덕이라 하네.

본 장도 이미 다 해설된 주제가 다양하게 반복되어 있기 때문에 심각한 주해를 필요로 하지 않는다. 그러나 문자상의 간단한 오류와 중·일 학자들의 상투적인 해석의 오류를 바로잡지 않을 수 없다.

제일 먼저, "재영백포일載營魄抱一, 능무리호能無離乎!"에서 대부분의 주석가들이 "영백營魄"을 잘못 해석하고 있다. "백魄"이 "혼魂"과 상대되는 말로서 쓰이기 때문에 백을 땅적인 것으로 해석하는 데는 이의가 없다.

몸	하늘	혼魂	신神	신神
	땅	백魄	정精	귀鬼

사람이 죽으면 혼은 하늘로 돌아가고, 백은 땅으로 스며든다. 그러니까 혼은 무형의 정신적 극極mental pole에 속하는 것이며 백은 유형의 물질적 극極physical pole이다.

그런데 대부분의 사람들이 "영백營魄"을 하늘과 땅을 각기 나타내는 개념으로 간주해서 "영營"을 근거도 없이 하늘적 부분으로 해석한다. 그러나 "영營"은 "영위한다," "운영한다," "영양을 공급한다"는 뜻이며 중국고대의학 상식에서 기혈론의 주요개념으로 쓰인다. 인체의 외면, 상피세포 아래를 흐르는 면역체계를 고대인들은 "위기衛氣"라고 표현하고 그 내부의 영양의 공급을 맡는 체계를 "영혈營血"이라고 표현했다.

몸 Mom	위衛 immune system	기氣	양陽	하늘	혼魂	포抱
	영營 nutritional circulation	혈血	음陰	땅	백魄	재載

그러니까 "영백營魄"은 두 개념이 모두 땅에 속하는 것이다. 그러나 인간은 하늘과 땅이 합해져야만 생명으로서 활동할 수 있다. 그러기 때문에 여기 "영백을 재載한 것"은 나의 피지컬한 측면이다. 이 영백에 대하여 하늘적 부분이 바로 "일一"이요,『태일생수』에서 말하는 "태일太一"이다.

그러니까 나의 존재는 영백을 싣고 거대한 하나太一를 품에 껴안아야 한다 (문학적 표현). 내가 산다고 하는 것은 이 영백과 태일이 내 몸에서 융합되어있는 상태를 말하는 것이다. 이것의 분리는 곧 "죽음"이다. 이 양자가 분리되지 않게 만드는 것이 나의 존재의 당위이자 생명의 활동이다. 사실 10장의 내용은 이 첫 구절의 구조만 정확히 파악하면 다 풀리게 되어있다.

전기치유專氣致柔하여 능히 영아嬰兒가 될 수 있겠는가? 노자는 여성과 함께 어린이를 예찬한다. 어린이의 여림에서 놀라운 생명력을 발견한다.

"천문개합天門開闔"은 여태까지 얘기해온 "중묘지문衆妙之門," "현빈지문玄牝之門," "천지근天地根"과 같은 계열의 메타포로서 여성의 성기의 생식작용의 주기성을 구체적으로 말하고 있다. 일정주기에 있어서 에스드로겐이 폭발하는 시기 전후, 그러니까 배란ovulation이 일어나는 시기에 여성의 성기는 도톰하게 부풀어 오르며, 모든 것이 열린다고 말할 수 있는 현상이 일어난다. 프로게스테론 지배기가 되면 다시 닫힌다.

그러니까 천문天門(=여성의 성기)은 개합의 주기를 갖는 것이다. 이것은 우주적 생명력의 상징이다. 이러한 생명력의 과정에서 우리가 경계해야 할 것은 남성적인 자만성, 파괴력, 지배력이다. 다음 "능무자호能無雌乎!"는 해석이 되지 않는다. 천문이 개합하는 크리티컬 모우먼트에 우리는 여성됨의 고요하고 포용하며 생산적인 덕성을 필요로 하는 것이다. 그래서 많은 주석가들이 "무無" 글자의 부당성을 지적해왔다. 그런데 요번에 등장한 백서 을본에 "위爲"로 되어있는 것이다. 그래서 "능무자호能無雌乎"는 "능위자호能爲雌乎"로 고쳐서 해석되어야 한다. 그리고 이러한 교정을 정당화하는 중요한 사실은 왕필주가 그것을 뒷받침하고 있다는 것이다.

雌, 應而不倡, 因而不爲。言天門開闔, 能爲雌乎? 則物自賓而處自安矣。
암컷은 응하면서 자기가 주도적으로 함부로 이끌지 않고, 의거만 하고 자의적인 작위를 하지 않는다. 본문에 천문이 개합하니 능히 암컷이 될 수 있겠는가? 라고 했는데 이렇게 되면 사물은 스스로 인도되고 스스로 편안하게 자리잡게 된다.

다시 말해서, 왕필이 본 『도덕경』텍스트는 "위자爲雌"로 되어있었다는 얘기다. "생지生之"의 주어는 도道이고, "축지畜之"의 주어는 덕德이다.

나머지는 이미 나왔던 구절들이다.

도대체 마왕퇴분묘들의 주인공은 누구인가? 한漢 초에도 완벽한 군현제(중앙집권관료제)는 힘들었기 때문에 지방을 분봉하여 왕(선진의 왕과는 다른 지역개념)들로 하여금 다스리게 했다. 장사왕은 다시 열후列侯를 봉했다. 마왕퇴의 분묘에서는 "대후가軑侯家"라는 명문과 "대후가승軑侯家丞"이라는 봉니封泥가 잔뜩 나왔다. 이 분묘들은 한나라 초기 대후 가족의 묘장이 분명한 것이다. 2호묘의 주인은 장사국 초대 열후인 이창체蒼이고, 1호묘의 주인은 대후 이창의 정식부인 신추辛追이다. 그녀는 약 20년간 과부로 살다가 50세 전후에 죽었고 BC 160년에 묻혔다.
그런데 3호묘의 주인은 제2대 대후軑侯인 이희利稀의 형제로서 장사국의 남쪽 국경의 수비를 담당하던 용맹한 장수였다. 남월과의 싸움에서 전사한다. 그의 나이 30세 정도였는데 매우 유능하고 지식이 풍부했던 것 같다. 그래서 3호묘에서 대량의 문서가 나온 것이다. 『노자』백서는 30세 가량의 멋쟁이 남성이 보던 책이라고 생각하면 된다. 무덤은 급히 만들었기 때문에 1호묘에 비해 약간 소략하다.
여기 실린 도판을 보면 우에서 6번째 줄 꼭대기에 "도가도道可道"가 보이고, 그 밑에 "항명야恒名也。무명无名, 만물지시야萬物之始也。"가 보인다. 올본 백서는 48cm의 높이에 30여 폭으로 접은 비단문헌 속의 일부인데 장방형의 칠합 속에 있었다.

노자가 옳았다

二二八上　二二七上　二二六上　二二五上　二二四上　二二三上　二二二上　二二一上　二二〇上　二一九上　二一八上　二一七上　二一六上

十一章

三十輻共一轂,
삼 십 폭 공 일 곡

當其無, 有車之用;
당 기 무 유 거 지 용

埏埴以爲器,
연 식 이 위 기

當其無, 有器之用;
당 기 무 유 기 지 용

鑿戶牖以爲室,
착 호 유 이 위 실

當其無, 有室之用。
당 기 무 유 실 지 용

故有之以爲利,
고 유 지 이 위 리

無之以爲用。
무 지 이 위 용

열한째 가름

서른개 바퀴살이

하나의 바퀴통으로 모인다.

그 바퀴통 속의 빔에

수레의 쓰임이 있다.

찰흙을 빚어 그릇을 만든다.

그 그릇의 빔에 그릇의 쓰임이 있다.

문과 창을 뚫어 방을 만든다.

그 방의 빔에 방의 쓰임이 있다.

그러므로

있음의 이로움이 됨은

없음의 쓰임이 있기 때문이다.

沃案 살다보면 종종 부엌에 놓인 냉장고를 둘러싸고 실갱이를 벌일 때가 많다. 사실 냉장고는 비어있을 때만이 냉장고다. 그러나 살림을 짭짤하게 하려는 주부들의 입장에서 보면 언젠가 쓸 일이 있다는 생각에 계속 쑤셔넣게 마련이다. 그러면 냉장고의 냉기가 순환도 잘되지 않고, 음식도 신선하게 보관되지 않는다. 냉동식품도 냉동상태의 지속이 그 신선도를 보장 못할 뿐 아니라 결국 수분의 증발로 인하여 변질되게 된다. 결국 쓰레기로 버리게 되고 말 것을 가득 집어넣은 채 냉장고는 겨우 입구에 남은 작은 스페이스를 들락거리는 식품들의 협소한 공간에 그 기능이 국한되고 만다. 냉장고는 비어있을수록 좋다. 아니, 냉장할 식품을 적정선에서 유지시키는 삶의 근원적 지혜가 필요하다.

이러한 문제는 방이나 기물이나 무엇을 넣기 위한 모든 공간에 해당된다. 노자는 존재를 실체화하지 않기 때문에, 존재의 존재성을 기능적으로 규정한다. 존재는 그 존재가 가지고 있는 기능에 의하여 존재성을 인정받는데, 그 기능이 바로 "빔"이라는 것이다. 컵은 비어있을 때만 컵이다. 컵이 비어있지 않으면 그것은 컵이 아니다. 물을 담는 기능을 상실했기 때문에 그 존재성이 상실되는 것이다.

그런데 이 "빔"이라는 개념은 "빈 공간empty space"이라고 하는 개념에 국한되지 않는다. 우리가 어렸을 때 산 계곡의 여울물은 극도로 깨끗했다. 그래서 마음놓고 마셨다. 한 200m 위에서 어린이가 오줌을 눈다고 한들 그 물을 마시는 데 아무런 지장이 없다. 물은 흘러내리면서 오물을 깨끗하게 소화해버리기 때문이다. 이것을 보통 "자정능력自淨能力"이라고 말하지만 노자는 이 자정능력을 "물의 허虛"라고 말한다.

허라는 개념은 물리적 공간성에만 해당되는 것이 아니라 사물이 가지고 있는 잠재적 능력, 그 자정능력의 여유, 그리고 그 여유로 인하여 생기는 창조적 순환을 추상적으로 일반화하여 일컫는 말이다.

그런데 인간 문명의 진화는 이 허虛를 빼앗아가는 방향으로 진행되었다. 문명은 "허虛"를 지향하는 것이 아니라 "만滿"을 지향해왔다. 그린벨트를 풀어 건물을 짓고, 모든 오염의 원천이 되는 공장이나, 불필요하게 낭비적인 작위적 요소를 문명세계에 가득 채웠다.

노자는 허를 없애는 방향에서의 인간의 작위를 "유위有爲"라고 부른다. 그리고 허를 극대화시키는 방향으로의 인간의 노력이나 지혜를 "무위無爲"라고 부른다. 그러니까 우리가 논의해온 무위의 정체는 허와 관련하여 진정한 의미를 갖는 것이며 무위는 문명의 방향에 대한 역방향의 "위爲"이므로 그것은 일종의 "반문명적 위Counter-culturalistic Doing"인 것이다.

왜 허虛는 극대화될수록 좋은가? 서구인들은 기독교의 재림사상과 과학만능주의에 의하여 보장된 듯이 보이는 문명선호사상, 그리고 중동문명의 특질에서 유래된 종말론적·묵시론적 사유의 영향으로 인해 "문명의 진보"를 맹신하는 악폐에 사로잡혀 있다.

다시 말해서 역사의 진보사관Idea of Progress과 구속사적인 섭리사관Idea of Providence이 결합되어 시간을 한 방향으로만 보는 악습의 노예가 되어있는 것이다. "할렐루야 아멘"만 외치면 모든 것이 미래에 다 해결된다는 것이다. 다시 말해서 현재의 죄악에 대한 반성이나 책임이 없는 것이다. 그들은 하나님의 미래섭리만 바라보도록, 마치 플라톤의 동굴의 비유 속에 나오는 죄수들처럼, 모가지가 되돌아볼 수 없도록 고착되어 있는 것이다.

그러나 노자가 생각하는 우주는 시작도 없고 종말도 없으며 오직 "생생生生"의 과정Process(=역易)만 있다. 시간이라는 것도 『메일생수』에서 긴피했듯이, "세歲"를 단위로 하여 반복되는 것이다. 반복이란 니체가 말하는 영원회귀 Eternal Recurrence(동일한 사태가 시간 속에서 재현된다고 하는 니체철학의 허무맹랑한 주제)가 아니라 지속을 위한 리듬일 뿐이다. 동일한 사태의 반복은 동방인의 우주에는 없다!『태일생수』의 마지막 구절을 기억하는가! 태일은 물속에 숨겨져 있다. 그리고 시간을 타고 흐른다. 한 바퀴를 돌고나면 다시 시작하고, 그러는 과정에서 만물의 어미가 되는 것이다.

냉장고 속도 순환의 체계이다. 꽉 채우면 순환이 이루어지지 않는다. 노자의 철학이 무위와 허를 강조하는 그 핵심적인 이유는 허가 있어야만 순환이 이루어지기 때문이다. 순환이 이루어지지 않으면 창조는 존재하지 않는다. 우리의 몸도 피의 순환에 의하여 몸이 유지되는 생명의 체계이다.

> 反者, 道之動;
> **되돌아가는 것이 도의 움직임이요,**

> 弱者, 道之用。
> **허약한 것이 도의 쓰임(생명력)이다(40장).**

"반反"이라고 하는 것은 "반대의 것"을 의미하기도 한다. 그 반대의 자리로 되돌아가는 것, 사실은 그것이 나의 존재의 원초성일 수도 있다. 항상 원초성으로 회귀하는 것, 그것이 도의 움직임이요, 도의 순환이다. 바로 그러한 순환의 장이 "허虛"이다(40장에서는 "약弱"으로 표현했다). 허야말로 도의 기능이요, 도의 생명력이다.

허가 있어야 자연의 순환이 가능하고, 인간존재의 순환이 가능하고, 문명의 순환이 가능하다. 그러나 인간은 문명으로써 천지의 허를 죽이고, 자신의 존재를 불건강하게 만들며, 문명을 파탄으로 몰고간다(전쟁이란 모두 "참滿"의 방향에서 벌어지는 일들이다).

한마디로 허는 창조성의 근원이다. 허가 있어야 창조가 가능하고 새로움이 가능하고 지속이 가능하고, 常常의 생명력이 유지되는 것이다.

본 장에서 "유거지용有車之用," "유기지용有器之用," "유실지용有室之用"의 "유有"는 독립된 개념이 아니라, "쓰임이 있다 有用"라는 단순한 술어적 의미에 지나지 않는다. 그런데 제일 마지막의 "유지이위리有之以爲利, 무지이위용無之以爲用"이라는 문장에서 유有와 무無는 대립된 개념으로 나타난다. 그런데 그것은 존재와 비존재, 있음과 없음의 문제가 아니라, "존재자"와 "허虛"의 문제로서 해석되어야 한다.

11장에 나오는 모든 "무無"는 "허虛"로서 이해되어야 한다. 제1장에서 이미 무와 유는 무형과 유형을 의미할 뿐이라고 말했다. 유형의 존재자에 대하여 무형의 잠능潛能Potentiality, 곧 허를 말한 것이다.

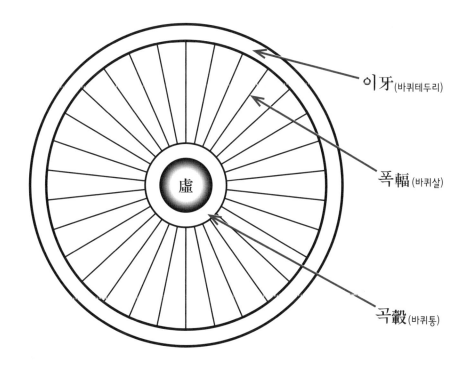

이牙(바퀴테두리)

폭輻(바퀴살)

곡轂(바퀴통)

十二章

五色令人目盲,
오 색 령 인 목 맹

五音令人耳聾,
오 음 령 인 이 농

五味令人口爽。
오 미 령 인 구 상

馳騁畋獵令人心發狂,
치 빙 전 렵 령 인 심 발 광

難得之貨令人行妨。
난 득 지 화 령 인 행 방

是以聖人爲腹不爲目。
시 이 성 인 위 복 불 위 목

故去彼取此。
고 거 피 취 차

沃案 내가 1장을 해설하면서 『도덕경』을 읽어나가는 과정을 "유욕에서 무욕으로 가는 길"이라고 한 말을 기억할 것이다. 오색五色, 오음五音, 오미五味, 그리고 치빙전렵馳騁畋獵(오늘날의 스피드광적인 제 형태들)의 폐해, 감각적 문명이 인간에게 선사하는 광기에 대해 이토록 적나라한 비판을 접하기 힘들 것이다. 감각적 자극이 때로는 스트레스를 풀고 우울증을 흩날리는 데 유용한 측면이 있지만, 문명의 욕망은 결국 인간을 더욱더 큰 자극에로 휘몰아가며, 인간은

노자가 옳았다

열두째 가름

오색은 사람의 눈을 멀게 하고

오음은 사람의 귀를 멀게 하고

오미는 사람의 입을 버리게 한다.

말달리며 들사냥질 하는 것은

사람의 마음을 미치게 만든다.

얻기 어려운 재화는

사람의 행동을 어지럽게 만든다.

그러하므로 성인은

배가 되지 눈이 되질 않는다.

그러므로 저것을 버리고 이것을 취한다.

결국 삶의 정로正路를 잃게 된다. 왕필은 말한다.

우리 신체의 감각기관, 이목구심耳目口心은 모두 그 본래적 성질을 따라야 하는 것이다. 그 본성의 명령에 따르지 않고 오히려 스스로 그러한 것을 해치게 되면, 눈멀고, 귀멀고, 입버리고, 미쳐버리는 결과를 초래한다.
夫耳目口心, 皆順其性也。不以順性命, 反以傷自然, 故曰盲聾爽狂也。

말초감각을 자극하는 현대 자본주의 사회의 병폐에 대한 날카로운 비판이기도 하다.

是以聖人爲腹, 不爲目。

많은 한국의 번역자들이 "위爲"를 "위한다"라고 번역하는데, 그것은 매우 궁색하고 상상력이 부족한 번역이다. "된다to become"라고 번역함이 옳다. "그러므로 성인은 배가 되지, 눈이 되지 않는다"라고 번역해야 옳다. 훨씬 더 풍요롭게 그 상징체계의 의미가 우리 가슴에 다가온다.

앞서 말했듯이 배腹와 눈目은 인체의 감성에 있어서 매우 대조적인 양극이다. 눈目은 불교의 유식사상에서도 제1식으로 보았듯이, 가장 원초적이고, 직접적이고, 가장 먼 거리를 감지하며, 그만큼 가장 오류의 가능성이 높은 것이다. 안이비설신에서 안식이야말로 오관Five Senses의 대표주자라고 할 수 있다. 노자가 불교의 인식론이 들어오기도 전에 이미 이러한 발상을 했다는 것은 참으로 놀라운 일이다.

그런데 노자는 그러한 시각Visual Feeling보다 더 본원적이고 본질적인, 더 원초적이고 더 보편적인 느낌이 있다고 보았다. 그것이 생명의 중추인 배腹의 느낌이다. "배"에는 안이비설신의 감각에 대응하는 생명의 중추인 오장육부가 자리잡고 있다.

남녀가 만났을 때, 시각적으로 아름다운 남자나 여자에게 끌리는 현상만이 인간관계를 결정짓지 못한다. 감관의 느낌에 앞서 서로의 장부가 느끼는 복감腹感Visceral Feeling이 더 원초적 교감을 형성한다: "쟤는 예쁘지만 괜히 난 안 끌려." 시각으로 판단할 수 없는 보다 더 원초적인 느낌이 있는 것이다. 왕필은 이렇게 주했다.

배가 된다는 것은, 사물로 하여금 자기를 기르게 만든다는 것이다. 눈이
된다고 하는 것은 사물로 하여금 자기를 부리게 만드는 것이다. 그러므로
성인은 눈이 되지 않는다.

爲腹者, 以物養己; 爲目者, 以物役己。故聖人不爲目也。

우리의 초원은 이렇게 주했다.

배가 된다는 것은 얄팍한 심지心知에서 벗어나는 것이다. 눈이 되지 않는
다는 것은 이목을 자기 내면으로 통하게 만드는 것이다.

爲腹, 外於心知也; 不爲目, 耳目內通也。

노자는 이 장을 이 간결하고 강력한 한마디로 귀결지었다.

去彼取此。
저것을 버리고 이것을 취하라!

"저것"이란 모든 관념적 허구이며, 형이상학적 폭력이며, 감각적 허환虛幻
이다. "이것"이란 나의 일상적 현실이며, 나의 생명중추가 느끼는 실재visceral
reality이며, 이 세계의 번뇌이며 보리다. "거피취차!" 이것이야말로 노자가 말
하는 리얼리즘realism이며, 실천주의practicalism이며, 하학이상달下學而上達의
현실주의이다. 아~ 노자를 배우지 않고 누구를 배울 것이냐!

十三章

寵辱若驚,
총 욕 약 경

貴大患若身。
귀 대 환 약 신

何謂寵辱若驚?
하 위 총 욕 약 경

寵爲下,
총 위 하

得之若驚, 失之若驚,
득 지 약 경   실 지 약 경

是謂寵辱若驚。
시 위 총 욕 약 경

何謂貴大患若身?
하 위 귀 대 환 약 신

吾所以有大患者, 爲吾有身。
오 소 이 유 대 환 자   위 오 유 신

及吾無身, 吾有何患!
급 오 무 신   오 유 하 환

故貴以身爲天下, 若可寄天下;
고 귀 이 신 위 천 하   약 가 기 천 하

愛以身爲天下, 若可託天下。
애 이 신 위 천 하   약 가 탁 천 하

열셋째 가름

총애를 받으나 욕을 당하거나 다같이 놀란 것 같이 하라.

큰 환란을 귀하게 여기기를 내 몸을 귀하게 여기듯 하라.

총애를 받으나 욕을 당하거나 다같이 놀란 것 같이 하란 말은

무엇을 일컬음인가?

총애는 항상 욕이 되기 마련이니

총애를 얻어도 놀란 것처럼 할 것이요,

총애를 잃어도 놀란 것처럼 할 것이다.

이것을 일컬어 총애를 받으나 욕을 당하거나

늘 놀란 것 같이 하라 한 것이다.

큰 환란을 귀하게 여기기를 내 몸을 귀하게 여기듯 하란 말은

무엇을 일컬음인가?

나에게 큰 환란이 있는 까닭은 내가 몸을 가지고 있기 때문이다.

내가 몸이 없는데 이르르면 나에게 무슨 환란이 있겠는가?

그러므로 자기 몸을 귀하게 여기는 것처럼

천하를 귀하게 여기는 사람에겐

정녕코 천하를 맡길 수 있는 것이다.

자기 몸을 아끼는 것처럼 천하를 아끼는 사람에겐

정녕코 천하를 부탁할 수 있는 것이다.

沃案 본 장은 두 개의 테마가 병렬되어 문답형식으로 진행되고 있다. 제1의 테마가 "총욕약경寵辱若驚"이라는 것이고, 제2의 테마가 "대환약신大患若身"(귀대환약귀신貴大患若貴身의 줄임말: 큰 환란을 귀하게 여기기를 내 몸을 귀하게 여기듯 하라는 뜻)이라는 것이다. 전자는 인생을 살아가는 지혜, 즉 인생철학을 말한 것이고 후자는 그 나름대로 하나의 독립적 철학테마를 말하고 있다고 할 수 있는데, "총욕약경"이 워낙 포퓰라해서 후자의 "대환약신"의 독립적 테마가 가려져 있다고도 말할 수 있다. 물론 이 두 개의 테마가 완전히 독립적인 것은 아니고 의미론적으로 호상 깊은 관련을 맺고 있다고 말할 수 있다. 특기할 사실은 "대환약신"의 언어야말로 세계철학사에서 유니크한 의미를 차지하는 몸철학Philosophy of Mom의 성구聖句라고 말할 수 있다는 것이다.

왕필은 총욕寵辱과 대환大患을 같은 류의 문제로 보아 양 테마가 결국 같은 의미를 호환하고 있다고 보았다. 그러나 사실 노자가 총욕약경을 전면에 내걸은 것은 실제로 후자의 테마 즉 인간의 "신체身"라고 하는 문제를 부각시키기 위한 것이라고 보아야 한다. 총욕약경의 인생관은 사람이 자기 신체를 장악하는 하나의 방편의 문제일 뿐이다. 총욕약경의 경지를 통하여 자기 신체를 아끼고 귀하게 보전할 수 있는 자가 곧 "성인聖人"이고, 그러한 성인이래야 우리는 천하를 그에게 맡길 수 있고 위탁할 수 있고 운영케 할 수 있다. 다시 말해서 천하를 기탁할 만한 덕성을 갖춘 자가 성인인데, 그 성인은 자기 몸을 장악한 자이고, 자기 몸을 장악한 자는 총욕약경의 덕성을 갖추고 있다는 뜻이 된다. 이게 도대체 무슨 말인가? 뭐가 그토록 심각한 테마가 여기 숨어있단 말인가?

아주 쉽게 얘기해보자!『한비자』의「세난說難」편에 나오는 고사를 하나 인용해보자("세난"이란 신하가 군주를 말로써 설득시키기가 어렵다는 뜻). 춘추시대 위衛나라 영공靈公의 총신으로 미자하彌子瑕라는 능력 있는 인물이 있었다. 그가 젊고 유능할 때 미자하의 모친이 병이 들었다. 미자하는 왕의 수레를 몰래 빌려 타고 모친에게 갔다. 군주의 수레를 몰래 타는 자는 "월刖"이라는 형벌에 처해진다(두 발목을 절단한다). 군주는 이 사실을 보고받고도, "효자다! 어머니의 병고 때문에 발이 잘리는 벌까지 잊었구나! 孝哉! 爲母之故, 忘其犯刖罪。"그 후 어느날 군주를 모시고 과수원에 놀러갔다. 복숭아를 먹다가 너무 맛있어 다 먹지 않고 그 반쪽을 군주에게 바쳤다. 군주는 말했다: "나를 사랑하는구나. 그 좋은 맛을 잊고서 나를 먹여주는구나!"그 뒤 미자하의 용모가 쇠퇴하고 총애가 엷어지자 군주는 미자하를 책망했다: "이 녀석은 거짓을 꾸며 내 수레를 몰래 탄 일이 있고, 또 전에 먹다 남은 복숭아를 나에게 처멕인 일이 있다."요즈음의 도를 지나친 미투사건들이나 세정기복을 살펴보면 이와 같은 감정의 역전이 깔려있다.

당연히 노자의 "총욕약경"을 이러한 군주의 총애와 배신, 토사구팽과 같은 이야기를 배경으로 이해하는 것이 보통 방식이겠지만, 한 인간의 삶의 시간에 총과 욕은 항상 공재共在하고 혼재混在하는 것이다. 총과 욕은 어쩔 수 없는 나의 운세의 리듬일 수도 있다.

텍스트에 있는 "총위하寵爲下"는 여러 가지 설이 난무하지만, 문자 그대로 이 뜻은 총과 욕 중에서 오히려 진짜 나쁜 것은 욕이 아니라 총이라는 뜻이나. 그러나 나는 여러 뜻을 종합하여, "총애는 항상 욕이 되기 마련이니"라고 해석했다.

그런데 이 경문 중에서 가장 파격적이고 가장 의미심장한 함의를 지니고 있는 문장이 바로 이것이다.

吾所以有大患者, 爲吾有身。
及吾無身, 吾有何患!
나에게 큰 환란이 있는 까닭은 내가 몸을 가지고 있기 때문이다.
내가 몸이 없는데 이르르면 나에게 무슨 환란이 있겠는가?

이 파격적인 문장에서 중요한 사실은 "나의 존재"가 "나의 몸Mom"으로 파악되고 있다는 것이다. 존재가 곧 몸이요, 몸이 곧 존재다. 몸은 나의 존재 전체인 것이다. 이미 우리가 『노자』라는 텍스트를 읽으면서, "불견가욕不見可欲, 사민심불란使民心不亂"이라든가, "허기심虛其心, 실기복實其腹"이라든가, "치빙전렵馳騁畋獵, 영인심발광令人心發狂"이라든가 하는 구절을 보아왔다. 여기서 "심心"이 대두되어 있으나 그것은 복복腹이라는 생명중추에 비해 마이너한, 그리고 매우 피상적인 심지心智(유위적인 꾀)나 감각적이고 말초적인 허상과 관련되어 있다.

노자에게서 인간 존재는 "몸의 존재"로 이해되지, "마음의 존재"로 이해되고 있지 않다는 것이다. "심心"은 4개의 심실을 가진 심장의 물리적인 모습을 그린 상형자인데(제사 희생동물의 해부과정에서 충분한 해부학적 지식을 얻었을 것이다), 심장의 두근거림과 정신·사고의 작용을 연관지은 것 같다. 그러나 노자에게서 "심心"은 인간의 생명의 중추기관으로 인식되어 있지는 않다.

"신身"이라는 글자는(身) 애기를 배고 있는 여자의 모습을 옆에서 그린 상형자인데 생명의 중추를 포함하여 그 전체를 표현한 글자이다. 『논어』에도 "살신성인殺身成仁"이라든가, "삼성오신三省吾身"과 같은 표현이 있고, 그것은 대체적으로 몸 전체, 인격 전체를 가리킨다. 그러나 노자에게서 "심心"은 이에 비하면 부질없는 욕망의 자리로 이해되었다.

그러나 전국시대 중엽에 접어들면서 "심心"은 인간존재의 윤리적 코어 ethical core로 이해되었다. 맹자는 측은지심惻隱之心·수오지심羞惡之心·사양지심辭讓之心·시비지심是非之心을 말하며 이것을 "사단四端"이라 말하고 이것이야말로 인간의 윤리적 가치의 본원인 양심이라 말한다. 따라서 맹자는 진심盡心, 양심養心, 구방심求放心을 학문의 과정으로 생각했다.

이렇게 심心이 하늘을 대신하는 인간존재의 가치의 원천으로 이해되기 시작하자, 선진 사상가들 중에서도 순자와 같은 사람들은 심을 "천군天君"이라 하여 몸의 군주와 같은 것으로 격상시키고, 심에 대해 최대한의 자주성을 인정했다. 진한지제秦漢之際의 사상가들은 이러한 중앙집권적 세계관을 인체에 투영시켜 나갔다.

이와 대비적으로 도가계열의 사상 속에서도 심心에 대한 새로운 의미부여를 시작했다. 『장자』의 「제물」편 첫머리에, 초나라의 도인 남곽자기南郭子綦의 초속한 모습을 표현하는데, "그 형체(=신체)가 마른 나무와 같고, 그 마음은 불꺼진 죽은 재와도 같다 形固可使如槁木, 而心固可使如死灰乎"고 말한다. 어찌산 인간이 그렇게 보일 수 있냐는 것이다. 이에 남곽자기는 "오상아吾喪我"라고 대답한다: "나는 나를 잃어버렸다今者吾喪我。"

사실 이러한 "죽은 재死灰"나 "상아喪我"의 표현은 장자가 이미 불교가 앞으로 제기할 무아無我의 테제를 설파하고 있다는 뜻이 된다. 장자는 또 「인간세」에서 "심재心齋"를 말한다. 제사 지낼 때의 재계가 아닌 심재心齋, 즉 마음의 재계를 말하는 것이다. 그것은 어떻게 하는 것이냐고 물으니까 장자(텍스트 속에서는 공자로 대역)는 이렇게 대답한다: "잡념을 없애고 마음을 통일하라! 귀로 듣지 말고 마음으로 들어라! 마음으로 듣지 말고 기氣로 들어라. 기는 허虛하여 모든 것을 받아들인다. 참된 도는 허虛에 모인다. 그 허가 곧 심재다! 若一志, 無聽之以耳, 而聽之以心; 無聽之以心, 而聽之以氣 …… 氣也者, 虛而待物者也。唯道集虛, 虛者心齋也。"

이외로도 장자는 불교의 해탈이라는 말에 해당될 수 있는 "현해縣解"(「양생주養生主」), 또 좌선에 해당될 수 있는 "좌망坐忘"(「대종사大宗師」) 같은 개념을 설득력 있는 언어로 상설詳說하고 있다. 이러한 『장자』를 보면 장자의 관심이 얼마나 노자와 다른가를 알 수가 있다. 노자는 철저히 입세간入世間적인 데 반해 장자는 대체적으로 출세간出世間적이라고 말할 수 있다. 노자는 철저히 현실적인 무위의 치술治術을 논하는데 장자는 초세간적인 자유를 구가하고 있는 것이다. 노자는 인격의 주체로서 "몸"을 말하는데, 장자는 인격의 주체로서 "심"의 제 현상을 어떻게 장악하느냐 하는 문제를 논의하고 있다. 사실 불교는 노자를 통해서 들어왔다기보다는 장자를 통해서 들어온 것이다. 장자는 심재心齋와 같은 정진결재를 설하였지만 그 구체적인 방법을 결하고 있었다.

가장 초기의 한역경전에 속하는 것으로서 중국불교사에 막강한 영향을 미친 『음지입경陰持入經』이니 『안반수의경安般守意經』이니 하는, 기원후 2세기에 성립한 역작이 있다(안식국安息國의 태자 안세고安世高의 역). 안반은 안나반나安那般那āna-apāna의 약칭인데 안安은 입식入息으로서 흡吸에 해당되고, 반은 출식出息으로서 호呼에 해당된다. "수의守意"란 인간의 의지를 컨트롤한다는 "제의制意"의 뜻을 지닌다.

결국 "안반수의"란 호흡의 조절을 통하여 무위無爲("열반"의 초기 역어)에 이른다는 뜻이다. 이 경전은 중국인들에게 제의制意에 있어서 선정禪定처럼 강력한 방편이 없다는 것을 최초로 일깨운 명저이다. 당대에 유행하던 도가의 태식법胎息法이 불가의 수식관數息觀(수식數息 → 상수相隨 → 지止 → 관觀)으로 바뀌는 결정적 계기가 되었다. 오늘 우리가 말하는 "선종禪宗"의 모든 이론적 결구, 그 토대가 이미 후한 시대의 초기경전에 실천적으로 배태되어 있었다고도 말할 수 있는 것이다. 선종은 중국불교의 알파요 오메가였던 것이다.

내가 말하려고 하는 것은 노자에게서는 핵심개념으로 나타나지 않은 심心의 문제가 맹자·장자를 거쳐 불교를 통해 엄청나게 다양한 스펙트럼으로 발전케 되었다는 것이다. 오온五蘊 중에서도 심적인 현상은 수·상·행·식의 다양한 인식단계의 작용으로 나타나고 유식의 인식론은 반야경전의 공사상을 흡수하면서 전 우주를 나의 식으로 설명하는 그랜드한 파노라마를 펼쳐준다. 결국 배

불을 표방하고 중국 본래의 엄격한 실천적 도덕형이상학을 구축하려 했던 북송시대의 유학이 새로운 포장의 심성론에 집착하게 되는 것도, 불교가 너무도 화려한 심心의 논리를 중국의 하늘에 수놓았기 때문에 또다시 마음의 문제를 도외시하고서는 중국의 지성계를 사로잡을 길이 없었다는 사실을 우리는 재인식해야만 한다.

남송의 주희는 장횡거가 말한 "심통성정心統性情"(인간의 마음은 성이라는 측면과 정이라는 측면을 총괄한다)이란 명제에 입각하여 "성즉리性卽理"라는 강력한 테마를 주창했다. 따라서 자연히 정감적인 인간정서의 폭을 상실하고 마음에 내재하는 선천적인 도덕원리의 핵에 집착하여 도덕주의적 엄격주의moral rigorism로 빠져들어 갔다. 그 폐해의 가장 치열한 장이 조선왕조 문명의 전반에 깔려있었던 주자학정통주의 문화현상이었다는 사실은 우리가 숙지하고 있는 문제이다.

내가 지금 이 장에서 말하려고 하는 것은 "신身"에 대한 새로운 각성이 요청된다는 것이다. 주자학적인 성리性理의 영향 때문에 근세를 통하여 서구에서 흘러들어온 유심·유물의 논의가 아무런 지향 없이 받아들여지고 있다는 이 한심한 정황에 대하여 통박痛駁의 이의를 제기하고 있는 것이다.

플라토니즘 이래로 이미 정신적·이성적 가치의 우위가 확보되었고 그것이 기독교의 영혼설과 결합하여 중세를 지배했고, 더더욱 한심한 것은 근세를 주창한 데카르트가 "코기토 에르고 숨cogito ergo sum"이라는 명제를 통하여 정신mind과 물질matter이라는 이원실체를 확립했다는 것이다. 정신은 사유를 속성으로 하고 물질은 연장을 속성으로 하여 상호교섭이 전혀 없다는 것이다.

주희가 아무리 "성즉리性卽理"를 말했다 하더라도 송명유학의 핵은 『대학』이 말하는 "수신修身"에 있다. 유학은 "수신"을 말했지 "수심修心"을 말하지 않았다. 『대학』의 8조목에 "정심正心"과 "성의誠意"가 나오고 있지만, 거기서 말하는 심은 결코 수신의 내용을 부연하는 것일 뿐, 신과 짝을 짓는 개념은 아니다. 그래서 "천자로부터 서인에 이르기까지 한결같이 모두 수신으로써 근본을 삼는다 自天子以至於庶人, 壹是皆以修身爲本."라고 말한 것이다.

제13장은 백서갑·을본, 곽점죽간에도 들어있는데 그 내용이 오늘날 왕필본과 대차가 없다. 그러니까 『노자』라는 텍스트 중에서도 확실한 고생대에 속하는 것이다. 노자가 "신身"을 중시하는 태도, 인간의 모든 문제상황이 이 "신" 하나에서 나온다는 노자의 주장은 오늘날 전 인류가 한번 다시 생각해 봐야 할 소중한 명제라고 나는 생각한다. 그리고 그것은 고대동아시아 사유의 원형prototype이다.

及吾無身, 吾有何患!
내가 몸이 없는 데 이르면
나에게 무슨 걱정이 있겠는가?

여기 "무신無身"의 구절은 "만약 내가 몸이 없다면"이라고 가언적으로 새길 수도 있지만, 보다 적극적으로 새긴다면 나의 몸이 나의 존재상황에 하등의 대립적 요소를 품지 않는다는 뜻으로 새길 수도 있다. 다시 말해서 몸이 없는 것처럼 느껴지는 "자유"의 느낌을 말할 수도 있지만, 노자에게 있어서 "몸"은 불교나 신유학이나 기독교가 말하는, 죄악이나 욕망의 근원 혹은 초극되어야 할 대자적 존재가 아니라 나의 삶 속에서 완성되어야 하는 생성의 과제상황이다.

그 과제상황은 명백한 목표를 가지고 있다. 그 목표는 몸이라는 거대 사회체제를 유지하는 모든 요소들간의 조화이며, 이 조화를 위하여 필요로 하는 미덕이 바로 "총욕약경"이라고 보는 것이다. 총의 상황이든, 욕의 상황이든 어떠한 상황에서든지 놀란 듯이 하라는 것은 그 몸의 조화, 그 질서를 깨뜨리지 않기 위하여 끊임없이 노력해야만 한다는 것이다. 이 총욕약경의 지혜를 달성하는 자, 자기 몸을 귀하게 여기는 것처럼 천하를 귀하게 여기는 자에게 비로소 천하를 맡길 수 있는 것이다. 우리나라의 대권도 반드시 그러한 성인의 품으로 가야만 하는 것이다. 잊지말자! 우리가 선거를 하느라고 곤욕을 치루는 것도 우리가 성인을 발견하기 위한 노력이라는 것을!

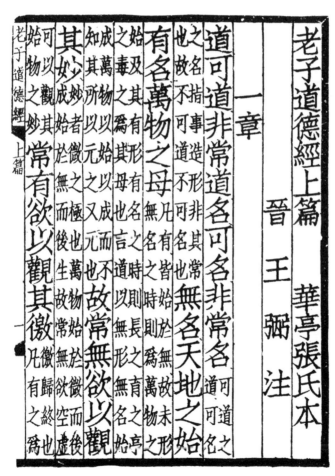

노자왕필주 화정장씨본華亭張氏本 사부집요四部集要 자부자부子部

본서는 이 화정장씨본 왕필주를 기준으로 한 것이다. 당唐 육덕명陸德明의 음의音義가 붙어있다.

十四章

視之不見, 名曰夷;
시 지 불 견 명 왈 이

聽之不聞, 名曰希;
청 지 불 문 명 왈 희

搏之不得, 名曰微。
박 지 부 득 명 왈 미

此三者, 不可致詰,
차 삼 자 불 가 치 힐

故混而爲一。
고 혼 이 위 일

其上不曒, 其下不昧。
기 상 불 교 기 하 불 매

繩繩不可名, 復歸於無物。
승 승 불 가 명 복 귀 어 무 물

是謂無狀之狀, 無物之象。
시 위 무 상 지 상 무 물 지 상

是謂惚恍。
시 위 홀 황

迎之不見其首,
영 지 불 견 기 수

隨之不見其後。
수 지 불 견 기 후

執古之道, 以御今之有。
집 고 지 도 이 어 금 지 유

能知古始,
능 지 고 시

是謂道紀。
시 위 도 기

열넷째 가름

보아도 보이지 않는 것을

이름하여 **이**라 하고

들어도 들리지 않는 것을

이름하여 **희**라 하고

만져도 만져지지 않는 것을

이름하여 **미**라 한다.

이 · 희 · 미 이 셋은 꼬치꼬치 캐물을 수 없다.

그러므로 뭉뚱그려 하나로 삼는다.

그 위는 밝지 아니하고

그 아래는 어둡지 아니하다.

이어지고 또 이어지는데 이름할 수 없도다.

다시 물체없는 데로 돌아가니

이를 일컬어 모습없는 모습이요

물체없는 형상이라 한다.

이를 일컬어 홀황하다 하도다.

앞에서 맞이하여도 그 머리가 보이지 않고

뒤에서 따라가도 그 꼬리가 보이지 않는다.

옛의 도를 잡아 오늘의 있음을 제어한다.

능히 옛 시작을 파악하니

이를 일컬어 도의 벼리라 한다.

沃案 이 장의 문자들은 매우 오묘하지만 파악하지 못할 것이 별로 없다. 독자가 본문과 번역문을 대조하면서 되씹어보면 스스로 전체대의를 파악할 수 있을 것이다. 이 장은 대체적으로 도道의 본체를 사람들이 있는 그대로 느끼게 하기 위하여 쓰여진 일종의 노래 같은 것이다.

보아도 보이지 않고, 들어도 들리지 않고, 만져도 만져지지 않는 것, 그렇다고 이것은 서양의 하나님과 같은 초월자가 아니다. 도는 결국 이 세계에 내재하면서 이 세계 전체의 생성을 관장하는 힘이며 원리 같은 것이다. 그것은 전체이기 때문에 부분적 인식밖에 가지고 있지 못한 우리 인간의 인식체계로서는 구체적인 모습을 한정지울 수 없다. 우리가 그것을 한정지울 수 있다는 것은 우리가 그것을 이름지울 수 있고, 형상지울 수 있다는 뜻인데, 그렇게 한정된 것은 도의 모습을 나타낼 수 없다. 그래서 도가도비상도라고 말하지 않았던가?

서양의 형이상학의 병폐 또한 한정지울 수 없는 원리들을 너무 논리적으로 규정해놓고 그 규정성에 따라 치밀한 건축물을 구축하는 데서 오는 답답함이다. 노자는 그 어느 누구보다도 거대한 형이상학을 건설하고 있지만 구체적인 그림을 주지 않는다. 그래서 그의 언어는 끊임없이 개방적이고 끊임없이 우리의 상상력을 유도한다.

이夷, 희希, 미微, 이 세 글자는 같은 운이다. 압운한다. 우리말의 "희미하다"는 표현도 이 세 글자의 뒤쪽 두 글자를 딴 것이다. 이와같이 우리 언어에는 노자의 영향이 적지않다. 우리를 중원사람들이 "동이東夷"라고 표현했는데, 동이라는 말 속에는 "보아도 보이지 않는 것을 이름하여 이夷라 한다"라고 했을 때의 이夷의 의미가 들어있다고 보아야 한다. 단순히 오랑캐라는 의미가 아니라, 보아도 보이지 않는 저 먼 동쪽에 위대한 도의 문명을 건설한 사람들이라는 뜻이 들어있는 것이다.

"불가치힐不可致詰"(감각적 인식으로 따져 물을 수 없다는 뜻)도 우리가 잘 쓰는 "불가사의不可思議"와 비슷한 의미이다. 이·희·미의, 치힐할 수 없는 것, 그러나 우리의 감관에 항상 희미하게 포착되고 있는 존재의 근거, 존재 그 자체, 그 존재자 아닌 존재 그 자체는 모든 우리의 느낌을 통합하는 그 "하나"다. 여기서 "하나"는 『태일생수』의 "태일太一"과도 같은 것이다.

그 위는 형이상학적 세계라 어둑어둑하고 그 아래는 형이하학적 세계라 밝고 또 밝을 텐데, 노자는 실체적 사유를 거부하기 때문에, 오히려 형이상학적 세계에 대해서는 "밝지 아니하다"라는 에두른 표현을 쓰고 형이하학적 세계에 대해서는 "어둡지 아니하다"는 에두른 표현을 쓴다.

이렇게 문자표현의 장난을 하는 것은 형이상자와 형이하자는 도 속에서 융섭되는 것이며 밝음과 어둠은 서로가 서로를 포섭하는 것이라는 의미를 담고 있다. 형이상자도 어두우면서 밝고, 형이하자도 밝으면서 어두운 것이다. 이러한 방식을 통하여 노자는 우리가 인식의 지평을 확대해갈 것을 요청하고 있는 것이다.

여기 가장 중요한 메시지는 이것이다. 나는 어렸을 때에 사실 이 말 때문에 도가사상을 공부하는 의미를 발견할 수 있었다.

執古之道, 以御今之有。
옛의 도를 잡아 오늘의 있음을 제어한다.

공자는 언젠가 이런 말을 한 적이 있다: "내가 아직 사람도 제대로 섬기지 못하는 주제에 어찌 귀신을 섬길 수 있단 말인가?未能事人, 焉能事鬼?" 그러니까 우직한 자로가 선생께 다시 여쭈었다: "그럼 이번에는 감히 죽음에 관하여 여쭙고자 하옵니다." 이에 공자는 말씀하신다: "아직도 삶을 모르는데 어찌 죽음을 알겠느냐? 未知生, 焉知死?"

이러한 사생관을 가진 공자가 노자의 이 말을 들었더라면 아마도 이렇게 말했을지도 모른다: "오늘의 현실을 다 파악하고 제어하지도 못하면서 어떻게 옛의 도를 장악한다 말하겠는가?" 공자는 확실히 보아 보이는 것, 들어 들리는 것, 만져서 만져지는 것, 그러한 구체적이고 확실한 것으로부터 오늘 우리의 삶을 건설하려고 노력한 사람이었음에 틀림이 없다. 그래서 일상의 윤리에 대한 매우 건강한 처방이 있다. 생生을 모르는데 어찌 사死를 알겠는가? 공자는 확실히 사死로부터 생生을 이해하려고 하는 사상가는 아니다. 그러나 그러한 공자의 입장만이 정도라고 말할 수는 없다.

노자는 우리가 못미치는 사의 세계로부터 생의 세계를 이해할 수 있다고 생각한다. 그것은 사의 세계에 대한 망상이나 고착이 아니라 생의 세계를 사의 세계에까지 넓혀 생각해야 한다는 생각을 가지고 있다. 그에게 있어서 사死는 생生과 대립되는 초월세계가 아니기 때문이다. 고지도古之道를 더듬는다는 것은 역사 전체를 파악한다는 의미가 된다. 옛사람들의 득실 전체를 파악함으로써 오늘의 정치의 실상도 파악할 수 있는 것이다. 노자는 황당할 수도 있지만 그는 독단을 말하지 않는다. 그리고 공자와는 확연히 다른 예지의 길을 제시하고 있다. 공자가 2500년간 인류사에 뚜렷한 족적을 남겼다면, 노자 역시 그 이상의 가치 있는 족적을 남겼다는 것은 확실하다. 나는 노자 때문에 크고 넓고 길게 생각하는 사유의 관습을 길렀다. 고지도古之道의 궁극을 헤매었다.

마왕퇴 출토물 중에서 나의 가슴을 가장 설레게 하는 예술작품은 제1호분 주인공 신추辛追의 최내관最內棺(관이 4겹이다)을 덮고 있는 T자형 채회백화彩繪帛畵이다. 보통 "비의非衣"라고 부르는데 "비의飛衣"의 뜻이다. 총길이 205cm. 윗폭 92cm. 아랫폭 47cm. 이 그림은, 3단으로 나뉘는데 T자의 나온 부분은 천상天上, 중간은 인간人間, 하단은 지하地下로 나뉜다. 정가운데 귀부인이 지팡이 짚고 서 있는데 그 앞에 두 신하가 엎드려 있고 귀부인 뒤로는 세 명의 여자시종이 서 있는데 부인과 함께 거대하게 그려져 있다. 아마도 이 세상에 마지막을 고하는 장면일 것이다.

노자가 옳았다

인간세는 2단으로 되어있어 지붕 아래서 3명씩 마주
보고(왼쪽에 웃통 벗은 남자 한 명) 제사를 지내고 있는데
아마도 주인의 영혼이 잘 승천하기를 비는 것 같다.

천상에는 양옆으로 해(삼족오)와 달(두꺼비와 옥토끼)이
있고 그 가운데 뱀꼬리 사람몸통의 신이 있고 천상으로
올라가는 입구에는 두 남자가 의관을 정제하고 천상출
입을 통제하고 있다.

제일 아래 제사장면 밑에는 거대한 역사가 땅을 떠받치고
있고 발로는 거대한 두 마리의 물고기가 원환을 만들고
있는 등을 밟고 있다. 이 역사는 지구가 이탈하지 않게 만
드는 만유인력과도 같은 힘을 상징하고 있다. 그 세부적
디테일은 끝도 없지만 가운데 곡벽穀璧을 끼고 휘감아
도는 쌍룡의 모습이 3계를 소통시키는 느낌을 준다. 이
그림이 말하고 있는 것은 천상, 인간세, 지하가 모두 하나
로 소통하고 있다는 것이며 일방적인 방향성을 가지고 있
지 않다는 것이다. 불교가 들어오기 이전에 이미 동아시
아 사람들은 매우 정교한 사생관을 가지고 있었다는 것
을 입증하는 걸작품이다. 그들에게 죽음은 예술이었다.

十五章

古之善爲士者,

고 지 선 위 사 자

微妙玄通, 深不可識。

미 묘 현 통 심 불 가 식

夫唯不可識, 故强爲之容;

부 유 불 가 식 고 강 위 지 용

豫焉, 若冬涉川;

예 언 약 동 섭 천

猶兮, 若畏四鄰。

유 혜 약 외 사 린

儼兮, 其若容(客);

엄 혜 기 약 용 객

渙兮, 若冰之將釋。

환 혜 약 빙 지 장 석

敦兮, 其若樸;

돈 혜 기 약 박

曠兮, 其若谷。

광 혜 기 약 곡

混兮, 其若濁。

혼 혜 기 약 탁

孰能濁而靜之徐淸?

숙 능 탁 이 정 지 서 청

孰能安以久, 動之徐生?

숙 능 안 이 구 동 지 서 생

保此道者不欲盈。

보 차 도 자 불 욕 영

夫唯不盈, 故能蔽不新成。

부 유 불 영 고 능 폐 불 신 성

열다섯째 가름

옛부터 도를 잘 실천하는 자는

세미하고 묘하며 가믈하고 통달한다.

너무 너무 깊어 헤아릴 길 없다.

대저 오로지 헤아릴 길 없기에

억지로 이와 같이 형용해 본다:

머뭇거리는도다! 겨울에 살얼음 냇갈을 건너는 것 같고

두리번거리는도다! 사방의 주위를 두렵게 살피는 것 같다.

근엄하도다! 그것이 손님의 모습과 같고

흩어지는 듯하도다! 녹으려 하는 얼음과도 같다.

돈독하도다! 그것이 질박한 통나무같고

텅 비었도다! 그것이 빈 계곡과도 같네.

혼돈스럽도다! 그것이 흐린 물과도 같네.

누가 능히 사기를 흐리게 만들어

더러움을 가라앉히고

물을 맑게 할 수 있겠는가?

누가 능히 자기를 안정시켜 오래가게 하며 천천히 움직여서

온갖 것을 생하게 할 수 있겠는가?

이 도를 보존하는 자는 채우려 하지 않는다.

대저 오로지 채우려 하지 않기에

그러므로 능히 자기를 낡게 하면서

부질없이 새롭게 작위하지 아니할 수 있는 것이다.

沃案 나의 증조부는 조선왕조 말기에 전라병마절도사, 중추원 의관을 지내었다. 나의 조부는 무과에 급제하여 동복군수를 지냈으나 아관파천 후에 고종의 부름을 받아 정3품 당상관으로서 덕수궁의 담을 쌓는 공사를 감독했다. 나의 친할머니는 해남 윤씨 종가의 종녀이다. 이런 말을 하는 뜻은 집안의 분위기로 보아 엄격한 유교적 가풍에 훈습되어 자라났을 법한 나의 인품을 암시하는 것이다. 그런데 나는 유교를 사랑하지 않은 것은 아니나 노장계열의 사상에 더 깊은 훈도를 받았다. 내가 스무 살에 노자를 만나지 못했더라면 나는 매우 좁은 가치관의 세계를 살았으리라는 생각이 든다. 노자를 유가사상에 대비시켜 말하는 것은 선진시대의 중원사상계를 이전과는 다른 전관적全觀的 시각에서 볼 수 있게 된 지금 과히 바람직한 논의방식이 아니지만, 그래도 유儒와 도道의 양면성을 동방인 심성의 일심이문一心二門으로 거론하는 것은 지금도 의미가 있는 일이다.

유가가 치욕에 대하여 결벽한 태도를 고집할 것을 주장하는 것에 반해, 노자적 인생관에 젖은 사람은 결벽보다는 진흙 속에서 오욕투성이의 삶의 방식을 아랑곳하지 않고 받아들인다. 유가가 음탕한 곳에 가지도 않는 고결한 자세를 취하는데 반해, 노장老莊은 뭇사람이 싫어하는 낮은 곳에 가기를 좋아하며, 유가가 남성적인 강의强毅를 미덕으로 삼는 것에 반해 노장은 여성적인 부드러움을 찬미하고 어린이와도 같은 연약함을 동경하는 것이다. 인의예지라는 윤리적 규범으로 철갑을 두른 인생을 사는 것을 이상으로 삼는 유가적 사람들과는 달리, 노장은 인의를 대도가 사라진 말엽의 촌스러운 가치라 보고, 인仁을 끊어버리고 의義를 내다 버리고 오직 자연의 도를 따라 살라고 권유한다.

우환의식을 가슴에 새기고 살신성인殺身成仁의 자세로 의義를 실천하지 않는 놈은 비겁한 자라고 질책하는 것이 유가이나, 도가는 대환大患을 귀하게 여기기를 네 몸을 귀하게 여기듯 하라고 가르치며, 또 나의 생명의 지속과 건강을 모든 가치규범에 우선시킬 것을 가르친다.

노자가 말하는 인간상은 부드럽고, 약하고, 소극적이고, 퇴행적이고, 때가 많이 낀 것처럼 보인다. 이와 반대의 유교적 가치를 구현하는 사람들은 예외 없이 국가권력이나 지배계급에게 환영받는 인간임에 반해, 노자의 사람들은 국가권력에 봉사할 생각을 하지 않으며, 지배계급의 이익을 도모하지 않을 뿐 아니라, 근원적으로 문명의 진보에 기여할 생각이 없다. 유교적 가치관에 젖은 사람들의 눈에는 노자적 인간은 소극적이고 퇴영적退嬰的이고 야비하고, 겁약하고, 우아함을 결여한 잡초처럼 보인다.

그러나 노자적 인간은 국가나 도덕규범이 사라지는 곳으로부터 비로소 진정한 인간의 모습이 피어난다고 생각한다. 문명이 인간의 삶의 가치를 규정하는 것이 아니라 인간의 삶, 그것이야말로 문명이나 문화의 가치를 결정해야 옳다고 주장한다. 겁약한 것처럼 보이지만 참으로 겁약한 삶에 철저하는 것은 최상의 용기를 필요로 하는 것이며, 유약이야말로 강강剛强보다 훨씬 더 강인한 기세를 함축한다는 것을 이들은 알고 있는 것이다.

인간이 과연 어떠한 모습으로 살아야 하는지, 인생의 행복이나 가치가 무엇인지에 관해, 유교는 물론, 서방인들이 생각하는 최고선의 가치와는 완전히 다른 그림을 그리고 있는 것이다. 그것은 캔버스를 한 치의 여백도 없이 칠해야만 하는 서양유화와 아무것도 없는 허虛한 여백 투성이의 수묵산수화의 차이보다도 더 큰 차이를 보이는 것이다. 우리 문명에는 이토록 다른 세계관, 인생관, 사회관, 정치관, 경제관이 공존하고 있는 것이다. 이러한 공존이야말로, 서구인들이 영원히 가치론적 상위를 점할 수 없는 이유이기도 하다. 노장적 인간관은 현실사회로부터 소외된 사람들, 정치·경제적 세계로부터 탈락된 사람들, 우월한 인간그룹에 끼지 못한 열패자劣敗者들, 지배자가 될 수 없는 피지배자들에게 안위와 동경의 대상이 되어왔으며, 역사의 근원적 퇴락을 막는 건강한 주춧돌 역할을 하여왔다. 그것은 서구인들의 종교적 안위보다 훨씬 더 주체적이고 비신화적이고 창조적인 활력이었다. 바로 이러한 성향을 대변하는 것이 이 한마디이다!

孰能濁以靜之徐淸?
누가 능히 자기를 혼탁한 물로 만들어
그 더러움을 가라앉히고 물을 맑게 할 수 있겠는가?

깨끗하기는 쉽다. 그러나 진실로 나를 더럽히면서까지 그 주변의 모든 것을 깨끗하게 하는 것은 지고의 공력을 요구하는 것이다. 조선왕조의 정치는 청류淸流의 오만으로 포용적인 가치기준을 세우지 못했고, 탁류濁流의 타락은 새로운 질서를 태동시키지 못했다.

제일 첫 줄을 "고지선위사자古之善爲士者"는 백서을본에 "고지선위도자古之善爲道者"로 되어있으므로 "도를 잘 실천하는 자"라는 번역이 무방하다. 그러나 왕필본의 "위사爲士"도 크게 빗나감이 없다. 여기서 "사"는 정치적인 리더를 가리킨다고 보면 "위사"는 실제적으로 성인의 역할을 수행한다는 의미가 된다. 위대한 정치적 리더들은 도를 실천하는 사람들이므로 미묘현통微妙玄通할 수밖에 없다. "통通"이 백서을에 "달達"로 되어있어, 나는 "통달한다"라고 번역하였다. 미묘현통한 도의 구현자들, 이들의 삶의 자세는 우리의 인식의 지평에 잘 잡히지 않는다. 그래서 노자는 시적으로 이들의 삶의 모습을 기술한다. 7개의 감탄사가 병렬되는 시로 표현되고 있는 것이다.

그런데 앞의 두 감탄사, "예언豫焉"과 "유혜猶兮"가 우리 지성사와 깊은 관련이 있다는 것은 꽤나 재미있는 사건이다! 우리의 일상적인 언어에도 "유예猶豫"라는 말이 있다. 아마도 법률용어로 "집행유예"니 "선고유예"니 "유예처분"이니 하는 말 때문에 우리 귀에 익숙한 이 말은 뒷 감탄사를 앞으로 가져온 것이다. 유예는 망설여 일을 당장 결행하지 않는다는 뜻이다.

자아! 좀 더 자세히 들어가보자! 맨 처음의 감탄사 "예豫"는 『설문해자』에 "코끼리 중의 큰 놈 象之大者"이라 했고, 두 번째의 감탄사 "유猶"는 "원숭이류

獲屬"라고 했다. 둘 다 동물의 모습을 표현한 글자이다. 큰 코끼리는 행동이 둔하므로 머뭇거린다든가, 행동을 결행하지 않고 주저한다든가 하는 이미지와 맞아떨어질 수도 있다. 『주역』에도 16번째의 괘, 뢰지雷地(坤下震上) 예豫(䷏)라는 것이 있다. 그 3·4효에 머뭇거린다는 뜻이 있으므로 여기 "예"의 뜻과 상관될지도 모르겠다. 하여튼 미묘현통하게 도를 실천하고 있는 자의 불가사의한 모습이, "아 머뭇거리고 있는도다! 겨울에 살얼음판 냇갈을 건너는 것 같네"라고 표현할 만하다는 것이다. 전체를 파악하는 자는 구체적인 사태에 임하여서는 머뭇거리며 조심할 수밖에 없다. 그러한 정황을 시적인 언어로 표현한 것이다. 그리고 다음 구절, "유혜猶兮, 약외사린若畏四鄰"은 두려움이 많은 원숭이가 두리번두리번 주변을 살피는 모습과 잘 매치가 된다: "두리번거리는도다! 사방의 이웃을 두려워 살피는 것 같다."

1800년 3월, 다산 정약용은 정조 치세하의 정세가 하수상하게 돌아가고(정조는 자신의 치국이념이 있었으나, 그 이념으로 자신의 정치를 장악한 인물이 되지 못했다. 그 이념이 시의를 리드하는 창발성이 없었기 때문이다) 자신에 대한 정적들의 공격이 거세짐을 직감하자 모든 벼슬살이를 끊고 경기도 양주 두물머리 초천苕川의 별장으로 은퇴할 것을 견행한다. 처자를 데리고 마현으로 가는 배를 탔다.

그런데 정조는 다산이 곁에 없는 것이 불안했던 모양이었다. 정조는 곧바로 은퇴한 다산에게 『한서선漢書選』10질을 보낸다. 내각內閣의 서리胥吏가 문을 두드리고 하는 말이, "책을 제하든가, 편찬하라는 것은 겉으로 하시는 말씀이고, 실제로는 안부를 묻고 회유하시려는 성지가 아닌가 합니다"라고 하였다. 다산은 서리가 문을 나간 후 눈물을 흘리며 감격해 한다. 이것이 다산 39세 되던 해 6월 12일의 일이었다. 그런데 16일 후, 6월 28일 정조는 세상을 뜬다. 이해 겨울 다산은 초천苕川의 별장에서 형제들끼리 모여 경전을 강하고 그 당堂에 "여유與猶"라는 편액을 달았다. 그리고 그 편액의 시말을 기록한 "여유당기與猶堂記"를 썼다. 이 여유당이라는 편액이 다산을 대표하는 호가 되었고, 그의 서거 100주년을 기념하여 『여유당전서』가 만들어졌다. 다산은 이 "여유당기"에서 "하고 싶지 않은 일인데 어쩔 수 없어 할 수밖에 없는 일, 하고 싶은 일인데 결국 남이 모르게 하는 일, 그 모든 일들을 어떤 핑계를 대서라도 그만두려면 그만둘 수가 있다"는 넋두리를 쏟아낸다. 용기만 있고 지모가 없으며, 선善만 좋아하고 가릴 줄을 모르며, 마음 내키는 대로 즉시 행하고 의심이나 공구恐懼치 못하는 자신의 병을 자기가 잘 알고 있기 때문에, 그 병을 고치게 만드는 『노자』의 문구가 6·7년 전부터 가슴에 꽂히었다는 것이다. 그러면서 이 『노자』의 두 구절을 명기해두고 있다.

與兮若冬涉川, 猶兮若畏四鄰。

오호라! 이 두 마디야말로 내 병을 고칠 수 있는 약이 아니겠는가!
嗟乎, 之二語, 非所以藥吾病乎!

겨울 냇갈을 건너는 심정으로 조심하고, 사린을 두려워하는 듯이 항상 두리번거리며 살겠다고 다짐한 정약용! 이 편액을 내건 후, 불과 두 달 후, 1801년(신유. 순조 1년) 2월 초9일 다산은 옥에 들어갔고, 18년의 기나긴 유배생활이 이어졌다. "여유당"이라는 그의 호가 『노자』15장의 두 구절에서 왔다는 것은 다산 자신의 기기 때문에 누구나 말하고 있는 사실이지만, 여기에 숨어있는 오묘한 언어의 유희라 할까, 복선이랄까, 그러한 문제에 관하여 명확한 탐색이 이루어지고 있지 못하다.

우선 다산이 자신의 당호를 『노자』에게서 가져왔다는 사실, 주자학 정통주의의 기본틀에서 벗어남이 없었던 다산이 어찌하여 젊은 날 30대로부터 그토록 『노자』의 구절을 생각하고 또 생각했는가, 참으로 그의 『노자』 탐색의 깊이를 우리는 간과할 수가 없다. 그는 열렬한 『노자』의 애독자였음에 틀림이 없다. 그리고 그 사실을 당당하게 당기에 밝히는 것을 보면 정조시대가 주자학 정통론의 틀을 벗어나지는 않았지만, 『노자』를 읽었다는 사실만으로 이단이나 사문난적

206
노자가 옳았다

으로 몰리는 (송시열이 발호하던 시대처럼) 일은 없었다는 것이다. 정조는 서학에 대해서도 정학正學이 바로 서면 사학邪學은 저절로 물러난다 하여 부정扶正의 입장만을 취했다. 서학이단에 대해 가혹한 조처를 취하지는 않았다. 다산의 교우 홍석주洪奭周, 1774~1842(다산보다 12살 아래)만 해도 『정노訂老』라는 엄청나게 전문적인 『노자』주석서를 썼던 것이다. 만약 다산이 『노자』주를 냈더라면, 그의 사상사적 위상이 크게 달라졌을 것이다. 그러나 다산은 서학에로의 연루시비 때문에 구태여 그러한 방향으로 학구적 작업을 확대할 생각이 없었을 것이다.

자아! 그런데 문제는 다산이 인용한 『노자』문구가 우리가 알고 있는 문구와 다르다는 데 있다. 어찌하여 "예유豫猶"가 아니고 "여유與猶"란 말인가? 다산이 참고한 『노자』책에 "여언與焉! 약동섭천若冬涉川"으로 되어있는 판본이라도 있었단 말인가! 다산이 열람할 수 있었던 『노자』텍스트 중에 "여언與焉"의 문구를 포함하고 있는 텍스트가 있었을 가능성은 희소하다. 왕필본도 초원이 제일 먼저 본격적으로 다루었고, 그 이전에는 우리나라에 왕필본 『노자』도 희귀했다. 박세당도 진심陳深의 『노자품절老子品節』을 주요 텍스트로 삼았고, 홍석주도 오징吳澄의 『도덕진경주道德眞經註』를 주요 텍스트로 삼았다. 다시 말해서 조선에 들어온 텍스트가 다양하지 않았고, 또 과연 다산이 어떠한 텍스트를 보았는지 확언할 길이 없다.

그렇다면 다산은 왜 "예유"를 "여유"로 고쳤을까? 다산은 분명 "여유"라는 당호를 얻기 위하여 『노자』텍스트를 고쳤다. 『노자』텍스트를 근거로 한 것이 아니라면, 그는 다양한 자신의 문헌학적 지식의 근거에 의하여 "여유"를 선택했을 것이라고 나는 추론했다.

우선, "예유"보다는 "여유"가 발음하기가 편하다. 둘째로, 의미론적으로 "여유"에는 우리말 발음상 "여유롭다"는 의미도 들어있다. 두렵고 주저하고 머뭇거리는 삶의 자세 속에서 그는 여유를 찾으려 했을 것이다. 셋째로, 선진고경에서 "예豫"와 "여與"는 호환이 가능한 통자通字로 쓰인 예가 여럿 있다. 일례를 들면 『춘추곡량전』 희공 8년 기사 봄기巳春의 기사에 "걸자乞者, 처기소이청여야處其所而請與也."라는 전문傳文이 실려있는데 이에 대한 『경전석문經典釋文』을 보면, "여與는 본래 예豫라고 쓰는 것이다. 與, 本或作豫."라고 되어 있다. 여與와 예豫가 통자라는 것은 『의례儀禮』 『좌전』 등에도 그 용례가 나타난다.

내가 뒤늦게 알게 된 사실은 이미 성호 이익李瀷, 1681~1763이 『성호사설星湖僿說』 속에서(29권 시문문詩文門, 유여猶與 항목) 법률용어로서 "유여"(오늘날의 "유예"와 같은 뜻)를 말하면서 노자를 인용하고 있는데 "여혜약동섭천與兮若冬涉川, 유혜약외사린猶兮若畏四隣"이라고 되어있는 텍스트를 인용하고 있다는 것이다. 중요한 사실은 "여언與焉"이 아니라 "여혜與兮"로 되어있다는 것인데, 다산의 인용방식은 성호와 동일하다. "여혜약동섭천"은 『하상공장구河上公章句』에 유일하게 나타나는데 이 장구의 성립시기는 서한설, 동한설 등이 있는데, 나는 서한시기에 성립한 것으로 양생술의 조종을 이루는 그 나름대로 의미 있는 노자해석이라고 생각한다. 『하상공장구』는 『노자왕필주』보다 성립시기가 빠르다. 조선 후기에 『하상공장구』 텍스트가 유입되어 있었을 가능성을 배제하기는 어려우나 하상공에 의거한 노자이해는 다산의 정신세계와는 거리가 멀다.

마왕퇴백서의 발견은 다산의 "여유"고집에 정당성을 부여했다. 백서을본에 "여아與呵"로 되어있는 것이다. 이 장은 곽점본에도 포함되어 있는데 그곳에는 "예" 계열의 글자로 되어있다("야호夜乎"로 되어있다). 하여튼 다산이 "예유"를 쓰지 않고 "여유"를 고집한 것은 그 나름대로 오리지날리티를 사랑하는 학문정신이 그 바탕에 있었을 것이다. 다산이 서거한 지 137년 만에 지상에 드러난 백서본 노자(1973년 장사長沙에서 출토)를 마현의 다산묘지 앞에 바치고 싶다. 술 한 잔 부어드리며 껄껄 웃고 싶다(나의 이러한 견해는 사계의 권위이신 박석무朴錫武 선생과 송재소宋載邵 선생과의 논의를 거친 것이다. 두 분께 감사를 드린다).

왕필본의 "용容"은 "객客"의 전사상의 오류일 뿐, 다른 가능성이 없다. 객客은 그 뒤에 나오는 석釋, 박樸, 곡谷, 탁濁과 압운이 된다. 백서 갑·을본, 곽점간본이 모두 "객客"으로 되어있다.

"환혜渙兮! 약빙지장석若冰之將釋。"에서 "환혜"는 단순히 얼음이 녹듯 흩어지는 모습이 아니다. 얼음이 녹는다는 것은 봄의 양기가 피어오른다는 뜻으로 천지대자연의 생기生氣가 사방으로 퍼져나가 만물을 자양滋養시키는 모습을 상징한 것이다. 얼음이 녹아내리며 쩌렁쩌렁 소리를 내는 아무르강, 흐드러지게 초봄의 꽃잎이 휘날리는 그 강변을 거닐며 우리 조선의 독립운동가들의 자취를 더듬었던 나로서는 노자의 이런 구절이 너무도 가슴을 저미어 들어온다.

"박樸"은 가능성의 극대치이다. 통나무는 무엇이든지 될 수 있는 원초적 가능성, 허가 극대화되어 있는 형체미분의 질후質厚한 잠재태이다. 앞으로 19장, 28장, 37장, 57장에 계속 나올 것이다.

제일 마지막 구절, "부유불영夫唯不盈, 고능폐불신성故能蔽不新成"은 왕필본 텍스트를 따른 것인데, "불신성不新成"이라는 구문이 영 의미맥락이 살 통하지 않는다 하여, "불不"자를 "이而"자의 오사誤寫로 보아 "능폐이신성能蔽而新成"으로 해석해야 한다는 의견이 지배적이었다. "능히 자기를 낡게 하면서 또 새롭게 생성한다." 끊임없는 생성Becoming의 창조력을 강조한 것이다. 그런데 백서본이 "능폐이불성能蔽而不成"으로 되어있어, 왕필본의 전사가 틀림이 없음을 확인시켜 주었다. 곽점본은 이 마지막 구절이 없다. "불욕영不欲盈"에서 끝나는 것이 노자의 원 텍스트 모습이었을지도 모른다. 왕필본의 해석을 따른다면, "능히 자기를 낡게 하면서 부질없이 새로운 작위를 하지 않는다"는 뜻이 된다. 허를 극대화시키면서 자꾸 채우려하지 않는다는 테마를 강조한 것이다.

十六章

致虛極, 守靜篤。
치 허 극　수 정 독

萬物竝作, 吾以觀復。
만 물 병 작　오 이 관 복

夫物芸芸, 各復歸其根。
부 물 운 운　각 복 귀 기 근

歸根曰靜, 是謂復命。
귀 근 왈 정　시 위 복 명

復命曰常, 知常曰明。
복 명 왈 상　지 상 왈 명

不知常, 妄作凶。
부 지 상　망 작 흉

知常容,
지 상 용

容乃公,
용 내 공

公乃王,
공 내 왕

王乃天,
왕 내 천

天乃道。
천 내 도

道乃久,
도 내 구

沒身不殆。
몰 신 불 태

열여섯째 가름

빔에 이르기를 지극하게 하고

고요함을 지키기를 돈독하게 하라.

만물이 더불어 함께 자라는데

나는 돌아감을 볼 뿐이다.

대저 만물은 풀처럼 무성하게 자라지만

제각기 또다시 그 뿌리로 돌아갈 뿐이다.

뿌리로 돌아가는 것을 일컬어 고요함이라 하고

또 이것을 일컬어 제명으로 돌아간다 한다.

제명으로 돌아감을 늘 그러함이라 하고

늘 그러함을 아는 것을 밝음이라 한다.

늘 그러함을 알지 못하면 망령되이 흉을 짓는다.

늘 그러함을 알면

온갖 것을 포용하게 되고

포용하면 공평하게 되고

공평하면 왕도에 천하가 귀순하듯 만물이 귀순한다.

만물이 귀순하면 하늘과 동행하는 것이요,

하늘과 동행하면 도에 들어맞는다.

도에 들어맞으면 장구한 시간을 견딘다.

내 몸이 다하도록

위태롭지 아니하다.

沃案 이 장은 매우 간략한 개념중심으로 되어있어, 난해한 것처럼 보이지만 여태까지 우리가 논의해온 해설의 틀 속에서 잘 씹어보면 그리 어려울 것이 없다. 나의 번역문을 잘 대조해서 살펴보면 자기 나름대로의 해석을 얻을 것이다. 시중의 무책임한 주석보다는 자득하는 뜻이 우선이다.

"치허致虛," "수정守靜"은 노자를 비판하는 자들이 항상 잘 들먹이는 구절이다. 허정虛靜을 허무주의, 니힐리즘nihilism, 또는 주정주의主靜主義quietism, Quietismus로 간주하고 까는 것이다. 그러나 노자의 "허虛"는 생명의 기운으로 가득 찬 "빔"이며, 그의 "정靜"은 "동動"을 함유한 정이다. 동지정動之靜은 있어도 정지정靜之靜은 없다.

노자의 정은 동의 가능태로서의 정일 뿐이다. 정하지 않고서는 동할 길이 없다. "유무상생"에서 이미 이야기했듯이 노자의 세계관에서는 허와 만, 동과 정과 같은 모든 개념이 상호 부정의 대자對者antithesis가 아니라 서로 기다리고 서로를 긍정(혹은 배제)하는 대자待者mutually accepting의 관계에 놓여있다. 기다림, 느낌, 수용과 배제 속에서 생성은 이루어진다. 생성은 곧 창조이며, 창조는 새로움의 요소이다.

"극極," "독篤"과 같은 표현은 최상급의 표현이다. 치허致虛를 지극하게 하고, 수정守靜을 돈독하라!

노자의 사상에서 "복復"(돌아감)이라는 개념은 매우 중요하다. 만물은 무성하게 얽혀 자라나지만 나는 돌아감을 본다(관복觀復). 돌아감이란 생성의 완성을 의미한다. 생성이 완성되면 죽는다. 그러나 죽음은 새로운 생성을 위한 "돌아감"이다. 우리 일상언어에서도 사람이 죽는 현상을 "돌아간다"라고 말한다. "어머님께서 돌아가셨다." 운명하셨다는 뜻이다. 생애를 완성하고 자기 뿌리로 돌아갔다는 것이다. 하늘나라, 신화의 세계로 가는 것이 아니라 자기의 근원으로 돌아가는 것이다. 이 "돌아감"은 종료가 아니라 새로운 시작이다. 새로운 시작을 위한 객관적 질료가 되는 것이다.

　노자의 "복復"의 사상은 송학宋學에 있어서는 "복성설復性說"이 되었다. 원래 청정원만한 본래적 심성으로 돌아간다는 유교적 심성론의 주제가 되었다. 인심도심설의 진짜 뿌리도 기실 노자에 있는 것이다(주희가 기초한 『서경』 「대우모」의 도심·인심에 관한 기술은 청대의 고증학자 염약거閻若璩, 1636~1704에 의하여 위작으로 단정되었다. 염씨의 설을 절대적으로 신봉치 않는다 해도 하여튼 문제가 많은 텍스트임에는 분명하다. 『서경』 「대우모大禹謨」의 "인심유위人心惟危, 도심유미道心惟微"라는 말 한마디에 근거하여 인심을 공박한 것은 옳지 못하다. 보다 정교한 논의가 필요하다).

　복귀는 본래적 자아로 돌아가는 것이다. 본래적 자아는 도적인 자아이며 인위에 물들지 않은 자연(스스로 그러함)의 자아이다. 그리고 중국철학사에 있어서 복귀는 항상 고대의 문물로 돌아간다는 "복고주의復古主義"를 의미하는 것처럼 오해되고 있는데, 노자는 결코 복고주의자가 아니다. 복고는 인간세의 이상을 어디에 설정하는가의 문제로서, 그것을 과거에 설정하든, 미래에 설정하든, 현재에 설정하든 좀 맛은 다르지만 대동소이한 것이다. 과거·현재·미래 그 자체가 서로 착종되어 순환하는 것이기 때문이다.

　"복명復命"의 명은 『중용』이 말하는 "천명지위성天命之謂性"의 명과 동일한 계열의 사상이다. 명으로 돌아간다는 것은 천명을 받는 것이고, 천명을 받는다는 것은 "항상 그러한 도" 즉 "상도常道"의 세계에 충실함을 의미하는 것이다. 결국 명命은 상常에서 오는 것이다. 초월적인 하나님 존재자에게서 오는 것이 아니다. 그 항상 그러함을 알면 모든 것이 밝아진다. "밝음明"이란 "어둠"과 대비되는 것으로 "깨달음," "지혜"를 의미한다. 항상 그러한 여여如如의 세계를 바르게 아는 것이 "밝음"이다. 상常을 모르면 망집妄執에 휩싸인다. 종교적 망상은 흉한 운수를 지어낸다.

상을 알면 포용하게 되고, 포용하게 되면 공평하게 되고, 공평하게 되면 왕 노릇 하게 된다. 여기 "왕王"이라는 글자를 "온전 전全"자의 오사니 운운하면 서, 맥락에 잘 맞지 않는다고 교감을 주장해왔으나, 백서본에 그대로 "왕王" 으로 나타났다. 군소리 못하게 된 것이다. 『설문해자』에 왕王을 "천하소귀왕야 天下所歸往也"라고 했듯이, "왕"을 왕도王道의 추상적 의미로 새기면 족한 것 이다.

동중서가 말하기를, "옛날에 왕이라는 글자를 만든 사람은, 작대기 세 개를 옆으로 긋고 그 정중앙을 세로로 관통시켜 왕이라는 글자를 만들었는데, 삼은 천·지·인을 상징하고, 그것을 관통하여 통섭하는 자가 왕이다"라고 했는데, 그것이 문자학과는 별 관련 없는 속설이기는 하나 왕의 의미에는 "공公"(공평 公平, 공정公正, 공공公共)의 의미가 포섭되는 "보편성Universality"의 지향이 들어 있다.

이러한 보편주의적 포섭을 달성하는 자는 곧 하늘의 동행자가 된다. 하늘의 동행자는 도의 구현자이다. 도의 구현자는 장구한 시간을 견디어낸다. 그것을 "몰신불태沒身不殆"라 한다. 우주적 시간과 한 인간의 몸의 시간을 일치시켜 논의한 것이다. 몸의 위태롭지 아니함, 즉 몸의 건강Health을 이야기하고 있는 것이다.

앞서 말한 "대환약신大患若身"의 주제가 여기서 반복적으로 드러나고 있다. 나의 몸의 건강은 곧 내가 속한 사회의 건강을 의미하고, 사회의 건강은 그 사회를 구성하는 모든 개체의 건강을 보장한다. 건강의 기준은 불건강의 느낌으로 유동적으로 설정되는 것이다. 가장 불건강한 것은 항상 그러한 상도의 세계를 모름으로써 지어내는 망상이다. 종교적 망상, 초월자의 실체화처럼 흉측한 것은 없다. 이것이 노자가 우리에게 일깨우는 상식주의요 휴매니즘이다.

다산 탄신 250주년 묘제. 2012년 4월 7일.

十七章

太上, 下知有之;
태 상　하 지 유 지

其次, 親而譽之;
기 차　친 이 예 지

其次, 畏之;
기 차　외 지

其次, 侮之。
기 차　모 지

信不足焉, 有不信焉。
신 부 족 언　유 불 신 언

悠兮, 其貴言。
유 혜　기 귀 언

功成事遂,
공 성 사 수

百姓皆謂我自然。
백 성 개 위 아 자 연

沃案 이 장은 겉으로 보면 매우 색다르게 보이지만, 잘 뜯어보면, 제2장의 가치론을 논한 후반부의 사상을 상술한 것이라고 볼 수도 있다. 2장과 관련지어 생각하는 것이 좋다.

　제일 처음에 나오는 "태상太上"을 혹자는 명사화하여 "태상군의 정치는 ……"라는 식으로 해석하는데(하상공·왕필주의 악영향), "태상太上"은 그 다음의 "기차其次," "기차其次"하고 나오는 문구와 병렬되는 정치모델의 가치서열을

열일곱째 가름

가장 좋은 다스림은

밑에 있는 사람들이 다스리는 자가 있다는 것만 알 뿐이다.

그 다음은 백성들을 친하게 하고 사랑하는 것이다.

그 다음은 백성들을 두려워하게 만드는 것이다.

그 다음은 백성들에게 모멸감을 주는 것이다.

말의 신험이 부족한 곳엔

반드시 불신이 있게 마련이다.

그윽하여 천지와 더불어 묵묵히 가는도다!

다스리는 성인은 그 말을 귀히 여기는도다.

공이 이루어지고 일이 다 잘되어도

백성들은 모두 한결같이 일컬어

나 스스로 그러할 뿐이라 하는도다!

이야기한 것에 불과하므로 그냥 형용사적으로 해석하는 것이 옳다. "태상太上"은 그냥 "가장 좋은 것"을 의미하는 것이고, "기차"는 "그 다음으로 좋은 것"(내려가면 "좋은 것"이라 말할 수 없겠지만)의 의미가 될 것이다.

가장 좋은 이상적 정치형태에 있어서는 "하지유지下知有之"의 상황이 지배적이라는 것이다. 여기 "하下"를 "아니 불不" 자로 쓴 판본들이 있어 그동안 논란이 있어왔으나, 백서본, 곽점본이 모두 왕필본의 "하지유지"가 옳은 전승임을 입증해주었다. "부지유지不知有之"하면 "백성이 통치자가 있는지조차도 알지 못한다"가 될 것이고, "하지유지下知有之"하면 "백성이 통치자가 있다는 것만 안다"가 된다. 결국 같은 의미라고 보아야 한다. 2장에서 말한 대로 도의 이상을 구현하는 성인은 무위지사에 처하고, 불언지교를 행하기 때문에 밑에 있는 사람들이 그의 존재의 부담을 느끼지 않고 통치자가 있다는 것만 안다는 것이다. 무위지치無爲之治의 행태를 기술한 것이다.

그 다음의 유교적인 인의예악의 인정仁政이 될 것이니 "친親"(편애)함이 있고 "예譽"(칭찬, 포상)함이 있는 정치가 될 것이다. 그 다음이 법가적인 법치주의의 가혹한 형태가 될 것이니 법에 준거하여 형법적용을 엄밀하게 할 것이니, 백성을 자애하는 것이 아니라 "외지畏之"(무섭게 한다) 하는 것이다. 그 다음의 정치는 아예 국민에게 모멸감을 주는 정치이니, 이것은 민원이 비등하여 군중이 항거하는 어지러운 정국을 진압하는 폭정을 의미하는 것이다.

우리는 해방후 짧은 기간 동안에 이 4종의 정치형태를 다 겪은 것 같다. 친애의 둘째번 정치는 아마도 박사모 정치를 모델로 할 수 있을 것이고, 혹자들에게는 이승만도 편협한 친애의 유형으로 볼 것이다. 그 다음에 "외지畏之"의 모델은 박정희가 그 대표성을 지닐 것이다. 폭압적인 법치주의적 전정을 행사한 리더였다. 그 다음에 "모지侮之"의 대명사는 전두환이 될 것이다. 국민에게 모멸감을 안겨주었다. 그리고 많은 사람에게 이승만은 혹독한 모멸감을 안겨준 "매서커massacre"의 주역으로 인지될 것이다.

"하지유지下知有之"는 과연 좋은 정치인가, 나쁜 정치인가? 온 국민이 지금 문재인이 대통령이라는 것은 알고 있으나 그의 정치적 결단이 무엇인지는 잘 모른다. 직접적으로 국민에게 와닿는 정책의 결과가 없다. 대외적으로나 대내적으로나 확실하게 인지되는 성과가 별로 없다. 국민들은 모두 그가 매우 성실하게 좋은 방향을 위해 사심 없이 노력하고 있는 지도자라는 것은 다 안다. 이게 과연 "하지유지"의 이상정치인가? 본 장의 메시지와 관련하여 심도 있는 고찰이 필요할 것이다.

이 4가지의 정치형태를 운운한 후에 노자는 자기가 생각하는 정치의 핵심을 말한다.

信不足焉, 有不信焉。

노자가 생각하는 정치의 핵심은 치자治者의 말, 언어이다. 여기 "신信"이라는 것은 "말의 신험信驗"을 의미하는 것이다. 신험이란 한번 뱉은 말은 반드시 증험될 수 있는 행위, 사업의 결실로 나타나야 한다. 남북문제를 개선한다고 말을 했으면, 그것이 입증될 수 있는 결과로 나타나야 한다. 15만 평양시민을 상대로 능라도5·1경기장에서, "우리는 5000년을 함께 살고 70년을 헤어져 살았습니다. 나는 오늘 이 자리에서 지난 70년 적대를 완전히 청산하고 다시 하나가 되기 위한 평화의 큰 걸음을 내딛자고 제안합니다"라고 이야기했으면 그것을 신험할 수 있는 결과가 있었어야 했다. 정치란 본시 목숨을 거는 것이다. 되지 않을 것을 되도록 만드는 것이다. 권력을 내 몸에 모시는 것이 아니라 내 몸을 바쳐서 행사하는 것이다. 그것이 "귀신貴身"이다.

노자는 4가지의 모든 정치행태를 논한 후에, 그 문제의 핵심은 정치가의 말에 "신험이 부족하다"는 현실에 있다고 지적한다. 신험이 부족한 곳에는 반드시 "불신不信"이 싹트게 마련이라고 질타한다. 우리는 지금 불신의 시대를 살고 있는 것이다. 이 "신信"의 주제는 마지막 장인 81장에서 또 한 번 부각된다.

다스리는 자는 백성들이 도를 그윽하게 느끼는 것만큼 자기 말을 그윽히게 느낄 수 있도록, 그 말을 귀히 여겨야 한다. "귀언貴言"은 "희언자연希言自然"과도 통한다. 한 번 던진 말은 반드시 실행에 옮겨야 한다. 그렇게 되면 결국 공이 이루어지고 일들이 성과를 낼 수밖에 없다. 그러나 성인과도 같은 정치인은 그것이 나의 공이라고 생각지 않는다. 즉 공성이불거 하는 것이다. 그러면 백성들은 어떻게 생각할까?

百姓皆謂我自然。

백성들은 모두 한결같이 일컬어 나 스스로 그러할 뿐이라 하는도다!

이제 노자에게 있어서 가장 중요한 개념 중의 하나를 확실히 해설해야만 한다. "자연自然"이라는 말은 『노자』텍스트에 본 장을 포함하여 모두 5회 등장한다. 5회 모두 일관된 용법으로 쓰이고 있다(17, 23, 25, 51, 64장).

우리가 우선 알아야 할 것은 고전중국어는 단음절어mono-syllabic language라는 것이다. 하나의 음절로써 의미를 갖는 것이다. 한국어는 다음절어이다. "아," "버," "지"라는 단음절로써는 아무런 의미를 전하지 못한다. "아버지"가 합쳐져야만 의미를 전한다. 즉 형태소가 여러 음절로 이루어진다는 뜻이다. 그러나 한문(고전중국어Classical Chinese)은 하나의 음절이 형태소가 된다. "자연自然"은 그것을 한국말처럼 합쳐서 의미를 만들면 안된다. 그러니까 "자연"은 하나의 개념을 나타내는 명사가 아니라 각 음절이 독립된 의미를 전하는 술부적 센텐스가 된다. "자연"은 "자연"이라는 명사가 아니라, 단지 "스스로 자" "그럴 연"이니까, "스스로 그러하다 …… is so of itself"가 된다.

도가사상을 이해하는 데 최초의 오해의 관문은 바로 "자연"을 명사화시키는 것에 관한 것이다. 실체적으로 왜곡된 현대어의 명사로써 고전의 언어를 농단하는 것이다. 우리 현대어는 우리말의 전승이라기보다는, 서양말을 우리말로 옮겨놓은 새로운 형태의 의미체계가 개화기로부터 주류를 이루었다. "자연"은 "네이처Nature"라는 서양언어의 번역텀으로 이해되는 것이다. 그것은 실제로 인위적 문명의 건설공간에 대비되는 "녹지대green belt"를 말하는 것이다. 현대인들의 언어 속에서 자연은 실상 "녹지대"일 뿐이다. 그러나 중국경전에 나오는 "자연自然"이라는 말은 그렇게 쓰인 적이 단 한 번도 없다. "자연自然"은 "스스로 그러하다"일 뿐이다.

"백성개위아자연百姓皆謂我自然"도 당연히 "백성들이 모두 나 스스로 그러하다라고 말한다"가 될 것이다. 23장에 나오는 "희언자연希言自然"도 "자연은 말이 없다"라는 식으로 오역한다. "말이 없는 것은 스스로 그러한 것이다"라고 번역해야 한다. "도법자연道法自然"도 "도는 자연을 본받는다Dao models itself after Nature."라고 번역하는 데 이것은 정말 유치한 오류이다. "도는 스스로 그러함을 본받는다Dao models itself after what-is-so-of-itself."라고 해야 한다. 우리의 실체적 사고가 얼마나 우리의 생각을 속박하고 있는지에 관해 새로운 각성을 요구한다.

이 장에 나오는 4가지의 정치형태를 보통 도가정치, 유가정치, 법가정치, 폭압적 술수정치 식으로 개념화해서 말하는 것이 보통이었는데 사실 이 『노자』의 메시지는 그러한 "가家"가 정형화되기 이전의 것이다. 그리고 이 장이 기본 골격 그대로 곽점죽간에 나왔다. 그러니까 물리적으로 전국 말엽의 상황보다 훨씬 앞서는 것이다. 그러니까 노자의 언어를 정형화된 가家의 입장에서 해석하는 것은 부당하다. 그 나름대로 독창적이고도 포섭적인 언어로써 자기의 사상을 구성하려고 했던 창조적인 사상가의 위대한 노력으로서 존중해야 할 것이다.

十八章

大道廢, 有仁義。
대 도 폐　유 인 의

慧智出, 有大僞。
혜 지 출　유 대 위

六親不和, 有孝慈。
육 친 불 화　유 효 자

國家昏亂, 有忠臣。
국 가 혼 란　유 충 신

沃案 내가 스무 살 때 『도덕경』이라는 텍스트를 원문으로 접했을 때 기실 가장 직접적으로 나에게 충격을 던져준 장은 바로 이 장이다. 간략하지만 강렬하고, 강렬한 만큼 나의 상식을 전복시키는 힘이 컸다. 그것은 내가 무의식중에 유교적 훈도나 교양이 깊었기 때문일 수도 있고, 사회적 가치관에 대한 상식적 존중이 매우 뿌리 깊게 보편화되어 있는 시대를 살고 있었기 때문일지도 모르겠다. 요즈음의 순박한 젊은이가 과연 내가 스무 살 때 받았던 그런 깊은 충격을 받을까?

이 장 역시, 유교적 덕목에 대한 안티테제로 보아서는 아니 된다. 인의라든가 효자孝慈라든가, 충의절개라든가 하는 것이 유교적 덕목으로서가 아니라, 사회의 기본덕성으로서 필요한 가치라는 상식적 사유 속에서 그 근원을 탐색하여

열여덟째 가름

큰 도가 없어지니
어짊과 의로움이 있게 되었다.
큰 지혜가 판을 치니
거대한 위선이 있게 되었다.
육친이 불화하니
효도다 자애다 하는 것이 있게 되었다.
국가가 혼란하게 되니
충신이라는 것이 있게 되었다.

그러한 일상적 덕목이 절대적 선으로서 우리를 지배해서는 아니 된다는 일종의 가치전복transvaluation을 선포하고 있는 것이다.

"큰 지혜가 판을 치니 거대한 위선이 있게 되었다慧智出, 有大僞。"와 같은 이야기들을 되씹다 보면 『반야심경』의 투철한 반불교적 부정의 논리가 궁극적으로 어디서 나왔을까 하는 것을 반추하게 되는 것이다. 노자적 사유의 자유로운 춤판 없이 생겨날 수 없는 궁극적 부정의 여로, 무명無明도 없고 무명이 다한다는 것도 없고, 노사老死도 없고 노사가 다한다는 것도 없다, 앎도 없고 얻음도 없다는 그 끝없는 부정의 여로는 바로 이 장에서 말하고 있는 가치전복으로부터 출발하고 있는 것이다.

十九章

絶聖棄智, 民利百倍;
절 성 기 지　　민 리 백 배

絶仁棄義, 民復孝慈;
절 인 기 의　　민 복 효 자

絶巧棄利, 盜賊無有。
절 교 기 리　　도 적 무 유

此三者, 以爲文, 不足。
차 삼 자　　이 위 문　　부 족

故令有所屬。
고 령 유 소 속

見素抱樸, 少私寡欲。
현 소 포 박　　소 사 과 욕

열아홉째 가름

성스러움을 끊어라! 슬기로움을 버려라!

백성의 이로움이 백배할 것이다.

인자함을 끊어라! 의로움을 버려라!

백성이 오히려 다시 효성스럽고 자애로울 것이다.

교사스러움을 끊어라! 이로움을 버려라!

도적이 없어질 것이다.

이 셋은

문명의 장식일 뿐이며 자족한 것이 아니다.

그러므로 본래의 모습으로 돌아가게 하라!

순결한 흰 바탕을 드러내고

통나무를 껴안아라!

사사로움을 적게 하고

욕심을 적게 하라!

沃案 "절絶"과 "기棄"가 세 번 반복되는 타동사이고, 이 타동사의 목적어가 각각 성聖과 지智, 인仁과 의義, 교巧와 리利가 되어있다. 그런데 가장 유교적 내음새가 물씬 나는 것이 두 번째 구절, 인의仁義를 절기絶棄(끊어 내버려라)하라인데, 재미있게도 곽점본에는 이 인의 구문이 없다. 나중에 반유가적 맥락을 의도적으로 살려내기 위하여 짝맞추어 집어넣은 것이다(이 대목에서 백서본과 왕필본은 동일하다. 이것은 이미 백서시대에는 그 인의 문장이 들어와 있었다는 것을 의미하는 것이다. 인의 구문이 왕필의 첨가가 아닌 것이다). 다시 말해서 간본의 층대에서만 해도, 노자의 출현이 유가사상의 안티테제로 등장한 것이 아니라는 것을 알 수 있다. 유가와 도가는 초기에는 시대정신Zeitgeist을 공감하고 있었다.

이 장의 반문명적 성격은 이미 3장에서부터 논의해온 것이다. 여기 "삼자三者"는 성지聖智와 인의仁義와 교리巧利를 가리키고 있다. 성지가 학문의 전통이나 종교적 이상을 말한다면, 인의는 우리의 일상규범을 지배하는 윤리적 가치를 총괄해서 말한 것이고, 교리巧利는 과학이 증진시키는 문명의 정교함이나 혜택을 가리키고 있는 것이다. 오늘날 코로나19사태로 인하여 부득이하게 발생하고 있는 모든 현상은 우리가 의심할 바 없는 선으로서 받아들이고 있는 가치나, 그 가치에 기초한 우리의 행동이나 삶의 목표를 재고할 것을 강력하게 요구하고 있다. 성지, 인의, 교리가 모두 가치전복의 대상일 수 있다는 것이다.

노자는 이 삼자가 "문文"에 속하는 것이므로 "부족不足"하다고 말한다. "문文"이란 "문식紋飾"이며, 장식을 의미한다. 그리고 "문文"은 "질質"과 대비된다. 노자는 문명의 화려함을 원하지 않는다. 질박한 원초적 삶을 지향처로 삼는다. 노자는 이러한 문명의 문식은 인간의 본질에서 멀어져 있다고 말한다. 그것은 "부족不足"한 것이라고 규정한다. 즉 본질을 충족시키는 것이 아니라는 뜻이다. 그러기 때문에 우리 인간들은 이러한 화려한 장식을 버리고 다시 소박한 삶으로 돌아가야 한다. 이 "돌아감"을 노자는 "영유소속令有所屬"이라고 말했다. 들뜨지 않고 진짜 속한 곳이 있게 하라는 것이다. 문명의 화려함 속에서 부

유浮游하는 삶을 살지 말라는 뜻이다.

그러기 위해서는 어떻게 해야 하는가? 노자의 처방은 도가사상의 일종의 캐치프레이즈가 되었다.

현소포박見素抱樸하고 소사과욕少私寡欲하라!

현소는 소박한 본래의 모습을 드러낸다는 것이고, 포박은 통나무를 껴안는다, 즉 가장 질박한 원래의 상태로 돌아가는 것을 의미한다. 그것은 곧 사사로움을 적게 하고, 욕심을 줄이는 것을 의미한다. 노자는 무사무욕無私無欲을 말하지 않고, 소사과욕少私寡欲의 현실적 처방을 말한다. 여기서 "소少"와 "과寡"는 끊임없는 과정이다. 일정한 눈금이 있는 것이 아니라, 끊임없이 적게 하고 끊임없이 줄이는 역동적 과정을 의미하는 것이다. 우리가 몸의 살을 빼는 것도 끊임없이 줄이는 것이다.

二十章

絶學無憂。
절 학 무 우

唯之與阿, 相去幾何?
유 지 여 아 상 거 기 하

善之與惡, 相去若何?
선 지 여 오 상 거 약 하

人之所畏, 不可不畏。
인 지 소 외 불 가 불 외

荒兮, 其未央哉!
황 혜 기 미 앙 재

衆人熙熙, 如享太牢, 如春登臺。
중 인 희 희 여 향 태 뢰 여 춘 등 대

我獨泊兮, 其未兆, 如嬰兒之未孩。
아 독 박 혜 기 미 조 여 영 아 지 미 해

儽儽兮, 若無所歸。
루 루 혜 약 무 소 귀

衆人皆有餘, 而我獨若遺。
중 인 개 유 여 이 아 독 약 유

我愚人之心也哉!
아 우 인 지 심 야 재

沌沌兮! 俗人昭昭, 我獨昏昏;
돈 돈 혜 속 인 소 소 아 독 혼 혼

俗人察察, 我獨悶悶。
속 인 찰 찰 아 독 민 민

澹兮其若海, 飂兮若無止。
담 혜 기 약 해 료 혜 약 무 지

衆人皆有以, 而我獨頑似鄙。
중 인 개 유 이 이 아 독 완 사 비

我獨異於人而貴食母。
아 독 이 어 인 이 귀 식 모

스무째 가름

배움을 끊어라! 근심이 없을지니.
예와 아니요가 서로 다른 것이 얼마뇨?
좋음과 싫음이 서로 다른 것이 얼마뇨?
사람이 두려워하는 것을 나 또한 두려워하지 않을 수 없으리.
황량하도다! 텅빈 곳에 아무것도 드러나지 않네.
뭇사람들은 희희낙락하여
큰 소를 잡아 큰 잔치를 벌이는 것 같고,
화사한 봄날에 누각에 오르는 것 같네.
나 홀로 담담하도다!
그 아무것 드러나지 아니함이
웃음 아직 터지지 않은 갓난아기 같네.
지치고 또 지쳤네! 돌아갈 곳이 없는 것 같네.
뭇사람은 모두 남음이 있는데
왜 나 홀로 이다지도 모자르는 것 같은가?
내 마음 왜 이리도 어리석단 말인가?
혼돈스럽도다!
세간의 사람들은 똑똑한데
나 홀로 흐리멍텅할 뿐일세.
세간의 사람들은 잘도 살피는데
나 홀로 답답할 뿐일세.
고요하여 바다같이 너르고,
거센 바람 일때는 그칠 줄을 모르네.
뭇사람은 모두 쓸모가 있는데
나 홀로 완고하고 비천하여 쓸모가 없네.
나 홀로 뭇사람과 다른 것이 있다면
만물을 먹이는 천지생명의 어미를 귀하게 여기는 것이지.

沃案 실제로 이 장은 정밀한 정본적인 해석이 불가능하다. 이것은 하나의 시어詩語이고, 이 시를 쓴 사람의 주관적 정감을 나타낸 것이기 때문에 논리적으로 계산이 될 수 있는 문장이 아니다. 사실 나의 우리말 번역은 매우 공을 들인 것이며 그 번역문을 통해 이 시의 의미를 충분히 전달받을 것이다.

스무 살 때 이『노자』텍스트를 접하면서, 누가 나에게 가장 강렬하게 노자라는 그 인간을 접할 수 있는 장을 꼽으라고 하면 이 장을 서슴지 않고 꼽을 정도로 나는 이 장의 실존적 성격existential character을 사랑했다. 철학은 시로써 하는 것이다. 철학은 궁극적으로 논리를 뛰어넘는 것이다. 논리로서의 철학에 집착한다면 물리학이나 수학을 전공하는 것이 옳다.

앞서 지적했듯이 다산 정약용이 자신의 실존적 심정에 깊은 공감을 던지는 시어로서 15장의 "예언약동섭천豫焉若冬涉川, 유혜약외사린猶兮若畏四鄰"을 꼽았다면, 나는 본 장의 시어들이 모두 나의 심정을 잘 표현해주었다고 말하고 싶다. 다산은 정치적 상황도 있었고 자신의 집안 전체가 폐족廢族이 될 수 있는 분위기에 휘몰려 있었다. 그런 상황에서 "약동섭천, 약외사린"은 그야말로 그의 "여유"의 심정을 나타내는 명약이 아닐 수 없었다. 나의 경우, 이 장은 "실존적 고독"으로 다가왔다. 두려움이 아닌 순수한 고독!

나는 일찍이 나의 호를 "도올"이라 하였다. 그만큼 나는 머리가 좋지 않고 완악하여 사물을 제대로 꿰뚫는 시원한 느낌을 갖지 못했다. 20대에 나는 심하게 고독했다. 내가 제일 좋아한 시구는 이것이다: "중인희희衆人熙熙, 여향태뢰如享太牢, 여춘등대如春登臺. 아독박혜我獨泊兮, 기미조其未兆, 여영아지미해如嬰兒之未孩. 루루혜儽儽兮, 약무소귀若無所歸." 뭇사람들은 희희낙락하여 큰 소를 잡아 큰 잔치를 벌이는 것 같고, 화사한 봄날에 누각에 올라 화려한 시문을 읊으면서 멋있게 놀고 있다. 그런데 나는 뭔가? 홀로 담담하도다! 그 아무것도 드러나지 아니함이 웃음조차 터지지 않은 갓난아기 같도다. 나는 지치고 또 지쳤다! 돌아갈 곳도 없다.

혼돈의 바다에 팽개쳐 버려진 쓸쓸한 존재! 아 슬프도다! 나는 왜 이렇게도 어리석을까?

이 노래 전편에 깔려있는 것은 노자 본인의 고독, 혼돈, 무지, 세상물정을 모르는 답답, 무용지물로서의 비천함이다. 그런데 이런 것이 세인들의 머리좋음, 영민함, 똑똑함, 빠른 처세와 대비되어 짙은 비감悲感을 불러일으키고 있다.

그러나 마지막에 어리석은 자기의 모습이 타인과 다른 하나의 미덕을 강력히 주장한다.

> 我獨異於人而貴食母。
> 나는 홀로 뭇사람과 다른 것이 있다면
> 나는 식모를 귀하게 여긴다는 것이지.

여기 "식모食母"에 대하여 왕필은 이와 같은 주를 달았다.

> 식모란 천지생명의 뿌리, 그 근본을 말하고 있는 것이다. 타인이 모두 민중에게 생명력을 부여하고 있는 그 근본을 도외시하고 오직 말엽적인 장식의 꽃 같은 것을 귀하게만 여기고 있는 것이다. 그러므로 나 홀로 뭇사람들과는 다르다고 말한 것이다.
> 食母, 生之本也。人者皆棄生民之本, 貴末飾之華。故曰我獨欲異於人。

노자는 고독하다. 그는 혼돈의 바다를 가고 있다. 그러나 그는 생명의 근원을 항상 만나고 있다. 나 역시 스무 살 때부터 이러한 노자로부터 큰 위안을 얻었다.

二十一章

孔德之容, 惟道是從。
공 덕 지 용　유 도 시 종

道之爲物, 惟恍惟惚。
도 지 위 물　유 황 유 홀

惚兮恍兮, 其中有象;
홀 혜 황 혜　기 중 유 상

恍兮惚兮, 其中有物。
황 혜 홀 혜　기 중 유 물

窈兮冥兮, 其中有精;
요 혜 명 혜　기 중 유 정

其精甚眞, 其中有信。
기 정 심 진　기 중 유 신

自古及今, 其名不去,
자 고 급 금　기 명 불 거

以閱衆甫。
이 열 중 보

吾何以知衆甫之狀哉?
오 하 이 지 중 보 지 상 재

以此。
이 차

沃案 『노자』의 문장은 항상 추상성이 높고 문법적으로, 그리고 의미론적으로 다양한 해석이 가능하다. 나는 항상 고민 끝에 나의 주관이 판단하는 것을 따른다.

"공孔"은 "빔"이다. 허의 다른 표현이다. "덕德"은 "도道"라는 보편적 존재 그 자체와 분리될 수 없는 개념이지만, 현실적 존재와 관련하여 그 기능적 측면을 말하는 것이며, 왕필이 덕德을 득得이라 말했으니(德, 得也。38장 주) 개별

스물한째 가름

아~ 빔의 덕의 위대한 자태여!

오로지 도만이 그대를 따르는도다.

도의 물체됨이여!

오로지 황하고 오로지 홀하다.

홀하도다 황하도다! 그 가운데 형상이 있네.

황하도다 홀하도다! 그 가운데 물체가 있네.

그윽하고 어둡도다!

그 가운데 정기가 있네. 그 정기가 참으로 참되도다!

그 가운데 신험이 있네.

예로부터 지금까지

그 이름 사라지지 아니하니

이로써 만물의 태초를 살필 수 있지.

만물의 태초의 모습을 내 어찌 알리오!

바로 이것, 도의 자태로써 알지.

자 속에서 축적되어 쌓여져 가는 것이다. 그것은 도라는 보편자로부터 얻어(得) 쌓아가는 것이다. 그 얻음이 곧 덕이다. 덕은 도에 대하여 개별성individuality과 현실성real function이 있는 개념이다.

"용容"은 16장의 의미대로 포용성을 의미할 수도 있으니 그냥 "모습," "자태"로 해석한다. 그런데 이 "공덕지용孔德之容, 유도시종惟道是從."이라는 첫 문장은 공덕지용을 주어로 놓고 해석할 수도 있고, 도道를 주어로 놓고 해석할 수도 있다. 전자로 해석하면, "빔의 덕의 모습은 오직 도를 따른다"가 될 것이고, 후자로 해석하면, "빔의 덕의 모습이여! 오직 도道가 너를 따르는도다!"가 될 것이다. 모든 주석가들이 왕필의 영향으로 전자를 따르고 있으나, 아무래도 고전문법의 관례에 따르면 후자가 더 자연스럽다. 빔이라는 덕성을 강조하기 위하여 그 빔이라는 목적어를 앞에 내놓고, 도가 이를 따른다고 한 것이다. 그러니까 "종시從是"를 환치시켜 "시종是從"이라고 한 것이다. 결국 내용적으로는 큰 차이가 없다.

제일 처음에는 후자의 용법을 따라, "빔의 덕의 포용만을 오로지 도는 따를 뿐이다"(『길과 얻음』의 번역)로 했다가, 다시 "거대한 빔의 덕의 모습은 오로지 도를 쫓아 따른다"라고 했다가 다시 좀 더 시적으로, "아~ 빔의 덕의 위대한 자태여! 오로지 도만이 그대를 따르는도다"라고 고쳤다. "공덕지용"을 감산주憨山注의 영향을 받아 "큰 덕을 지닌 사람의 모습"으로 해석하는 자도 있으나, 여기서는 추상적인 테마 그대로 해석하는 것이 더 정론이다. 결국 도道의 덕德은 허虛라는 것을 말하고 있는 것이다. 도는 허고, 허는 곧 도이다.

도의 덕이 허라는 말은 실제로 도의 존재성을 형상화하지 않는다는 말이고 유형, 유명의 실체로 인식하지 않는다는 뜻이다. 도는 애초로부터 무형이요, 무명이었으며 불가도不可道요 불가명不可名이었다. 그런데 서방사람들은 보편자를 이름지으려고 했고, 존재물화 했고, 신앙의 대상으로 구체화시켰다. 가장 비극적인 인류의 오류는 "하느님"을 인격적 존재인 "하나님"으로 만드는 것이었다. 인격적 존재로 만드는 동시에 하나님은 성gender을 가지게 되고, 당연히 그 성은 남성이 된다. 남성의 하나님은 전쟁을 좋아하고, 억압과 권위와 냉혹과 잔인의 모든 덕성을 구현하게 된다. 남성은 여성에 대한 압제 속에서 남성됨을 유지하였던 것이다. 그러니까 모든 인격적 신personal God이라고 하는 것은 인간에게 필연적으로 내재하는 두려움과 소망 같은 감정을 투영하는 하나의 우상에 불과한 것이다. 모든 종교는 예외 없이 사랑의 가르침을 표면에 내세우고 있지만 실제로 그 가르침의 주체로서의 하나님은 인간이 타자를 판단하고 정

죄하고 소외시키고 저주하고 파멸시키는 매우 합법적인 수단이 된다. 세계의 모든 종교는 이러한 인격적 신성의 위험성을 잘 알았기 때문에 인간의 사고범주를 넘어서는 초월적 신개념을 추구하였던 것이다.

그러나 신을 초월적 존재로 파악하는 한에 있어서는 또다시 그 존재는 상도의 세계와 무관한 존재가 되거나, 또다시 신화적 질곡에 빠지게 된다. 인간을 구원한다는 명분을 내세우는 모든 종교는 구원받을 길이 없는 것이다. 신을 초월적 존재로 파악하는 한에 있어서 가장 현명한 방법이라고 하는 것은 신을 "절대적 타자absolute Other"로서 언어 밖으로 추방하는 신비주의가 끽이지만, 그러한 서방의 신비주의는 아주 특별한 지식인들이나 거룩한 수도인들의 유희가 되고 만다. 마이스터 엑카르트의 외침을 들어보라: **"나는 하나님으로부터 자유롭게 해달라고 하나님께 기도한다."** 또 말한다: **"나는 하나님을 위해 하나님을 놓아버린다."**

엑카르트에게 있어서 유신론·무신론은 지극히 무의미한 말장난에 불과하다. 그는 "하나님 아닌 하나님Nichtgott," "하나님을 넘어서는 하나님Übergott"을 말한다.

결국 지금 인간이 알고 있는 종교라는 형태가 매우 유치한 단계에 머물러 있는 것들이 대부분이다. 이것을 초극하는 새로운 종교가 나타나지 않는 한 민중은 계속 "태극기부대"의 광란에 시달리게 되어 있지만 인류는 종교문제에 관한 한 그 새로움을 배제시키는 고착된 권위구조의 타성에 젖어있다. 그렇기 때문에 여태까지 인류를 지배해온 종교적 관념은 거의 쓸모가 없다. 그 효용성을 다한 것이다.

이러한 21세기의 상황으로 견주어 보아도 노자가 BC 6세기에 이미 인격적 신의 악폐를 모두 쓸어버릴 수 있는 종교 아닌 시詩, 신앙이 아닌 철학, 문명이 아닌 허虛를 말하고 있다는 것은 참으로 경이로운 것이다.

노자는 하나님을 말하지 않고 도道를 말한다. 그런데 도의 물物됨, 즉 도의 "것"됨, 그 이벤트를 단지 "황惚하고 홀惚하다"라고 표현한다. 엑카르트가 말하는 "하나님 아닌 하나님," "하나님을 넘어서는 하나님"은 노자에게서는 명사가 아닌 형용사·부사로써 묘사되고 있다: "황하고 홀하다." 생각해보라! "오 주여! 주여! 믿습니다"를 외치는 모든 종교의 신도들의 굴종과는 달리 노자는 새벽의 안개와도 같고, 저녁의 노을과도 같은 황홀한 광경 속에서 공덕지용孔德之容을 발견하고 있는 것이다.

"황하고 홀하다"는 표현을 계속 쓰면 또 그 황홀경이 명사화될까봐 두려워 그는 "홀하고 황하다"라고 순서를 바꾼다. 황홀하고 홀황하고 또다시 황홀한 가운데 도道는 그 자태를 은은히 드리운다.

불교는 인간, 아니 우주 전체를 오온의 가합으로 보았는데, 물리적인 부분은 결국 색色 _rūpa_ 하나로 총칭하였지만 정신적 작용에 관해서는 수受(_vedanā_ 감수작용), 상想(_saṃjñā_ 표상작용), 행行(_saṃskāra_ 의지작용), 식識(_vijñāna_ 인식작용)으로 세분하였다. 불교는 역시 이 세계를 식識의 작용으로 바라보는 기본적 태도를 깔고 있는 것이다. 그런데 본 장에서 노자는 그 황홀하고 홀황한 느낌 가운데서 상象·물物·정精·신信의 4단계를 말하고 있는데 이 모든 단계가 객관적 물질세계에 관한 기술로 보아야 할 것이다. 식이 아닌 몸의 기술인 것이다. 우주는 도에서 생겨나고 도로 돌아가는 것이다. 그것은 직선적 시간의 우주가 아니라 원융한 순환의 우주이다.

"상象"은 코끼리를 형상한 상형자이지만 "형상" 즉 "이미지"의 뜻이 있다. 『한비자』에 『노자』를 해설한 편이 두 개 있는데 그 중 하나인 「해로解老」편에 다음과 같은 재미있는 말이 있다.

> 사람들은 산 코끼리를 본 적이 거의 없다. 그래서 죽은 코끼리 뼈를 얻어 그 그림에 의지하여 살아있는 모습을 상상한다. 그러므로 뭇사람들이 마음

속으로 생각해낼 수 있는 것을 모두 가리켜 상象이라고 한다.

人希見生象也, 而得死象之骨, 案其圖以想其生也。 故諸人之所以意想者, 皆謂之象也。

상은 구체적 물이 없어도 그 이미지를 그릴 수 있을 때 쓰는 말이다(한비자의 설은 그 나름대로 재미있는 설이다). 상象에서 물物(구체적 물성을 띤다)로 진화하고, 또다시 정精(생명력)을 지니게 된다(백극魄極에서 혼극魂極으로 진화한다). 그리고 마지막으로 그 정이 진실되면 신험 있는 것이 된다. 신信이 황홀한 가운데 마지막으로 만나게 되는 것이라는 노자의 기술은 "신信"의 중요성을 말해준다. 신험하지 않으면 모든 것은 허상이 되어버리고 만다. "신信"은 『중용』에서 말하는 "성誠"과도 상통하는 것이다. 신信이야말로 교감의 성실성이며 만물과 도가 황홀한 가운데 서로가 서로를 증험할 수 있는 근거가 되는 것이다. 최수운이 신信을 강조한 것도 이러한 맥락이라는 것을 우리는 이해해야 한다.

"중보衆甫"의 "보"에는 "시始"의 뜻이 있다(왕필주: 衆甫, 物之始也。). 우리가 황홀한 도를 체험할 때, 우리는 만물의 원초적 모습, 도의 최초의 모습을 알고 싶어한다. 인간의 호기심은 항상 근원을 거슬러 올라가는 습성이 있다. 사실 이러한 소급성이 인간에게 모든 미신을 유발시키는 계기가 되기도 한다. "중보지상衆甫之狀"을 알고 싶다구? 만물의 처음, 만물의 근원을 알고 싶다구? 노자는 명쾌히 대답한다.

以此。
이것으로 알 수 있잖아!

네 눈에 보이는 것이 다 도道다! 무형지도無形之道는 유형지물有形之物에 의하여 알 수 있는 것이다 이러한 노자의 사상에는 종교가 파고들 수 있는 여지가 없다. 이 세계의 모습이 바로 도의 모습이다! 형이하학이 곧 형이상학이다. "이것으로 以此!" 이것 또한 "거피취차去彼取此"의 강렬한 재선포이다!

二十二章

曲則全, 枉則直,
곡 즉 전　왕 즉 직

窪則盈, 敝則新,
와 즉 영　폐 즉 신

少則得, 多則惑。
소 즉 득　다 즉 혹

是以聖人抱一, 爲天下式。
시 이 성 인 포 일　위 천 하 식

不自見故明,
불 자 현 고 명

不自是故彰,
불 자 시 고 창

不自伐故有功,
불 자 벌 고 유 공

不自矜故長。
불 자 긍 고 장

夫唯不爭, 故天下莫能與之爭。
부 유 부 쟁　고 천 하 막 능 여 지 쟁

古之所謂曲則全者,
고 지 소 위 곡 즉 전 자

豈虛言哉!
기 허 언 재

誠全而歸之。
성 전 이 귀 지

沃案 도는 황홀하고 홀황한 전체다. 그 전체를 보는 것을 나는 "전관全觀"
이라고 한다. 전관의 지혜를 가지는 자는 대대對待관계의 양면을 포월包越한
다. 앞서 말했듯이 우리가 사는 명명名과 형형形의 세계는 대립되는 상대적 가치들
로 구성되어 있다. 그런데 이러한 상대적 가치에 노자는 절대성을 부여하지 않

노자가 옳았다

스물두째 가름

꼬부라지면 온전하여지고,

구부러지면 펴진다.

파이면 고이고,

낡으면 새로워진다.

적으면 얻고,

많으면 미혹하다.

그러하므로 성인은 **하나**를 껴안고 천하의 모범이 된다.

스스로 드러내지 않으니 밝고,

스스로 옳다하지 않으니 빛난다.

스스로 뽐내지 아니하니 공이 있고,

스스로 자만치 아니하니 으뜸이 된다.

대저 오로지 다투지 아니하니

하늘 아래 그와 다툴 자가 없다.

옛말에 꼬부라지면 온전하여진다 한 말이

어찌 헛말일 수 있으랴!

진실로 온전하여지는 것들은

모두 도로 돌아간다.

는다. 대립하는 것들은 서로에 의지하여 자신의 존립을 도모한다. 유가 있기 때문에 무가 있으며, 무가 있기 때문에 유가 있다. 그래서 유무상생有無相生, 난이상성難易相成이라고 말했다. 즉 대립자들은 대립하는 가치들을 포섭하는 것이다. 유는 무를 포섭하며, 무는 유를 포섭한다. 어려움은 쉬움을 포함하며, 쉬움은 어려움을 포함한다. 그런데 결국 이 대립자들은 서로가 대립되는 상대방으로 이동하게 된다. 쉬움이 어려움이 될 수가 있고 어려움이 쉬움이 될 수가 있다. 이렇게 대립되는 양면을 한층 더 높은 차원에서 통일하는 것이 포월包越의 지혜이다.

그런데 이 포월의 지혜는 추상적인 고차원을 갖는 것이 아니라 상대적 가치의 양면성 그 자체의 관계 속에서 지혜의 비결을 발견하는 것이다. 바로 이러한 점이 동방인의 삶의 지혜가 서방인의 초월적 가치와 구분되는 것이다.

22장을 전체적으로 훑어보면 이 장의 내용은 실로 "곡즉전曲則全"이라는 말 한마디를 부연한 것임을 알 수 있다. 옛말에 "곡즉전曲則全"이라 말한 것이 어찌 허언虛言(빈말)일 수 있으랴? 이 말만 보아도 "곡즉전"이라 하는 것은 노자의 말이 아니라, 노자 이전부터 민간에서 회자되어 오던 격언 같은 것이었음을 알 수 있다. "곡즉전" 다음에 나오는 "왕즉직枉則直, 와즉영窪則盈, 폐즉신敝則新, 소즉득少則得, 다즉혹多則惑"의 다섯 가지 항목은 "곡즉전"을 노자가 부연 설명한 것에 불과하다.

그런데 "곡曲"이라고 하는 것은 "꼬부라진 것," "구부러진 것"을 의미하지만 인생에서 "억울한 일을 당해서 옴추러든 상태"라는 의미도 함장하고 있다. 꼬부린 채로 사는 상태, 그러나 그러한 상태가 온전하게 펴질 수도 있는 가능성을 내포하는 삶의 자세, 기실 곧은 것보다는 곧아질 수 있는 가능성을 내포한 구부러진 상태가 오히려 안전하다고 볼 수도 있다.

여기 중간에 있는 "포일抱一"과 마지막의 "귀지歸之"라는 말은 상통하는 말이다. 전자는 "도를 껴안는 것"이요, 후자는 "도로 돌아가는 것"이다.

곡曲과 전全, 왕枉과 직直, 와窪와 영盈, 폐敝와 신新, 소少와 다多의 가치에 있어서 후자의 항목보다는 전자의 항목을 껴안는 자세가 노자적 인생관에 달관한 사람이라고 볼 수 있다. 그러기에 이런 사람은 불자현不自見하고, 불자시不自是하고, 불자벌不自伐하고, 불자긍不自矜한다(강조의 뜻으로 "不"은 "불"로 발음한다). 스스로 드러내지 않고, 스스로 옳다 하지 않고, 스스로 뽐내지 않고, 스스로 자만치 아니하는 것이다. 그러기 때문에 "부쟁不爭"할 수 있는 것이요, 부쟁하기 때문에 천하의 어느 누구도 이 사람과 다툴 수가 없는 것이다.

제일 마지막 구절이 "성전이귀지誠全而歸之"로 되어있는데 "성전誠全"의 "전全"은 "곡즉전曲則全"의 "전全," 다시 말해서 곡曲을 포월하는 전全의 상태를 의미하는 것이다. 이러한 전에 도달한 사람은 결국 도의 경지에 이르게 되는 것이다.

노자가 말하는 곡曲은 전全을 포월하는 곡曲이다. 그래서 온전하여질 수 있는 것이다. 무지無知는 유지有知의 극치로 이해될 수 있으며, 무위無爲는 유위有爲의 구극적 차원으로 이해될 수도 있다. 노자의 무지無知는 단순한 무지가 아니라 빛을 함장하면서도 빛을 발하지 않는 "광이불요光而不燿"(58장)의 고차원 상태를 말하는 것이다. 여기서 말하는 곡曲은 45장에서 말하는 "크게 곧은 것은 구부러진 것 같다大直若屈"라고 하는 반어적 포월의 경지에서 포효하는 지혜의 언사로 이해되어야 마땅하다.

내가 스무 살 때 노자를 접했을 때, 나는 이미 기독교신학을 공부했고, 서양철학사의 대강을 독파한 후였다. 그래서인지 몰라도 노자가 설파하는 지혜는 서양철학의 가르침과는 너무도 달랐고, 불교의 무차별적 경지와도 또 다른 오묘한 현실적 처세방의 가르침이었다. 그것은 나의 젊은 날의 사유에 심오한 차원을 첨가한 천우天佑의 도야이었다.

二十三章

希言自然。
희 언 자 연

故飄風不終朝,
고 표 풍 부 종 조

驟雨不終日。
취 우 부 종 일

孰爲此者? 天地!
숙 위 차 자　 천 지

天地尙不能久,
천 지 상 불 능 구

而況於人乎!
이 황 어 인 호

故從事於道者;
고 종 사 어 도 자

道者同於道,
도 자 동 어 도

德者同於德,
덕 자 동 어 덕

失者同於失。
실 자 동 어 실

同於道者, 道亦樂得之;
동 어 도 자　 도 역 락 득 지

同於德者, 德亦樂得之;
동 어 덕 자　 덕 역 락 득 지

同於失者, 失亦樂得之。
동 어 실 자　 실 역 락 득 지

信不足焉, 有不信焉。
신 부 족 언　 유 불 신 언

스물셋째 가름

도가 말이 없는 것은 스스로 그러한 것이다.

그러므로 회오리바람은 아침 한때를 마칠 수 없고,

소나기는 만 하루를 마칠 수 없다.

누가 이렇게 만들고 있는가?

하늘과 땅이다!

하늘과 땅에서도 이렇게 오래갈 수 없는데

하물며 사람에서랴!

그러므로 도를 따라 섬기는 자는 알아야 할 것이다:

도를 구하는 자는 도와 같아지고

덕을 구하는 자는 덕과 같아지고

잃음을 구하는 자는 잃음과 같아진다.

도와 같아지는 자는

도 또한 그를 즐거이 얻으리.

덕과 같아지는 자는

덕 또한 그를 즐거이 얻으리.

잃음과 같아지는 자는

잃음 또한 그를 즐거이 얻으리.

치자의 신험있는 말이 부족한 곳에는

반드시 불신이 있게 마련이니.

沃案 "희언자연希言自然"에 관해서는 이미 앞에서 설명하였다. 그럼에도 불구하고 희언의 주체를 자연으로 오해할 사람들을 위해서, 우리말 번역에 "도가 말이 없는 것은 ······"이라 하여 "도"를 첨가하였다. "희언希言"의 "희希"는 드물게 말한다는 뜻이라기보다는 그냥 부정사의 뜻을 가지는 것으로 해석하는 것이 더 깔끔하다. 41장의 "대음희성大音希聲"(거대한 음은 소리가 없다)의 "희希"와 같은 용법이다.

이 장에도 텍스트의 문제가 개입되어 있으나 모든 것을 무시하고 왕필텍스트의 어법 그대로 읽으면 된다. 나의 번역문 그대로 소박하게 이해하는 것이 상책이다. 왕필은 덕德에 득得의 뜻이 있다는 사실을 활용하여 도와 덕의 짝, 득과 실의 짝이 동시에 "덕德"한 글자에 겹치게 되는 쌍관어적 용법을 활용하고 있다. 구체적인 함의에 관해서 해설할 것이 적지 않으나, 내가 해설을 하지 않고 독자들이 느끼는 대로 해석하는 것이 이 장의 의미를 보다 심오하게 펼치는 것이라고 나는 생각한다.

"희언希言"을 엄형준법嚴刑峻法의 고압적 정책을 비판하는 뜻을 숨기고 있는 것으로 해석하거나, "잃음과 같아지는 자同於失者"를 기껏해야 유가적 가치관을 구현하는 자로 규정하거나 하는 따위의 해석은 모두 췌언이다. 아름다운 『노자』의 원문의 의미를 과도하게 축소시키는 졸견들이다.

"도와 같아지는 자," "덕과 같아지는 자," "잃음과 같아지는 자"라는 세 등급의 인간유형을 설정해놓고 있지만, 도 또한 그를 즐겁게 얻고, 덕 또한 그를 즐겁게 얻고, 잃음 또한 그를 즐겁게 얻는다는 것은 인과응보적인 도덕적 형벌을 말하는 것이 아니다. 그 결과를 일으키는 주체는 인격신이나 업業의 논리가 아닌 자연自然이다. 그래서 이 장을 "희언자연希言自然"이라는 말로 시작한 것이다. 잃음과 같아지는 자, 그를 잃음이 즐겁게 얻는다는 것은 인생의 득실의 자연적 프로세스를 기술한 것뿐이다. 결론적으로 노자는, 문제가 백성 개개인의 득실에 있는 것이 아니라, 정치적 지도자의 신험할 수 있는 말에 있다고 주장한다. 치자로 인하여 백성 사이에 생기는 불신이 더 큰 문제라는 것이다. 본장은 17장과 관련지어 이해하는 것이 좋다.

희언자연希言自然! 유난히도 강우량이 많았던 2020년 여름, 외설악에서

二十四章

企者不立, 跨者不行。
기 자 불 립　과 자 불 행

自見者不明,
자 현 자 불 명

自是者不彰,
자 시 자 불 창

自伐者無功,
자 벌 자 무 공

自矜者不長。
자 긍 자 부 장

其在道也,
기 재 도 야

曰餘食贅行。
왈 여 식 췌 행

物或惡之, 故有道者不處。
물 혹 오 지　고 유 도 자 불 처

스물넷째 가름

발꿈치를 올리고 서있는 자는 오래 서 있을 수 없고,

가랭이를 벌리고 걷는 자는 오래 걸을 수 없다.

스스로 드러내는 자는 밝지 아니하고,

스스로 옳다하는 자는 빛나지 아니하고,

스스로 뽐내는 자는 공이 없고,

스스로 자만하는 자는 으뜸이 될 수 없다.

이러한 것들은 도에 있어서는 찌꺼기 음식이요,

군더더기 행동이라 말할 수밖에 없다.

세상은 그런 것들을

혐오할 것이다.

그러므로 도를 체득한 자는

그러한 데 처하지 아니하리니.

沃案 "기자불립企者不立, 과자불행跨者不行"은 앞 장의 "표풍부종조飄風不終朝, 취우부종일驟雨不終日"과 상통하는 내용의 말들이다. 우리의 부자연스러운 행동이 그 자체의 구조에 의하여 오래 지속될 수 없다는 것을 지적한 명언이다. 모든 것은 자연의 지배를 받는다. 자연은 부자연스러운 인위의 행동을 그 자체의 조화의 법칙에 의하여 차단시키는 힘을 가지고 있다. 그것은 자인Sein인 동시에 인간이 따라야만 하는 졸렌Sollen이다.

"기자불립企者不立!" 나는 이 강의를 들었을 때 이 구절을 설명하기 위하여 교단에서 발꿈치를 올리신 선생님의 모습을 보면서 인류 전 역사, 전 문명의 과도치의 비애를 두 눈으로 단번에 단적으로 목격하는 것 같았다. 코로나사태의 참극도 발꿈치를 들어올린 자들을 발꿈치가 땅에 닿도록 끌어내리는 천지의 조화가 아니고 그 무엇이랴! 그렇게 단순한 하나의 단적인 사례를 들어 인류의 우행을 각성시키는 노자의 형안! 도대체 그는 어떤 사람이었을까?

인류의 역사적 체험을 주나라왕실 소장의 도서를 다 읽어 꿰뚫은 사람이었을까? 춘추시대의 문명의 쇠락을 체험하면서 화사한 문명의 이기의 허망함을 깨달은 사람이었을까?

이 장 역시 내가 해설할 건덕지가 없다. 번역문을 잘 읽으면 모두 해석이 가능할 것이다. "췌행贅行"을 "췌형贅形"으로 바꿔 읽어야 한다는 교석자들이 많으나, 췌형보다는 췌행이 노자의 독창적 어법이다. 부질없이 고치는 것보다는 있는 그대로 해석하는 것이 좋다.

"물혹오지物或惡之"의 "물"은 물론 "만물萬物"일 것이다. 그러나 만물은 당연히 인간을 포함한다. 그래서 문맥이 인간의 행위에 관한 것이었기에 나는 "세상은 그런 것들을 혐오할 것이다"라고 번역했다.

彊爲之名曰大大曰逝逝曰遠遠

日反天大地大道大王亦大

國中有四大安王居一安人

法地地法天天法道道法自然

1993년 10월, 호북성 형문시荊門市 곽점촌郭店村, 곽점1호초묘M1에서 죽간 총 804매枚가 발굴되었다. 이 초간楚簡은 1만 3천여 개의 초나라 문자로 이루어져 있는데 그 중『노자』가 갑·을·병 3조가 있고, 병조에는 『태일생수』가 포함되어 있다. 그 외로 다수의 유가계열 작품이 포함되어 있는데 2조組로 나눌 수 있다. 제1조는『치의緇衣』,『오행五行』,『성지문지成之聞之』,『존덕의尊德義』,『성자명출性自命出』,『육덕六德』이고, 제2조는『노목공문자사魯穆公問子思』,『궁달이시窮達以時』,『당우지도唐虞之道』,『충성지도忠性之道』이다. 제1조는 자사의 작으로 인정되며 제2조도 남망의 사맹思孟학파의 작품으로 본다. 그러니까 BC 400년 경에는 이미 초나라에서도 공자는 "성인聖人"으로 존숭되었다는 것을 의미한다. 이것은 곧 유가와 도가가 같은 이론적 기반을 가지고 교류했으며 결코 "가家"라는 좁은 울타리에 갇혀 배타하지 않았다는 것이 증명되는 것이다. 위의 죽간은 다음 25장이 들어있는 부분이다.

二十五章

有物混成, 先天地生。
유 물 혼 성　선 천 지 생

寂兮寥兮, 獨立不改。
적 혜 료 혜　독 립 불 개

周行而不殆, 可以爲天下母。
주 행 이 불 태　가 이 위 천 하 모

吾不知其名,
오 부 지 기 명

字之曰道,
자 지 왈 도

强爲之名曰大。
강 위 지 명 왈 대

大曰逝, 逝曰遠, 遠曰反。
대 왈 서　서 왈 원　원 왈 반

故道大, 天大, 地大, 王亦大。
고 도 대　천 대　지 대　왕 역 대

域中有四大, 而王居其一焉。
역 중 유 사 대　이 왕 거 기 일 언

人法地,
인 법 지

地法天,
지 법 천

天法道,
천 법 도

道法自然。
도 법 자 연

스물다섯째 가름

혼돈되이 이루어진 것이 있었으니

하늘과 땅보다도 앞서 생겼다.

적막하도다! 쓸쓸하도다!

홀로 서있지만 함부로 변하지 않는다.

가지 아니하는 데가 없으면서도 위태롭지 아니하니

가히 천하의 어미로 삼을 만하네.

나는 그 이름 알 길 없어,

그것을 글자로 나타내어 **도**라 하고,

억지로 그것을 이름지어 **크다**라고 말하지.

큰 것은 가게 마련이고,

가는 것은 멀어지게 마련이고,

멀어지는 것은 되돌아오게 마련이네.

그러므로 도는 크고, 하늘도 크고, 땅도 크고, 왕 또한 크도다.

너른 우주 가운데 이 넷의 큼이 있으니

왕이 그 중의 하나로다.

사람은 땅을 본받고,

땅은 하늘을 본받고,

하늘은 도를 본받는데,

도는 스스로 그러함을 본받을 뿐이로다.

沃案 25장을 펼치면 영어단어로 "오썸awesome"이라는 단어가 떠오른다. 섬 찟하도록 외경의 대상이 된다는 뜻이다. 제25장은 『노자』 전체 텍스트를 통하여 가장 완성도가 높은 장으로서 노자라는 사상가의 전체 논리체계를 가장 체계적으로 압축시켜놓은 명문일 뿐 아니라 개념적인 배열이 아주 치밀하다고 할 수 있다. 물론 제1장(도경의 시작)과 제38장(덕경의 첫 장)도 매우 심오하고 함축적이라고 말할 수 있겠으나 이 25장의 논리적 구성력의 치밀성에는 못미치는 측면이 있다. 왕필도 38장에는 매우 긴 주를 달았으나 1장에는 주를 소략하게 달았다. 왕필에게 전달된 『노자』 텍스트가 "도덕경"이 아닌 "덕도경"이었다면(그러한 가능성도 충분히 있다), 그가 38장(실제로 제1장인 셈)의 주석에 특별한 공을 들인 것도 쉽게 이해가 간다.

그러나 왕필이 실제적으로 가장 공을 들인 주석은 바로 25장의 주석이라고 간주해도 대차가 없을 것이다. 왕필이 본 장에서 가장 성실하고 치열한 논리를 구사해가면서 한 줄 한 줄 모두 다 심도 있는 주석을 달았다. 왕필의 25장 주석 이야말로 위진현학魏晋玄學의 바이블이라고 할 수 있으며, 그의 사상가로서의 위대성이 바로 본 장의 주석에서 드러난다고 할 수 있다. 그의 천재성이 유감 없이 발휘된 주석이다.

그런데 더 놀라운 사실이 하나 있다. 이 25장 전체가 곽점죽간 갑조(백서는 본本을 쓰고 죽간에는 조組를 쓴다)에 들어가 있다는 사실이다. 그게 왜 그토록 놀라운 사실인가?

우선, 25장은 문자가 매우 함축적이고 정갈하여 고판본이라면 그 텍스트의 출입이 있기 쉬운 문헌인데, 놀라웁게도 오늘 우리가 왕필본에서 볼 수 있는 문장 그대로, 글자의 가감이 없이(문자학적 변양變樣은 물론 있으나 그것도 원래의 의미맥락에서 별로 이탈하지 않는다) 옹고로시 들어가 있는 것이다. 이것이 왜 놀라운가?

25장은 노자의 우주발생론, 세계관, 인생론의 대강을 압축시킨 장이다. 홀리즘holism적으로 말하자면, 25장은 『노자』의 단지 한 장이 아니라 노자사상의 전체 스트럭쳐가 없이는 탄생될 수 없는 문장이므로 『노자』 전체라 말할 수 있는 글이다. 부분이 전체요, 전체가 부분인 것이다. 그러니까 25장이 현행 『노자』텍스트의 그 모습대로 곽점죽간에 들어있었다는 것은 우리가 알고있는 노자사상의 기본골격이 이미 BC 400년경(곽점초묘의 하장下葬 시기는 BC 350년경. 그러니까 하장 문헌은 그보다 1·2세기를 앞설 수도 있다)에는 확실하게 문헌적으로, 사상사적으로 성립해있었다는 뜻이 된다. 이것은 충격이 아닐 수 없다. 재미있게도 곽점죽간 속에 현행본 제1장과 제38장은 들어있지 않다. 이것이 뭘 의미하는지 확언할 수는 없으나, 25장의 논리구조의 오리지날리티의 중요성이 돋보이는 것이다(곽점죽간 자체가 『노자』텍스트의 불완전한 콜렉션일 수도 있고, 1장과 38장이 25장보다 늦게 형성된 것일 수도 있다).

25장을 자세히 해설하려면 끝이 없다. 내가 이미 펴낸 『노자와 21세기』 제3권(서울: 통나무, 2000)에 왕필주가 거의 다 번역되어 상세히 소개되었으므로, 왕필텍스트의 전모가 궁금한 사람은 그 책을 참고하는 것이 좋을 것이다. 여기서는 원문에 즉하여 소박한 나의 느낌대로 그 대의를 전하려 한다.

有物混成, 先天地生。

"유물有物"이란 문자 그대로 "것이 있다"는 뜻이다. "물物"이라는 것은 물체를 뜻하기도 하지만 천지대자연의 모든 "이벤트event"를 의미하기 때문에 "것"이라고 번역했다. "것이 있다!" 그런데 그 "것"이 무엇이냐? 그것은 "혼성混成"된 그 무엇이라는 것이다. "혼성"이란 무엇이냐? 문자 그대로는 "혼합하여 이루어진 것"이라는 뜻인데 여러 가지가 섞이어 그 형체를 분간할 수 없다는 의미로 쓰인다. 그런데 "혼성"이 "혼混"은 보통 "혼돈混沌"의 의미로도 쓰인다. 『장자』「응제왕應帝王」편에, 남해의 신과 북해의 신이 중앙의 신인 혼돈이 칠규七竅가 없어 불쌍하다 생각하여 눈구멍, 콧구멍, 입구멍 등 7구멍을

7일 걸려 뚫어주었는데 그만 7일째 혼돈의 신이 죽고 말았다는 이야기가 실려 있다. 그러니까 혼돈의 세계는 우리의 감각적 분별인식을 벗어나는 그 이전의 무분별, 그러니까 무형無形, 무명無名의 세계를 은유하고 있는 것이다. 우리는 이미 1장에서 "무명無名, 천지지시天地之始"라는 말을 접했고, 21장의 "유황 유홀惟恍惟惚"에서 만물의 시작인 "중보衆甫"를 접한 바 있다.

그런데 간본에 이 "혼混"자는 벌레가 3개 있는 "蟲"자로 되어 있는데, 고문자에서 곤충昆蟲의 "곤昆"자는 이 "혼混"과 통하고, 혼의 의미는 "물속에서 벌레들이 꼬물꼬물거리며 발생하는 원초적 상태"를 의미한다고 한다. 즉 "혼성"이란 마치, 좀 말하기 뭣하지만, 옛날 똥뒷간에서 똥통을 쳐다보면 수천 마리의 구더기들이 우글거렸는데, 그 혼성된 모습과도 같은 상황을 의미하는 것이다. 구더기가 수천 마리 우글거리는 그 모습은 하나의 카오스chaos의 장면이지만, 그 카오스 속에도 엄연한 코스모스가 들어있다는 것이 요즈음의 카오스이론이라 말할 수 있다. "것"이 있는데 그 "것"이 혼성된 것이다. 우리의 감관에 분별적으로 잡히지 않는 무형·무명의 것이다. 그런데 이 무형의 혼성의 "것"은 하늘과 땅보다도 먼저 생겨났다!

여기 "선천지생先天地生"이란 말을 현대어적으로 풀이하면, 그야말로 빅뱅 이전을 생각하거나(사실 빅뱅 이전은 우리의 개념을 벗어나기에 생각할 수조차 없는 것이다), 서구종교적인 천국행 초월이거나, 시공간 너머에 있는 서양철학적인 본체의 초월을 생각하기 마련이다. 그러나 문장을 그대로 뜯어보면 "유물혼성" 즉 "혼성된 것"은 어디까지나 "생生"의 대상이다. 그것의 생명적 우주의 프로세스Process의 한 측면을 말한 것이다. 혼성된 것, 혼돈의 그것은 생겨났다. 무엇보다 먼저? 천지天地보다 먼저 생겨났다.

여기 "천지天地"를 나는 "천지"라고 번역하지 않고 "하늘과 땅"이라고 번역했는데, 천지는 하늘과 땅으로 구성되어 있고, 이 "하늘과 땅"은 단지 물리적인 사태가 아니라 이미 하나의 우주론Cosmology을 표방하고 있는 코스모스Cosmos의 체계라는 것이다. 천天은 공기고 지地는 흙이라는 식의 물리적 사태가 아니라, 천지는 하나의 단일개념으로서 건과 곤, 양과 음, 혼과 백, 신神과 정精, 기氣와 혈血, 시간과 공간, 남성과 여성, 강강과 유약 등등의 생성의 양면을 나타내고 있는 상징체계symbolic system라는 것이다. 나는 이것을 "천지코스몰로지Tian-di Cosmology"라고 부르는데, 재미있게도 이 천지코스몰로지는 『논어』에는 나타나지 않는다. "천지天地"라는 개념을 쓴 구절이 단 한 구절도 없다. "천天"과 "지地"가 각각 몇 번 나오지만 그것도 우주론적 맥락에서 쓰인 적은 없다. 곽점죽간의 발견은 중국고대정신사에서 천지코스몰로지의 성립을 전국 말기로 보았던 이전의 상투적 시각을 수정해야 하는 사태를 초래했다. 우주론적 탐색이 상당히 일찍 이루어졌음을 알 수가 있다(이러한 문제는 『주역』의 성립을 비정하는 데 있어서도 새로운 시각을 유발시킨다).

하여튼 내가 말하는 것은 "혼성된 그 무엇이 천지보다 먼저 생겨났다"는 명제는 노자의 사유체계에 있어서 카오스와 코스모스의 상보적 관계를 암시하는 것이다. 그것은 결코 초월transcendence의 테마가 아닌 것이다. 천지라는 코스모스 이전에, 그러한 질서가 생겨나기 이전에 원초적인 카오스가 있었다. 25장의 첫 명제는 이렇게 시작한다.

카오스는 시간을 초월하는 것이 아니라 시간 내에서 생성하는 과정인 것이다. 그것은 천지라는 코스모스의 바탕을 이루는 무형, 무명의, 즉 "무無"의 "물物"적인 것이다. 즉 그것은 로고스logos가 아니다. 로고스는 말씀이요, 언어이며, 명名이다. 그것은 초월자이며 한정하는 자이며 한정되는 자이다. 로고스는 시간 밖에 있다. "유물혼성, 선천지생"은 "태초에 말씀이 있었다Ἐν ἀρχῇ ἦν ὁ λόγος"는 것을 선포하는 요한복음의 세계관과는 견혀 이질적인 것이다. 노자의 세계관에서는 어떠한 경우에도 "무로부터의 창조creatio ex nihilo"는 허용되지 않는다. "무형으로부터 유형으로의 생성"이 있을 뿐이다. "카오스와 코스모스의 쌍방적 전이"가 있을 뿐이다.

적막하도다寂兮! 쓸쓸하도다寥兮!

왕필은 이것을 일컬어 이렇게 말했다: 형체가 없기 때문에, 적막하고 쓸쓸하다고 말한 것이다.寂寥, 無形體也。

독립불개獨立不改。

여기 "독립"이라는 것은 아리스토텔레스의 형이상학이나 중세기 토미즘이 말하는 자기원인causa sui적인 "홀로됨"이 아니라, 무형의 우주 전체를 암시하는 것이다.

왕필의 주가 이것을 명료히 말해준다: "독립, 즉 홀로섬이라고 하는 것은 감히 어떠한 물物도 이와 더불어 짝할 수 없다는 그 전체성을 말한 것이다無物之匹, 故曰獨立也。" 그러니까 "독립"은 "하나님이 유일하다고 한다면, 그것은 우주 전체가 될 수밖에 없다"는 스피노자의 주장과 일치하는 맥락이다. 그것은 우주 전체를 지칭한 것이다.

"홀로 서있지만 함부로 변하지 않는다獨立不改。"에서 "불개不改"는 무슨 뜻인가? 그것은 변화가 없다는 얘기가 아니고, 함부로 움직이지 않는다는 뜻으로, 카오스적이면서도 코스모스의 운행을 따른다는 얘기다. 왕필은 말한다: "돌아가고 화생하고 마치고 시작함에 항상 그러함을 잃지 아니하므로 불개不改라고 말한 것이다返化終始, 不失其常, 故曰不改。"

주행이불태周行而不殆 가이위천하모可以爲天下母。

"주행周行"이란 무엇인가? "주周"는 두루 주 자이므로, 주행이란 두루두루 아니 다니는 곳이 없다는 것이다. 지금 노자는 형용하기조차 어려운 혼성의 물物을 우리에게 형용하기 위하여 애를 쓰고 있다. "주행이불태"에 관해서도 왕필은 그 존재가 두루두루 미쳐 아니 이르는 곳이 없건만 위태롭지 아니하고 오히려 거대한 천지를 생하여 완성시키고 있으니 천하의 어미가 될 만하지 않은가!라고 주했다. 여기 "천하모天下母"는 제1장에서 "유명有名, 만물지모萬物之母"라 한 것을 연상시킨다. 원래의 맥락을 따지자면 "천지만물지모天地萬物之母"가 되어야 할 것이지만 왕필은 "천지모天地母"라 하지 않고 "천하모天下母"라 한 텍스트를 고집했다. "천하"는 본시 인간세Human society를 의미한다. 천하모는 "인간세의 어미"이다. 물론 천지만물은 인간을 포섭한다. 그러므로 인간세도 천지를 지탱하고 있는 카오스의 독립불개하고 주행불태하는 이 근원적 존재를 어미로 삼아야 한다고 주장하고 있는 것이다. 인간세상도 항상 천지의 근원으로 돌아가야 한다는 것이다.

그런데 재미있게도 이 "천하모天下母"가 백서본에는 양본 모두 "천지모天地母"로 되어있다. 왕필본과 다른 것이다. 그런데 경천동지할 사실은 곽점간본이 "천하모天下母"로 되어있다는 것이다. 시대적으로 본다면 당연히 천하모가 천지모보다 후대의 표현일 것 같은데 실상은 역전되어 있는 것이다. 왕필파본이 이 장에 관해서는 곽점죽간계열을 따르고 있는 것이다.

자아! 이제 이 노자의 장쾌한 우주드라마는 어디로 진행되고 있는 것일까? 여기까지 흘러오게 된 맥락을 다시 잘 살펴보면 "유물혼성有物混成"으로부터 "천하모天下母"까지는 하나의 주어를 설명하는 것을 테마로 삼고 있는 것이다. 즉 혼성물로부터 천하모까지, 천지보다도 먼저 생겼고 적료하게 독립불개하며 주행이불태한 그것, 그것은 결국 하나의 카오스이다.

오부지기명吾不知其名, 자지왈도字之曰道。

아~ 정말 나는 이놈을 뭐라 불러야 할지를 모르겠어. 그 이름이 뭔지 몰라.

이름을 알아야 부를 텐데! 아~ 억지로라도 글자의 옷을 입혀야겠네. 글자 속으로 이놈을 집어넣어서 "도道Dao"라고 해버리지. 어차피 움직이니까 "길"이라는 이름이 좋지 않겠나!

여기 우리는 제1장 첫 구절의 테마가 매우 리얼한 노자의 고민으로 다가오고 있음을 직감한다. 도가도비상도! 이 이름없는 카오스의 도를 도라고 부른다는 것, 즉 언어의 옷을 입힌다는 것이 허용될 수 없는 것임을 노자는 알고 있다. 그러나 하는 수 없다. 이야기를 해야 하니까 부를 이름이 필요하다. 그러나 그것은 억지로 글자의 옷을 입힌 방편에 불과하다는 것을 확실히 해두자! 카오스라는 무명의 신비에 도라는 글자의 폭력을 허용하는 것에 양해를 구해놓자! 왕필은 말한다.

> 대저 이름으로써 우리는 그 형체를 한정시키고, 글자로써 우리는 가능한 사태를 말할 수 있도록 해준다. 도라고 언어화한 것은 만물이 그 어느 것도 이 길을 통하지 아니할 수 없기 때문에 그렇게 한 것이다. 이 도라는 이름은 혼성한 가운데서 우리가 말로 표현할 수 있는 것 중에서는 최대의 것이다.
> 夫名以定形, 字以稱可。 言道取於無物而不由也。 是混成之中, 可言之稱最大也。

그리고 또 말한다.

강위지명왈대强爲之名曰大。
그놈을 또 억지로 이름지어 크다라고 말하지.

여기서 "크다"라는 표현은 어떤 물체의 크기를 나타내는 것이 아니다. 그것은 최대치를 일컫는 것이며 최대라는 것은 혜시의 말대로 "지대무외至大無外"이므로 "밖"이 없는(타자에 의하여 한정되지 않는다) 전체the Whole일 수밖에 없다. 이 카오스의 도는 전체이기 때문에, 혼성된 것이며 잡다한 것이기 때문에,

획일적인 일자가 아니기 때문에 매우 역동적dynamic일 수밖에 없다. 따라서 움직일 수밖에 없다. 갈 수밖에 없다大曰逝. 간다는 것은 나로부터 멀어지는 것이다逝曰遠. 멀어진다는 것은 나로부터 반대의 성격을 지니게 되는 것이다. 빛으로부터 멀어지게 되면 어둠의 성격을 지니게 되고, 선善으로부터 멀어지게 되면 불선不善의 성격을 지니게 되고, 아름다움으로부터 멀어지게 되면 추함의 성격을 지니게 된다. 그러나 이미 2장의 가치론에서 설명했듯이 아름다움은 그것이 곧 추함이요, 선함은 그것이 곧 불선이다. 즉 반대되는 사태는 또다시 반대되는 사태로 복귀하게 된다. 빛이 전적으로 부정되는 어둠이 없고, 어둠이 전적으로 부정되는 빛이 없다. 빛 속에는 어둠이 내재하게 마련이고, 어둠 속에도 빛이 있게 마련이다. 흰색 속에서도 까망이 있고 까망 속에도 흰색이 있다. 저 붉은 장미는 "붉은 장미"라는 정태적 실체가 아니라 붉게 보이도록 생성하고 있을 뿐이다. 그것은 곧 붉지 않은 상태로 이행한다. 동방의 고전에서는 "반反"이라는 글자는 "반대"의 뜻을 갖는 동시에, "돌아옴"을 의미하는 "반返"이라는 글자와 동일하게 쓰인다. 반反은 반返이다. 반대되는 부사적 상태는 서로가 서로에게 돌아간다. 노자가 말하는 우주는 유기체적 우주이기 때문에 주기성과 리듬성을 갖는다. 그래야만 조화로운 전체가 유지된다. "대왈서大曰逝, 서왈원逝曰遠, 원왈반遠曰反"을 도식으로 표현하면 다음과 같다.

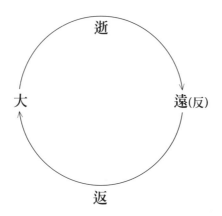

그런데 이런 도식을 쳐다보는 사람은 또다시 노자의 원 뜻을 곡해하기가 쉽다.

도가 마치 하나의 물건과 같이, 비록 원형circularity이나 리듬성, 귀환성을 갖는다 하더라도, 하나의 방향을 향해 움직이는 것처럼 이 도식을 인상지울 수 있기 때문이다. 도는 혼돈의 무엇이며, 독립주행하는 것이며, 우리의 개념에 잡힐 수 없는 무형, 무명의 전체이다. 따라서 그 전체의 방향성은 원형이라 할지라도 단선으로 표시될 수가 없는 것이다. "서왈원逝曰遠, 원왈반遠曰反"의 움직임은 어디까지나 아니 가는 곳이 없는 주행周行의 특성을 나타낸 것이며 도라는 하나의 실체의 동작을 그리고 있는 것이 아니다. 위의 도식은 수천억, 아니 무수의 "것物"들이 그러한 방식으로 동시에 움직이고 있다는 것을 말하고 있는 것이다. 이러한 "반返"(Returning)이 착종錯綜되어 있는 우주가 바로 혼성의 도의 모습이다. 미세한 기의 움직임도 그러하고, 그러한 미세한 기의 착종으로 구성되는 우주 전체의 모습도 그러하다. 당연히 이러한 우주에는 시작(창조론)도 없고 끝(종말론)도 없다. 반返만 있을 뿐이다.

이런 말을 하면 당장 서양언어에 오염된 현대인은 이렇게 반문한다: "그렇게 계속 주기적으로 반복되는 우주에서 재미없어서 어떻게 살아요?"

이 질문에서 가장 큰 오류는 순환을 반복으로 간주하는 오해에 관한 것이다. 순환은 반복이 아니다. 니체가 이 하나의 사실을 망각하고 아주 유치한 영겁회귀의 사상을 내어놓았다. 순환은 반복이 아닌 창조의 리듬이다. 순환이 없는 창조는 없다. 우리의 몸을 생각해보고 우리의 일상생활을 생각해보라! 나의 에너지는 기氣와 혈血의 순환으로 공급되며 나의 모든 창조적 행위는 그 순환에너지에서 나오는 것이다. 나의 매일매일의 생활은 출근하고 일하고 먹고 쉬고 잠자고…… 항상 일정한 리듬을 타고 순환하는 것이지만 동일한 사태가 반복되는 것은 아무것도 없다. 사계절의 순환도 마찬가지다. 초봄이면 정원의 매화나 무가 꽃을 피우지만 그 모습이 같은 적은 단 한 순간도 없다. 매실이 열리는 상황도 매년 다르다.

노자의 언어는 "대大"(큼)에서 "반反"(돌아옴)으로 끝난다. 시작과 끝이 없다. 우리는 모든 것이 원초의 시작점이 있어야 한다고 생각하고 있는데 이것은 유대교·기독교적인 특수한 사유의 소산일 뿐이다.

도대체 신은 누가 만들었는가? …… 도무지 이 세계가 원인자가 없이는 생겨날 수 없다고 생각해야 할 아무런 이유가 없다. 그렇다고 또 원인자가 항상 존재하지 않아야 한다고 생각해야 할 아무런 이유도 없다. 문제는 이 세계가 최초의 시작을 가지고 있다고 생각해야 할 아무런 필연적 이유가 없다는 데 있다. 어떠한 존재가 반드시 최초의 시작을 가져야만 한다고 상정하는 우리의 모든 관념은 실제로 우리의 상상력의 빈곤에서 유래된 것이다.

Who made God? …… There is no reason why the world could not have come into being without a cause; nor, on the other hand, is there any reason why it should not have always existed. There is no reason to suppose that the world had a beginning at all. The idea that things must have a beginning is really due to the poverty of our imagination.(The First-cause Argument에 대한 럿셀의 대답. Bertrand Russell, *Why I am Not a Christian*, New York: Touchstone, 1957, pp.6~7.)

럿셀 경이 말하는 "상상력의 빈곤the poverty of our imagination"은 근원적으로 우리의 시간에 대한 몰이해, 25장이 말하는 도(길)에 대한 불충분한 이해에서 비롯되는 것이다.

혹자는 나에게 이런 질문을 던진다: "아니, 선생님! 노자의 말대로라면 역사의 진보가 확보되지 않잖아요? 역사가 뺑뺑 돌아가기기만 하고 진보하지 않는다면 우리가 무슨 희망을 가지고 삽니까? 미래에 더 나은 세상이 오리라는 희망 때문에 우리가 고생을 참고 사는 것이 아닙니까?"

자아! 매우 좋은 질문 같지만 이러한 질문 역시 서구의 언어와 가치관, 특히 예배당에 나가서 들은 조잡한 목사님들의 설교 따위의 논리구조에 부지불식간 세뇌된 하찮은 생각들이다. 역사는 진보하지 않는다. History does not progress. 역사가 진보한다는 것은 역사 그 자체가 불선不善에서 선善으로 나아간다는 것인데 이것은 가당치 않은 독단獨斷이요 독선獨善이요, 관념의 독주獨走이다. 역사는 시간이고, 시간은 변화이고, 변화는 상대적 가치의 포용이다. 시간 그 자체에 가치를 물을 수 없다. 가치적 판단은 모두 사람의 판타지에서 기인하는 것이다. 시간에 부여한 형이상학적 폭력이다.

인류는 역사가 진보한다는 생각을 한 적이 없다. 땅위에서 시간과 더불어 살았을 뿐이다. 그런데 요즈음은 인류가 모두 "역사의 진보"를 믿는 병에 걸렸고 그 병걸림은 20세기의 대중교육mass education에서 온 것이다. 즉 인류의 상식이 되어버린 것이다. 그러나 역사의 진보는 인류의 상식이 되어서는 아니 되는 것이다. 왜 이런 병에 걸리게 되었는가?

이것은 산업혁명 이래 과학science과 기술technology의 결합으로 인하여 눈부신 문명도구의 발전이 이룩되었고, 이러한 테크놀로지 혁명이 인류공통의 생활체험의 변화를 초래한 데서 생겨나기 시작한 망상이다. 그러한 물질세계의 변화를 역사 그 자체의 진보인 것처럼 착각하는 오류가 상식화되었는데 그것은 산업혁명을 주도한 사회적 시스템이 "자본주의"라는 매우 특수한 소셜 엔지니어링social engineering의 매카니즘이었고, 이 자본의 횡포는 한 2세기 동안 인류 삶의 변화를 지속적으로 주도하여왔던 것이다. 이러한 지속적인 강력한 변화를 "진보Progress"라는 이름으로 규정하게 된 것은, 과학만능주의와 과학자들의 보수적 신관과 섭리사관, 구속사관이라고 부르는 기독교적 역사인식이 결합되어 마치 역사 그 자체가 인류에게 더 나은 미래를 보장하는 것처럼 인지되었기 때문이다. 그러니까 진보Progress는 섭리Providence와 같은 개념이고, 신의 섭리는 세계의 종말과 구원이라는 신화적 세계관과 결합되어 있다. 그러니까 "진보Progress"는 과학의 발전, 자본의 확대재생산, 신의 섭리와 구속, 유토피아이론의 세속화 등등이 결합한, 지난 두 세기의 역사경험에 국한된 특수한 망상이다. 이러한 망상을 역사 그 자체와 혼동하는 것은 소아병적 오류에 속하는 것이다.

역사의 진보를 주장하면 퇴보도 있을 수 있고, 선을 말하면 불선도 공재한다. 자본의 확대가 이루어져 풍족한 삶이 영위될수록 빈곤이 확대될 수도 있고, 문명의 과학적 도구가 발달하여 이기가 확대되면 그만큼 무서운 환경의 파괴가 일어나며, 과학이 발전하면 할수록 과학의 발전에 득을 보기도 하지만 인간 본래의 삶의 영역이 과도하게 축소되어 과학에 의하여 인간이 소외되는 현상이 일어날 수도 있고, 자본가들의 성장은 경제민주화의 퇴보와 양극화의 분열을 초래한다. 요즈음 코로나사태로 인하여 반추되어야 만 하는 문명의 양상을 생각하면 인간세의 움직임(이것을 보통 역사라고 부른다)이 결코 단선의 직선적 방향이 아니라는 것을 누구나 절감할 것이다. 역사의 시간은 수없이 많은 삶의 시간들이 착종된 것이라서 "진보"와 같은 터무니없는 일반화개념을 허용할 수가 없다.

그럼 역사란 무엇이란 말입니까? 나는 말한다. 역사란 아무것도 아니다. 아무것도 아니라니요? 그냥 우리의 삶이 이루어지는 텅 빈 장이지요. 텅 비었다니요? 아하! 이것 하나는 확실히 말할 수 있겠군요. 그 텅 빈 장에는 혼성의 카오스가 서왈원逝曰遠, 원왈반遠曰反하고 있겠군요. 왔다갔다 어슬렁거리고 있겠네요.

혹자는 또 이렇게 묻는다. 민주니, 자유니, 평등이니 하는 것은 좋지 않습니까? 역사가 자유니 평등이니 하는 가치를 확대시키는 방향에서 움직이고 있다는 믿음을 갖는 것은 좋지 않을까요?

물론 헤겔도 역사의 진보를 오류적으로 신봉하였고, 그 신봉의 최종적 근거가 바로 "자유의식의 확대"였다. 그러나 자유의 확대는 필연적으로 그 확대를 빌미로 하는 다양한 억압이 초래된다. 다중의 자유를 확보하기 위하여 환경의 파괴, 자원의 고갈, 매스컴의 유위적 장난, 의무의 포기, 도덕의 해이, 대중선동적 치술의 발호, 공동체정신의 파멸, 협동적 질서감각의 퇴보 등 다양한 부작용이 일어난다. "자유"라는 개념 자체가 역사의 진보와는 무관한 그 자체로서 부정적인 개념이기 때문이다. 억압으로부터의 해방이라는 일시적 감성에 호소할 수는 있으나, 자유는 지속적으로 인간의 자율적 가치를 확보하지 못한다. 평등도 애초로부터 불가능한 개념이다.

이러한 부정적 개념들을 역사의 내재적 가치로서 부과하는 폭력적인 관념주의에 종사할 생각을 버리고 편하게 노자의 말을 들으면 어떨까? 무심하게 순환하는 역사(=시간 = 도道)의 장 위에서 오늘 나의 삶을 위하여 나는 무엇을 창조해야만 할까? 역사 그 자체에 의미부여를 하는 어리석은 짓을 때려치고, 역사의 계기 계기에 아름다운 도적道的 행위, 무위의 실천, 아름다움과 추함, 선과 불선이 하나되는 전관적인 삶의 건강을 실천하면 어떠할까?

역사의 진보를 운운치 말라! 단지 인간세 자체의 평화를 말하고 건강을 말하라! 너 자신의 마음의 평화를 통하여 사회의 평화를 이룩하고, 남북의 평화를 이룩하라. 그것을 위해 모든 관념과 실체의 폭력에서 벗어나라. 너의 건강과 함께 사회의 건강을 도모하라! 자기 몸을 귀하게 여기는 것처럼 천하를 귀하게 여기는 사람에겐 정녕코 천하를 맡길 수 있는 것이다. 내가 어떻게 건강할 수 있는가? 내가 과연 어떻게 내가 더불어 살고 있는 공동체를 건강하게 만들 수 있는가? 이것은 끊임없이 순환하는 시간 속에서 우리에게 주어질 수 있는 영속적인 과제이다. 그것은 역사의 진보와 무관한, 역사의 이상이며 영원한 현재이며, 영원한 창조의 충동이다. 제발 역사의 진보라는 터무니없는 망상에서 벗어나기를! 마이스터 엑카르트는 이렇게 기도했어야 한다: "하나님이시여! 우리로부터 모든 성서를 앗아가소서. 당신의 천당에서 신·구약을 모두 불사르소서!"

故道大, 天大, 地大, 王亦大。 域中有四大, 而王居其一焉。

노자는 앞에서 "대大"를 말하였으므로 그 대의 주제를 연속시킨다. 그래서 "고故"라는 접속사(連詞)를 넣었다. 존재의 심볼리즘에서 대大의 성격을 구현할 수 있는 사자四者를 말한다. 노자는 "사대四大"라는 전문용어professional term까지 만들어낸다. 여기 도·천·지·왕, 이 4자를 말하는 노자의 심중에는 이미 천지코스몰로지의 세계관, 그리고 『역易』에서 말하는 "삼재三才"의 세계관이 자리잡고 있다.

그런데 천·지·인 삼재 중에서 "인人" 대신에 "왕王"을 썼다. 여기 노자라는 사상가의 과감성이 있다. 후대에 『노자』텍스트를 읽는 사람은 자기들 당대의 인식에 갇혀 이러한 노자의 과감성이 표방하는 시대정신에 미치지 못한다. 노자 시대의 "왕王"은 천자다. 지방의 로컬 제후가 아니다. 왕필이 주를 달기를 "인지주야人之主也"라고 했는데, 왕은 모든 인간의 주체이다. 여기서 왕은 천과 지에 필적할 만한 심볼리즘으로서의 인간 보편자the Universal Man를 말하는 것이므로 한 인간 개체를 가리킬 수 없다. 그러니까 "a man"이 아니라 "the Man"이 되어야 하고, 천과 지에 필적하는 "the Man"은 "왕王"이 된다. 앞서 16장에서 "용내공容乃公, 공내왕公乃王"이라고 했는데 바로 이 "왕王"은 우주적 포용력, 공평성, 공공성publicness을 가리킨다. 16장의 "왕"과 25장의 "왕"은 같은 맥락으로 해석되어야 한다. 그러니까 원래 "천지인天地人" 삼재 사상의 원형은 "천지왕天地王" 삼재였다고 보아야 한다. 인간을 개별적 존재자로 파악하지 않고, 인간에게 보편자로서 천지와 동일한 차원의 자격을 부여한 것은 매우 획기적인 발상인 동시에 노자가 얼마나 인간중심적인 사고를 한 사람인가를 절감해야 한다. 노자가 반주지주의적이고 반문명적인 사고를 한다고 하여 반인간적인 사상의 소유주인 것처럼 휘몰아치는 것은 부당하다. 노자는 인간적인, 너무도 인간적human, all too human인 사상가이다.

　노자는 삼재와 더불어 도道를 말함으로써 사대四大를 주창했다. 이래서 후대에 노자는 도가道家로 분류되게 된 것이다. 역域 중에 사대가 있는데, 그 중에서도 왕王, 즉 인간보편이 하나를 차지한다고 노자가 말한 것은 노자가 얼마나 인간을 특별하고 소중하게 생각하는가 하는 것을 반추하게 만든다. 천지의 자연(스스로 그러함)을 놓고 도道와 왕王(인간)이 대결을 하고 있다. 도는 천지에게 허虛를 부여하는데 왕은 천지로부터 허를 빼앗아간다. 도는 무위를 실천하는데 왕은 유위를 건설하려고 노력한다. 도는 무형을 극대화시키는데 왕은 유형을 극대화시키는 것이다.

　전통적으로 유가는 인간만이 오로지 바른 천지의 운영자가 될 수 있다는 신념을 가지고 있었다. 그러나 천지의 운영권을 바르게 행사하려면 도덕적인 인간이 되어야 한다. 이것이 유가의 도덕주의의 골자였다. 그러나 도가사상계열의 사람들은 애초로부터 인간은 천지운영의 자격이 없다고 보았다. 유위만을 일삼고 자연을 파괴하는 존재이기 때문이다. 그러나 25장의 사상을 보면, 노자는 인간이 바르게 각성하지 못하면 천지라는 질서 그 자체가 위태로워질 수 있으므로, 그에게 왕王으로서의 확고한 위상과 책임을 부여해야 한다고 생각하고 있다. 이 "왕王"이라는 글자에는 "인간의 책임성"이 강렬하게 배어있는 것이다. 여기 "역중유사대域中有四大"라는 말에 관하여 왕필의 주가 매우 훌륭하므로 여기 소개한다.

　　사대라는 것은 도道·천天·지地·왕王을 가리킨다. 대저 어떤 존재자가 부름이 있고 이름이 있으면, 그것은 그 존재의 궁극을 나타내는 것이 아니다. "도道"라고 이미 언표한 것은 그것이 말미암음이 있다는 것을 나타낸 것이다. 다시 말해서 말미암음이 있고 나서 연후에 도(길)됨을 일컬은 것이다. 그렇게 되면 이러한 "도"는 결국 언어문자로 일컬을 수 있는 것 중에서 "크다"함에

노자가 옳았다

해당되는 것이다. 그것은 결코 언어문자로 일컬을 수 없는 무칭無稱의 큼은 아니다. 노자는 이에 반하여 일컬을 수 없으며, 얻어 이름할 수 없는 것을 말하여 "역域"이라 한 것이다. 도·천·지·왕 이 네 개가 모두 실제로는 일컬을 수 없는 영역 속에 있는 것이다. 그래서 말하기를, "역 속에 사대가 있다"라고 한 것이다.

四大, 道、天、地、王也。凡物有稱有名, 則非其極也。言道則有所由, 有所由然後謂之爲道。然則是道稱中之大也。不若無稱之大也。無稱不可得而名, 曰域也。道、天、地、王皆在乎無稱之內, 故曰域中有四大者也。

그러니까 어차피 "사대四大"는 모두 언표된 것이므로, 무칭無稱이 아닌 유칭有稱의 세계로 진입하였다는 것이다. 그래서 이 방편적 사대보다 더 무제약적인 "역域"을 설정하고 그 안에 사대가 있다고 말했다고 해설하는 것이다. 탁월한 해석이다. 유칭과 무칭의 세계, 코스모스와 카오스의 세계를 명료히 인식하면서 해설을 가하고 있는 것이다. 그러나 "역域"은 결코 사대보다 더 큰, 공간적인 개념은 아니다. 그것은 한정성이 없는 우주생명의 장이다. 현대물리학의 "장場field"의 개념이 노자에게도 있었다는 것을 의미한다. 백서에는 역이 "국國"으로 되어있는데 곽점죽간에는 역 계열의 글자로 되어있다. 왕필본은 죽간본의 전승임이 확실하다.

이 역 중의 사대四大 속에 왕王이 그 하나를 차지하고 있다는 사실이 대단한 것이라고, 노자는 인간의 존귀성을 강조하고 있는 것이다.

이제 겨우 본 장의 마지막 패러그래프에 우리는 도달하였다.

人法地, 地法天, 天法道, 道法自然。

나는 스무 살 때 『도덕경』을 읽다가 이 구절에 도달했을 때, 무엇인가 활연

관통하는 느낌이 있었고, 내가 신학대학을 나와 철학과를 들어온 소이연을 확보했다고 생각했다. 나는 이 구절의 해석을 통해서 서양철학에 대한 미련을 버렸다. 나는 동방의 철리에 나의 생애를 헌신하겠다는 각오가 섰다. 나는 전공을 동양철학으로 바꾸었다. 나는 대만유학을 준비하기 시작했다.

왕王이 역域 중의 하나라는 것을 자랑스럽게 이야기한 노자는 이제 사대四大가 어떻게 우주생명의 장 속에서 서로 연관되어 있으며 어떻게 생생生生의 창조적 과정Creative Process에 참여하고 있는가 하는 것을 설명한다. 그 출발은 인간이다. 노자는 사대를 이야기할 때는 그 "대大"(큼)에 포인트가 있었으므로 왕王이라는 개념을 썼다. 그러나 "전상법轉相法"(상相을 바꾸어가면서 본받는다)이라는 사대의 법칙적 연관성을 말할 때는 "왕王"은 "인人"으로 바뀐다. 이러한 글자의 선택은 치밀하게 의도적이다. 백서본, 곽점본이 모두 정확하게 왕과 인을 제자리에 썼다.

"인법지人法地"의 "인人"은 보편적 상징이 아니라 현실적으로 살아가는 개별적 인간들이다. "인人"의 글자형상(𠆢)은 사람의 옆모습을 그린 것이며, 그것은 사람을 객화시켜 표현한 것이다. 아무래도 앞모습보다는 옆모습이 더 간접적이고 거리감이 있다. 인간들은 일차적으로 땅위에서 살아간다. 땅이 생성하는 것들을 먹고산다. 땅은 "싣는다載"라는 표현을 잘 쓰지만, 그것은 온갖 생명을 생성해낸다는 뜻이다. 우리 사람이 먹는 모든 것이 알고보면 다 땅이다. 땅이 변화한 것이다. 채소도 고기도 물도 모든 것이 땅의 변형태이다. 이것을 노자는 "인법지人法地"라고 표현했다. 『주역』「계사」상上7에 "숭효천崇效天, 비법지卑法地"(고매한 덕성은 하늘을 본받고, 낮은 미덕은 땅을 본받는다)라는 표현이 있듯이 "법法"은 "효效"를 의미한다. "본받는다"는 뜻이다. 인간은 일차적으로 땅에 의존해서 살아가야 하는 존재다. 그러나 그것으로 완결될 수가 없다. 왜냐하면 땅은 반드시 하늘의 조건에 따라 생생生生이 가능하기 때문이다. 땅과 하늘의 협업체계가 생명의 기본 스트럭쳐이다. 땅이 현실이라면 하늘은 이상이다. 이상은 현실의 한정의 형식을 제공하는 것이다. 하늘의 조건에 따라 땅의 한정성이 구체화된다. 이것을 "지법천地法天"이라고 표현했다. 인법지人法地 그 자체가 지법천地法天을 전제로 해서만 가능한 것이다. 하늘의 이상성을 보통 "덮는다覆"라고 표현한다.

그런데 또 하늘은 땅과 교섭하면서 양자의 관계에서만 생성을 마무리짓는 것이 아니라 보다 더 큰 포섭적 법칙성(=길)에 의존하려 한다. 하늘과 땅을 포섭하는 존재 그 자체와 교섭하는 것이다. 도道는 하늘과 땅의 양면을 다 포섭하는 혼융한 존재 그 자체인 것이다. "자지왈도字之曰道"라 했을 때 "도"는 "유물혼성"의 도였다는 것을 되돌아볼 필요가 있다. 사실 평상적인 논리로 말하자면 도道는 신神이며, 데우스이며, 만물의 근원이며, 모든 초월의 귀속처이다. 더 이상 나아갈 데가 없는 것처럼 보인다. 그런데 노자는 서슴지 않고 한 발자국 더 나아간다. 그 천지보다도 더 먼저 생긴 혼성의 물이며 더 궁극적인 존재 Sein 그 자체는 또다시 무엇을 본받는가? 아담의 아버지가 하나님이라면, 하나님의 아버지는 누구인가라고 묻는 것과 똑같다. 이에 노자는 명쾌한 대답을 준다. 이 한마디 때문에 나는 동방의 철리를 택한 것이다.

道法自然。
도는 스스로 그러함을 본받는다.

이에 대한 나의 해설에 앞서 이 단락을 해석한 왕필의 주가 워낙 철학사에서 의미 있는 문장이므로 그 전체를 소개한다.

여기서 "법"이라는 동사는 "본받는다"는 뜻이다. 사람은 땅에 어긋나는 짓을 하지 않아야만 그가 온전하고 안전해질 수가 있다. 이것을 일러 "땅을 본받는다"라고 한 것이다. 땅은 하늘에 어긋나는 짓을 하지 않아야만 생명을 온전하게 생성해낼 수 있다. 이것을 일러 "하늘을 본받는다"라고 한 것이다. 하늘은 도에 어긋나는 짓을 하지 않아야만 생성을 온전히 관장할 수 있다. 이것을 일러 "도를 본받는다"라고 한 것이다. 도는 스스로 그러함을 어기지 않아야만 비로소 그 최종적 본성을 완성하게 되는 것이다.

"스스로 그러함을 본받는다"라고 하는 것은 사각형에 있을 때는 사각형을 본받고, 원에 있을 때는 원을 본받는다는 상식적 뜻도 있겠지만 그 본질적 의미는 스스로 그러함에 있어서 어긋남이 없다는 것이다. "스스로 그러하다"라는 말은 궁극적으로 말로 할 수 없을 때 나오는 말이요, 그 극을 다했을 때 나오는 말이다. 지혜를 쓴다는 것은 지혜가 없음에 미칠 수 없고, 구체적 땅의 형백形魄은 추상적 하늘의 정상精象에 미치지 못한다. 그런데 또 하늘의 정상精象은 도의 무형無形에 미치기 어렵다. 격을 갖추는 것이 결국 격이 없음에 미치지 못하는 것이다. 그러므로 인간은 상相을 바꾸어 가면서 본받음의 차원을 높이게 되는 것이다. 도가 스스로 그러함을 따라가기 때문에만 하늘이 그것에 근거하여 도에 자생하고, 하늘이 도를 본받기 때문에 땅이 그것에 근거하여 하늘을 본받고, 땅이 하늘을 본받기 때문에만 사람은 그것에 근거하여 땅을 본뜨게 되는 것이다. 그래서 인간이 이 모든 생명의 고리의 주인이 되는 것이다. 이 모든 차원을 하나로 관통하는 사람이 곧 주인이 되는 것이다.

法, 謂法則也。人不違地, 乃得全安, 法地也。地不違天, 乃得全載, 法天也。天不違道, 乃得全覆, 法道也。道不違自然, 乃得其性。法自然者, 在方而法方, 在圓而法圓, 於自然無所違也。自然者, 無稱之言, 窮極之辭也。用智不及無知, 而形魄不及精象, 精象不及無形, 有儀不及無儀, 故轉相法也。道順自然, 天故資焉。天法於道, 地故則焉。地法於天, 人故象焉, 所以爲主。其一之者, 主也。

이것은 우주의 에코시스템을 말한 것이고 그 궁극적인 주체가 인간임을 밝힌 것이다. 인간은 땅에서 살 수밖에 없는 존재이지만, 땅에서 충실히 살기 위해서는 하늘을 알아야 하고, 도를 알아야 하고, 스스로 그러함을 알아야 한다. 그렇게 인간의 인지의 차원이 높아지는 것을 왕필은 "전상법轉相法"이라고 불렀다. 상相은 유기체적 합생의 단계이며, 그것은 "페이즈Phase" 즉 차원의 의미이다. 차원을 바꾸어가며 인식의 지평을 확대한다는 뜻이다.

노자가 옳았다

도는 무엇을 본받는가? 도는 스스로 그러함을 본받는다. 이 "스스로 그러함"을 왕필은 "무칭지언無稱之言," "궁극지사窮極之辭"라고 말했다. 도는 무엇을 본받는가라고 물었을 때, 우리는 본받음의 목적으로서 명사적 대상이 등장할 것이라는 것을 예상하게 된다. 착실한 기독교인에게 "너는 무엇을 본받니?" 하면 "교회를 본받는다"라고 대답할 것이다. 그 다음에 "교회는 뭘 본받니?" 하면 "목사님을 본받는다"라고 대답할 것이다. 그럼 "목사님은 무엇을 본받니?" 하면 "예수님을 본받는다"라고 대답할 것이다. 그런데 "예수님은 뭘 본받니?" 하면 당연히 "예수님은 하나님을 본받는다"고 할 것이다. 그런데 누군가 "예수님은 스스로 그러함을 본받는다" 하면 듣는 자가 뭔 말인지 몰라 고개를 갸우뚱할 것이다.

오랜만에 만난 친구에게 "너 요즈음 어떻게 지내니?" 하고 물었을 때 그가 "그저 그래"라고 대답하면 막연하기는 하지만 그래도 의미가 전달된다. 그냥 적당히 중간치로 살고 있다든가 하는 식으로 의미가 전달될 것이다. 그런데 그 친구가 "나는 스스로 그러하다"라고 대답을 하면 아무런 의미도 나에게 전달되지 않는다.

왕필의 말대로, "스스로 그러하다"는 것은 "무칭無稱," 즉 언어가 단절된다는 뜻이다. 언어가 단절되는 상황에서 발출되는 말이라는 것이다. 또 "궁극지사窮極之辭"라는 말을 썼는데, 극이라는 것은 극한상황Grenzsituation인데 여기서는 합리성rationality, 논리성의 극한이라는 뜻이다. 그러니까 합리성 즉 로고스의 극한에서 초합리의 어떠한 세계를 표현하기 위해서 발출된 말辭이라는 뜻이다.

道法自然。

자연은 실체substance가 아닌, 도가 본받는 방식에 대한 부사적 기술description

일 뿐이다. 스스로 그러함을 본받는다도 되고, 스스로 그러하게 본받는다도 된다. 하여튼 "스스로 그러하다"는 의미는 언어가 단절된다는 의미이다. 그러나 여기 또다시 우리는 신비주의가 말하는 "절대적 타자"와 같은 신비적 색깔을 입혀서는 아니 된다. 21장에서 "중보지상衆甫之象을 어떻게 아는가?"라고 말했을 때 어떠한 대답이 나왔나? 바로 이것으로 알지以此! "이차以此," 여기서 스스로 그러함이란 이차와 같은 맥락에서 이해되어야 한다. "도는 스스로 그러함을 본받는다"라는 명제는 도의 실체성을 거부하는 기술이다. 도는 결국 이것, 즉 천지의 현실의 스스로 그러함을 본받는다는 뜻이다. 이것은 앞서 서逝에서 원遠으로, 원에서 다시 반反으로 돌아온 구조와 동일하다.

도는 스스로 그러함을 본받는다는 뜻은 결국 도의 온전한 개방성을 나타내는 기술이다.

자연自然 ↑	개방성의 차원 Phase of Openness
도道 ↑	혼융성의 차원 Phase of Comprehensiveness
천天 ↑	보편성의 차원 Phase of Universality
지地 ↑	국부성의 차원 Phase of Locality
인人	주체성의 차원 Phase of Subjectivity

내가 젊은 날 이 구절에서 받은 충격이 독자들에게 얼마나 전달되었는지는 모르지만, 이제 본 장 전체의 구조를 다시 생각해볼 필요가 있다. "유물혼성有物混成"의 단계에서는 카오스와 코스모스의 혼융성을 말했고, "원왈반遠曰反"

의 단계에서는 도道의 운행의 순환성을 말했고, "도법자연道法自然"의 단계에서는 완벽한 개방성을 말했다.

단적으로 말하자면 노자의 우주는 카오스의 물物에서 시작하여 도道의 개방으로 끝난다. 이 우주에는 하나님이 설칠 구멍도 없고, 신앙, 숭배, 종교조직, 성경, 경전, 목사, 승려가 설 자리도 없다. 독단도 믿음의 강요도 없고 일체의 도그마가 배제된다. 창조도 없고 종말도 없다. 따라서 협박이 불가능하다. 기독교의 출발은 카오스 아닌 로고스이며, 무로부터의 창조이며, 암흑에 대한 빛의 진입이다. 그리고 요한계시록과 같은 묵시록적 환상에 의하여 시간이 종료되는 것이다. 로고스로 시작되고 우주의 종말인 재림으로 차단되는 시간의 감옥 속에서 인간은 모든 독단의 노예가 된다. 그것은 교회라는 제한된 공간에 신도를 가두어두고 코로나바이러스를 감염시키는 광란과 다름이 없다. 이 한정된 시간의 아마겟돈 속에서 우리 인간은 2천 년 동안 시달려왔다. 이제 벗어나자! 왜 이런 혐오스러운 종교의 속박 속에서 살기를 원하는가? 나는 스무 살의 그 어느 날 모든 종교의 속박에서 깨끗이 해탈했다.

二十六章

重爲輕根, 靜爲躁君。
중 위 경 근   정 위 조 군

是以聖人終日行,
시 이 성 인 종 일 행

不離輜重;
불 리 치 중

雖有榮觀,
수 유 영 관

燕處超然。
연 처 초 연

奈何萬乘之主而以身輕天下?
내 하 만 승 지 주 이 이 신 경 천 하

輕則失本, 躁則失君。
경 즉 실 본   조 즉 실 군

노자가 옳았다

스물여섯째 가름

무거운 것은 가벼운 것의 뿌리가 되고,

안정된 것은 조급한 것의 머리가 된다.

그러하므로 성인은 종일 걸어다녀도

무거운 짐을 내려놓지 않고,

비록 영화로운 기거 속에 살더라도

한가로이 처하며

초연히 세속의 영화에 마음을 두지 않는다.

어찌 일만수레의 주인으로서

하늘아래 그 몸을 가벼이 굴릴 수 있으리요?

가벼이 하면 그 뿌리를 잃고,

조급히 하면 그 우두머리됨을 잃는다.

沃案 자세한 해설을 요하지 않는다. 여기 "만승지주萬乘之主"는 일만 수레의 군주인데, 당시 전차는 말 4마리가 끌었으므로 4만 마리의 말이 있다는 얘기가 된다. 당대 중원에서 최상급의 대국이다. 노자가 강론의 대상으로 하는 자는 성인이고, 성인은 대국의 군주들이다. 그래서 직접 만승지국의 군주를 향해 이야기하는 것처럼 말하고 있다. 이 세계의 질서와 평화는 이 세계를 이끌어가는 모든 리더들의 올바른 생각과 비젼에 매달려 있다고 노자는 생각하고 있다.

二十七章

善行無轍迹,
선 행 무 철 적

善言無瑕謫,
선 언 무 하 적

善數不用籌策,
선 수 불 용 주 책

善閉無關楗而不可開,
선 폐 무 관 건 이 불 가 개

善結無繩約而不可解。
선 결 무 승 약 이 불 가 해

是以聖人常善救人, 故無棄人;
시 이 성 인 상 선 구 인 고 무 기 인

常善救物, 故無棄物。
상 선 구 물 고 무 기 물

是謂襲明。
시 위 습 명

故善人者, 不善人之師;
고 선 인 자 불 선 인 지 사

不善人者, 善人之資。
불 선 인 자 선 인 지 자

不貴其師, 不愛其資,
불 귀 기 사 불 애 기 자

雖智大迷。
수 지 대 미

是謂要妙。
시 위 요 묘

스물일곱째 가름

잘 가는 자는 자취를 남기지 아니하고,

잘 하는 말은 흠을 남기지 아니한다.

잘 헤아리는 자는 주산을 쓰지 아니하고,

잘 닫는 자는 빗장을 쓰지 않는데도 열 수가 없다.

잘 맺는 자는 끈을 쓰지 않는데도 풀 수가 없다.

그러하므로 성인은 늘 사람을 잘 구제하며

그렇기 때문에 사람을 버리지 않는다.

늘 사물을 잘 구제하며

그렇기 때문에 사물을 버리지 않는다.

이것을 일컬어 밝음을 잇는다고 한다.

그러므로 좋은 사람은 좋지 못한 사람의 스승이며

좋지 못한 사람은 좋은 사람의 거울이다.

그 스승을 귀히 여기지 않고

그 거울을 아끼지 아니하면,

지혜롭다 할지라도 크게 미혹될 것이다.

이것을 일컬어 현묘한 요체라 한다.

沃案 이 장도 나의 구구한 해석을 요하지 않는다. 독자들이 느끼는 대로 해석하면 족할 것이다. 정몽주의 10대조의 이름이 정습명鄭襲明, 1095~1151(『삼국사기』 편찬에도 관여한 인물)인데, 이 "습명"도 이 장에서 따온 것으로 사료된다.

二十八章

知其雄, 守其雌, 爲天下谿。
지 기 웅   수 기 자   위 천 하 계

爲天下谿, 常德不離,
위 천 하 계   상 덕 불 리

復歸於嬰兒。
복 귀 어 영 아

知其白, 守其黑, 爲天下式。
지 기 백   수 기 흑   위 천 하 식

爲天下式, 常德不忒,
위 천 하 식   상 덕 불 특

復歸於無極。
복 귀 어 무 극

知其榮, 守其辱, 爲天下谷。
지 기 영   수 기 욕   위 천 하 곡

爲天下谷, 常德乃足,
위 천 하 곡   상 덕 내 족

復歸於樸。
복 귀 어 박

樸散則爲器,
박 산 즉 위 기

聖人用之, 則爲官長。
성 인 용 지   즉 위 관 장

故大制不割。
고 대 제 불 할

노자가 옳았다

스물여덟째 가름

그 수컷됨을 알면서도 그 암컷됨을 지키면
천하의 계곡이 된다.
천하의 계곡이 되면,
항상스런 덕이 떠나질 아니하니,
그리하면 다시 갓난아기로 되돌아간다.
그 밝음을 알면서도 그 어둠을 지키면
천하의 모범이 된다.
천하의 모범이 되면, 항상스런 덕이 어긋나질 아니하니,
그리하면 다시 무극으로 되돌아간다.
그 영예를 알면서도 그 굴욕을 지키면
천하의 골짜기가 된다.
천하의 골짜기가 되면, 항상스런 덕이 이에 족하니,
그리하면 다시 질박한 통나무로 되돌아간다.
통나무에 끌질을 하면 온갖 그릇이 생겨난다.
성인은 통나무의 질박한 가능성을 잘 활용하여
세상의 진정한 리더가 된다.
그러므로 원래 큰 다스림은
자질구레 자르지 않는 것이다.

沃案 이 장은 정확한 문자의 패턴을 반복하는 3개의 단락으로 구성되어 있다. 그 3개의 단락은 "복귀어영아復歸於嬰兒," "복귀어무극復歸於無極," "복귀어박復歸於樸"이다. 영아(어린아이), 무극(극이 없는 질박함), 박(통나무)은 다 공통된 성격을 가지고 있고 이미 충분히 해설되었다. 웅雄(수컷)과 자雌(암컷), 백白과 흑黑, 영榮과 욕辱의 양면에서 화려한 전자의 덕성을 발휘할 수 있는 가능성을 지니고 있으면서도 후자의 초라하고 어둡고 억울한 자세를 지킬 줄 아는 역량, 그 큰 인격에 관해서는 이미 22장의 해설에서 충분히 논의되었다.

그런데 문제는 "박樸"으로 끝난 후에 박을 해설하는 결론적 부분에 있어서 애매한 구석이 좀 있다. 박樸은 통나무를 의미한다. 우리말에 소박하다, 질박하다는 말이 같은 글자의 표현들이다. 통나무란 본시 가공되지 않은 원목을 가리키며 그것은 가공하면 무엇이든지 될 수 있다는 의미에서 가능성, 즉 잠재력, 다시 말해서 허虛의 극대치를 상징하는 것이다. 통나무가 물리적 조건 그대로 지니는 가능성의 범위가 아니라, 하나의 상징체계로서 통나무를 택했다는 데 노자의 비유능력의 기발함이 있는 것이다. 목수의 손을 거친 다듬어진 나무들에 비해 이것이 껍데기도 있고 흙도 묻은 채 자연 그대로의 모습을 지니고 있다는 맥락에서 "질박, 투박, 소박"의 의미를 지니게 된다. 우리나라에서는 이 "박樸"을 "박朴"으로 잘 쓰는데 "박朴"은 "박樸"의 약자이다. 박씨들도 "통나무 박씨"라는 프라이드를 지녔으면 한다. 허긴 내가 아는 박씨들 중에 소박하고 질박한 사람이 많다.

통나무는 어떠한 그릇, 기물이라도 만들어질 수 있다는 데 그 가능성은 전방위적이다. "박산즉위기樸散則爲器," 흔히 "박산위기"라고 하는데 이 말 정도는 외워두는 게 좋겠다. 노자 운운하는 사람들이 잘 쓰는 말이니까.

그런데 문제는 그 다음 구절에 있다. "성인용지聖人用之"의 "지之"라는 지시대명사가 무엇을 가리키냐에 따라 다양한 의미의 변화가 일어난다. 왕필은 그 "지之"를 "기器"로 보았다. 그러면 성인은 통나무가 아니라 다양한 그릇들을 활용하여 그들을 관장官長으로 세워서 "대제불할大制不割"의 정치를 행한다는 식으로 해석하게 되는데 이러한 해석이 별로 석연치 않다. "대제불할"이라는 테마와 "흩어져서 만들어진 자질구레한 그릇"들과는 잘 어울리지 않기 때문이다. 로마의 "Divide and rule" 정치에는 잘 맞을지 몰라도 무위의 대제불할정치에는 잘 맞지 않는다. 사계의 세계적 권위이며 나에게 노장철학을 가르쳐주신 후쿠나가 미쯔지福永光司 선생님은 이렇게 번역하셨다: "소박한 통나무에 끌질을 가하면 다양한 성격을 지니는 특수 기능자들이 생겨나는데, 성인이 이들을 활용하여 정치를 행한다고 한다면 그들은 기껏해야 지방장관 정도로밖에는 되지 못한다. 그래서 최후의 결론은 이러하다. 큰 재단截斷은 자질구레한 인위적 자름을 활용하지 않고 통나무의 질박함을 온전히 보전하는 것이다."

그런데 이 번역도 "관장官長"을 낮은 가치평가의 단어로 해석하는 것인데 영 문맥이 순조롭지 않다.

대만에서 나에게 직접 『도덕경』을 가르쳐주신 우 이吳怡 선생, 츠언 꾸잉陳鼓應 선생은 모두 "지之"를 "바樸"으로 보았고, "관장官長"을 성인 본인의 덕성, 위상으로 보았고, "대제불할"을 박의 무위정치로 보았다. 나는 이 분들의 의견을 따랐다: "성인은 통나무의 질박한 가능성을 잘 활용하여 세상의 진정한 리더(관장官長)가 된다. 그러므로 원래 큰 다스림은 자질구레 자르지 않는 것이다."

二十九章

將欲取天下而爲之,
장 욕 취 천 하 이 위 지

吾見其不得已。
오 견 기 부 득 이

天下神器, 不可爲也;
천 하 신 기 　 불 가 위 야

爲者敗之, 執者失之。
위 자 패 지 　 집 자 실 지

故物或行或隨,
고 물 혹 행 혹 수

或歔或吹,
혹 허 혹 취

或强或羸,
혹 강 혹 리

或挫或隳。
혹 좌 혹 휴

是以聖人去甚, 去奢, 去泰。
시 이 성 인 거 심 　 거 사 　 거 태

沃案 이 장 역시 나의 해설을 필요로 하지 않는다. "천하天下는 신기神器라서 불가위야不可爲也니라. 위자爲者는 패지敗之하고 집자執者는 실지失之하게 마련이니라" 정도는 항상 외워둘 만하다. 여태까지 천하天下를 집어먹은 사람은 없었다. 그러나 많은 호걸영웅들이 천하를 집어먹겠다고 역사에 무리한 행보의 자취를 남겼다. 그들의 과감한 행동을 쳐다본다는 것은 재미는 있겠지만, 문제는 그들의 무리한 행동이 많은 사람들을 떼죽음과 불행한 삶으로 휘몰았다는 것이다. 노자는 춘추전국 패도의 시대 분위기 속에서 반전의 구호를 외치는 것이 아니라, 영웅호걸들에게 근원적인 인식의 전환, 그 전환을 가능케 하는 철

스물아홉째 가름

천하를 취할려고 발버둥치는 자를 보면

나는 그 얻지 못함을 볼 뿐이다.

천하란 신령스러운 기물이다.

도무지 거기다 뭘 할 수가 없는 것이다.

하는 자는 패할 것이요, 잡는 자는 놓칠 것이다.

그러므로 세상 사물의 이치는

앞서 가는 것이 있으면 뒤따라가는 것이 있고,

들여마시는 것이 있으면 내뿜는 것이 있고,

강한 것이 있으면 여린 것이 있고,

북돋아 오르는 것이 있으면 무너지는 것이 있다.

그러하므로 성인은

극심한 것을 버리고

사치한 것을 버리고

과분한 것을 버린다.

학적 사유를 가르치고 있는 것이다. 과연 전두환이 천하를 먹었을까? 이명박이 천하를 먹었을까? 그래도 한번 유감없이 해처 먹었다고 희희낙락할까? 그 기쁨의 몇억만 배 악업의 보상이 그대들이 이 땅에 남기는 삶의 자취를 수놓으리라! 천하는 신기神器로다! 불가위야不可爲也니라. 여기 뭔 설명이 필요할까?

이 장은 그대로 백서에 나오고 있으나 간본에는 없다. 그런데 마지막의 "혹좌혹휴或挫或墮"는 왕필본을 따르면 댓구對句를 이루지 못한다. 그런데 고맙게도 백서본에 "혹배혹휴或培或墮"로 되어 있다. 나의 번역은 백서를 따른 것이다.

三十章

以道佐人主者,
이 도 좌 인 주 자

不以兵强天下。
불 이 병 강 천 하

其事好還。
기 사 호 환

師之所處, 荊棘生焉。
사 지 소 처 형 극 생 언

大軍之後, 必有凶年。
대 군 지 후 필 유 흉 년

善有果而已, 不敢以取强。
선 유 과 이 이 불 감 이 취 강

果而勿矜,
과 이 물 긍

果而勿伐,
과 이 물 벌

果而勿驕,
과 이 물 교

果而不得已,
과 이 부 득 이

果而勿强。
과 이 물 강

物壯則老, 是謂不道。
물 장 즉 로 시 위 부 도

不道早已。
부 도 조 이

서른째 가름

도로써 사람의 주인을 잘 보좌하는 사람은

무력으로 천하를 강하게 하지 않는다.

무력의 댓가는 반드시 자기에게 되돌아오기 마련이다.

군대가 처한 곳에는 가시덤불이 생겨나고,

대군이 일어난 후에는 반드시 흉년이 따른다.

부득이 해서 병력으로 어려운 상황을 해결할 뿐이지

무력으로 패권을 과시하는 일은 하지 않는다.

좋은 성과가 있어도 뽐내지 아니하며

좋은 성과가 있어도 으시대지 아니하며

좋은 성과가 있어도 교만치 아니한다.

좋은 성과가 있었던 것도

단지 부득이해서 그리된 것일 뿐이니,

좋은 성과를 올렸다해서

강함을 과시하려 하지마라.

모든 사물은 강장하면 할수록 일찍 늙는 것이니,

이것을 일컬어 도답지 아니하다고 한다.

도답지 아니하면 일찍 끝나버릴 뿐이다.

沃案 나는 대학교 재학 시에 박정희군사독재정권의 폭압적 정치에 항거하여(위수령 등 학원탄압) 몇몇의 학우들과 "불이병강천하不以兵强天下"라는 제목 하의 대자보를 교정 내에 수차례 붙였다. 내가 고려대학교 교수 시절에는 그런 대자보가 짭새들 때문에 2·3분도 안 걸려 있었지만 내가 학생일 때에는 그래도 사흘은 걸려 있었다. 따라서 학생들에게 널리 회자가 되었다. "불이병강천하不以兵强天下"라는 한자벽보를 기억하는 사람이 있을 것이다. 노자는 확실한 평화주의자Pacifist이며, 반전주의자Anti-War이다. 그의 페미니스트Feminist적인 유약주의柔弱主義 세계관과 그의 반전신념이 깊게 연관되어 있다는 것을 독자는 알 수 있을 것이다. 전쟁은 인류의 유위有爲적 행동이 저지르는 모든 악업惡業의 최대치이며, 인간의 우매성과 잔혹성의 최악의 발현이다.

노자가 "기사호환其事好還"(무력의 댓가는 반드시 그 무력의 주체로 되돌아간다)이라든가, "사지소처師之所處, 형극생언荊棘生焉"(대군이 처한 곳에는 가시덤불로 휘덮이게 마련이다)을 말하는 것을 보면 그의 전쟁경험이 매우 실존적 체험이었다는 것을 잘 말해준다. "대군이 쓸고 지나가면 흉년이 따른다"는 얘기는 당시 농민대중의 애환을 잘 대변해주고 있는 것이다.

그런데 노자는 평화주의자이긴 하지만 또 현실주의자이다. 노자는 "군대는 없애야 한다"라든가 "군사력은 약할수록 좋다"든가 하는 얘기를 하지 않는다. 오히려 전문적 사단이나 대군의 존재를 전제로 하고 말하고 있다. 어떤 의미에는 군사력은 국가운영에 필연적인 것으로 건실하게 갖추어야 할 요소라는 것을 천명하면서, 그 군사력을 유지하는 원칙, 그 근본적 철학이 필요하다는 것을 역설하고 있는 것이다. 그 근본자세가 바로 "불이병강천하不以兵强天下"이다. 군사로써 국가를 강하게 만들 수는 없다는 역설이다. 국가를 강하게 만들 수 있는 것은 병兵이 아니라 반전의 사유며, 반전의 문화이며, 반전의 밸런싱 지혜이다. 그 내용에 관해서는 30장을 잘 뜯어보고, 반복해서 읽어보면서 그 내면의 논리를 터득해주기를 바란다.

선거 때만 되면, 진보진영임을 자처하면서 썩어빠진 사고를 하는 정치인들은 항상 "국민개병제"를 없애야 한다, 그리고 "발런티어volunteer 제도"로 바꾸어야 한다고 생각 없이 떠든다. 나는 요즈음과 같이 여성의 권리가 확대되고 불평등에 가까운 기회가 여성 쪽으로 쏠리는 상황에서는 개병제가 여성에게까지 확대되는 것이 자연스러운 이치라고 생각한다. 군대 내의 여성의 기능을 잘 고려하여 프로그램을 짜면 큰 무리가 없을 것이다. 지원제는 실제로 우리나라 군대를 용병으로 만들자는 이야기인데, 그것은 군대라는 사회의 모든 명분과 기능과 위상과 도덕을 해체시키는 결과밖에 되지 않는다. 미국의 현실이 그러하다. 우리나라 개병제는 한국사회의 보편주의적 덕성의 근원이다. 그리고 인간평등의 근원적이고도 구체적인 체험이다. 사실 교육부가 하는 일보다 국방부가 하는 일이 우리민족의 도덕의식에 더 큰 교육적 가치를 제공하고 있을런지도 모른다.

나의 논의가 래디칼한 것일 수도 있으나 "진보주의," "자유의 증대," "군사폭력의 근원적 해소" 운운하면서 아무 생각 없이 외치는 반군감정Anti-army sentiments은 우리 국가사회를 근원적으로 좀먹는 망발에 불과한 것이다. 이제 우리는 지유니 긴보니 하는 썩어빠진 서구적 가치로부터 벗어나야 한다. 이제 진정으로 자유가 아닌 협동을, 진보가 아닌 사회조화를, 평등이 아닌 건강을 외쳐야 할 때가 왔다. 종교적 자유도 사회적 해악을 끼칠 때는 가차 없이 제약을 가해야 하는 것이다. 군비의 충실한 보강은 "머스트"이다. 그런데 그 모든 총체적 보강의 배경에 반드시 반전反戰, 부쟁不爭, 불이병강천하不以兵強天下의 철학이 있어야 한다는 것이다.

20세기 초로부터 2차세계대전까지 미국의 군사력은 여기서 말하는 "부득이"의 지혜가 있었고, 그 군사력이 평화주의적, 해결사적 명분을 부지하고 있었다. 그것이 미국에게 도덕적인 힘을 주었고, 미국이 세계를 이끌어가야 한다는 무형의 합의를 성립시켰다. 그런데 지금은 이 지구상의 누구에게도 미국이

이 세계의 리더자격이 있다는 명료한 의식이 없다. 본 장에서 말하는 "물장즉로物壯則老, 시위부도是謂不道"를 생각하면 명백한 결론이 나온다.

2차세계대전, 한국전쟁을 거치면서 미국은 긍矜(자만), 벌伐(과시, 과요夸耀), 교驕(교만)에 쩔었다. 그리고 백 프로 천 프로 명분 없는 월남전을 수행하면서 5만 8천여 명의 순진한 자국민 청년들을 도륙했다. 뿐만 아니라 월남땅에 2차세계대전 전체를 통해 투하한 폭탄의 근 4배를 투하했다. 히피가 생겨나고, 록이 생겨나고, 비틀즈가 생겨나고, 민권운동이 생겨났지만, 미국사회는 근원적으로 해체되기 시작했다. 세계리더로서의 도덕성이 없어진 국가가 된 것이다.

도덕성이 없어지면 군사력만 남는다. 그런데 그러한 군사력은 도덕성을 더 갉아먹는다. 그러면 사회질서가 사라진다. 이것이 "불이병강천하不以兵强天下"라는 현실적 의미인 것이다. 이러한 경향성은 확대일로를 걷는다. 부시 대통령의 이라크침공에서 미국은 거의 자신의 도덕성에 종지부를 찍는다. 부도

조이不道早己。 도답지 아니하면 일찍 끝나버릴 뿐이다. 미제국의 영화가 과연 로마제국의 영화의 지속만큼이라도 지속될 수 있을까? 대답은 명약관화하다. 부도조이! 미국이 살려면 병兵을 생각지 말고 도道를 생각해야 한다.

이 장은 백서본에도 있지만 간본簡本에도 있다. 노자의 평화주의사상은 고층대에 속하는 것임을 알 수 있다.

나는 2020년 1월 6일부터 10일까지, 전라남도 도청 희망인재육성과 주최의 프로그램으로 해남 가학산 자연휴양림에서 도올인재학당을 열고 집중적으로 『논어』를 강론했다. 수강생은 모두 전라남도 고교에서 뽑힌 70명의 고교생들이었다. 자발적으로 모인 이 학생들은 너무도 나의 가르침을 잘 따랐고 닷새 동안 아무 탈 없이 숙식을 같이하며 고전의 다양한 향기를 몸에 익혔다. 하루는 학생들을 데리고 전라남도 지역의 고대사유적지를 탐방했는데 내가 서 있는 이곳은 해남 방산리方山里 장고봉 고분이다. 흔히 일본식명칭을 따라 전방후원묘라고 부르는 이 묘제형식을 일본의 고유의 것이고 그것이 조선대륙 남단에 영향을 주었다고 말하는데, 이것은 고대사회의 문화교류양식의 기본적 인식이 편협하게 체계화된 데서 발생하는 오류이다. 전방후원묘 현물의 선후를 따져 고유의 양식을 논하기는 어렵다. 우리 고대사에서 일본 고대사를 어떻게 포섭할 것인가 하는 것은 지금으로부터의 과제상황이다. 장고봉무덤 형식은 우리 고유의 디프 스트럭처가 일본에서 발전한 것이다.

三十一章

夫佳兵者, 不祥之器。
부 가 병 자　불 상 지 기

物或惡之, 故有道者不處。
물 혹 오 지　고 유 도 자 불 처

君子居則貴左, 用兵則貴右。
군 자 거 즉 귀 좌　용 병 즉 귀 우

兵者, 不祥之器, 非君子之器。
병 자　불 상 지 기　비 군 자 지 기

不得已而用之, 恬淡爲上。
부 득 이 이 용 지　염 담 위 상

勝而不美。 而美之者, 是樂殺人。
승 이 불 미　　이 미 지 자　시 락 살 인

夫樂殺人者,
부 락 살 인 자

則不可以得志於天下矣。
즉 불 가 이 득 지 어 천 하 의

吉事尙左, 凶事尙右。
길 사 상 좌　흉 사 상 우

偏將軍居左, 上將軍居右,
편 장 군 거 좌　상 장 군 거 우

言以喪禮處之。
언 이 상 례 처 지

殺人之衆, 以哀悲泣之。
살 인 지 중　이 애 비 읍 지

戰勝, 以喪禮處之。
전 승　이 상 례 처 지

노자가 옳았다

서른한째 가름

대저 아무리 정교한 병기라도

그것은 상서롭지 못한 기물일 뿐이다.

만물은 모두 그것을 혐오할 뿐이니,

그러므로 도 있는 자는 그것에 처하지 않는다.

군자는 평상시에는 왼쪽을 귀하게 여기고

전쟁시에는 오른쪽을 귀하게 여긴다.

무기란 것은 도무지 상서롭지 못한 기물이며 군자의 기물이 아니다.

부득이 해서 그것을 쓸 뿐이니,

전쟁의 결과에 대해선 초연하고 담담한 자세가 제일 좋은 것이다.

개가를 올려도 그것을 아름답게 생각하지 않는다.

승리를 아름답게 여기는 자는 살인을 즐기는 자일 뿐이다.

대저 살인을 즐기는 자가 어떻게 천하에 뜻을 얻을 수 있겠는가?

고례에 길사 때에는 왼쪽을 높은 자리로 하고

흉사 때에는 오른쪽을 높은 자리로 하는 법이다.

부관장군은 왼쪽에 자리잡고 최고 상장군은 오른쪽에 자리잡는다.

이것은 곧 전쟁에는 상례로써 처하라는 말이다.

사람을 그다지도 많이 죽였으면

애통과 자비의 마음으로 읍해야 할 것이다.

전쟁엔 승리를 거두어도 반드시 상례로써 처할 것이다.

沃案 재미있게도 본 장에는 일체 왕필의 주가 달려 있지 않다. 비교적 긴 문장인데도 일체의 주가 없는 것이다. 그리고 읽어보면 알겠지만 그 내용인즉 매우 구체적인 사례에 관한 것이며, 추상적이거나 그랜드한 이론구조를 가지고 있질 않다. 내가 『노자』를 처음 접했을 때는 백서나 죽간자료가 세상에 드러나지 않았을 때였다.

백서는 내가 대만유학을 끝냈을 때 즈음에(문세광이 박정희를 저격했던 그때 즈음이었다) 발굴소식을 들었고, 곽점초묘 소식은 그로부터 한 20년 후에 들려왔다(정확하게는 1993년 10월에 발굴됨. 마왕퇴백서는 1973~74에 걸쳐 발굴됨). 나는 1970년 당시 『노자』를 읽었을 때, 이 31장의 내용은 『노자』의 원문과는 무관한 후대의 찬입竄入이라고 생각했다.

문장스타일이나 주제의 디테일이 『노자』텍스트 주류의 스타일과 너무 달랐기 때문이었다. 많은 학자들이 이것은 기실 30장에 대한 왕필의 주석이었는데, 그것이 본문으로 잘못 편집된 것이라든가, 병서의 일부가 후대에 찬입羼入된 것이라는 등 다양한 설을 제창했다.

그런데 이게 웬일인가? 백서에 이 장이 원문으로서 고스란히 들어있는 것이다. 그런데 더 경천동지할 사실은 20년 후에 발굴된 곽점간에도 이것이 거의 원모습 그대로 들어있는 것이다. 오히려 추상적인 테마를 다루는 앞대가리는 없어도, 중간부분·뒷부분은 옹고로시 현존하는 원문 그대로 들어가 있는 것이다. 이것은 『노자』라는 문헌은 이미 고층대에서 아주 추상적인 우주론적·인식론적·가치론적 논의와 더불어 매우 구체적인 세상사의 사례에 관한 논의의 양면, 추상과 구체의 양대축을 모두 갖추고 있었다는 것을 의미한다. 그리고 노자의 철학적 결구와 병서兵書의 사상적 기반은 완벽하게 하나로 융합되어 있었다는 것을 의미한다.

철학은 평화를 전제로 한다. 그런데 평화는 전쟁의 결여를 의미하는 것이다. 결국 평화, 문화, 태평성세가 모두 전쟁을 컨트롤할 수 있는 능력의 기반 위에 서있는 것이다. 본시 도가와 병가는 하나요, 도道와 병兵은 태일太一(세월)의 양면이다.

재미난 것은 이 『노자』문헌이 죽간자료로 돌아다니고 있을 때 손무孫武는 활약하고 있었다. 손자는 말한다: "병이라는 것은 근원적으로 속임수의 도(궤도 詭道)이다. 능력이 갖추어져 있으면 능력이 없는 것처럼 보여야 하고, 쓸모 있으면 쓸모없는 것처럼 보여야 하고, 가까이 있으면 멀리 있는 것처럼 보여야 하고, 멀리 있으면 가까이 있는 것처럼 보여야 하고, 상대방이 유리한 고지를 점하고 있으면 꼬셔내야 하고, 상대방이 어지러워지면 가차없이 쳐들어가 취해야 한다. 兵者, 詭道也。故能而示之不能, 用而示之不用, 近而示之遠, 遠而示之近, 利而誘之, 亂而取之。"

이 "궤도詭道"라는 말 한마디만 들어도 노자가 말하는 대도大道의 논리의 디프 스트럭쳐를 그대로 두고 방편적으로 뒤집은 것이다. 손자는 "교구巧久"를 말하지 않고 "졸속拙速"을 말한다. 정교하게 오래 끄는 것은 궤도이 방식이 아니라는 것이다. 엉성해도 빨리 끝내는 것이 궤도의 정도라는 것이다.

병법은, 노자의 말처럼, 매 센텐스마다 아이러니를 포함하고 있다. "백전백승"을 하는 장수는 위대한 장수가 아니라 미친놈일 수 있다. 전쟁을 아니하고 이기는 장수야말로 병가의 이상적 리더이다. 따라서 병가는 항상 변화를 중시한다. 병법이란 시시각각 변하는 모든 요소를 전관적으로 고려하는 데서 성립한다. 지형地形, 시세, 천후天候 등 만반의 조건의 변화를 항상 동적으로 파악한다. 그렇기 때문에 병법은 "권權"이라고 하는 것이다. 권은 저울의 추요, 임기응변臨機應變의 판단이다. 권은 정正(원칙)만을 활용하는 것이 아니라 기奇(임기응변의 궤도)를 활용할 줄 알아야 한다. 결국 전법이란 선수를 치는 것을 으뜸으로 삼는다. 전지戰地에 먼저 웅크리고 적을 맞이해야 한다. 늦게 출발해도 먼저 도달하는 지혜가 있어야 한다. 그리고 싸움이란 물리적 조건보다 참여하는 인간 모두의 심리의 싸움이기 때문에 그 심리를 잘 관장하는 사람이 궁극적으로 승리의 깃발을 꽂게 된다. 마지막으로 전쟁에는 미신이 끼어들 여지가 없다. 점쟁이나 무당의 이야기가 무협소설에 끼어들 수는 있지만 실전에는 무의미한 것이다. 병법은 철저한 합리주의·현실주의에 기초한 것이다. 사실과 경험의 관찰·연구의 축적을 통한 예지의 세계이며 불합리한 픽션을 허용하지 않는다.

이러한 병법의 세계는 근원적으로 노자와 상통하는 점이 많다. 노자가 말하는 상대적 즉 대대적對待的 관계의 포용包融, 그 모순의 통일을 병가는 실전 속에서 실천하는 것이다. 최고의 모략가는 유위가 아닌 무위, 코스모스가 아닌 카오스의 무형적 존재가 되어야 한다. 병가의 언어의 바탕에 노자적 사유가 배어들 수밖에 없는 것은 그것이 궤도詭道일 뿐, 대도大道의 논리에서 벗어나질 않기 때문이다.

대학을 졸업한 후에도 이 장을 생각할 때마다 내 맘에 두고두고 떠오른 구절은: "전승戰勝, 이상례처지以喪禮處之."였다. 인생에서 우리가 겪어야 하는 모든 상황에서 패자에 대한 예의를 갖추는 것, 그것은 서구적 가치관에 젖은 사람들이 진실로 결하고 있는 것이다.

전라남도 고교생들과 함께 가본 이곳은 나주 복암리고분전시관에 원형 그대로 재현된 고분군의 모습이다. 복암리3호분은 하나의 방대형분구에 옹관 22기, 수혈식석곽 3기, 횡혈식석실 11기, 횡구식석곽 1기, 횡구식석실 2기, 석곽옹관 1기, 목관 1기 등 모두 7종 41기의 매장시설이 매설되어 있는 세계적으로 유례를 보기 힘든 특유한 아파트식 고분이다(1996~8년 발굴조사).
이 무덤군 하나를 이해하기 위하여 우리는 우리의 역사인식 전체를 전환시켜야 할지도 모른다. 영산강 유역의 "옹관고분사회"라고 하는 것이 기실 "한반도"남단의 후미진 지역을 말하는 것이 아니라 조선대륙 전체의 정점으로서 대륙문화가 지향하고자 했던 이상향, 즉 소도蘇塗Divine Realm를 구현한 독창적 선진문명이었다고 보아야 한다. 영산강유역은 조선대륙문명의 창발적 근원the Root of Creativity이었다.

노자가 옳았다

나주 복암리고분전시관

노자가 옳았다

나주 다시면 복암리 고분군 본래 모습. 넓게 펼쳐진 이 다시 들판에 용龍금동신발이 발굴된 정촌고분도 있다.

三十二章

道常無名。
도 상 무 명

樸雖小, 天下莫能臣也。
박 수 소 천 하 막 능 신 야

侯王若能守之, 萬物將自賓。
후 왕 약 능 수 지 만 물 장 자 빈

天地相合以降甘露,
천 지 상 합 이 강 감 로

民莫之令而自均。
민 막 지 령 이 자 균

始制有名。
시 제 유 명

名亦旣有,
명 역 기 유

夫亦將知止。
부 역 장 지 지

知止, 可以不殆。
지 지 가 이 불 태

譬道之在天下, 猶川谷之於江海。
비 도 지 재 천 하 유 천 곡 지 어 강 해

沃案 제일 처음 문장을 끊어 읽는 방법에 여러 가지가 있다.

1	도상무명道常無名。박수소樸雖小, 천하막능신야天下莫能臣也。
2	도상무명道常無名, 박樸。수소雖小, 천하막능신야天下莫能臣也。
3	도상무명박道常無名樸。수소雖小, 천하막능신야天下莫能臣也。

서른두째 가름

도는 늘 이름이 없다.

통나무는 비록 작지만

하늘아래 아무도 그를 신하로 삼을 수 없다.

제후나 왕이 능히 이 통나무를 지킨다면

만물이 스스로 질서지워질 것이다.

하늘과 땅이 서로 만나 단 이슬을 내리듯이,

백성들은 법령을 내리지 않아도 스스로 제 질서를 찾는다.

통나무에 한정성을 부여하여

비로소 이름이 생겨나게 되는 것이니,

이름이 일단 생겨난 연후에는

대저 또한 그침을 알아야 할 것이다.

그침을 알아야 위태롭지 아니할 수 있다.

도가 천하에 있는 것을 비유하면,

온갖 계곡의 시내들이

강과 바다로 흘러들어가는 것과도 같다.

    1의 방식은 "도는 항상 이름이 없다道常無名"라는 테마를 총론으로 설하고, 그 다음에 통나무樸를 주어로 해서 해석해 내려가는 것이다. 2는 "도는 항상 이름이 없고 또 박하다"라고 해서 무명과 박을 도의 성격으로서 병치해놓고, 그 다음부터는 도를 주어로 해서 해석해 내려가는 것이다. 3은 "무명박無名樸" 을 하나의 개념으로 뭉뚱그려, 도의 성격으로 하고(37장에 "무명지박無名之樸"이 라는 표현이 있다), 그 다음은 도를 주어로 해서 풀어가는 것이다. 그런데 이 세 가지 방식이 의미에 있어 별 차이가 없다. 도와 무명無名과 박樸이 결국 상통하는 개념이기 때문이다.

```
┌─────────────────────────────────────┐
│                                     │
│        도道 ≡ 무명無名 ≡ 박樸          │
│                                     │
└─────────────────────────────────────┘
```

그러나 "박樸"을 주어로 하는 것이 "시제유명始制有名"등 뒤에 나오는 의미의 흐름을 자연스럽게 주도할 수 있기 때문에 나는 1의 해석을 따랐다. 왕필도 박을 주어로 해서 해석하였다. 이 장은 "박樸"의 의미를 넓게 적용하여 그 개념의 중요성을 강조하고 있다. 1장에 "무명無名, 천지지시天地之始"라는 말이 있었고, 32장의 "도상무명道常無名," 37장의 "무명지박無名之樸으로 누른다," 41장의 "도은무명道隱無名," 등등의 표현은 도道는 무명無名이나 박樸과는 혼연일체의 그 무엇이라는 것을 말해주고 있다.

"백성들은 법령을 내리지 않아도 자균自均한다"라는 말이 나온 직후에 다시 "시제유명始制有名"이라 한 것은 박樸과 명名을 대비시켜 문명의 폐해를 논한 것이다. 즉 "박"은 문명 이전의 질소質素한 상태이고 "명名"은 온갖 이름(위계, 명분, 권력, 관직)으로 휘덮인 문명세계, 즉 인간세의 난맥상을 가리키는 것이다.

『장자』「인간세」에 이런 명언이 있다: "명名이라고 하는 것은 서로 대립하여 헐뜯는 것이며, 지식知이라고 하는 것은 쟁爭의 무기일 뿐이다. 이 두 가지가 모두 흉기일 뿐이다. 인간이 헌신하면서 추구할 대상이 도무지 아닌 것이다. 名也者相軋也, 知也者爭之器也。二者凶器, 非所以盡行也。"

노자는 명이야말로 인간세에 쟁단爭端을 불러일으키는 근원이라고 생각하기에 무명無名을 강조하고 박樸(통나무)을 강조하는 것이다.

노자가 옳았다

그래서 "지지知止"를 말한다. 그침을 알아야 한다는 것이다. 이것은 인간세 문명에 대한 반성을 촉구하는 것이다. 이것은 코로나를 제자리로 돌리는 길이 오직 우리가 문명의 광란을 축소시키는 방향에서 크게 반성하고 통나무로 다시 복귀하는 수밖에 없다는 것을 권유하는 것이다.

우리나라에 『노자』가 읽혔다는 사료적 근거가 백제의 근구수왕近仇首王 원년조에 나오는 장군 막고해莫古解의 말인데,『삼국사기』, 백제본기, 근구수왕 원년조에 이렇게 적혀있다: "제가 듣기로 도가의 말에 지족知足하면 욕되지 않고, 지지知止하면 위태롭지 아니하다라고 하였는데, 지금 이미 전과가 충분하오니 더이상 적을 추적하는 것은 우매한 일이외다. 嘗聞道家之言, 知足不辱, 知止不殆, 今所得多矣。何必求多?"

막고해는 근초고왕 때의 인물로서 아직기, 왕인과 동시대의 인물이다.『노자 도덕경』에 해박한 지식을 지닌 장수였다. 그의 말은 정확하게는 44장의 문구를 인용한 것으로 보인다. 맥락상으로는 이 장의 "지지知止, 가이불태可以不殆"가 막고해의 의도를 더 잘 전해주고 있다. 46장에도 비슷한 논의가 있다. "지족 불욕, 지지불태"는 우리의 일상적 삶의 경험에서도 매우 유용하다. 도는 자기를 낮춘다. 그래서 모든 계곡의 물들이 큰 강이나 바다로 흘러가듯이 만물이 자연스럽게 도로 귀순한다. 나의 인생이 도道와 같아 만물을 자빈自賓하고 자균自均하게 만들 수 있다면 오죽 좋겠는가!

三十三章

知人者智,
지 인 자 지

自知者明。
자 지 자 명

勝人者有力,
승 인 자 유 력

自勝者强。
자 승 자 강

知足者富,
지 족 자 부

强行者有志。
강 행 자 유 지

不失其所者久,
불 실 기 소 자 구

死而不亡者壽。
사 이 불 망 자 수

沃案 이 장 역시 주석을 하자면 많은 말을 할 수 있겠지만, 여태까지 주석되어온 노자사상의 근거 위에서 스스로 해석하는 것이 가장 좋다.

"지인자지知人者智"라는 표현에서 우리는 고문자에 과연 "지知"(지식, Knowledge)와 "지智"(지혜, Wisdom)라는 구분이 있었을까 하고 물어볼 수 있다. 그러나 그 대답은 부정적이다. 노자는 근원적으로 인간의 지식이라는 것에 관하여 부정적인 생각을 가지고 있었기 때문에(지식인들일수록 세상을 망쳐 먹는다라는 생각이 있었다), 지식과 지혜의 구분이 있었을 리 만무하다. 백서본에는 "지인자지야知人者知也"로 되어있는데 그것이 원형일 것이다. 왕필시대에 와서나

서른셋째 가름

타인을 아는 자를 지혜롭다 할지 모르지만,

자기를 아는 자야말로 밝은 것이다.

타인을 이기는 자를

힘세다 할지 모르지만

자기를 이기는 자야말로 강한 것이다.

족함을 아는 자래야 부유한 것이요,

행함을 관철하는 자래야 뜻이 있는 것이다.

바른 자리를 잃지 않는 자래야 오래가는 것이요,

죽어도 없어지지 않는 자래야 수하다 할 것이다.

"지知"와 "지智"의 구분의 필요성이 생겨 현 텍스트의 모습으로 되었을 것이다(이미 중국의 지적 사회에 들어온 불교의 영향도 생각해볼 수 있다). 다음의 "명明"은 불교권에서는 "오悟"(깨달음)가 되었다.

"불실기소자구不失其所者久"에서 "기소其所"는 근원적인 도의 자리라는 의미로 해석하면 될 것이다. "사이불망자수死而不亡者壽"는 "주어진 삶을 온전히게 미킨디"는 뜻인데 도교외 불로장생설과 관련하어 과도한 해석, 미신적 해석이 성행하게 되었다.

三十四章

大道氾兮, 其可左右。
대 도 범 혜　기 가 좌 우

萬物恃之而生, 而不辭。
만 물 시 지 이·생　이 불 사

功成不名有,
공 성 불 명 유

衣養萬物而不爲主。
의 양 만 물 이 불 위 주

常無欲, 可名於小;
상 무 욕　가 명 어 소

萬物歸焉而不爲主, 可名爲大。
만 물 귀 언 이 불 위 주　가 명 위 대

以其終不自爲大,
이 기 종 부 자 위 대

故能成其大。
고 능 성 기 대

沃案 본 장 역시 주석의 도움이 없이 독자 스스로 깨닫는 것이 상책이다. 본 장의 의미는 제2장의 다양한 주제와 상통한다. "만물시지이생萬物恃之而生"은 주어와 "시恃"의 목적인 지시대명사의 의미가 명료하다. 주어는 만물이고, 그 만물은 도道에 의지하여 생생한다는 의미가 매우 명료하게 드러난다. 전체 주어는 도道이므로 "불사不辭"의 주어는 도가 된다. "불사"의 "사辭"는 두 가지 뜻이 있다. 하나는 "말한다," "잔소리한다," "언어로써 지시한다"는 뜻이고, 또 하나는 "사양한다," "거절한다," "양보한다"는 뜻이다. 나는 후자의 뜻을 취하여 생성의 기능을 거절하거나 중단하거나 사양함이 없다고 풀었다. 도의 꾸준한 생성작용을 말한 것이다. 만물은 도에 의지하여 생생하지만, 도는 그 생의 작용을 거절함이 없다. 그야말로 아가페적으로 삶의 기능을 이어나간다는

서른넷째 가름

큰 도는 범람하는 물과도 같다.

좌로도 갈 수 있고 우로도 갈 수 있는 것이다.

만물이 이 도에 의지하여 생하는데도

도는 생하는 역할을 사양하는 법이 없다.

공이 이루어져도 그 공명을 가지려 하지 않는다.

만물을 입히고 먹이면서도

주인노릇 하려 하지 않는다.

그리고 항상 무욕하니 작다고 이름할 수도 있다.

만물이 모두 그에게로 돌아가는데 주인노릇 하지 않으니

크다고 이름할 수도 있는 것이다.

끝내 스스로 크다 하지 않으니

그러므로 능히 그 큼을 이룰 수 있는 것이다.

뜻이다. 이것은 도의 작용인 동시에 우리 삶의 가장 기본적인 자세가 되어야 한다는 것이다.

도는 작다고도 말할 수 있고可名於小, 크다고도 말할 수 있다可名爲大는 것은 우리의 삶이 때로는 타인들에게 얕잡아 뵐 수도 있고 또 때로는 위대하게 보일 수도 있지만, 그 따위 평가에 아랑곳하지 않고 생성작용을 계속함으로써 위대함을 이룩해야 한다는 인생의 예지를 말하고 있다. 끝내 스스로 크다 하지 않으니 결국은 그 큼을 이룩할 수 있는 것이다. 도가적 인생관을 가진 사람은 작게 보인다 하여 분노하지 아니하고, 크게 보인다고 자만치 아니한다. 우리가 노자를 읽고 깨닫는다고 하는 것은 이러한 덕성을 지닌 큰 인격을 이룬다는 것이다.

三十五章

執大象, 天下往。

집 대 상 천 하 왕

往而不害, 安, 平, 太。

왕 이 불 해 안 평 태

樂與餌, 過客止。

악 여 이 과 객 지

道之出口, 淡乎其無味。

도 지 출 구 담 호 기 무 미

視之不足見,

시 지 부 족 견

聽之不足聞,

청 지 부 족 문

用之不足旣。

용 지 부 족 기

서른다섯째 가름

거대한 도의 모습을 잡아라!
그리하면 천하가 움직이리라.
움직여도 해치는 것들이 없으니
편안하고
평등하고
안락하다.
아름다운 음악과 맛있는 음식은
지나가는 객손을 멈추게 하지만,
도가 사람의 입에서 나오는 것은
도무지 담담하여 아무 맛도 없다.
아무리 보아도 다 볼 수가 없고,
아무리 들어도 다 들을 수 없고,
아무리 써도 다 쓸 수 없다.

沃案 내가 노자를 알게 된 후로 나의 인생의 좌우명처럼 가슴에 새긴 명언이 바로 이 장의 첫 줄이다. 이 첫 줄은 두고두고 내 인생의 위로가 되었고, 원칙이 되었고, 극기의 에너지가 되었고, 세상을 바라보는 여유가 되었다. 나는 이 말을 극히 사랑한다: "집대상執大象, 천하왕天下往。"

그런데 이 위대한 한마디를 노자의 주석가들은 다 곡해하고 평범하게 만들어 버리기 때문에 그 진의, 진가가 우리 가슴에 와닿지를 않는다. 나는 『노자』를 알게 되면서 너무도 심한 노자의 왜곡, 곡해, 진부한 해석에 치를 떨고 분노한 적이 한두 번이 아니다. 나의 사랑하는 독자들이여! 이 내 벙어리 냉가슴의 호소를 들어보라! 과연 어떠한 해석이 옳은 해석이겠는가!

여기 "대상大象"은 물론 "큰 모습"인데, 이것은 "대도大道"를 가리키는 것이다. 이 구절의 곡해는 별로 없다.

그런데 그 다음의 "천하왕天下往"을 한결같이 "천하에 간다"든가 "천하사람들이 다 귀순한다"는 식으로 매가리 없이 해석하는 것이다. 나는 이 한마디를 처음 접했을 때, 내 인생의 문제가 다 풀리는 듯 싶었다. 그 해석은 더 말할나위 없는 종국적인 사태였다.

대상(=큰 모습=대도)을 잡고 있으면 천하가 움직인다!

여기 "천하왕"은 "왕往"(=간다)이 자동사이고 그 주어는 명백하게 천하이다. 천하는 물론 인간세이다. 젊은 날, 청운의 뜻을 품은 도올이 하고 싶었던 것은 "천하를 움직이는" 일이었다. 그러나 천하를 어떻게 움직이는가? 온 세상을 내 한 몸으로 시지푸스처럼 굴리란 말이냐?

천하를 움직이는 가장 좋은 방법은 대상大象을 잡는 것이다. 대도大道를 잡는 것이다. 소상小象이나 소도小道에 구애됨이 없이, 대상·대도를 잡고 있으면 천하는 움직이게 되어있다. "천하왕天下往"은 결국 "천하동귀天下同歸"의 뜻이며, 수운이 말하는 "동귀일체同歸一體"의 뜻이다.

"대상을 잡고 있으면 천하가 움직인다!" 이 한마디를 실천하기 위해, 철이 든 후 50여 년의 세월, 그 영욕을 견뎌왔다고도 말할 수 있다. 나는 대상을 잡고 있다는 자부감, 그 자부감 하나로 이 세상의 소사小事와 타협하지 않고, 권력이나 부를 탐하지 않고 살 수 있었다. 내가 대도를 잡고 있는데 누가 나를 해하리오! 결국 천하는 나와 더불어 움직이게 되어있다. 내가 대도를 잡고 있으니 천하가 움직인다! 제갈량의 지혜인들 내가 부러울 게 있겠는가!

三十六章

將欲歙之, 必固張之;
<small>장 욕 흡 지　필 고 장 지</small>

將欲弱之, 必固強之;
<small>장 욕 약 지　필 고 강 지</small>

將欲廢之, 必固興之;
<small>장 욕 폐 지　필 고 흥 지</small>

將欲奪之, 必固與之。
<small>장 욕 탈 지　필 고 여 지</small>

是謂微明。
<small>시 위 미 명</small>

柔弱勝剛強。
<small>유 약 승 강 강</small>

魚不可脫於淵,
<small>어 불 가 탈 어 연</small>

國之利器不可以示人。
<small>국 지 리 기 불 가 이 시 인</small>

서른여섯째 가름

장차 접으려 하면 반드시 먼저 펴주어라.

장차 약하게 하려 하면 반드시 먼저 강하게 해주어라.

장차 폐하려 하면 반드시 먼저 흥하게 해주어라.

장차 뺏으려 하면 반드시 먼저 주어라.

이것을 일컬어

어둠과 밝음의 이치라 하는 것이다.

부드럽고 약한 것이 딱딱하고 강한 것을

이기게 마련이니라.

물에 사는 고기는 연못을 튀쳐나와서는 아니 되나니

나라를 다스리는데 핵심적인 원칙을 담은 그릇은

사람에게 함부로 보여서는 아니 되나니라.

沃案 이 장은 노자와 병가兵家와의 관련을 이야기할 때, 가장 많이 인용되는 구절이다. 노자와 병법에 관한 것은 이미 31장에서 충분히 설명했으므로 다시 반복치 않겠다.

장욕흡지將欲歙之, 필고장지必固張之;

여기 가장 중요한 글자는 "고固"인데, "반드시 먼저 펴주어라"는 번역문의 "먼저"에 해당되는 말이다. "고固"는 "선先"으로도 풀이될 수 있지만, 그 뜻은 "본시," "원래," "고유한" 등의 의미이다. 접으려고 하면 먼저 펴주어야 하는 것은 사물의 고유한, 본래의 이치라는 것이다. 우산을 일례로 들어보아도 우산을 접으려면 먼저 펴줌이 있어야 한다는 것이다. 사물의 이치가 그렇게 되어 있다는 것이다. 예수는 누가 오른뺨을 치거든 왼편도 돌려대며, 속옷을 가지고자 하는 자에게는 겉옷까지도 가지게 하며, 오 리를 가게 하거든 십 리를 동행하며, 구하는 자에게 주며, 꾸고자 하는 자에게 거절치 말라고 한다(마태 5:39~42).

예수는 고등한 윤리를 말하는 것이지만 노자는 사물의 필연적 이치를 말하는 것이다. 유약이 강강을 승勝할 수 있는 배경에는 이러한 순환의 이치가 있다는 것이다. 이러한 순환의 이치를 "미명微明"이라 불렀는데 대부분의 주석가들이 이 미명의 의미를 잘못 해석하고 있다. 이것은 "미묘한 밝음"이라는 뜻이 아니다. "미微"는 미세하다는 뜻이 아니고 "밝지않다"는 뜻이다. "미명微明"은 "유명幽明"의 다른 표현일 뿐이다. 끊임없이 굴러가는 바퀴를 한 방향에서 보면 우리는 항상 그 반쪽만 보게 될 것이지만, 그 반쪽은 기실 반쪽이 아니요, 그 전체를 우리가 보게 되는 것이다.

우리가 바라보고 있는 것은 "명明"의 반쪽이지만, 그 명의 반쪽은 항상 "미微"의 반쪽을 대칭적으로 수반하고 있다. 결국 명은 미로 가고, 미는 명으로 끊임없이 돌아가고 있는 것이다. 그러니까 이 양면을 전관하지 못하고 명과 미,

한 면에만 집착하는 것은 현명한 삶의 태도가 아니다. 병가의 작전 또한 이러한 양면을 항상 전관하고 있어야 한다. 약하게 하려면 먼저 강하게 해주고, 폐하려면 먼저 흥하게 해주고, 뺏으려면 먼저 주어야 한다.

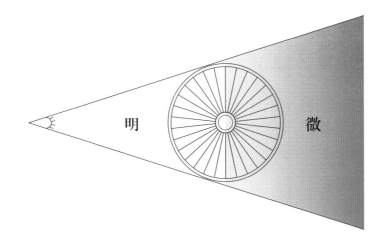

제일 끝머리에 있는 "국지이기國之利器, 불가이시인不可以示人"이라는 문구는 해석이 어려운데 선진의 여러 경전들을 참작해서 그 뜻풀이를 시도하면 다음과 같다. 물고기가 깊은 연못에 산다는 것은, 안전하다는 의미도 있고 그윽하다는 의미도 있다. 그것은 무명지박의 그윽한 이미지, 즉 도를 의미하는 것으로 볼 수 있다. 그러한 도의 미덕에는 유약이 강강을 이긴다는 미명의 이치도 들어가 있다. 그런데 "나라의 이기利器"라는 것은 결국 통치의 핵심인데, 그것은 그러한 모든 미명의 이치를 구현하는 성인聖人, 이상적인 통치자Ideal Ruler를 의미한다. 그러한 성인은 물고기가 깊은 물에서 뭍으로 튀쳐나와서는 아니 되듯이(맥을 못춘다), 도를 구현하는 성인은 함부로 사람에게 드러나서는 아니 된다는 뜻이다.

우리나라에도 깊은 연못 속에 가려진 채 있으면서 강력한 원칙에 의해 국정을 과감하게 수행하는 이상적 통치자가 청와대에 자리잡기를 기원하고 또 기원한다.

三十七章

道常無爲, 而無不爲。
도 상 무 위 이 무 불 위

侯王若能守之, 萬物將自化。
후 왕 약 능 수 지 만 물 장 자 화

化而欲作, 吾將鎭之以無名之樸。
화 이 욕 작 오 장 진 지 이 무 명 지 박

無名之樸, 夫亦將無欲。
무 명 지 박 부 역 장 무 욕

不欲以靜, 天下將自定。
불 욕 이 정 천 하 장 자 정

서른일곱째 가름

도는 늘상 함이 없으면서도
하지 아니함이 없다.
제후와 왕이 만약 이를 잘 지킨다면
만물이 장차 스스로 교화될 것이다.
그런데 스스로 교화되는 과정에서도
인간의 욕망은 또다시 치솟을 것이다.
그러면 나는 그 욕망을 무명의 통나무로 진압할 것이다.
무명의 통나무로 진압해가면
대저 백성들은 점차 욕망을 없앨려고 노력할 것이다.
성인이 욕심냄이 없이 고요하면
하늘아래 인간세가 스스로 질서를 찾아갈 것이다.

沃案 "무위이무불위無爲而無不爲," "자화自化," 이제 이런 말은 쉽게 이해가 갈 것이다. 이러한 덕성이 모두 치술治術의 문제임을 노자는 재삼 강조하고 있다. 통치자의 치술과 마음공부, 이것이 가장 중요한 것임을 역설하고 있다. 그런데 이 장에서 특이한 것은 "화이욕작化而欲作"이다. "자화自化"(스스로 교화된다)되어 가는 과정에서도 인간의 욕망은 반드시 치솟게 된다는 것이다. 인간은 "욕망의 존재"라는 것을 노자는 확인하고 또 확인하고 있는 것이다. 무위의 치술만으로 해결이 되지 않는다. 인간의 욕망이란, 인간의 생명의 근원이며, 그것이 있기 때문에 무질서와 조화의 통합적 프로세스가 가능해지는 것이다.

이러한 생생불이生生不已의 생화과정生化過程 중에서 이 욕망을 다스리는 방법으로 인류가 고안한 것은 첫째가 법률이고 둘째가 윤리도덕이라는 것이다. 전자는 타율적 규제고 후자는 자율적 절제이다. 이 양면이 사회규제에는 다 필요하지만, 노자는 이 양면으로 부족하다고 말한다. 이 양자를 초월하는 것, 그것이 바로 "무명지박無名之樸"이다. 다시 말해서 문명 그 자체를 질소한 통나무의 방향으로 이끌어야 한다고 주장한다. 이러한 역사의 방향이 서게 되면 백성들도 무욕하게 되고, 통치자들도 불욕하게 된다. "무욕無欲"의 주체는 백성이고, "불욕不欲"의 주체는 성인이다. 성인이 불욕하여 고요하게 되면(즉 무위를 실천하고 허를 극대화시키면) 천하는 안정될 것이다. 이렇게 도경道經이 종결된다.

아랫벼리

얻음의 성경

三十八章

上德不德, 是以有德。
상 덕 부 덕　시 이 유 덕

下德不失德, 是以無德。
하 덕 불 실 덕　시 이 무 덕

上德無爲而無以爲,
상 덕 무 위 이 무 이 위

下德爲之而有以爲。
하 덕 위 지 이 유 이 위

上仁爲之而無以爲,
상 인 위 지 이 무 이 위

上義爲之而有以爲,
상 의 위 지 이 유 이 위

上禮爲之而莫之應, 則攘臂而扔之。
상 례 위 지 이 막 지 응　즉 양 비 이 잉 지

故失道而後德, 失德而後仁,
고 실 도 이 후 덕　실 덕 이 후 인

失仁而後義, 失義而後禮。
실 인 이 후 의　실 의 이 후 례

夫禮者, 忠信之薄, 而亂之首。
부 례 자　충 신 지 박　이 란 지 수

前識者, 道之華而愚之始。
전 식 자　도 지 화 이 우 지 시

是以大丈夫處其厚, 不居其薄;
시 이 대 장 부 처 기 후　불 거 기 박

處其實, 不居其華;
처 기 실　불 거 기 화

故去彼取此。
고 거 피 취 차

노자가 옳았다

서른여덟째 가름

상덕은 덕스럽지 아니하다.

그러하므로 덕이 있다.

하덕은 덕스러우려 애쓴다.

그러하므로 덕이 없다.

상덕은 함이 없을 뿐 아니라 무엇을 가지고서 함이 없다.

하덕은 함이 있으며 또 무엇을 가지고서 할려고 한다.

세속에서 말하는 상인은

함이 있으되 무엇을 가지고서 할려고 하지는 않는다.

상의는 함이 있으며 또 무엇을 가지고서 할려고 한다.

상례는 함이 있을 뿐만 아니라

자기에게 응하지 않으면

팔뚝을 낚아 억지로 끌어당겨 복속시킨다.

그러므로 도를 잃어버린 후에나 덕을 얻는 것이요,

덕을 잃어버린 후에나 인을 얻는 것이요,

인을 잃어버린 후에나 의를 얻는 것이요,

의를 잃어버린 후에나 예를 얻는 것이다.

대저 예법이란 것은 가슴에서 우러나오는 신뢰의 엷음이요

모든 어지러움의 머리다.

시대를 앞서간다 자처하는 자들이야말로

도의 허황된 꽃이요 모든 어리석음의 시단이다.

그러하므로 어른스러운 큰 덕의 사람은

그 도타움에 처하지 그 엷음에 살지 아니한다.

그 열매에 처하며 그 꽃에 살지 아니한다.

그러므로 저것을 버리고 이것을 취한다.

沃案 38장 역시 매우 중요한 장이고, 덕경德經의 수장首章으로서 향후의 전개되는 장들의 성격을 규정지을 만큼 대표성이 있는 장이라고는 하나, 나의 번역문에 의거하여 그 대강을 이해하는 것으로 족할 것 같다. 사실 왕필만 해도 이 장에 대해서 가장 긴 주를 달았을 뿐 아니라 이 38장의 사상을 자기 철학의 근원으로 삼았다. 왕필의 철학은 무無의 철학이고 허虛의 철학이고 본本의 철학인데, 그것을 한마디로 요약하면 "숭본이식말崇本以息末"이 된다. 왕필이 『노자』주를 달고나서 그 전체의 요지를 압축한 『노자미지례략老子微旨例略』이라는 논문이 있는데, 그 논문에 이와 같이 말하고 있다: "『노자』라는 책의 내용을 한마디로 요약하라 하면, 아! 숭본식말 이 한마디일 것이다. 老子之書, 其幾乎可一言而蔽之。噫! 崇本息末而已矣。"

"숭본崇本"은 이해가 쉽다. 그 근본을 존중한다, 그 본질을 숭상한다는 뜻이다. 그런데 "식말息末"이라고 하는 것을 본을 존중하고 그 말엽적인 것들을 불식시켜 버린다는 식으로 해석하면 아니 된다. "식息"에는 "휴식한다," "없애 버린다"는 뜻도 있지만 그 반대로 "번식시킨다," "잘 자라게 한다"는 뜻이 있다. 우리가 원금을 위탁하고 자라나는 이자를 "이식利息"이라고 하는데, 이 용례가 이런 뜻에 해당된다. 그러므로 "숭본식말"이라고 하는 것은 그 뿌리를 존중함으로써 말엽의 가지들을 번식하게 한다는 긍정적인 의미를 지니게 된다. 근본이 망각되어 가는 전란의 시대를 산 왕필(『삼국지』의 전란이 마무리되는 시기를 살았다. 조조가 죽고 6년 후에 태어난 인물)은 문명의 허세를 버리고 근원, 근본으로 돌아가자는 노자의 사상에 깊은 공감을 느꼈을 것이다.

"숭본식말"은 이 장의 끝에 나오는 "불거기박不居其薄," "불거기화不居其華," "거피취차去彼取此"의 논지를 자기 나름대로 표현한 것이다. 본 장의 왕필 주에 이런 말이 있다: "그 어미를 지킴으로써 그 자식들을 보존하고, 그 뿌리를 숭상함으로써 그 말엽의 가지들을 번성케 하면, 형形과 명名이 다 함께 있어도(현실세계를 말함) 사특함이 생겨나지 않고, 하늘에 짝할 정도의 큰 아름다움이 있어도 화려한 허상이 설치지 못한다. 그러므로 그 어미는 멀리할 수 없는 것이요, 그 뿌리는 잃어버릴 수 없는 것이다. 守其母以存其子, 崇本以擧其末, 則形名俱有而邪不生, 大美配天而華不作。故母不可遠, 本不可失。"

사실 이 주석만 파악해도 이 장의 요지는 대강 마무리된다. 도의 논의에 비하여 덕의 논의는 한 차원이 낮다. 왕필의 주석대로 "덕德"은 "득得"(얻음)이며, 개물個物이 도道로부터 얻어 자신의 몸속에 축적하는 것이기 때문이다. 그러나 덕 또한 도를 본받는 것이므로 도의 덕성을 다 지니게 된다. 그러니까 도가 노니는 세계는 우주론적이고 인식론적이고 가치론적이라고 한다면 덕이 노니는 세계는 아무래도 개체의 삶, 즉 인생관의 문제, 또 치세治世 즉 정치론의 문제, 또 정치의 핵심인 전쟁의 문제 등등에 밀집되어 있다. 공자도 자기 인생을 총평하여 "지어도志於道, 거어덕據於德"(「술이」6)이라 했다. 도道를 지향하면서, 덕德에서 굳건히 삶의 근거를 찾는다는 뜻인데, 노자가 말하는 "도덕"의 의미와 대차가 없다.

1장과 38장을 비교해보면 누구든지 느낄 수 있을 것이다. 1장의 거대한 스케일과 오묘한 우주론과 인류의 모든 철학의 기초가 될 만한 인식론적 선포의 웅혼한 느낌과 38장의 느낌은 영 다르다. 38장은 처음부터 도가 아닌, 도보다 한 단계 낮은 상덕上德으로부터 시작하기 때문에 그 다음에 전개되는 모든 것은 인류사회의 도덕적 가치에 관한 것이다. 나는 스무 살 때 『노자』를 읽으면서 38장에 전혀 매력을 느끼지 못했다. 도道 → 상덕上德 → 하덕下德 → 상인上仁 → 상의上義 → 상례上禮라는 가치의 하이어라키를 만들어놓고, 그 하이어라키에 그 덕성들의 설명을 꿰맞추는 논의방식이 영 노자답지 못하고, 좀 진부하고 구질구질하게 느껴졌다. 그래서 이것은 『노자』라는 문헌의 상층대에 속하는 장이 아니라고 판단했다. 인仁, 의義, 예禮라는 겉시화된 개념, 그리고 아닌 밤에 홍두깨식으로 불쑥 튀어나온 "대장부大丈夫"라는 말 등등이 도무지 너무도 유가적 논의를 의식한 것처럼 보였기 때문이다.

그런데 문세광이 박정희 대통령의 저격을 시도했을 즈음, 나에게는 츠앙사長沙로부터 소식이 들려왔다. 마왕퇴3호한묘漢墓 속에서『노자』백서帛書 두 종이 나왔다는 것이다(편의상 갑본, 을본이라고 부른다). 갑본은 예서 내음새가 좀 나는 소전체小篆體로 필사된 것이고, 을본은 거의 완벽한 예서로 필사된 것이다. 예서는 노예도 읽을 수 있는 서체라 하여 진시황 때 문자혁명의 한 방편으로 반포되어 동한 초에는 거의 보편화된 서체이다. 그러니까 갑본은 을본보다 초사抄寫된 시기가 빠르다. 아마도 갑본은 진시황 때 아니면 그 조금 이전의 책이고 을본은 유방 칭제 이후의 책이다. 을본에는 "방邦"이라는 글자가 휘자이기 때문에 쓰여지지 않고 있고, 그 이후 황제의 휘는 지키고 있지 않은 것으로 보아, 정확하게 유방 시대의 초사抄寫작품이라고 판정된다. 갑본은 훼손이 심하고 을본은 거의 완정한 형태로 남아있었다. 그런데 또한 중요한 사실은 을본이 갑본을 초사한 것은 아니고, 그 나름대로 다른 전승을 이은 문헌이라는 것이다.

자아! 마왕퇴에서『노자』가 나왔다! 나같은 사람의 최초의 관심은 내가 심중에서 의문시하고 있던 것을 우선 확인해보는 것이다. 마왕퇴백서에 38장이 있냐? 없냐? 와아~ 있다! 있어도 그대로 다 있다. "대장부"도 있고, "전식자前識者"도 있고, "거피취차去彼取此"까지 다 그대로다! 그리고 더욱 놀랄 일은 덕경이 도경 앞에 있는 것이다. 출토죽간은 가죽끈이 다 사라져서 선후를 가리기가 어렵다. 그런데 백서는 비단 위에 써서 병풍처럼 포개놓은 것이기 때문에 선후차서를 정확하게 알 수 있다. 마왕퇴백서의 출현으로 갑자기『도덕경』은『덕도경』이 된 것이다.

그러나『덕도경』의 문제는 이미 전공자들 사이에서는 논의가 되어 있었다. 왜냐하면『노자』라는 책은 전국시대에 워낙 널리 읽힌 책이고, 장자를 통하여서도 선전이 많이 되었기 때문에 법가의 대명사인 한비자가 이 서물에 대해「해로解老」(『노자』를 해석함)「유로喩老」(『노자』를 비유·이야기를 들어 설명함)라는 두 편의 논문을 썼다. 그런데 이 논문 속에 나타난『노자』의 모습이 배열차

서상 덕경이 도경 앞에 있었던 것이다. 「해로」는 이렇게 시작한다: "덕德이라는 것은 내면적인 것이요, 득得이라는 것은 외면적인 것이다. 상덕은 덕스럽지 아니하다라는 것은 그 신神이 밖의 요소로 인하여 오염되지 않은 것을 말한 것이다.德者, 內也; 得者, 外也。上德不德, 言其神不淫於外也。"그 설명의 정당성은 차치하고 하여튼 "도가도비상도"가 아니라 "상덕부덕上德不德"으로부터 해설을 시작하고 있는 것이다. 분명히 한비자가 본 『노자』는 『덕도경』이었던 것이다.

자아~ 이제 어떻게 할 것이냐? 덕도경이냐 도덕경이냐? 이 문제를 놓고 대체적인 견해는 법가계열에서 전승된 문헌은 덕도경이고, 도가계열에서 전승된 문헌은 도덕경이며, 발전순서도 덕경이 병법적인 관심에서 먼저 생겨났고, 덕경이 이론적 깊이를 더하면서 도경으로 발전했다 하는 식의 논의가 일반론인 것처럼 받아들여지는 추세였다. 과연 그럴까? 우선 이런 논의는 곽점죽간의 출현으로 무의미하게 되었다. 곽점죽간은 도경과 덕경의 확연한 구분을 거부하며, 또한 도경의 심오하고 보편적인 우주론·인식론·가치론적 논의가 초기부터 성립했다고 하는 것을 실증적으로 보여주고 있기 때문이다. 노자의 궁극적 관심은 도와 덕의 분별에 있는 것이 아니라, 존재의 시원始源에서 도와 덕을 최해통일시키는 데 있었던 것이다.

고전학, 특히 문헌학의 세계에 있어서 문헌의 성립과정을 이야기하는 것은 어디까지나 추론이며 명료한 단안을 내리기가 어렵다. 결국 그 문헌을 바라보는 학자들간에, 기본사료에 대한 통찰을 전제로, 그들이 바라보는 시각이 제출되고 있을 뿐이다. 왕필의 경우, 왕필에게 주어진 판본도 역시 "덕도경"체제였을 가능성이 크다. 38장의 내용이 왕필의 사상성향과 별로 교감될 건덕지가 없음에도 불구하고 그기 그토록 주력하여 주석을 달고 있는 것만 보아도 38장이 도덕경이라는 문헌의 첫머리라는 문제의식이 반영되어 있는 것이다. 하여튼 도경이든 덕경이든 이 두 문헌이 섞이지 않고 왕필에게 따로따로 주어졌다는 것은 의심의 여지가 없다.

　우리가 지금 계속 덕경이니 도경이니 하는 말을 쓰고 있지만, 왕필시대까지만 해도 그런 말은 명료하게 제목으로 존재하지 않았다. 당나라의 석도세釋道世가 찬찬撰한 불교유서佛教類書인 『법원주림法苑珠林』 권68에 다음과 같은 얘기가 있다: "한나라 경제景帝는 황자黃子니 노자老子니 하는 책에 체득하는 바가 깊었기 때문에 자子를 경經으로 고치게 하여 처음으로 도학道學을 수립하였다. 칙령을 내려 조야에서 다 그 경전을 암송케 했다.漢景帝以黃子, 老子義體尤深, 改子爲經, 始立道學, 勅令朝野悉諷誦之。" 이 말에 따르면 『노자老子』가 『도덕경道德經』으로 된 것은 한나라 경제(BC 157~141년 재위) 때라는 것인데 이것도 확실하지 않다. 백서본을 보면 일체 장절의 구분이 없고, 제목도 없다. 단지 을본에만 덕경이 끝나는 곳에 "德 三千卅一"이라는 글자수 표시가 있고, 도경이 끝나는 곳에 "道 二千四百廿六"이라는 글자수 표시가 있을 뿐이다. 이 것으로 미루어 우리가 그냥 덕경이니 도경이니 하는 표현을 그냥 편리하기 때문에 쓰고 있을 뿐이다.

　왕필의 20장 주에 "하편下篇에 위학자일익爲學者日益, 위도자일손爲道者日損이라는 말이 있다"라고 되어 있다. 또 57장 주에 "상장운上章云"이라고 되어 있는데, 이것은 48장의 말을 인용한 것이다. 이것으로 미루어 보면 왕필주본은 장章의 구분이 있었고 체제는 도덕경체제였지만, 그냥 "상편上篇,"(도경) "하편下篇"(덕경)으로만 갈라져 있었던 것이다. 나는 왕필시대까지만 해도 덕도경체제가 더 보편적이었는데, 왕필이 주를 달면서 덕도경체제를 도덕경체제로 바꾼 것이라고 생각한다. 왜냐하면 덕경이 앞으로 오는 체제는 현학玄學이 성행하는 당대의 분위기에 도무지 어필될 길이 없었기 때문이다. 1장의 우주론적 철학적 깊이와 38장의 윤리위계질서적 느낌은 소양지판이라 해도 과언이 아니다. 1장에서 37장에 이르는 느낌이 38장에서 81장에 이르는 느낌과는 너무도 다르다. 왕필이 『주역』에 주를 달면서 기존의 체제를 답습하지 않고 창조적으로 텍스트를 변화시킨 것을 생각하면 덕도경을 도덕경으로 바꾼 것은 충분히 예상될 수 있는 것이다. 왕필이 단전象傳, 소상小象, 대상大象을 오늘의 방식으로 갈라서 경과 합했다는 것은 역경주석사의 상식이다(象象合經, 實自王弼始。『周易鄭氏注箋釋』). 그렇다고 왕필 이전에는 도덕경체제가 없었다고 말할 수도 없다. 하여튼 도경과 덕경의 문제는 영원한 미스테리로 남을 수밖에 없다.

"전식자前識者"는 왕필이 이렇게 주를 달았다. "전식자라고 하는 것은 남보다 먼저 안다고 까부는 자들인데, 하덕의 패거리들이다. 前識者, 前人而識也, 卽下德之倫也。"시사프로에 나와서 혹세무민하는 자들, 예언적 통찰을 가지고 있다고 뻥치는 자들, 이들이야말로 세상을 망치는 자들이다. 도의 허황된 꽃이요, 모든 어리석음의 시단이다.

전식자의 반대개념으로 등장하는 말이 "대장부大丈夫"인데, 이 말은 『도덕경』 내에서도 여기 한 군데에만 나온다. 보통은 성인聖人, 성왕聖王, 선위사자善爲士者를 사용한다. 대장부는 『장자』에도 단 한 줄도 비치지 않는다. 대장부는 『맹자』가 즐겨 썼을 뿐이다. 그러나 맹자의 창작은 아니라는 것이 입증된다. 그 진부디 있딘 개념을 맹자는 맹지스디일로 썼고 덕경의 꺼지는 도가스타일로 썼다고 보아야 한다. "대장부"는 박화薄華에 거하지 않고 "거피취차"하는 도적인 덕성을 지닌 인물이다.

"부례자夫禮者, 충신지박忠信之薄, 이란지수而亂之首"는 예禮의 형식주의, 인성의 구속을 비판할 때 잘 인용되는 구문이다.

본문 중에 "무이위無以爲"와 "유이위有以爲"가 대비되고 있다. 나는 무이위無以爲는 "무엇을 가지고서 함이 없다"로 유이위有以爲는 "무엇을 가지고서 함이 있다"로 번역했다. "무이위"는 무엇을 의도를 가지고서 하지 않는다는 뜻이다. 자연스럽게 불면이중不勉而中하고 불사이득不思而得한다는 뜻이다.

불교에서 말하는 무상無相, 유상有相과도 상통한다고 볼 수 있다. "유이위"는 무엇이든지 의도를 가지고서 한다는 뜻이다.

해석이 좀 난감한 것은 상례上禮의 "양비이잉지攘臂而扔之"인데, 보통 "양비"는 "팔뚝을 걷어붙인다," "소매를 걷어붙인다"는 뜻으로 쓰인다. 전체적인 뜻은 예禮의 강제성을 말한 것으로, 예는 타인이 자기 말을 듣지 않으면 자기 팔뚝을 걷어붙이고 상대방을 끌어 잡아당겨서 예를 준행하도록 복속시킨다는 뜻인데, 나는 아무래도 양비의 비가 상대방의 팔뚝이 되어야 한다고 생각한다. 상대방의 팔뚝을 낚아채서 그것을 끌어 잡아당긴다로 해석하는 것이 더 자연스럽다고 생각한다. 69장에 관련된 표현이 나온다.

이 용龍금동신발은 나주 다시면 복암리 산91번지 정촌고분丁村古墳에서 발굴된 것이고(2014년), 금관(국보 제295호)은 나주 반남면 신촌리9호분 옹관무덤에서 출토된 것이다(1917년 조선총독부의 특별조사).

옹관무덤 속에 왕관이 있었다는 것은 옹관도 격이 높은 특별한 무덤양식일 수도 있다는 것이며, 또 옹관무덤의 주인이 국제사회에서 특별한 위상이 있었다는 것을 의미한다. 이것은 이 지역 토착세력의 유니크한 주체성을 나타내는 것이다. 최치원이 마한은 고구려의 모태라고 누누이 명료하게 지적하고 있고, 『삼국유사』에도 마한은 고조선과 동시에

노자가 옳았다

존재했던 국가체제였음을 언급했다. 뿐만 아니라『삼국사기』「고구려본기」 태조대왕 69년, 70년조에는 고구려와 마한이 함께 현도성과 요동을 공략하는 장면이 있다. 여태까지 사학계는 이러한 문헌적 사실을 낭설이라고 일축해왔다. 그러나 진실로 마한은 영산강에서 요서지방, 중국대륙의 동해안 지역까지를 관장하던 해양세력이었으며 고구려의 성장에 큰 밑거름이 되었다. 이런 역사적 판도를 이해해야 왕건의 고려건국도 이해가 된다. 왕건은 영산강문명을 배경으로 고조선-고구려를 계승한 고려를 건국했다.

이 금동신발의 문양을 정밀하게 뜯어보면 고구려고분벽화에 나오는 대부분의 금수의 모습, 기발한 디자인의 다양한 문양, 마왕퇴 예술가들이 그리고 있는 신화적 상상력, 그리고 우리민족의 오리지날한 우주관, 내세관의 상징들이 함축되어 있는데, 이러한 상징의 해석은 영산강문명의 고유성과 독창성과 태고성, 보편성을 인정하는 데서부터 새롭게 시작되어야 한다.

이러한 고분의 유물을 과거 영화의 빛바랜 흔적으로 바라보아서는 아니된다. 오늘의 살아있는 원천적 힘Macht으로 이해해야 한다. 그 유물의 주인공들이 노자와 같은 사유를 가진 심오한 형안의 소유자였다는 전제하에서 우리가 이들의 세계 속으로 감정이입할 때만이 이 조선대륙의 역사가 비로소 우리의 역사가 될 것이다.

三十九章

昔之得一者: 天得一以淸,
석 지 득 일 자　천 득 일 이 청,

地得一以寧, 神得一以靈,
지 득 일 이 녕,　신 득 일 이 령,

谷得一以盈, 萬物得一以生,
곡 득 일 이 영,　만 물 득 일 이 생,

侯王得一以爲天下貞。 其致之。
후 왕 득 일 이 위 천 하 정。　기 치 지。

天無以淸, 將恐裂;
천 무 이 청,　장 공 렬;

地無以寧, 將恐發;
지 무 이 녕,　장 공 발;

神無以靈, 將恐歇;
신 무 이 령,　장 공 헐;

谷無以盈, 將恐竭;
곡 무 이 영,　장 공 갈;

萬物無以生, 將恐滅。
만 물 무 이 생,　장 공 멸。

侯王無以貴高, 將恐蹶。
후 왕 무 이 귀 고,　장 공 궐。

故貴以賤爲本, 高以下爲基。
고 귀 이 천 위 본,　고 이 하 위 기。

是以侯王自謂孤、寡、不穀。
시 이 후 왕 자 위 고、과、불 곡。

此非以賤爲本邪? 非乎?
차 비 이 천 위 본 야?　비 호?

故致數輿無輿。
고 치 삭 여 무 여。

不欲琭琭如玉, 珞珞如石。
불 욕 녹 록 여 옥,　낙 락 여 석。

서른아홉째 가름

옛날에 하나를 얻은 사람들은 그 하나로써 다음과 같은 이치에 도달했다:

하늘은 하나를 얻어 맑아지고

땅은 하나를 얻어 편안하고

하늘의 신령은 하나를 얻어 영험하고

땅의 계곡은 하나를 얻어 빔으로 차고

만물은 하나를 얻어 생생하고

제후와 왕은 하나를 얻어 천하를 평안히 다스린다.

이는 모두 **하나**가 이룩하는 것이다.

하늘은 하나로써 맑지 못하면 찢어질 것이요,

땅은 하나로써 편안치 못하면 갈라질 것이요,

하늘의 신령은 하나로써 영험치 못하면 가물 것이요,

땅의 계곡은 하나로써 비어 차지 못하면 마를 것이요,

만물은 하나로써 생생하지 못하면 멸할 것이요,

제후와 왕은 하나로써 고귀하지 못하면 실족할 것이다.

그러므로 귀함은 천함으로 뿌리를 삼고, 높음은 낮음으로 바탕을 삼는다.

그러하므로 제후와 왕은 늘 스스로를 일컬어

고독한 사람이라 하고 부족한 사람이라 하고 불곡한 사람이라 하는 것이다.

이것이 바로 천함으로 뿌리를 삼는다 함이 아니겠는가? 그렇지 아니한가?

그러므로 자주 화려한 수레를 타는 것은 수레를 아니 타니만 못하다.

녹록하여 옥같이 빛나기를 삼가고 낙락하여 돌같이 투박하고 견실하여라.

沃案 매우 내용이 충실한 장이라 할 수 있다. 많은 것을 말해주지만, 그 대강은 이미 도경에서 충분히 토론되었다. 제10장의 "포일抱一," 제22장의 "포일抱一"과 연관지어 해석할 수 있으며, 특히 이 장의 "일一"은 『태일생수』의 "태일太一"과 일맥상통한다. 『태일생수』는 『노자』라는 텍스트와 융합되어야 비로소 그 전체적 의미를 얻는다 할 수 있다. 분명 같은 저자의 작품일 것이다.

"석昔"은 시간적인 "원초"를 말할 수도 있지만 "본원"의 의미를 갖는다. "일一"은 왕필이 "수지시數之始"(수의 시작), "물지극物之極"이라 했는데 참고할 만하다. 노자사상에 있어서 "일"은 "도"와 같은 맥락에서 쓰이지만 또 "도"와 동일한 개념은 아닌 것 같다. "일一"은 "유有"와 "무無"의 세계를 연결하는 생성의 작용이 있다. 무의 작용을 지니면서 무는 아니고, 또 유의 작용을 지니면서 또 유는 아니다. 그것은 생명의 근원이며 우주창조력Cosmic Creativity의 상징이다. "태일생수"의 태일과 아주 유사하다.

"고孤"는 고독하다는 의미이고, "과寡"는 과덕寡德하다는 의미이고 "불곡不穀"은 만물을 생양生養하는 힘이 부족하다는 의미이다. 다 군주가 사용하는 겸사이다.

여기 수레는 높은 지위에 있는 사람이 타고 다니는 화려한 수레로서 고귀한 신분을 나타낸다. 수레를 자주 타는 것은 수레를 아니 탐만 못하다. 조선조의 선비들이 수레를 안 타려고 노력한 사람이 많다. 퇴계도 수레를 안 타지는 않았지만 안 타려고 노력한 사람이다.

마지막의 "불욕녹록여옥不欲珠珠如玉, 낙락여석珞珞如石"은 대체적으로 "불욕"을 낙락여석에까지 걸리는 것으로 읽어왔다. 나도 과거에는 이렇게 해석했다: "녹록하여 옥석같이 빛나기를 삼가고, 낙락하여 보석같이 빛나기를 삼가라." 그러나 화려하고 찬란한 옥玉과 빛이 없고 투박한 석石을 대비시켜 해석하는 것이 노자의 박樸의 사상에 더 잘 어울린다: "녹록하여 옥같이 빛나기를 삼가고 낙락하여 돌같이 투박하고 견실하여라."

　본 장에서 매행의 끝나는 글자들을 보면 압운되어 있다는 것을 알 수 있다. 우선 청淸, 녕寧, 령靈, 영盈, 생生, 정貞, 여섯 글자가 운을 밟고 있다. 다음의 렬裂, 발發, 헐歇, 갈竭, 멸滅, 궐蹶, 여섯 글자가 운을 밟고 있다. 우리 말의 한자음이 얼마나 고대 음체계를 잘 보존하고 있는지를 알 수 있다. 압운의 문제는 내가 본서에서 다루지 않았으나 『도덕경』 전체가 이렇게 아름답게 운을 밟고 있는 시詩이다. 체계적인 철학이면서 동시에 아름다운 시, 그러면서도 헛소리가 없고 간결한 『노자』, 진실로 인류문헌사의 진정한 관冠이라 일컬을 만하지 않겠는가!

　본 장의 "여輿"를 "예譽"로 바꾸어 해석하는 주석가들도 있다. 그러면 "치삭여무여致數輿無輿"는 "자주 명예를 얻는 지경에 이르게 되면 오히려 명예가 사라진다"는 뜻이 된다. 내면적 의미는 별 차이가 없다.

四十章

反者, 道之動;
반 자　도 지 동

弱者, 道之用。
약 자　도 지 용

天下萬物生於有,
천 하 만 물 생 어 유

有生於無。
유 생 어 무

沃案 40장은 가장 간략하지만 가장 포괄적인 우주론이며, 가장 집약적으로 노자사상을 표현하고 있다. 독자들은 기억할 것이다. 내가 도경에서 도의 움직임을 이야기할 때 "반자反者, 도지동道之動"을 계속 인용했어야만 했던 것을! 반反은 도의 움직임Movement이고, 약弱은 도의 쓰임Function이다. 허가 있기에 생생生生의 기능이 있는 것이다. 천하만물은 유형에서 생겨나지만, 결국 유형은 무형에서 생겨난다. 이 40장은 실제로 제1장 전체의 내용을 압축적으로, 그리고 아주 상식적으로 기술한 것이다.

만물에서 유有로, 유有에서 무無로, 귀납적인 설명을 했는데 이것은 제1장의

마흔째 가름

반대로 되돌아 가는 것이
도의 늘 그러한 움직임이다.
약함은 도의 늘 그러한 쓰임이다.
하늘 아래 만물이
모두 유에서 생겨나는도다!
그러나 유는 무에서 생겨나는도다.

흐름을 역전시킨 것이다. 무에서 유로, 유에서 만물로의 방향을 만물에서 유로, 유에서 무로의 방향으로 되돌리는 것은 거시적으로 보면 반자도지동의 설명이 될 것이다. 그러한 반의 움직임Returning Process에는 반드시 약弱의 기능이 있어야 한다. 약의 기능은 허의 창조력을 의미한다. 허가 있어야 순환이 가능해지고 약弱이 있어야 새로움이 개입된다.

백서본에는 왕필본 40장 – 41장 – 42장의 순서가 41장 – 40장 – 42장의 모습으로 되어있다. 백서본이 맞고 왕필본이 틀리다는 주장은 무의미하다. 현행본은 현행본대로 의미의 부각이 강렬하다.

四十一章

上士聞道, 勤而行之;
상 사 문 도　근 이 행 지

中士聞道, 若存若亡;
중 사 문 도　약 존 약 망

下士聞道, 大笑之。
하 사 문 도　대 소 지

不笑, 不足以爲道。
불 소　부 족 이 위 도

故建言有之;
고 건 언 유 지

明道若昧, 進道若退,
명 도 약 매　진 도 약 퇴

夷道若纇, 上德若谷,
이 도 약 뢰　상 덕 약 곡

大白若辱, 廣德若不足,
대 백 약 욕　광 덕 약 부 족

建德若偸, 質眞若渝。
건 덕 약 투　질 진 약 유

大方無隅, 大器晩成,
대 방 무 우　대 기 만 성

大音希聲, 大象無形。
대 음 희 성　대 상 무 형

道隱無名。
도 은 무 명

夫唯道善貸且成。
부 유 도 선 대 차 성

마흔한째 가름

훌륭한 사람들은 내가 말하는 도를 들으면

열심히 그 도를 실천하려고 노력할 것이다.

중간치기 사람들은 내가 말하는 도를 들으면 긴가민가 할 것이다.

그런데 하치리 사람들은 내가 말하는 도를 들으면

깔깔대고 크게 웃을 것이다.

그런데 그 하치리들이 크게 웃지 않으면

내 도는 도가 되기에는 부족한 것이다.

그러므로 옛부터 전해오는 말에 다음과 같은 말이 있다:

밝은 길은 어두운 것 같고,

나아가는 길은 물러나는 것 같고,

평탄한 길은 울퉁불퉁한 것 같고,

윗덕은 아랫 골 같고,

큰 결백은 욕된 것 같고,

너른 덕은 부족한 것 같고,

홀로 서 있는 강건한 덕은 유약하여 기대 있는 것 같고,

질박한 덕은 엉성한 것 같다.

큰 사각은 각은 없으며

큰 그릇은 이루어진 것 같지 않고,

큰 소리는 소리가 없고,

큰 모습은 모습이 없다.

도란 늘 숨어 있어 이름이 없다.

대저 도처럼 자기를 잘 빌려주면서 또한

남을 잘 이루게 해주는 것이 있을손가?

沃案 내 인생에서 이 장처럼 나를 호쾌하게 웃도록 만든 이벤트는 없었을 것이다. 우리 어머니가 6·25전쟁 와중에 모든 것이 빈곤하던 시절, 나를 국민학교에 집어넣었는데 때마침 한집에 나와 동갑의 장조카가 있었다. 나의 엄마는 삼촌이 조카와 같은 학년에 있으면 안된다고 해서 나를 조카보다 1년 일찍 학교에 넣었다. 내가 입학한 시점은 1953년 4월이었는데, 그때 나의 나이는 실제로 4살 10개월밖에 되지 않았다. 유치원 다니는 셈 치고 초등학교를 다니라고 했는데, 심상희 선생님이라는 매우 훌륭한 1학년 담임선생님을 만나, 반에서 1·2등을 하니까 그냥 계속해서 진학하도록 한 것이다. 정신적인 문제는 둘째 치고, 나는 나의 학창시절 내내 모든 것이 버겁고, 나와 나의 환경이 잘 맞지 않는다고 생각했다. 그때는 이유를 몰랐지만 나는 나의 삶의 환경 속에서 일종의 이단아로서 계속 살아갔다.

그래서 몸도 아팠고 고려대학교 생물과를 포기하고 한국신학대학을 갔고, 또 철학과를 갔다. 나는 고려대학교 철학과 내에서도 별종에 속했다. 나는 철학과를 들어갔을 때는 주위 아이들보다 학번이 높았고(나이는 크게 많지 않았지만 65학번 고참이었다) 또 이미 독서하는데 지독히 훈련된 사람이었기 때문에, 철학을 배운다는 일념 외로는 아무 생각도 없었고, 오로지 학문에만 정진했다. 자연히 반에서도 특출난 이단아였지만 동반학우들은 나의 공부하는 생활자세를 존중해주었다. 실제로 나와 같이 공부한 동급생 중에서 학자들이 많이 배출되었다.

『노자』를 읽을 때, 우리는 양면을 다같이 수용하면서 읽어야 한다. 그 하나는 『노자』라는 책은 노자라는 특출난 BC 6세기의 사상가가 홀로 일관되게 이 책을 지었다는 전제하에서 읽는 것이요, 또 하나는 그러한 전제가 없이 철저한 텍스트 크리틱의 관점을 다 수용하면서 춘추전국 수 세기에 걸쳐 자연스럽게 형성된 텍스트라는 생각을 가지고 읽는 것이다. 나는 동서고전문헌비평의 고등한 학문 수련을 다 거친 고전학자이지만, 『노자』를 읽을 때, 노자라는 개인, 그 고독한 사나이, 그토록 그의 시대와 다른 가치관을 가지고 우주와 인간세역사를 통관할 수 있었던 그 영민한 사나이, 그 사나이의 실존적 고뇌, 불안, 걱정, 근심, 또 분노를 절절하게 느낀다. 41장 또한 도의 전모를 밝힌 위대한 한 편의 시詩이지만, 그 시 또한 노자 자신의 발명이 아니라 그 시대에 내려오던 말, "건언建言"(속담 같은 것, "건언"은 여타 선진고전에 용례가 없는 노자만의 용법이다. 세워진 말, 뿌리뽑을 수 없는 가치 있는 시대의 금언이라는 뜻이다. 이 용례는 『장자』에도 없다)으로서 전하는 것이다. 그런데 그 건언을 전하기 위한 도입부분으로 단 막극적인 삽화를 하나 집어넣고 있는데, 이 삽화야말로 나의 삶의 답답함을 흩날려버린 장쾌하고 호쾌하고 통쾌한 노자의 실존고백이었다. 나는 이 노자의 고백을 들은 후로 더 이상 인간세의 잡음에 귀를 기울이지 않게 되었다.

下士聞道, 大笑之。 不笑, 不足以爲道。
하삐리 새끼들이 내가 말하는 도를 들으면 웃긴다고 깔깔거릴 거야.
그런데 그 새끼들이 깔깔대고 웃지 않는다면 내 도는 도가 될 수 없는 거야!

그 얼마나 장쾌한 선포인가!

나의 외할아버지는 독립운동에 헌신한 분으로서 민주의 다양한 항일독립운동단체에 자금을 댄 자금모집책의 중책을 맡은 분이었다. 나의 외조부는 수시로 서대문형무소를 들락거렸다. 원래 강화도 분인데, 엄마는 충남 공주 "곳짖말"이라는 곳에서도 살았다고 했다. 하여튼 나의 외조부는 한학이 출중한 분이었다. 아마도 강화학파의 훈도를 받은 사람이었을 것이다. 나의 친할아버지도 한학이 대단했는데 친할아버지는 주자학 정통파라고 한다면 나의 외조부는 노자가 말하는 이상적 인간에 가까웠다. 그의 자녀들이 모두 자기 아버지의 인품을 흠모했다. 나의 어머니의 당신 아버지에 대한 그리움 같은 것을 회상하면 나의 외조부는 큰 인격의 사람이었던 것이 분명하다. 그런데 외할아버지는 큰딸(우리 엄마) 집을 좋아해서 일 년에 한 번 정도는 꼭 와서 한 달씩 지내곤 하셨다. 나의 아버지는 장인어른이 오는 것을 별로 좋아하지 않았다. 아버지도 독방

쓰시는 것을 매우 좋아하는 분이었는데 자신의 사랑방 독방을 장인어른에게 빼앗기고 자기는 안방에서 우리와 함께 지내야 했기 때문이다. 의사생활의 피곤함을 생각할 때 우리 아버지의 투정도 이해가 간다.

그런데 나는 외할아버지를 무척 좋아했다. 외할아버지가 우리 집에 오시기만 하면 신이 났다. 사랑방에 가서 외할아버지 말씀 듣는 것이 큰 낙이었다.

외할아버지가 오시면 보료를 깔고 그 뒤로 10폭 병풍을 쳐놓는데 앞면에는 아름다운 산수화가 그려져 있었고, 그 뒷면에는 완전히 알아보기 힘든 초서로 휘갈긴 멋드러진 글씨가 끊어짐이 없이 종서되어 있었다. 그런데 외할아버지는 나를 무릎에 올려놓고 그 초서를 한 자 한 자 다 해석해주셨다. 실로 한학이라는 것은 이렇게 시작하는 것이다. 나는 초서를 읽는 외할아버지가 너무도 신기했다. 나의 외할아버지는 매우 인품이 허虛한 사람이었다. 심심하면 시를 쓰시고 나에게 그 시를 해석해주시고 운을 가르쳐 주셨다.

내가 국민학교 5학년쯤 어느 시절이었을 것이다. 외할아버지가 사랑방에 계셨는데 나를 무릎 위에 앉혀놓고 또 가르쳐 주시는 것이다.

"용옥아! 대기만성大器晚成이라는 말이 있지 않느냐? 큰 그릇은 늦게 이루어진다는 뜻으로 세상사람들이 쓰고 있지. 그런데 그것은 『노자』라는 책에 나오는 말인데, 그 전후맥락을 살펴보면 대기만성은 그런 뜻이 아니라는 것을 알 수 있다. 대방무우大方無隅, 대기만성大器晚成, 대음희성大音希聲, 대상무형大象無形이라 했으니, 만晚은 무우의 무無나, 희성의 희希나, 무형의 무無나 같은 뜻이다. 그러니까 만晚은 늦다는 뜻이 아니고, 아니라는 부정사가 되는 거야. 그러니까 대기만성은 큰 그릇은 늦게 이루어진다는 뜻이 아니고, 진짜로 큰 그릇은 이루어지지 않은 것처럼, 도무지 이루어짐이 없는 것처럼 보인다는 뜻이지. 유생들이 늦게 이루어진다 하면서 자기 처지를 합리화하는 그런 좁은 소

견머리의 말이 아니고, 정말 노자의 말씀은 큰 그릇은 이루어지지 않은 것처럼 보인다는 큰 도의 이상을 가르치시고 있는 것이란다. 용옥아! 너는 절대 만성晚成(늦게 이루어지는)의 인간이 되지 말고, 이루어짐이 없는 것과도 같은 큰 인격의 사람이 되어라! 일촌의 광음도 불가경인데 어찌 만성을 운운하겠느냐! 빨리빨리 건강하게 자라나거라."

외할아버지 말씀을 들은 것은 내가 국민학교 5학년 때였다. 이 말씀은 진실로 나의 생애를 지배하는 격언이 되었다. 나는 스무 살이 되어 『노자』를 읽음으로써 외조부 말씀의 전체 맥락을 깨닫게 되었다.

大	方	無	隅
大	器	晚	成
大	音	希	聲
大	象	無	形

↓

부정사

그리고 무無, 만晚, 희希, 무無가 부정사否定詞를 의미한다는 것은 맥락상 너무도 명백했다. 그것은 통사적으로뿐 아니라 의미론적으로도 노자의 원래 의도를 명백히 전하고 있는 것이다. 만성을 "늦게 이루어진다"라고 하는 것은 노자적 세계관을 망각한 유가적 "공부"이론에 충실한 해석일 뿐이다. 그런데 이 나의 외조부 말씀을 구현시켜주는 주석이 거의 전무했다. 중국에서도 일본에서도 미국에서도 나는 나의 동지를 얻지 못했다. 그만큼 노자의 이해가 이미 유가화되어 있는 것이다. 그런데 드디어 나의 동지를 발견하게 되는 위대한 사건이 발생했다. 이것은 다산의 "여유당"사건과 동일한 패턴이다.

재미있는 사실은 이 41장이 백서 갑·을에 다 들어있을 뿐 아니라(갑은 거의 훼멸되어 글자를 알아볼 수 없다) 곽점죽간에 그대로 들어있다는 사실이다. "하삐리새끼들이 웃지 않으면 내 도는 도가 되기에 부족하다"는 말까지도 그대로 들어있다. 노자의 실존고백 전체가 생생하게 그대로 고층대의 문헌이었던 것이다.

그런데 중요한 사실은 백서본에 "대기만성大器晚成"이 "대기면성大器免成"으로 되어있는 것이다. 명백하게 나의 외조부의 주장, 아니 한학실력이 빵빵했던 조선의 선비들의 주장을 백서본이 2천 년의 세월을 지난 후에 입증하였던 것이다(이 문제에 관하여서는 이석명의 『백서노자』[청계, 2003] p.58을 참조할 것). 대기만성은 늦게 이루어지는 것이 아니라, 이루어지지 않은 것처럼 보인다는 것이다. 왕필도 그렇게 해석했는데 왕필의 주해를 다 곡해하고 있다.

> 大器成天下, 不持全別, 故必晚成也。
> 대기(큰 그릇)라고 하는 것은 천하 전체를 이루는 것이다. 그러므로 그것은 분별의 대상이 되지 않는다. 그래서 반드시 이루어지지 않은 것처럼 보인다고 말한 것이다.

마지막의 "부유도선대차성夫唯道善貸且成"은 만물의 끊임 없는 생화生化 과정과 도의 생생무이生生無已의 생명력을 시적으로 표현한 명언이다.

나는 창녕에서 이 고인돌을 보는 순간 나일강변에 있는 기자의 피라미드를 두 눈으로 보는 것보다 더 큰 충격이 전율로서 다가왔다. 기자의 피라미드는 강 범람 시 석재 운반이 용이한 틈을 타서 모래밭 평지 위에 세우는 작업과정을 거친다. 물론 그 거석들을 치밀하게 깎아 기하학적으로 맞추어 나간 이집트인들의 공법에 찬탄을 금하지 못했지만, 이 창녕의 고인돌은 매우 험준한 언덕의 정상에 세운 것으로 피라미드와는 비교할 수도 없는 불리한 여건에서 만들어진 것이다. 이것은 단일 묘소로서 피라미드 이상의 위용을 지니는 것이다. 연대도 청동기시대에 국한되지 않는다. 이 수백 톤의 돌덩어리를 여기까지 사람의 손으로 끌고 와서 돌방을 만들고 고임돌 위에 안치하기까지 동원된 인력의 에너지 규모와 그 조직의 하부구조를 생각할 때 조선대륙의 남부(=나의 고구려지도로 보면 정상부) 지역의 풍요로움은 지구상의 어떠한 문명의 풍요도 뛰어넘고 남음이 있다. 우주의 배꼽이라 해야 할 것이다. 고인돌은 고조선문명의 기저이며, 전 세계 거석문화의 중추이다. 고인돌은 고조선의 거대한 축제문화였다. 국중대회國中大會, 음식가무飮食歌舞의 제천祭天 행사였다. 고인돌의 위대성은 노예계급의 노동력을 전제로 한 것일 수 없다는 데 있다. 공동체 전체의 자발적인 참여가 아니면 이루어질 수 없다. 그리고 고인돌무덤은 대소의 차이는 있으나 특별한 지배계급에 국한되지 않는다. 삶과 죽음을 귀하게 여기는 지역공동체의 따사로움이 느껴지는 예술품들이다.

이 위대한 고인돌이 북두칠성의 형태로 7개나 있었는데 왜놈들이 이 땅을 침범하여 그 돌을 다 깨서 토목공사에 썼다고 한다. 일제의 폭압에도 불구하고 동네주민들이 돈을 걷어 이 고인돌 하나만은 깨지 말아 달라고 빌어, 살려냈다고 한다. 위대한 민족의 위대한 수난이여! 슬프도다!

四十二章

道生一,
<small>도 생 일</small>

一生二,
<small>일 생 이</small>

二生三,
<small>이 생 삼</small>

三生萬物。
<small>삼 생 만 물</small>

萬物負陰而抱陽,
<small>만 물 부 음 이 포 양</small>

沖氣以爲和。
<small>충 기 이 위 화</small>

人之所惡, 唯孤、寡、不穀,
<small>인 지 소 오 유 고 과 불 곡</small>

而王公以爲稱。
<small>이 왕 공 이 위 칭</small>

故物或損之而益,
<small>고 물 혹 손 지 이 익</small>

或益之而損。
<small>혹 익 지 이 손</small>

人之所教, 我亦教之。
<small>인 지 소 교 아 역 교 지</small>

强梁者不得其死,
<small>강 량 자 부 득 기 사</small>

吾將以爲教父。
<small>오 장 이 위 교 부</small>

마흔두째 가름

도는 하나를 낳고
하나는 둘을 낳고
둘은 셋을 낳는데
셋은 만물을 낳는다.
만물은
음을 등에 엎고
양을 가슴에 안고 있다.
텅빈 기가 서로를 포섭하여 생성의 조화를 이룬다.
사람들이 싫어하는 것은
고독과 부족과 불곡인데
왕공들은 이것으로 자기를 부른다.
그러므로 사물의 이치란
덜어내면 보태지고 보태면 덜어지는 것이다.
보통사람들이 가르치는 것을
나 또한 가르칠 뿐이다.
모든 강폭한 것은
제명을 살지 못하는 것이니
나는 이것으로써
모든 가르침의 아버지로 삼는다.

沃案 노자의 언어는 어느 누구도 권위를 독점할 수 없다. 다 알 수 있을 것 같으면서도 애매하기 그지없고, 상징성이 풍부하여 우리의 일상언어가 그것에다 미칠 수가 없기 때문이다. 42장도 매우 애매한 장으로 논란의 여지가 너무도 많았는데 나는 『태일생수』의 출현으로 이 장의 해석을 비교적 명료하게 할 수 있었다. 제1장에서부터 이미 도道는 천지天地를 넘어서는 개념이며(결국 서구식 "초월"은 아니다), 형形과 명名으로 구체화시킬 수 없는 개념이라는 것을 우리는 배웠다.

"도생일道生一"의 "일一"은 이미 "포일抱一"의 개념으로 여러 번 언급되었고, 39장에서 매우 구체적으로 설명되었다. 『장자』 「지북유知北遊」에도 이런 명언이 있다: "천하만물을 통하는 것은 하나의 기이다. 성인은 그러므로 하나를 귀하게 여긴다. 通天下一氣耳。聖人故貴一。" 아름답고 신묘한 것이 어느샌가 코를 막게 되는 똥덩어리가 되고, 또 그런 똥덩어리가 어느새 아름답고 신묘한 것이 되는 것이 만물의 세계이므로 결국 만물은 일기一氣, 즉 하나라는 것이다. 이 하나에는 아름다움과 추함의 분별이 무의미하다. 그런데 장자의 말에 항상 나의 가슴을 치게 만드는 명언이 있다: "사람의 태어남이라고 하는 것은 기가 모이는 것이다. 모이면 생하는 것이요, 흩어지면 죽는 것이다. 생과 사가 한 무리라고 한다면 내가 걱정할 게 뭐가 있으랴! 그러므로 만물은 하나다. 人之生, 氣之聚也。聚則爲生, 散則爲死。若死生爲徒, 吾又何患, 故萬物一也。"

생명이 시작되는 최초의 계기, 생명의 탄생을 위하여 기가 모여드는 최초의 계기를 "일一"이라고 표현한 것이다. "도"는 보편자이므로 개별적 생화生化의 계기에 쓰는 개념으로서는 적합지 않다. 도를 생화生化의 본체라고 한다면 일一은 생화의 형기形氣의 출발이다. 도가 일을 생한다고 하는 것은 단선적 한 방향이 아니다. 일一은 또다시(동시에) 도를 도와 하늘(=양)을 생한다. 이 과정이 바로 "일생이一生二"의 프로세스다. 다시 이 하늘은 도를 도와 땅(=음)을 생한다. 이 프로세스가 "이생삼二生三"이다. 이것은 『태일생수』에서 "천반보태일

天反輔太一, 시이성지是以成地"라 한 것과도 같다. 결국 삼三은 만물이 생성되는 기본여건인데 그것은 결국 천天과 지地와 충기沖氣의 일一이다. 하늘과 땅이라고 하는 것은 만물을 생하는 기본틀이지만, 이 틀은 일기一氣의 작용, 다시 말해서 하늘과 땅의 기운을 끊임없이 조화시키는 "하나"의 통합작용이 없이는 생하고 멸하는 생성과정의 연속성이 보장되지 않는다. 기氣는 모인다고 해서 생명이 되는 것이 아니라, 모임을 조화롭게 지속시켜야 하는 것이다.

이러한 생생生生의 프로세스를 전제로 할 때 "만물부음이포양萬物負陰而抱陽, 충기이위화沖氣以爲和"가 쉽게 이해되는 것이다. 내가 『노자』를 처음 읽을 때는 음이니 양이니 하는 언어가 생경하게 느껴졌다. 노자의 사상은 전국시대 음양가의 언어를 훨씬 앞서는 것이기 때문이다. 그러나 이러한 문제는 간백簡帛자료의 출현과 『역易』이라는 문헌의 새로운 이해에 힘입어 노자가 음·양이라는 개념을 사용할 수 없었다는 타부도 의미 없게 되었다. 천지코스몰로지가 있으면 당연히 이미 음양론도 성립되었다고 보아야 할 것이다.

현재 경락구조를 보면 양경이 배면背面을 달리고 있으며 음경이 복면腹面을 달리고 있다. 등쪽이 양이고 베기슴쪽이 음이다. 그러니 여기 음을 등에 얹고, 양을 가슴에 품는다는 것은 음·양의 교차생성cross-function을 말하는 것이다. 충기沖氣는 "기를 비운다"라고 번역할 수도 있고, "텅 빈 우주에 가득한 기"라고 번역할 수 있다. 이 기들이 서로를 용납하고 서로를 배제하면서 각각의 아이덴티티를 유지한다. 그 동일성을 유지하는 과정을 "화和"라고 한다.

"교부敎父"는 "으뜸가는 가르침"이라는 뜻이다. "화和"는 "허虛"와 "약弱"으로 유지생성되는 것이다.

四十三章

天下之至柔,
_{천 하 지 지 유}

馳騁天下之至堅。
_{치 빙 천 하 지 지 견}

無有入無閒。
_{무 유 입 무 간}

吾是以知無爲之有益。
_{오 시 이 지 무 위 지 유 익}

不言之教,
_{불 언 지 교}

無爲之益,
_{무 위 지 익}

天下希及之。
_{천 하 희 급 지}

마흔셋째 가름

하늘 아래 가장 부드러운 것이
하늘 아래 가장 단단한 것을
앞달리고 또 제어한다.
사이가 없는 곳에까지라도
아니 들어감이 없다.
나는 이로써
무위의 유익함을 안다.
말하지 아니하는 가르침,
함이 없음의 이로움,
하늘 아래 누가
이에 미칠 수 있으리오.

沃案 "치빙馳騁"은 "앞서 달린다"는 뜻도 되고 "완벽하게 제어한다"는 뜻도 된다. 말을 달리게 하는 것은 말을 제어할 때만 가능한 것이다. 지유至柔가 지견至堅을 제어한다. 여자가 남자를 제어하고, 물이 불을 제어하고, 여태후가 유방을 제어한다. "무 유 입 무 간無有入無間(閒)"에 대해서는 왕필이 이와 같이 주를 달았다: "기氣는 들어가지 못하는 곳이 없고, 물은 스치지 못하는 곳이 없다. 氣無所不入, 水無所不[出於]經。"

四十四章

名與身孰親?
명 여 신 숙 친

身與貨孰多?
신 여 화 숙 다

得與亡孰病?
득 여 망 숙 병

是故甚愛必大費,
시 고 심 애 필 대 비

多藏必厚亡。
다 장 필 후 망

知足不辱, 知止不殆, 可以長久。
지 족 불 욕   지 지 불 태   가 이 장 구

沃案 "몸身"은 나의 존재의 근원이요, 실實이요, 체體이다. "명名"은 나의 존재 밖에 있는, 나를 부르는 약속이다. 명은 나를 대표하는 것으로 약속된 것이요 내가 아니다. 나는 몸이다. 몸과 이름(명성), 이 둘 중에서 어느 것이 나에게 가까운 것이냐?

보통 "화貨"라고 하는 것은 "재화財貨"를 가리키며 문명 속에서 상품화된 물건들을 가리킨다. 물론 돈도 화에 속한다. 한문에 "多"는 중요하다는 의미도 있다. 생각해보라! 나의 존재 그 자체인 "몸身," 그 몸만 있으면 항상 벌 수 있는 "화貨," 이 둘 중에서 과연 어느 것이 더 중요한 것이냐? 왕필이 주를 달기를, "재화를 싫증냄이 없도록 탐하면 몸을 가벼이 여기게 된다. 貪貨無厭, 其身必少." 손가락이 잘려도 화투장을 계속 들고 있는 놈이나 확장에만 미쳐 있는 대기업의 장長들이나 별 차이가 있을손가?

마흔넷째 가름

이름과 몸, 어느 것이 나에게 더 가까운 것이냐?

몸과 재화, 어느 것이 나에게 더 소중한 것이냐?

얻음과 잃음, 어느 것이 나에게 더 큰 화근덩어리냐?

이러한 까닭으로 내 몸을 심히 아끼다간

반드시 생명을 잃게 되고,

재화를 많이 간직하다가는 반드시 후하게 망해먹으리라.

족함을 알면 욕되지 않으리.

그침을 알면 위태롭지 않으리.

그리하면 오래오래 내 몸을 보전하리.

"득여망숙병得與亡孰病"은 얻음과 잃음, 어느 것이 병이냐의 뜻이다. 물론 잃음도 병이 될 수 있다. 그러니 잃음보다는 많이 얻음이 더 큰 화근이 된다. 잃으면 다시 얻을 수 있는 것이다. 그런데 여기서는 문맥상 "득得"은 "재화나 명성의 얻음"을 의미하는 것이요, "망亡"은 "망신亡身, 즉 몸의 망가짐"을 의미하는 것이다. 재화나 명예를 얻기 위하여 몸을 망치는 화환禍患을 얘기하고 있는 것이다.

명화名貨(이름과 재화)의 득이 결국 망신亡身의 원인이 되는 인간의 비극적 현실을 지적하고 있는 것이다. 이러한 질문에 쉽게 답할 수 있을 것 같아도, 인간의 현존은 정답을 거부하는 방향으로만 나아가고 있다. 그래서 인간의 현존은 슬픈 것이요, 다루기 어려운 것이다. "대비大費"는 "신身"의 재앙이고, "후망厚亡"은 재화의 재앙이다.

四十五章

大成若缺, 其用不弊;
대 성 약 결　기 용 불 폐

大盈若沖, 其用不窮。
대 영 약 충　기 용 불 궁

大直若屈,
대 직 약 굴

大巧若拙,
대 교 약 졸

大辯若訥。
대 변 약 눌

躁勝寒, 靜勝熱,
조 승 한　정 승 열

淸靜爲天下正。
청 정 위 천 하 정

마흔다섯째 가름

크게 이루어진 것은 모자란 듯이 보여도

그 쓰임이 쇠갈함이 없다.

크게 찬 것은 빈 듯이 보여도

그 쓰임이 궁진함이 없다.

크게 곧은 것은 구부러진 것 같고,

크게 정교로운 것은 졸한 것 같고,

크게 말 잘하는 사람은 더듬거리는 것 같다.

빨리 움직임으로써 추위를 이기고,

고요히 지냄으로써 더위를 이긴다네.

그렇게 자연스러운 무위의 삶 속의 맑고 고요함이

하늘 아래 정도라네.

沃案 한寒과 열熱의 주제가 『노자』에서 언급된 적이 없다. 여기가 유일하다. 습조濕燥와 창열滄熱은 『태일생수』에서 언급되었으나 의미맥락이 여기와는 좀 다르다. 하여튼 이 장은 "청정淸靜"의 미덕으로 결론을 내고 있다. 보통의 댓구를 말하자면 정靜과 조躁, 한寒과 열熱이 되는데 여기서는 조가 한을 이기고, 정이 열을 이긴다고 했다. 많은 주석가들이 이를 어색하게 여겨 "정이 조를 이기고靜勝躁, 한시 열을 이긴다寒勝熱"는 식으로 비꾸어 해석했다. 그러니 왕필 텍스트는 본시 어색함이 없다. 백서 갑・을, 곽점간이 모두 왕필본을 지지한다. 나는 왕필의 주석에 따라 번역하였다. 나의 번역문이 곧 나의 주석이다.

四十六章

天下有道, 卻走馬以糞;
천 하 유 도　각 주 마 이 분

天下無道, 戎馬生於郊。
천 하 무 도　융 마 생 어 교

禍莫大於不知足,
화 막 대 어 부 지 족

咎莫大於欲得。
구 막 대 어 욕 득

故知足之足, 常足矣。
고 지 족 지 족　상 족 의

沃案 첫 줄의 "분糞"은 "똥구루마를 끈다"라는 동사이다. 농업에 쓰인다는 뜻으로 태평한 세월을 상징한다. "융마생어교戎馬生於郊"는 보통 "융마"를 "전마戰馬"로 보고 전쟁이 길어져서 전마들이 들판에서 태어난다는 식으로 해석하는데, 그것은 좀 평범한 해석이다. "융마"는 전마이지만, 그 배경에는 끌려가서는 아니 될 "새끼 밴 암말牝馬"까지 끌려가 못 돌아오는 상황, 그리고 성 밖 들판에서 융마를 해산하는 처참한 상황, 그래서 농촌이 피폐화되는 상황이 실감 나게 그려지고 있다. 『염철론鹽鐵論』「미통未通」편에 유사한 논의가 있

마흔여섯째 가름

천하에 도가 있으면 전장에서 달리는 말도 되돌려
똥구루마를 끌게 하는데,
천하에 도가 없으면 아기밴 암말조차 전장에 끌려가
들판에서 해산을 한다.
세상의 리더가 족함을 모르는 것처럼
사람에게 더 큰 화는 없다.
얻기를 계속 욕망하는 것처럼
사람에게 더 큰 과실은 없다.
그러므로 족함을 아는 족함이야말로
늘 족한 것이다.

다. 30장의 "사지소처師之所處, 형극생언荊棘生焉; 대군지후大軍之後, 필유흉년
必有凶年"을 연상케 한다.

"부지족不知足," "욕득欲得"의 주체는 역시 정치지도자일 것이다. 쌩피 보는
것은 언제나 민중이다. 정치지도자가 "대타가의 욕망"에 시달릴 때 재난이
계속되는 것이다.

四十七章

不出戶, 知天下;
불 출 호　지 천 하

不闚牖, 見天道。
불 규 유　견 천 도

其出彌遠, 其知彌少。
기 출 미 원　기 지 미 소

是以聖人不行而知,
시 이 성 인 불 행 이 지

不見而名,
불 견 이 명

不爲而成。
불 위 이 성

沃案 "불출호不出戶, 지천하知天下; 불규유不闚牖, 견천도見天道." 나 같은 부류의 사람들에게는 한없이 매력적인 일언一言이다. 하루종일 책상에 앉아있을 때 행복한 사람이기 때문이다. 서재의 서향을 떠나기 싫어하는 사람, 번거롭게 세상물정 살핀다고 나돌아다니기 싫어하는 사람에게 "불출호지천하"처럼 매력적인 말이 또 어디 있으랴!

천문역법의 원칙에 통달하여 일식, 월식을 예견할 수 있었던 당대의 현자들에게 "불출호지천하"는 문자 그대로 의미 있는 말이었다. 사물을 파악하는데 원리적 식견이 중요하지 잡다한 사건을 따라다닌다고 진상이 파악되는 것이 아니라는 뜻이다. 아인슈타인이 상대성원리를 발견하게 된 것도 경험적 사태

마흔일곱째 가름

문밖을 나가지 않아도
천하가 돌아가는 것을 알고,
창밖을 규탐하지 않아도
하늘의 길을 본다.
밖으로 멀리 나가면 나갈수록
아는 것은 더욱 더 적어지네.
그러므로 성인은 나다니지 아니하여도 알고,
두 눈으로 직접 보지 아니하여도 사물의 참 이름을 아네.
인위적으로 하지 아니하여도 잘 이루어가네.

로부터의 추론이라기보다는 어떤 예술적 영감 같은 것이었을 것이다. "호戶" 는 대문이고 "유牖"는 창문이다.

"불견이명不見而名"은 직접 나다니면서 두 눈으로 다 보지 않아도 사물의 참 이름됨을 알 수 있다는 것이다. 여기서 "명名"은 제1장의 "상명常名"이다. 그 것은 사물의 진체眞體이다. 사물의 진체는 직접경험으로써가 아닌, 원리적 파 악에 의하여 그 진상이 총체적으로 파악된다는 것이다. 어린아이가 언어를 습 득하는 과정도 사물을 다 두 눈으로 보아서 습득하는 것이 아니라는 것을 생 각하면 원리적 파악의 도약같은 것을 쉽게 이해할 수 있을 것이다.

四十八章

爲學日益, 爲道日損。
위 학 일 익　위 도 일 손

損之又損, 以至於無爲。
손 지 우 손　이 지 어 무 위

無爲而無不爲。
무 위 이 무 불 위

取天下常以無事。
취 천 하 상 이 무 사

及其有事, 不足以取天下。
급 기 유 사　부 족 이 취 천 하

沃案 같은 주제가 다채롭게 변주되면서 반복되고 있다. 그러나 이 장은 도가의 학설내용을 요약적으로 전하는 말로서 가장 인용빈도가 높은 구절 중의 하나이다.

"위학爲學"이 "위도爲道"와 대비되며 "익益"과 "손損"이 대비된다. 많은 사람이 위학을 유교적 배움이라 했고, 위도를 도가적 배움이라 했는데 그것은 적합지 않다. 이 장은 곽점죽간에도 들어있다("무불위無不爲"까지). "학學"은 그냥 "세속에서 말하는 배움"이고, 그것은 분별적 지식이며 출세의 기반이 되는 학문적 축적을 말한다. 그야말로 유식자가 되는 길이요, 그것은 날로날로 지식이 불어나는 삶을 사는 것이다. 그런데 도를 실천하는 사람의 삶은 뭔가 매일매일 사라지고 줄어들고 없어지는 느낌이 든다. 다 사라져 텅 빈 데까지 이르

마흔여덟째 가름

세상이 말하는 학을 하면 지식이 매일매일 불어난다.

그런데 내가 말하는 도를 하면 지식이 매일매일 줄어든다.

줄고 또 줄어들어 무위의 경지에까지 이르게 된다.

무위의 경지에까지 이르게 되면

되어지지 아니함이 없다.

천하를 취하고 싶으면 항상 일을 도모함이 없이 하라.

일이 꾸미는데 이르게 되면 천하를 취하기에는 부족하리로다.

는 것, 그야말로 아무 것도 없는 데까지 이르는 것, 사유가 단절되는 데까지 이르는 것, 그것을 "무위에 이른다 至於無爲"고 표현했다. 노자에게는 반주지주의적 동경이 있다. 요즈음 스님들도 그토록 어려운 가부좌수련을 통해 도달하려고 하는 것은 무념무상, 그야말로 사유가 사라진 상태, 분별적 상이 모두 사라진 상태에 이르는 것이다. 이러한 대승불교의 수행론이 사실 인도의 것이라기보다는 노자사상의 영향으로 순화된 것이다. 요가의 수행과 선의 수행이 다른 것은 도가적 무위사상이 그 갈림길을 만들어주었기 때문이다.

나는 평생 그토록 많은 지식을 쌓았지만, 이 48장 덕분에 지식인의 오만에 빠지지 않는, 아니 지식의 가치를 근원적으로 부정하는 "무위의 여유"를 획득할 수 있었다. 참으로 노자에게 인간적으로 감사한다.

四十九章

聖人無常心, 以百姓心爲心。
성인무상심　이백성심위심

善者, 吾善之;
선자　오선지

不善者, 吾亦善之,
불선자　오역선지

德善。
덕선

信者, 吾信之;
신자　오신지

不信者, 吾亦信之,
불신자　오역신지

德信。
덕신

聖人在天下歙歙(焉),
성인재천하흡흡언

爲天下渾其心。
위천하혼기심

(百姓皆注其耳目焉),
백성개주기이목언

聖人皆孩之。
성인개해지

마흔아홉째 가름

성인은 고정된 마음이 없다.

오로지 백성의 마음으로써 그 마음을 삼을 뿐이다.

좋은 사람은 나도 그를 좋게 해주고,

좋지 못한 사람이라도

나는 또한 그를 좋게 해준다.

이것은 성인의 덕이 참으로 좋은 것이기 때문이다.

신뢰할 수 있는 사람은 나도 그를 신뢰한다.

신뢰할 수 없는 사람 또한 나는 신뢰한다.

이것은 성인의 덕이 참으로 신뢰할 수 있는 것이기 때문이다.

성인은 천하에 임할 때에는 늘 분별심 없이 수렴한다.

천하를 위하여 늘 그 마음을 혼돈되이 한다.

백성이 모두 귀와 눈을 곤두세우며 경쟁하려할 때,

성인은 그들을 모두 어린아이로 만든다.

沃案 첫 줄에 나오는 "성인무상심聖人無常心"을 무심코 대했을 때, 좀 충격이 온다. "상常"이란 말이 부정적인 함의를 지니고 있기 때문이다. 그러나 그것은 부정적인 함의라기보다는 "백성의 마음을 내 마음으로 삼는다以百姓心爲心"는 성인의 통치자세에 대비적으로 쓴 말일 뿐이다. 그래서 "상常"을 불변의 뜻으로 해석하면 아니 되고 "고정된 마음常心"이라고 해석하면 족하다. 그리고 대체로 "심心"이라는 단어가 노자에게서는 맹자와 같은 그런 고귀한 뜻을 가지고 있질 않다. 대강 욕심의 자리, 불필요한 상념의 자리인 것이다. 노자가 바라보는 인간의 중심은 어디까지나 "몸" 즉 "신身"이다.

"선善"과 "신信"(신험하다, 증명가능 하다는 뜻)을 주제로 한두 개의 병렬구조의 문단이 있는데 그 끝에 "덕선德善" "덕신德信"이라는 매우 암호적인cryptic 말이 붙어있다. 그 문구는 암호적이라서 무한한 해석의 가능성이 있다. "덕선"을 예로 들어보면 다음과 같다.

1. "덕德"을 "득得"으로 해석하여 "좋음을 얻는다, 선善을 얻는다"라고 푸는 것이다.
2. 좋은 사람, 좋지 못한 사람을 다 좋게 대해주는 것은 성인의 덕이 참으로 좋기 때문이다.
3. 그 결과 모든 사람이 선을 향해 가도록 만든다.
4. 이것이야말로 참으로 선한 덕이다.
5. 그렇게 함으로써 성인의 덕이 참으로 좋게 되는 것이다.

이 중에서 나는 후쿠나가 선생의 의견에 따라 제2의 해석을 취하였다.

"흡흡歙歙"이라고 하는 것은 천하를 대하는 성인의 마음자세인데, 이미 36장에 나온 글자이므로, 그 맥락에 따라 해석하는 것이 옳다. "우산을 접는다"는 예를 내가 들었듯이, 흡흡이라고 하는 것은 수렴하는 것이고, 포섭하는 것이고,

노자가 옳았다

무분별적으로 백성과 한마음이 되는 것이다. "언焉"자는 왕필본에 없지만 왕필본 주석의 원문인용에 있고 백서본에도 있다.

왕필본에는 "백성개주기이목언百姓皆注其耳目焉"이라는 문장이 없다. 그러나 왕필은 사실 이 말을 매우 중시하여 이 경문에 대하여 긴 주를 달았다. 그리고 주 속에 경문을 반복한 곳을 보면, "백성각개주기이목언百姓各皆注其耳目焉"이 들어가 있다("각各"이라는 글자 하나만 첨가됨). 그런데 백서본이 나오면서 갑·을본에 모두 이 문장이 들어가 있는 것이 밝혀졌다. 그러니까 "백성개주기이목언"은 원래 왕필본에 있었던 것인데, 후대에 초사抄寫과정에서 탈락한 것으로 보인다. "백성개주기이목언"이란 백성들이 모두 감각적 욕망에 쏠려 라캉이 말하는 바 욕구(최소한의 본능적 욕구need) 이상의 요구(demand)에 미쳐 돌아가고 있는 상황을 말한다.

"위천하혼기심爲天下渾其心"은 마음을 카오스적으로 갖는다는 뜻인데 노자에게 있어 "그 마음을 카오스적으로 만든다"는 것은 매우 좋은 뜻이다. 그 반대가 바로 위에서 말한 바 백성들이 "주기이목注其耳目"하는 것이다. "주기이목"이라는 것은 세속적 명리를 위하여 이목을 곤두세우는 것, 즉 유위적 경쟁에 삶을 바치는 우매한 태도를 가리킨다. 그것은 라캉이 말하는 바 상징계의 채울 수 없는 결여가 된다. 요구가 욕구로부터 분리되는 경계에서 모습을 드러내는 욕망은 결코 충족될 수가 없다. 이에 대하여 노자는 "백성을 어린이로 만들어라"라는 근원적인 처방을 제시한다. 노자의 어린이는 "박樸"이다. 욕망이 대타자의 욕망으로서 분리되지 않은 상태인 것이다. 왕필은 이 말을 매우 좋아했던 모양이다. 매우 훌륭한 주를 길게 달았다. 노자적 "어린이 마음"의 정치가 결국은 법가적인 통제를 이길 수 있다는 것을 강력히 주장하고 있다.

나는 정치가는 무심하고 코믹해야 한다고 생각한다. 백성을 어린이로 만드는 통치기술은 정치가의 마음이 어린이 같아야 하는 것이다.

五十章

出生入死。
출 생 입 사

生之徒十有三,
생 지 도 십 유 삼

死之徒十有三。
사 지 도 십 유 삼

人之生, 動之死地, 亦十有三。
인 지 생 동 지 사 지 역 십 유 삼

夫何故?
부 하 고

以其生生之厚。
이 기 생 생 지 후

蓋聞,
개 문

善攝生者, 陸行不遇兕虎,
선 섭 생 자 육 행 불 우 시 호

入軍不被甲兵。
입 군 불 피 갑 병

兕無所投其角,
시 무 소 투 기 각

虎無所措其爪,
호 무 소 조 기 조

兵無所容其刃。
병 무 소 용 기 인

夫何故?
부 하 고

以其無死地。
이 기 무 사 지

노자가 옳았다

쉰째 가름

삶의 자리에서 나오면
죽음의 자리로 들어가게 마련이다.
삶의 무리가 열에 셋이 있다면,
죽음의 무리도 열에 셋이 있다.
사람이 살아 있으면서도
죽음의 땅으로 가고 있는 자들 또한 열에 셋이 있다.
대저 웬 까닭인가?
너무도 후하게 살려고 살려고
발버둥치기 때문이다.
대저 듣건대,
삶을 잘 다스리는 사람은 뭍으로 다녀도
호랑이나 코뿔소를 만나지 아니하고,
군대를 들어가도
갑옷을 입거나 병기를 차지 아니한다.
코뿔소가 그 뿔을 들이델 곳이 없고,
호랑이가 그 발톱을 내밀 곳이 없고,
병기가 그 칼날을 내리칠 곳이 없기 때문이다.
대저 어찌 이럴 수 있겠는가?
그 죽음의 자리가
그에게는 없기 때문이다!

沃案 내가 동·서철학이 분기하는 가장 결정적인 계기를 제공하는 위대한 사유를 『노자』에서 들라면 바로 이 장을 들겠다. 나는 평생 이 장을 곱씹고 또 곱씹으면서 나의 철학적 사유의 기반으로 삼았다. 겉으로 보면 이 장은 매우 평범하게 보인다. 이 장을 평범하게 인식하는 모든 사람들은 이미 그들의 사유나 언어가 서양화되어 있다는 것을 입증하는 것이다. 이 장은 우리에게 가장 비근하고도 가장 절실한 사태에 대하여 철저하게 실체적 사유를 거부할 것을 가리킨다.

이 장을 해설하기 전에 앞서 인용한 『장자』「지북유知北遊」의 말을 다시 한 번 생각해보자!

> 人之生, 氣之聚也。聚則爲生, 散則爲死。

"사람의 생명은 기의 모임일 뿐이다. 기가 모이면 생生이 되고, 기가 흩어지면 사死가 된다." 이러한 얘기의 포인트는 생과 사가 실체화되지 않고 미세한 가루와도 같은 기의 뭉침과 흩어짐으로 설명되고 있다는 것이다. 다시 말해서 생과 사는 실제적으로 허명일 뿐이고 실제로는 기의 뭉침과 흩어짐만 있는 것이다. 불교에서도 만물의 존재를 오온五蘊의 가합假合이라고 말하지만 오온 그 자체는 실체화하는 경향성이 있다. 설일체유부說一切有部의 전통이 공종空宗에도 남아있기 때문이다. 그러나 노자는 그러한 실체화된 삶의 부분에 대한 고민이 전무하다.

기가 모이고 흩어지고 하는 것도 단시간적斷時間的 사태가 아니라 시간을 통하여 지속되고 착종되는 프로세스적인 사태인 것이다. 나는 제일 먼저 노자의 이 말을 들었을 때 충격에 빠졌다.

> 出生入死。

그런데 이 문장에 대해 왕필은 매우 기발한 주석을 달았다.

出生地入死地。

삶의 자리를 나와서 죽음의 자리로 들어간다.

생生과 사死는 생지生地(삶의 자리)와 사지死地(죽음의 자리)로 이해된다. 다시 말해서 생과 사는 단절적인 시간의 사태가 아니라, 그것은 기의 상태로써 서로 얽혀있는 착종의 프로세스인 것이다. 동방의 철리를 깊게 흠모했다고 하는 하이데거나 여타 서양의 실존주의자들도 "죽음"의 현존성을 말하지만, 그들의 "죽음"은 단절적이고 실체적이며 철저히 관념적이다. 그것은 관념으로서 현존재의 지금의 순간에 들어와있다는 것이다. 그래서 그 관념은 우리에게 결단을 요구하고 본래적 자아로 돌아갈 것을 기투企投하게 만든다는 것이다. 그러나 그러한 관념은 어디까지나 부자연스러운 형이상학적 폭력이다.

노자에게 있어서 죽음은 관념이 아니라 삶을 구성하는 기氣의 한 방식일 뿐이다. 죽음은 관념으로서 나의 실존에 들어와있는 것이 아니라, 기로써 나의 삶을 구성한다. 그러니까 내가 살아있다는 것 자체에도 삶의 무리가 한 30% 되고, 죽음의 무리가 한 30% 된다고 말한다. 기의 취聚와 산散은 토탈하게 일어나는 것이 아니라 역의 효상爻相처럼 부분적으로 얽혀있는 것이다. 취 쪽으로 기의 움직임이 활발하면 나는 건강할 것이요, 산 쪽으로 기의 쏠림이 일어나면 나는 불건강할 것이다. 나의 삶 자체가 기의 취聚가 건강한 조화를 유지하는 노력이라고 말할 수 있다. 노경에까지 기취氣聚의 삶의 자리를 최대한 조화롭게 유지하다가 죽음의 자리에 바톤을 넘겨주는 자가 성인聖人이요, 도인道人이다.

나머지는 내가 별로 할 말이 없다. 각자 깨닫기를 바란다. 도교계열의 무리한 해석에 귀를 기울이지 않기를 바란다. 상식을 가장한 신비도 철저히 배격되어야 한다.

五十一章

道生之,
<small>도 생 지</small>

德畜之,
<small>덕 축 지</small>

物形之,
<small>물 형 지</small>

勢成之。
<small>세 성 지</small>

是以萬物莫不尊道而貴德。
<small>시 이 만 물 막 부 존 도 이 귀 덕</small>

道之尊, 德之貴,
<small>도 지 존 덕 지 귀</small>

夫莫之命而常自然。
<small>부 막 지 명 이 상 자 연</small>

故道生之, 德畜之;
<small>고 도 생 지 덕 축 지</small>

長之, 育之,
<small>장 지 육 지</small>

亭之, 毒之,
<small>정 지 독 지</small>

養之, 覆之。
<small>양 지 복 지</small>

生而不有,
<small>생 이 불 유</small>

爲而不恃,
<small>위 이 불 시</small>

長而不宰。
<small>장 이 부 재</small>

是謂玄德。
<small>시 위 현 덕</small>

쉰한째 가름

도는 만물을 생하는 것이요,

덕이란 만물이 도로부터 얻어 쌓아가는 것이다.

물이란 끊임없이 그 형체를 갖추어 가는 것이요,

세란 생명력을 형성해가는 것이다.

그러하므로 만물은 도를 높이 여기고

덕을 귀하게 여기지 아니함이 없다.

도의 높음과 덕의 귀함은

대저 명령을 내리지 않아도

늘 스스로 그러하다는데 있다.

그러므로 도는 만물을 생하는 것이요,

덕이란 만물이 도로부터 얻어 쌓아가는 것이라고 한 것이다.

도는 만물을

자라게 하고 길러주기도 하지만

멈추게도 하고 또 독을 주기도 한다.

그런가 하면 또 양육하고 덮어 감싸주는 것이다.

생하면서도 소유하지 아니하고,

되게 해주면서도 거기에 기대지 아니하며,

자라게 하면서도 다스릴려고 하지 않는다.

이것을 일컬어

가믈한 덕이라 하는 것이다.

沃案　도道와 덕德의 문제, 물物과 세勢의 문제는 이미 앞에서 충분히 설명하였으므로 부연설명치 않는다. 이 장에서 가장 기억되어야 할 생명철학 Philosophy of Organism의 특성은 바로 다음 구절에 있다.

> 長之, 育之, 亭之, 毒之。

도는 만물을 장육長育(자라나게 하고 길러준다)하는 동시에 정독亭毒(멈추게 하고 독을 준다)한다는 것이다. 대부분의 주석가들이 생리학Physiology의 기본상식을 결하고 있어, 이 정지, 독지라는 말을 충격적으로 받아들이고, 그 글자를 여타 반대의미의 다른 글자로 환치시키려는 노력을 경주해왔다. 그러나 그것은 넌센스다! 노자는 이미 현대 생물학의 지식을 융섭하는 지혜를 지니고 있었다. 좁은 견식의 훈고쟁이들과는 전혀 다른 차원의 통찰을 지니고 있었다.

만물은 아름답게 보이지만, 실제로 독毒의 체계다. 독이 없는 생명체는 없다. 우리가 풀 한 포기도 함부로 먹어서는 아니 되고, 육류도 과식해서는 아니 되는 이유가 모두 독을 품고 있기 때문이다. 자라나게 한다는 것은 동시에 멈추게 하는 힘도 공재共在해야 한다는 것이다. 생생한다고 하는 것은 죽이기도 해야 한다는 것이다. 양육시킨다고 하는 것은 독을 주기도 해야 하는 것이다. 모든 것은 일방이 아니라 쌍방이요, 반대가 아니라 기다림이요, 대적이 아니라 호혜적인 것이다. 내가 사랑하는 『음부경陰符經』에 이와 같은 말이 있다.

> 하늘은 생生하는 동시에 살殺한다. 이것이야말로 도道의 가장 자연스러운 이치다. 천지는 만물에게 도둑놈이요, 만물은 사람에게 도둑놈이요, 사람은 만물에게 도둑놈이다. 이 세 도둑놈이 각기 마땅한 바를 얻었을 때 천지인 삼재는 편안해지는 것이다.
>
> 天生天殺, 道之理也。天地, 萬物之盜; 萬物, 人之盜; 人, 萬物之盜。三盜既宜, 三才既安。

『설문해자』에도 "정亭"을 "민소안정야民所安定也"라고 해설했는데, 장長의 기운이 있으면 정亭의 기운도 있어야 안정이 된다는 것이다. 인위적 문명의 발악이 너무 극심하면, 코로나사태의 살殺과 정亭과 독毒의 기운이 있어야만 역사와 사회가 안정되는 것이다. 우리는 우리 몸에 들어오는 독을 귀하게 여기는 지혜를 가져야 한다.

우리 얼굴의 수염, 털 하나도 자라는 기운이 있는가 하면 그것을 못 자라게 하는 기운이 동시에 작용한다. 그 매카니즘을 밝혀 노벨의학상을 수상한 과학자도 있다. 늙어서, 젊었을 때 아니 길던 눈썹이 주책없이 자라는 이유는 그것을 못 자라게 하는 생명력이 약해졌기 때문이다. 그의 몸은 사지死地로 더 가까이 가고 있는 것이다. 그런 의미에서 51장과 50장은 상통한다.

五十二章

天下有始, 以爲天下母。
천 하 유 시　이 위 천 하 모

旣得其母, 以知其子。
기 득 기 모　이 지 기 자

旣知其子, 復守其母, 沒身不殆。
기 지 기 자　부 수 기 모　몰 신 불 태

塞其兌, 閉其門, 終身不勤;
색 기 태　폐 기 문　종 신 불 근

開其兌, 濟其事, 終身不救。
개 기 태　제 기 사　종 신 불 구

見小曰明, 守柔曰强。
견 소 왈 명　수 유 왈 강

用其光, 復歸其明, 無遺身殃。
용 기 광　복 귀 기 명　무 유 신 앙

是謂習常。
시 위 습 상

沃案 이 장의 언어는 매우 정미精微하다. 잘 인용이 안되는 장이지만 심오한 맛이 있다. 제일 첫 줄의 "천하유시天下有始, 이위천하모以爲天下母"는 제1장의 논의를 연상시킨다. 천하유시는 "무명無名, 천지지시天地之始"를 생각나게 하고, 이위천하모는 "유명有名, 만물지모萬物之母"를 연상시킨다. 그러나 결국 시始와 모母, 묘妙와 교徼, 즉 무명과 유명, 무욕과 유욕의 세계는 같은 것이다 此兩者同. 그래서 여기서는 그 어미를 알면 그 자식을 알아야 하고, 또 그 자식을 알면 그 어미를 지킬 줄 알아야 한다고 말한다. 본질을 알면 현상을 알아야 하고, 현상을 알면 그 본질을 알아야 한다. 철학을 알면 당연히 현재 돌아가는

쉰두째 가름

하늘 아래 시작이 있었다. 그 시작으로 천하의 어미를 삼으라!

이미 그 어미를 얻었을진대, 그 아들도 알아야 한다.

이미 그 아들을 알았을진대, 다시 그 어미도 지킬 줄 알아야 한다.

그래야만 몸이 없어질 때까지 위태로움이 없을 것이다.

얼굴의 감정의 구멍을 막고, 아래 욕정의 문을 닫아라!

그 몸이 다할 때까지 궁색함이 없을 것이다.

감정의 구멍을 열고, 세상일로 바삐 건너다니면,

그 몸이 끝날 때까지 구원이 없을 것이다.

미세한 것을 볼 줄 아는 것을 밝음이라 하고

연약함을 지킬 줄을 아는 것을 강함이라 한다.

네 몸의 빛을 활용하여 다시 도의 근원인 그 밝음으로 복귀하라!

네 몸에 재앙을 남기지 아니할 것이다.

이것이 곧 늘 그러함의 도를 몸에 배게하는 것이라고 하는 것이다.

세상의 형국도 알아야 하고, 세상의 형세를 파악할 줄 아는 사람은 반드시 그 배면의 철학을 통찰해야 한다. 요즈음은 그러한 통재通才가 너무 없다.

"견소왈명見小曰明"이라고 하는 것은 단지 사이즈의 작음을 두고 한 말이 아니다. "작은 것小"은 사물의 정미精微한 사태를 말하는 것으로 그것을 바라보는 심안心眼을 가리킨 것이다. 견소지대見小知大하고 견미지저見微知著하는 심의 혜안을 가리킨 것이다.

나머지는 내 번역이 말해줄 것이다.

五十三章

使我介然有知, 行於大道,
사 아 개 연 유 지   행 어 대 도

唯施是畏。
유 시 시 외

大道甚夷, 而民好徑。
대 도 심 이   이 민 호 경

朝甚除, 田甚蕪, 倉甚虛。
조 심 제   전 심 무   창 심 허

服文綵, 帶利劍,
복 문 채   대 리 검

厭飮食, 財貨有餘。
염 음 식   재 화 유 여

是謂盜夸。 非道也哉!
시 위 도 과   비 도 야 재

沃案 노자의 신랄한 사회비판이다. 이 장을 읽으면 노자가 당대의 통치권력
에 대하여 얼마나 노골적이고도 솔직한 비판의식을 가지고 있었는가 하는 것
을 알 수 있다. 공자도 사회문제에 대한 비판적 의식이 있는 사람이지만, 노자
만큼 노골적으로 지배세력을 까지는 않았다. 노자에게는 지배세력의 존재 그
자체를 거부하는 반체제적인 사유가 있다. 통치자들의 사치스러운 생활과 민
중들의 고통스러운 삶을 리얼하게 대비시키는 그의 언어는 오늘날의 양극화

쉰셋째 가름

나에게 조금만큼의 지혜라도 있어서

하늘 아래 대도를 행하라고 한다면,

오로지 그 지혜를 함부로 베푸는 것이 두려울 뿐이다.

큰 길은 매우 평탄하고 쉬운데,

사람들은 샛길을 좋아하는구나!

조정의 뜨락이 심히 깨끗할 때

백성들의 밭은 잡초가 무성하고, 곡식창고는 텅텅 비어있다.

정교로운 무늬비단옷을 입고, 시퍼런 칼을 띠에 두르고

마시고 먹는 것을 물리도록 하고,

재화에 철철 남음이 있는 그자들은 누구인가?

이놈들을 바로 날도둑놈이라 하는 것이다.

도에 어긋나는 짓들이 아니고 무엇이랴!

양상에 대하여서도 같은 경종을 울린다. 코로나사태가 과연 이런 양극화를 줄이는 방향으로 진행될 것인가, 오히려 더 극대화시킬 것인가 하는 문제는 물론 우리 자신의 문제의식에 속하는 것이다. 이것을 계기로 우리 민중 스스로 새로운 역사의 판을 짜야 하고, 위정자들은 전폭적으로 새로운 비견을 만들어 헌신해야 한다. 코로나는 기회다! 노자가 옳았다! "유시시외唯施是畏"의 "시施"는 지혜를 난용亂用함을 일컬은 것이다.

五十四章

善建者不拔, 善抱者不脫。
선 건 자 불 발 　 선 포 자 불 탈

子孫以祭祀不輟。
자 손 이 제 사 불 철

修之於身, 其德乃眞;
수 지 어 신 　 기 덕 내 진

修之於家, 其德乃餘;
수 지 어 가 　 기 덕 내 여

修之於鄕, 其德乃長;
수 지 어 향 　 기 덕 내 장

修之於國, 其德乃豐;
수 지 어 국 　 기 덕 내 풍

修之於天下, 其德乃普。
수 지 어 천 하 　 기 덕 내 보

故以身觀身,
고 이 신 관 신

以家觀家,
이 가 관 가

以鄕觀鄕,
이 향 관 향

以國觀國,
이 국 관 국

以天下觀天下。
이 천 하 관 천 하

吾何以知天下然哉?
오 하 이 지 천 하 연 재

以此!
이 차

쉰 넷째 가름

잘 심은 것은 뽑을 수 없고,

잘 껴안은 것은 뺏을 수 없다.

이러한 도를 실천한 사람들은

그 자손들이 끊이지 않고 제사를 지내올린다.

그 도를 내 몸에 닦으면

그 덕이 곧 참되며,

그 도를 내 집에 닦으면

그 덕이 곧 여유로우며,

그 도를 내 마을에 닦으면

그 덕이 곧 자라며,

그 도를 내 나라에 닦으면

그 덕이 곧 풍요로우며,

그 도를 천하에 닦으면

그 덕이 곧 두루두루 미친다.

그러므로 내 몸을 다스리는 경지로써 모든 사람들의 몸을 볼 것이요,

내 집을 다스리는 경지로써 모든 사람들의 집을 볼 것이요,

내 마을을 대하는 경지로써 모든 마을을 볼 것이요,

내 나라를 대하는 경지로써 모든 나라를 볼 것이요,

내가 천하를 대하는 경지로써 천하를 볼 것이다.

내 어찌 감히 천하의 그러함을 안다고 말하리요?

바로 이러한 이치 때문에 안다!

沃案 석연한 해석이 어렵긴 하지만, 신身 – 가家 – 향鄕 – 국國 – 천하天下의 하이어라키를 전체논의의 틀로 가지고 있다는 면에서는 『대학大學』이라는 문헌을 연상시키는 장이다. 그러한 사유가 춘추시대로부터 있었던 담론의 한 형태라고 보아야 할 것이다(이 장은 곽점죽간에 들어가 있다). 이 장의 논의의 주어는 역시 성인이라고 한다면 그 주체의 궁극적 덕성은 "선건자불발善建者不拔, 선포자불탈善抱者不脫"에 있다. 불발은 "무위無爲"의 덕성을 암시하고, 불탈은 "포일抱一"의 덕성을 암시한다.

"이신관신以身觀身, 이가관가以家觀家, 이향관향以鄕觀鄕, 이국관국以國觀國, 이천하관천하以天下觀天下"는 명료하게 일치하는 해석에 도달하기는 힘들다. 그러나 문자 그대로 해석하면, "몸은 몸으로써 보고, 집은 집으로써 보고, 마을은 마을로써 보고, 나라는 나라로서 보고, 천하는 천하로써 보라"는 것인데, 이것은 신, 가, 향, 국, 천하를 이해하는 방식이 각기 그 차원에서 그 나름대로의 가치 기준이 있어야 한다는 것이다. 신으로써 향, 국을 바라봐도 안될 것이요, 가의 기준으로 국, 천하를 바라봐도 아니 될 것이다.

더욱이, 이 글의 주어는 성인이요, 치자이다. 치자의 덕성은, 이미 "선건善建," "선포善抱"에 있음을 첫머리에 말했다. 잘 세우고, 잘 껴안는 것이다. 그것은 곧 무위의 정치의 실현이다. 그러한 무위포일無爲抱一의 이상에 도달하기 위해서는 수신으로부터 천하를 다스리는 데까지 거쳐야 하는 단계적인 덕이 있다. 치자는 유가가 말하는 것처럼 단순한 수신의 논리로써 천하를 다스릴 수는 없는 것이다. "관觀"이라는 글자는 이미 1장에서 "관기묘觀其妙"라 했듯이, 묘한 세계까지를 꿰뚫어 볼 수 있는 관법을 의미한다. 그러므로 위대한 통치자는 각 단계에 맞는 다양한 차원의 관법을 지니되 그 궁극에는 무위의 다스림으로 그 모든 것을 통섭하는 자이다. 결국 천하를 가지고서 천하를 보는 보편적 시각으로 통 큰 정치를 할 것을 노자는 요청하고 있다.

화순 지역의 고인돌은 압도적으로 많다. 여태까지 우리는 이런 고인돌을 그냥 널부러진 바위처럼 무심히 지나쳤다. 그런데 화순의 보검재 계곡에만 해도 596기가 집중적으로 분포되어 있는데, 이것은 영산강 옹관고분사회를 잉태시키는 전 단계의 기나긴 고문명구조로서 이해되어야 한다. 고인돌의 분포영역과 고조선의 세력범위는 상관성이 있다. 이 고인돌들은 2000년 12월, 세계문화유산으로 등재되었다. 여기 보이는 고인돌만 해도 무게가 300t에 이른다. 역사유적을 유기체적 관련 속에서 그 총상總相을 그려내는 상상력이 우리에게 절실하게 필요하다. 인문지리와 역사와 상상력이 언제나 하나가 되어야 한다. 그리고 문자의 증거에 너무 과도하게 의존해서는 아니된다. 문명의 근원은 말Speech에 있지 문자Writing에 있지 아니하다. 이 땅의 한 점의 돌조각도 우리 역사를 전하지 않는 것이 없다.

五十五章

含德之厚, 比於赤子。
함 덕 지 후 비 어 적 자

蜂蠆虺蛇不螫,
봉 채 훼 사 불 석

猛獸不據,
맹 수 불 거

攫鳥不搏。
확 조 불 박

骨弱筋柔而握固,
골 약 근 유 이 악 고

未知牝牡之合而全作,
미 지 빈 모 지 합 이 전 작

精之至也。
정 지 지 야

終日號而不嗄,
종 일 호 이 불 사

和之至也。
화 지 지 야

知和曰常,
지 화 왈 상

知常曰明,
지 상 왈 명

益生曰祥,
익 생 왈 상

心使氣曰強。
심 사 기 왈 강

物壯則老, 謂之不道。
물 장 즉 로 위 지 부 도

不道早已。
부 도 조 이

쉰다섯째 가름

덕을 머금음이 도타운 사람은

갓난아기에 비유될 수 있다.

벌이나 뱀도 그를 쏘지 않고,

맹수도 그에게 덤비지 않고,

날새도 그를 채지 않는다.

뼈가 여리고 힘줄이 하늘한데도

꼭 움켜쥐면 빼기 어려우며,

암수의 교합을 알 까닭이 없는데도

하늘 무서운 줄 모르고 오로지게 꼴린다.

정기의 지극함이 아니고 무엇이겠는가?

매일 하루가 다 하도록 울어제키는데

그 목이 쉬질 않는다.

조화의 지극함이 아니고 무엇이겠는가?

조화를 아는 것을 늘 그러함이라 하고

늘 그러함을 아는 것을 밝음이라고 한다.

스스로 그러한 삶에 덧붙이는 것을 요상타 한다.

마음이 몸의 기를 부리는 것을 강하다 한다.

사물은 강장하면 곧 늙어버리는 것이니,

이를 일컬이 도답지 않다고 힌다.

도답지 않으면 일찍 스러질 뿐이다.

沃案 무위자연의 도道를 체득한 사람을 어린아이에 비유하는 논조는, 10장, 20장, 28장에 드러나있고 49장의 "성인개해지聖人皆孩之"에도 어린이의 덕성의 예찬이 들어있다. 진정하게 심후한 수양의 경지를 어린아이의 순진유화純眞柔和한 상태에 비교하는 것은 실로 매우 유니크한 노자의 발상이다. 예수가 어린이를 사랑했다고 하지만, 그 어린이는 진정한 예찬이나 수도의 대상이 아니고, 예수가 선포하는 천국을 전적으로 빈 마음으로 수용할 수 있는 순수성의 소유자라는 맥락에서 언급된 것이다(막 10:15~16). 그것은 무소유의 심볼리즘으로서 그 다음에 나오는 부자청년과 대비되는 것이다. 부자청년은 재물을 버릴 수 없다. 그래서 천국을 받아들이지 못한다(막 10:25).

노자의 어린이는 "정기의 지극함精之至也"이며 "조화의 지극함和之至也"이다. 우리 어른들이 몸의 수련을 통해 도달해야 하는 덕성의 극치인 것이다.

곽점에서 갓 나온 죽간, 그리고 그 중 『태일생수』의 모습. 죽간의 길이는 32.5cm짜리, 26.5~30.6cm짜리, 15~17.5cm짜리 세 종류가 있다.

太
一
生
水
水
反
輔
太
一
是

以
成
天
天
反
輔
太
一
是
以

成
地
天
地

五十六章

知者不言, 言者不知。
지 자 불 언   언 자 부 지

塞其兌, 閉其門,
색 기 태   폐 기 문

挫其銳, 解其分,
좌 기 예   해 기 분

和其光, 同其塵。
화 기 광   동 기 진

是謂玄同。
시 위 현 동

故不可得而親, 不可得而疏;
고 불 가 득 이 친   불 가 득 이 소

不可得而利, 不可得而害;
불 가 득 이 리   불 가 득 이 해

不可得而貴, 不可得而賤。
불 가 득 이 귀   불 가 득 이 천

故爲天下貴。
고 위 천 하 귀

沃案 제일 첫 줄에 나오는 "지자불언知者不言, 언자부지言者不知"는 23장의 "희언자연希言自然"이라는 주제를 연상시키고, 또 제1장의 "도가도비상도"와 궁극적으로 같은 테마를 설하고 있다. "지자知者"는 도를 체득한 지혜로운 사람이며 도道는 언담言談의 대상이 아니라는 것을 알고 있다. 이상적인 인격은

쉰여섯째 가름

참으로 아는 자는 함부로 말하지 아니하고,

함부로 말하는 자는 참으로 알지 못한다.

그 감정의 구멍을 막고,

그 욕정의 문을 닫으며,

그 날카로움을 무디게 하고,

그 엉킴을 풀며,

그 빛이 튀지 않게 하며,

그 티끌이 고르게 되도록 한다.

이것을 일컬어 가믈한 고름이라고 한다.

그러므로 이는 친할 수도 없고 멀리할 수도 없으며,

이로울 수도 없고 해로울 수도 없으며,

귀할 수도 없고 천할 수도 없다.

그러기 때문에만

하늘 아래 가장 고귀한 가치를 지닌다.

좌예挫銳, 해분解紛, 화광和光, 동진同塵을 구현하여 "현동玄同"의 최고경지에 도달한 사람이다. 현동의 경지는 모든 세속의 편협한 인간관계의 국한局限을 벗어나 있다. 그래서 천하에 비할 바 없는 가치를 지니게 되는 것이다.

五十七章

以正治國,
이 정 치 국

以奇用兵,
이 기 용 병

以無事取天下。
이 무 사 취 천 하

吾何以知其然哉?
오 하 이 지 기 연 재

以此:
이 차

天下多忌諱, 而民彌貧;
천 하 다 기 휘 이 민 미 빈

民多利器, 國家滋昏;
민 다 리 기 국 가 자 혼

人多伎巧, 奇物滋起;
인 다 기 교 기 물 자 기

法令滋彰, 盜賊多有。
법 령 자 창 도 적 다 유

故聖人云:
고 성 인 운

我無爲而民自化,
아 무 위 이 민 자 화

我好靜而民自正,
아 호 정 이 민 자 정

我無事而民自富,
아 무 사 이 민 자 부

我無欲而民自樸。
아 무 욕 이 민 자 박

쉰일곱째 가름

나라를 다스릴 때는 정법으로 하고

무력을 쓸 때는 기법으로 하라.

그러나 천하를 취하고 싶으면 무위무사로 하라!

내 어찌 그러함을 아는가?

바로 이 때문이다:

세상에 꺼리고 피할 것이 많으면 많을수록

백성은 더욱 가난해지고,

백성이 이로운 기물을 많이 가지면 가질수록

나라나 가정은 점점 혼미해져가고,

사람이 기교가 많으면 많을수록

기괴한 물건이 점점 생겨나고,

법령이 많아지면 많아질수록 도적이 늘어난다.

그러므로 성인은 다음과 같이 말한다:

내가 함이 없으니

백성이 스스로 질서를 찾고,

내가 고요하기를 좋아하니

백성이 스스로 바르게 되고,

내가 일을 일으키지 않으니

백성이 스스로 부유하게 된다.

내가 욕심을 내시 않으니

백성은 스스로 통나무같은 순박한 삶으로 돌아간다.

沃案 주변의 나라들과 전쟁을 할 때에는 기법奇法을 써도 좋지만, 천하를 취하려고 하면 무위무사無爲無事로 하라는 노자의 메시지는 기실 맹자의 왕도정치에 대한 집념과 상통하는 바가 있다. 맹자의 왕도 또한 패도의 부정 위에 서 있으며, 그의 윤리적 열정 또한 좁은 윤리적 가치를 뛰어넘는 보편적 "대일통大一統"을 지향하고 있었다. 어떤 의미에서, 패도를 지상목표로 하는 종횡가들의 안목에서 보자면 맹자의 왕도王道, 인정仁政의 실현은 기실 노자가 말하는 무위와 큰 차이가 없다. 도덕적 가치를 통한 무위를 꿈꾸고 있는 것이다. 하여튼 노자와 유가의 이상을 대립적으로 바라보는 것은 어리석다.

천하에 기휘忌諱가 많으면 백성이 빈곤해지고, 백성이 이기利器를 많이 가지면 가질수록(문명의 발전) 국가가 더욱 혼미해지고, 사람이 기교가 많으면 많을수록 기물奇物이 생겨나고, 법령이 자창滋彰할수록 도적이 늘어난다고 외치는 노자의 말을 통해서, 그의 무위가 소극적인 "함이 없음"이 아니라 이러한 법령사회, 전란·권력횡포의 시대의 문제점을 해결하기 위한 근원적 처방이라는 것을 깨닫게 된다.

노자의 치방治方은 궁극적으로 통치자의 통치자세에 있다. 성인이 무위無爲, 호정好靜, 무사無事, 무욕無欲하면, 백성들은 자화自化, 자정自正, 자부自富, 자박自樸하게 된다. 과연 이러한 결과를 어떻게 적극적으로 유도할 수 있느냐 하는 문제에 오면 구체적인 처방이 없다손 치더라도 노자의 이러한 이상의 제시는 인류사에 거대한 흐름을 형성한 것은 분명하다. 노자사상은 항상 민중의 편에 서 있었고, 통치자의 자의적 권력횡포와 무단武斷을 제어하는 효용을 지녔다.

본 장은 도경의 마지막 장인 37장의 내용과 상통한다. 37장의 내용을 보다 구체적으로 전개했다고 볼 수 있다.

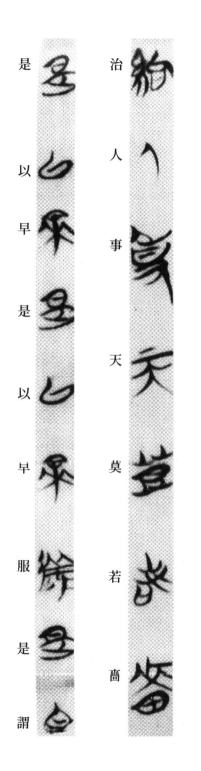

治　　　　　是
人　　　　　以
事　　　　　早
天　　　　　是
莫　　　　　以
若　　　　　早
嗇　　　　　服
　　　　　　是
　　　　　　謂

곽점죽간에 들어있는 59장의
치인사천막약색治人事天莫若嗇

五十八章

其政悶悶, 其民淳淳;
기 정 민 민　기 민 순 순

其政察察, 其民缺缺。
기 정 찰 찰　기 민 결 결

禍兮, 福之所倚;
화 혜　복 지 소 의

福兮, 禍之所伏。孰知其極?
복 혜　화 지 소 복　숙 지 기 극

其無正, 正復爲奇, 善復爲妖。
기 무 정　정 복 위 기　선 복 위 요

人之迷, 其日固久!
인 지 미　기 일 고 구

是以聖人方而不割,
시 이 성 인 방 이 불 할

廉而不劌, 直而不肆, 光而不燿。
염 이 불 귀　직 이 불 사　광 이 불 요

沃案 노자가 생각하는 이상적인 정치를 잘 말해주고 있다. 본 장의 뜻은 본문 외로 따로 주석할 것이 별로 없다. 본문을 계속 읽으면서 터득해주기를 바란다. "그 정치가 답답하면 답답할수록 백성이 순후해지고, 그 정치가 백성의 시비를 살피고 또 살필수록 백성이 점점 결핍되어 간다其政悶悶, 其民淳淳; 其政察察, 其民缺缺"는 얘기는 반어적이지만 무위정치의 이상을 잘 말해주고 있다. 변호사가 많은 사회, 법적인 서비스가 잘되는 사회가 반드시 좋은 사회는 아니다. 서구적 가치의 민주의 개념은 항상 많은 부작용을 동반한다는 것을 알

노자가 옳았다

쉰여덟째 가름

그 정치가 답답하면 답답할수록

그 백성은 순후해진다.

그 정치가 똘똘하면 똘똘할수록

그 백성은 얼빠진 듯 멍청해진다.

화여! 복이 너에게 기대어있도다!

복이여! 화가 너에게 숨어있도다!

누가 저어 가없는 근원을 알리!

세상에 절대적인 정상이라곤 없소.

정상은 늘 다시 비정상이 되게 마련이요.

그리고 또 좋음은 다시 나쁨이 되기 마련이요.

사람의 어리석음이 너무 오래되었도다!

그러하므로 성인은

방정하면서도 자신의 방정함에 타인을 억지로 귀속시키지 아니하고,

날카로우리만큼 청렴하면서도 타인을 상해하지 아니하며,

내면이 곧으면서도 제멋대로 주장하지 아니하며,

빛을 머금고 있으면서도 밖으로 눈부신 광채를 발하지 아니한다.

아야 한다. 민주적 이상, 민주이념의 원칙에 따라 좋다고 생각해서 국회에서 뜯어고치는 법령이 오히려 더 나쁜 효과를 가져올 때가 많다. 항상 무엇인가를 찰찰하게 살피어 민주를 실현한다는 행위가 민중의 삶을 더 피폐하고 결핍되게 만들 수 있다는 것을 잊지 말아야 한다. 역사의 진보는 반드시 퇴보를 동반한다. 진보보다는 둥귀일체의 유기적 통합과 건강을 더 생각해야 한다. 이상적 정치는 유위적 명석함과 동시에 무위적 카오스를 포섭하는 것이어야 한다. 정치도 항상 "반反"의 양면적 사고를 요구하는 것이다.

五十九章

治人事天, 莫若嗇。
치 인 사 천　 막 약 색

夫唯嗇, 是謂早服。
부 유 색　 시 위 조 복

早服謂之重積德。
조 복 위 지 중 적 덕

重積德, 則無不克;
중 적 덕　 즉 무 불 극

無不克, 則莫知其極。
무 불 극　 즉 막 지 기 극

莫知其極, 可以有國;
막 지 기 극　 가 이 유 국

有國之母, 可以長久。
유 국 지 모　 가 이 장 구

是謂深根固柢、長生久視之道。
시 위 심 근 고 저　 장 생 구 시 지 도

쉰아홉째 가름

사람을 다스리고 하늘을 섬기는데

아끼는 것처럼 좋은 것은 없다.

대저 오로지 모든 것을 아낄 줄 알면

모든 것이 일찍 회복되는 것이다.

일찍 회복되는 것

그것을 일컬어 덕을 거듭 쌓는다고 한다.

덕을 거듭 쌓으면 못 이루는 것이 없고,

못 이루는 것이 없으면 그 다함을 알지 못한다.

그 다함을 알지 못하면 나라를 얻을 수 있다.

나라를 얻는 그 어미는 너르고 오래가는 것이니

이것을 일컬어

뿌리깊고 단단한 도,

오래 살고 오래 보는 도라고 한다.

沃案 노자의 정치철학을 매우 아름답게 요약한 장이다. 나는 이 장을 매우 사랑한다. "심근고저深根固柢"라든가 "장생구시長生久視" 같은 말 때문에 신선단도神仙丹道의 사람들이 이 장을 잘못 주석하여 왜곡시켜놓은 사례도 허다하지만 이 장은 매우 순결한 노자의 위정지도爲政之道를 말하고 있다.

처음에 "치인사천治人事天"이라는 말부터가 충격적이다. 치인治人은 사람을 다스리는 일이니, 곧 정치다. 그런데 치인治人이 사천事天, 즉 하늘을 섬기는 일과 동격이 되어있다. 치인은 사천이고, 사천은 치인이다. 즉 치인을 바르게 하려면 사천을 해야만 한다는 것이다. 사천事天이라니? 하나님을 섬기란 말이냐? 치인과 사천이 동격이라니 중세기 암흑시대로 돌아가란 말이냐? 요즈음 말로 사고하면, 이런 엉뚱한 결론에 이르게 된다. 그러나 "사천事天"이란 인격신 하나님을 섬기는 것이 아니고 도법자연道法自然의 도를 섬기는 것이다. 다시 말해서 인간세를 다스린다고 하는 것은 자연세를 섬기는 것과 똑같은 가치의 문제라는 것이다.

그렇다면 치인사천의 핵심은 무엇이냐? 어떻게 치인하고, 어떻게 사천하란 말이냐? 노자는 말한다.

莫若嗇!

"색嗇"이라는 글자를 보면 위에 래來 자가 있고 밑에 회回 비슷한 것(靣)이 있는데, 올 래來라는 글자는 본시 곡식, 농작물의 모양이고, 그 밑에 있는 네모난 것은 농작물을 거두어들이는 창고를 가리킨다. "색嗇"이란 우리말에 "인색吝嗇"이라는 말을 잘 쓰듯이 본시 "애색愛嗇" 즉 "아낌"의 뜻이다. 동방 고전에서 애愛는 사랑의 뜻이 아니라 아낌의 뜻이라는 것은 내가 누누이 설파한 것이다. 농작물을 거두어들인 창고관리야말로 "아낌"이 아니고 무엇이랴!

보통 "색부薔夫"라 하면 "농부"를 가리킨다. 자연의 순환, 도법자연의 삶을 사는 농부들이야말로 무엇이든지 "아끼지" 않고서는 살 수가 없는 사람들이다. 아낌으로써 미래를 대비하고, 아낌으로써 과거의 성과를 보존하고, 아낌으로써 현재의 삶을 순환시킨다.

치인治人의 요지가 무엇이냐? "아낌"이다! 아낌으로써 동시에 하늘을 섬기게 되는 것事天이다. 치인과 사천, 즉 사회적 가치와 자연적 가치, 자인Sein과 졸렌Sollen을 연결하는 것은 바로 "아낌"이다. 그래서 노자는 "아낌"만한 것이 없다莫若薔라고 말한 것이다. 여러 가지 방식이 있겠지만, 아낌 만한 것이 없다는 것이다. 그럼 "아낌"이란 무엇이냐?

우리는 세칭 경제학자니 미래학자니 하는 미치광이들이 하는 말에 계속 속아왔다: "소비는 미덕이다!" 아낌은 모든 것을 위축시킨다! 소비하라! 낭비하라! 그래야 경제가 돈다.

한비자韓非子가 이 구절을 해석하면서 이런 말을 하고 있다: "여기서 말하는 색이라는 것은 낭비를 줄이라는 의미이다. 이 색(아낌)의 방법에 근거해서 말하자면 그것은 모두 도道의 이치에서 생하는 것이다. 아낄 줄 안다는 것이야말로 도에 따르는 것이요 리理에 순복한다는 것이다. 少費之謂薔。薔之謂術也, 生於道理。夫能薔也, 是從於道而服於理者也。"(「해로解老」).

산업혁명 이래, 과학과 산업체제가 상보적으로 결합한 이래, 서구권 이외의 모든 자연세계가 자본주의라는 미네르바의 먹잇감이 된 이래, 대량사회의 대중교육과 과학이 결합하고, 그것이 또다시 자본주의와 결합하여, 모든 20세기 개화의 정언명령적인 명분이 된 이래, 우리는 "소비의 경계"를, "낭비의 미덕"을 배워오고 예찬해왔다. 아니 예찬의 대상도 아니었고 오장육부 속으로 그냥 들어와 버린, 체화된 가치의 일부가 되었다. 서구의 계량화된 과학에 대한 우리의 맹신도 같이 체화되어 왔다.

물밀듯이 휩쓸고 내려가는 이 홍류에 강력한 저항을 제시한 사상이 바로 맑시즘이었다. 그러나 맑시즘은 계급적 불평등에 대한 반동이었을 뿐, 그러한 불평등을 형성한 문명 그 자체에 대한 반문명적 사고를 제시하지 못했다. 단지 프롤레타리아 대중의 혁명을 통해 그 홍류를 막는 댐을 형성했을 뿐이다. 그러나 댐은 금이 가면 금방 터져버린다. 그 댐은 한 반세기를 버티다가 사라지고, 그 자본주의 횡포와 과학의 만능은 더 강력한 격류激流가 되어 천지를 휩쓸고 있었다. 이때 천지의 반격이 시작된 것이다. 코로나 바이러스의 출현은 천지의 반격이다. 맑시즘이 세운 로칼한 댐과는 전혀 다른 무형무명의 도의 출현이다. 전 지구를 휘덮는, 아니 인간 생명 전체의 내면에까지 파고드는 정신혁명이다. 공산혁명과는 비교도 되지 않는다. 혁명의 총칼이나 깃발이 없이도 인간개체 모두를 송연悚然하게 만드는 공포를 제시한다. 그러나 이 공포는 억압이나 강제의 공포가 아니요, 상생과 건강과 협동과 절제를 촉구하는 아름다운 우환으로 우리를 휘몰아간다.

미래학자라고 자처하는 지식인들의 망언에 귀를 기울이지 말라! 오직 오늘을 생각하라! 이 오늘 속에 과거가 들어있고 미래가 들어있다. 미래에 대한 망상으로 오늘의 현실을 조작치 말라! 그래서 존 레논도 "렛 잇 비Let it be"를 말했고 "리빙 휘 투데이Living for today"를 말하지 않았던가? 과학에 대한 환상을 버려라! 과학은 무조건 "좋은 것"이라는 환상에서 벗어나라! 과학은 선善이 아닌 불선不善일 수도 있고, 인류의 미래를 개선하는 것이 아니라 개악하는 것일 수도 있다. 과학은 나쁜 것이라는 카운터과학적인 사유counter-scientific thinking도 가르쳐야 한다. 그리고 가장 중요한 교육적 업무는 자본주의에 대한 반문명적 사유를 현대인의 근원적 가치로서 체화시키는 것이다. 자본주의의 횡포를 인류문명이 체크하지 못한다면 결국 인류 그 자체가 공멸해갈 것이다. 우주는 더 이상 자본주의를 수용할 수 있는 허虛가 없는 것이다. 사회도 자연도

노자가 옳았다

자정自淨의 허가 상실된 것이다.

"치인사천, 막약색"은 결국 문명의 사이즈를 줄이라는 것이다. 인위의 폭을 무위 속에 가두라는 것이다. 유명을 무명에 접근시키라는 것이다.

"아낌"이 있을 때만이 "조복무복早服"한다고 노자는 말한다. "조복"이란 빨리 회복하는 것이다. 여기 "복복服"이란 "복복復"이다. "복기견천지지심復其見天地之心"의 복복(☷)이다. 코로나사태를 극복하고 회복하는 것도 "색嗇"(아낌)을 통하여 "조복무복早服"(일찍 회복됨)에 도달하는 길밖에는 없다. "아낌"이란 결국 "허虛의 확대"이며, 허의 확대라는 것은 결국 생명의 순환을 말하는 것이며, 생명의 순환이란 결국 "조복무복早服"을 의미하는 것이다.

조복한다는 것은 "거듭 덕을 쌓는다"(重積德)는 것을 의미하며, 거듭 덕을 쌓게 되면 "극복하지 못할 것이 없다無不克." 여기 무불극無不克이란 무불위無不爲요 무불성無不成을 의미한다. 결국 무위이무불위無爲而無不爲(37장, 48장)를 의미하는 것이다.

"막지기극莫知其極"은 "사람들이 그 한계를 파악하기 힘들다"는 뜻으로 도의 개방적인 무궁성, 도법자연道法自然을 말하는 것이다. 한비자가 「해로」에서 해석하듯이 술수적인 측면을 말하는 것은 아니다.

"심근고저深根固柢, 장생구시長生久視"는 제7장의 "천장지구天長地久"를 연상하는 것이 제일 좋겠다. 천지가 장구할 수 있는 이유가 무엇이냐? "부자생不自生"이라 했다. 즉 자기를 위하여 생하지 않는 것이다. 공생공화共生共和를 도모하는 것이다. 치인사천의 핵심은 결국 부자생不自生에 있고, 정치가 그럴 수 있을 때 우리 인간사회도 장구한 연속성을 확보할 수 있을 것이다. 색嗇! 그 한 마디를 기억하자! 노자가 옳았다.

六十章

治大國,
치 대 국

若烹小鮮。
약 팽 소 선

以道莅天下,
이 도 리 천 하

其鬼不神。
기 귀 불 신

非其鬼不神,
비 기 귀 불 신

其神不傷人。
기 신 불 상 인

非其神不傷人,
비 기 신 불 상 인

聖人亦不傷人。
성 인 역 불 상 인

夫兩不相傷,
부 양 불 상 상

故德交歸焉。
고 덕 교 귀 언

노자가 옳았다

예순째 가름

큰 나라 다스리기를

작은 생선을 조리는 것 같이 하라!

도로써 하늘 아래에 임하면

그 귀신들도 영력을 부리지 않을 것이다.

실은 그 귀신이 영력을 아니 부린다 함이 아니요,

그 귀신의 영력이

사람을 해하지 아니한다 함일러라.

그 귀신의 영력이

사람을 해하지 않을 뿐 아니라

성인 또한 사람을 해하지 아니한다.

대저 귀신과 성인이 모두 백성을 해하지 않으니

그러므로 덕이 백성 서로들 사이에서 쌓여가는 것이다.

沃案 "치대국治大國, 약팽소선若烹小鮮"은 중국역사에 많이 등장하는 말이다. 그만큼 도가적 정치이상을 표현하는 말로써 재미가 있고 실제적 감각을 동반하기 때문에 많이 회자가 되었고 중국정치사상에 중대한 영향을 끼쳤다. "작은 생선"을 요리하는데 자꾸 뒤집거나 불을 너무 세게 하면 뭉그러진다. 그래서 매우 조심스럽다. 한비자도 이를 해석하여 이와 같이 말했다: "이치적으로 생각해볼 때, 대중을 동원하여 일을 벌이면서 사업방침을 계속 바꾸면 성공할 확률이 적고, 큰 보물스러운 기물을 가지고 있는데 자주 옮겨 다니면 그 기물은 파손이 심하게 될 것이고, 작은 생선을 요리하는데 자주 들척거리면 그 윤택이 사라진다. 큰 나라를 다스리면서 자주 법을 바꾸면 백성들은 고통을 받게 된다. …… 그래서 치대국자약팽소선이라고 말한 것이다. 故以理觀之, 事大衆而數搖之, 則少成功; 藏大器而數徙之, 則多敗傷; 烹小鮮而數撓之, 則賊其澤; 治大國而數變法, 則民苦之。 …… 故曰: '治大國者若烹小鮮。'"

왕필도 이와 같이 말했다: "생선을 함부로 뒤집지 않듯이 나라를 함부로 뒤흔들지 않는 것이다. 조급하면 해가 많고, 고요하면 온전하여지고 참되게 된다. 그러므로 그 나라가 대국일수록 그 군주는 더욱 고요하여 무위를 실천해야 한다. 그런 후에야 대중의 마음을 널리 얻을 수 있게 되는 것이다. 不擾也。躁則多害, 靜則全眞。故其國彌大, 而其主彌靜。然後乃能廣得衆心矣。"

"작은 생선을 요리한다"는 의미 속에는 법치주의적 변법變法에 대한 청정주의淸靜主義적 무위를 말하는 맥락이 들어있기도 하지만, 앞에서 말한 "색嗇"의 의미도 들어있다. 함부로 일을 벌이고, 개발사업을 하여 민중의 삶을 흔들어놓고, 발전이라는 명목하에 끊임없이 삶의 환경을 바꾸는 그런 짓을 하지 말라는 뜻에서는 "색嗇"적인 축소, 아낌의 의미맥락도 포함하고 있다.

"리莅"는 "임한다臨"는 뜻이다. 귀신이란 본시 천지자연에서 발하는 생명력 같은 것으로, 의인화된 그런 "고스트ghost"를 의미하는 말이 아니었다. 그러나 일반민중들은 항상 "귀신"에 대한 의인화된 관념을 갖고 있다. 그것이 없으면 또 인생이 재미가 없다. 이 장에서 노자는 그러한 귀신의 존재를 철저히 합리적인 작용의 문제로 환속시킨다. 귀신의 화환禍患은 철저히 인위人爲의 문제라는 것이다. 인위가 합당한 바를 얻으면 화환禍患이 생겨날 까닭이 없다. 마지막의 "부양불상상夫兩不相傷, 고덕교귀언故德交歸焉"의 해석이 좀 어려운데, 만약 "양兩"을 귀신과 인간으로 해버리면, 귀신과 인간이 서로를 해치지 않아, 덕이 귀신과 인간, 서로에게 쌓여가는 것으로 해석할 수밖에 없다. 그러면 귀신이 실체화되어 전편의 취지에 들어맞지 않는다.

대부분의 주석이 "양"은 귀신과 성인을 가리키는 것으로 보고 있다. 그렇게 되면 귀신과 성인이 모두 백성을 해하지 아니하므로 덕이 백성 서로들 사이에서 쌓여가는 것으로 해석된다. "교귀交歸"는 백성 서로들 사이에서 덕이 교감되면서 축적되어가는 아름다운 모습이다.

六十一章

大國者下流,
대 국 자 하 류

天下之交, 天下之牝。
천 하 지 교 천 하 지 빈

牝常以靜勝牡,
빈 상 이 정 승 모

以靜爲下。
이 정 위 하

故大國以下小國, 則取小國;
고 대 국 이 하 소 국 즉 취 소 국

小國以下大國, 則取大國。
소 국 이 하 대 국 즉 취 대 국

故或下以取, 或下而取。
고 혹 하 이 취 혹 하 이 취

大國不過欲兼畜人,
대 국 불 과 욕 겸 축 인

小國不過欲入事人,
소 국 불 과 욕 입 사 인

夫兩者各得其所欲,
부 양 자 각 득 기 소 욕

大者宜爲下。
대 자 의 위 하

예순한째 가름

큰 나라는 아랫물이다.

그래서 하늘 아래의

모든 윗물이 흘러들어 오는 곳이며,

하늘 아래의 모든 수컷이 모여드는 암컷이다.

암컷은 늘 고요함으로써 수컷을 이기고,

고요함으로써 자기를 낮춘다.

그러므로 큰 나라는 작은 나라에게 자기를 낮추면

작은 나라에게 신뢰를 주고,

작은 나라는 큰 나라에게 자기를 낮추면

큰 나라에게 신뢰를 얻는다.

그러므로 하나는 자기를 낮춤으로 취할 수 있고

하나는 자기를 낮춤으로 취하여질 수 있다.

큰 나라는

작은 나라들을 밑에 두고 많은 사람을 거느리기를 좋아할 뿐이며

작은 나라는

큰 나라 밑에 들어가 사람을 섬김으로써 안전하기를 바랄 뿐이다.

대저 큰 나라와 작은 나라가 모두 자기가 원하는 바를

얻을 수 있다고 한다면,

큰 나라가 마땅히

자기를 낮추는 것을 잊어서는 아니될 것이다.

沃案 이 장은 소국의 사람들이 읽으면 좀 불쾌하게 느낄 수도 있겠으나, 이 장이 쓰여진 때는 중국이나 미국과 같은 대국이 실체로서 있던 시절이 아니었고, 작고 큰 나라들이 서로 얽혀 합종연횡을 획책하거나 천자국과의 관계에서 서로 외교적 전략을 슬기롭게 짜든가 하는 아기자기한 국제판도의 상황이었다. 따라서 이 노자의 언급은 엄연한 현실을 전제로 한 매우 현실적인 정치사유, 국제역학에 대한 날카로운 감각을 노출시키고 있다. 세계평화는 일차적으로 대국의 자세에 매달려 있다고 노자는 파악하고 있는 것이다. 이것은 오늘날의 현실에도 그대로 들어맞는다.

대국자하류大國者下流! 여기 "하류"라는 말은 우리 일상언어에서처럼 비천하다는 의미가 아니고 단순히 "아랫물"이라는 것이다. 아래에 있기 때문에 큰물이 될 수 있는 것이다. 낮게 자신을 처하기 때문에 높은 계곡의 모든 작은 시냇물이 저절로 흘러들어오는 곳이라는 뜻이다. 이 "낮음"의 현실태Sein를 노자는 국제정세의 현실적 윤리Sollen로서 제시하고 있는 것이다. 대국이 무리하게 소국을 합병하려 하지 말고, 겸허하게 낮게 처하면 저절로 귀순하게 된다는 것이다. 대국은 소국에게 신뢰를 주고, 소국은 대국에게 신뢰를 얻는 관계!

여기서 중요한 것은 노자는 대국과 소국의 존재를 인정하고 있다는 사실이다. 즉 "대일통大一統"으로 나아가는 전국 말의 분위기가 아니었다. 노자는 통일이나, 합병을 꿈꾸고 있지 않다(이러한 테마는 80장의 "소국과민론"과도 연결되고 있다). 대국은 대국 나름대로의 윤리를 가지고 존속해야 하고, 소국은 소국 나름대로의 윤리를 가지고 존속해야 한다고 보는 것이다. 일자가 타자를 합병하는 것이 아니라 양자가 모두 "각득기소욕各得其所欲"(원하는 바를 얻는다) 하면서 균형을 유지하는 국제질서체제를 노자는 말하고 있는 것이다. 이러한 상황에서도 중요한 궁극적 기준은 대국의 자세라고 강조한다. 세계평화를 위하여 대국은 항상 자기를 낮추어야 한다.

20세기 전반까지만 해도 미국은 대국으로서 자기를 낮추는 다양한 미덕을 지니고 있었고, 그것이 세계질서의 한 낭만성을 형성하고 있었다. 그러나 월남전 이후 오늘날의 중동분쟁, 미중무역전쟁에 이르기까지 미국은 자기를 낮추는 것이 아니라 스스로 자기를 높임으로써 대국의 면모를 상실하는 많은 추태를 연출해왔다. 코로나사태가 미국의 패권주의에 대한 새로운 각성과 반성, 그리고 새로운 사태에 대한 새로운 윤리를 제공할 것을 빈다. 그리고 미국은 이 조선대륙의 평화에 헌신함으로써 새로운 국제질서를 형성해나가는 건강한 월드 리더십을 제공해야 한다. 미국은 아시아의 평화를 위해 남과 북의 주체적 화해의 노력을 아낌없이 지원해야 할 것이다. 조선대륙의 평화가 없이는 세계의 평화가 있을 수 없다!

六十二章

道者, 萬物之奧,

도 자 만 물 지 오

善人之寶, 不善人之所保。

선 인 지 보 불 선 인 지 소 보

美言可以市, 尊行可以加人。

미 언 가 이 시 존 행 가 이 가 인

人之不善, 何棄之有!

인 지 불 선 하 기 지 유

故立天子, 置三公,

고 립 천 자 치 삼 공

雖有拱璧以先駟馬,

수 유 공 벽 이 선 사 마

不如坐進此道。

불 여 좌 진 차 도

古之所以貴此道者何?

고 지 소 이 귀 차 도 자 하

不曰以求得, 有罪以免邪?

불 왈 이 구 득 유 죄 이 면 야

故爲天下貴。

고 위 천 하 귀

예순두째 가름

도라는 것은 만물의 속 깊은 보금자리요,

좋은 사람의 보배며,

좋지 못한 사람도 지니고 살아갈 수밖에 없는 것이다.

아름다운 말은 시장에서 사람들을 주목하게 하며

고매한 행위는 사람들의 존경을 얻는다.

아름다운 말, 고매한 행위는

좋지 못한 사람도 할 수 있는 것인데

어찌 사람이 좋지 못하다는 외면적 이유만으로

버릴 수 있겠는가!

그러므로 천자를 옹립하고 삼공을 세우는데

비록 벽옥을 두손으로 받쳐들고

사두마차행렬을 앞세우며 융숭한 헌례를 다해도

그것은 가만히 앉아서라도

좋은 사람, 좋지 못한 사람이 다 같이 간직한 이 궁극의 도를

헌상하느니만 못하느니라.

옛부터 이 도를 귀하게 여긴 뜻이 무엇이었던가?

선인은 이 도를 구하면 만사형통함을 얻고

불선한 자도 과오가 있다 하더래도

이 도를 닦아 마음을 바로잡으면

쇠행의 고통을 면할 수 있기 때문이 아니었던가?

그러므로 이 도는 하늘 아래 무상의 가치를 지니는 것이다.

沃案 『노자』의 그 많은 장 중에서 가장 이해하기가 어려웠던 장이다. 그러나 문제의 핵심은 결국 도는 선인, 불선인을 가리지 않고 모든 사람을 보편적으로 비음庇蔭한다는 것이 이 장의 골자이다. 도의 보편성은 인간의 선·악 판단에 의하여 좌우되지 않는다. 이미 49장에도 "선자善者, 오선지吾善之; 불선자不善者, 오역선지吾亦善之"와 같은 테마가 제출되었다. 어떤 의미에서 역사적 예수 Historical Jesus의 인간관과도 통하는 내용을 지니고 있다고 할 것이다. 예수는 말한다: "하나님은 해를 악인에게도 선인에게도 비취게 하시며, 비를 의로운 자에게도 불의한 자에게도 내리우심이라."(마5:45). 예수도 인간을 피상적인 윤리적 편견에 따라 판단하는 것을 거부한다. 하나님 아버지의 온전하심과 같이 너희도 온전하다고 권유한다. 이것은 하나님 아래서 평등한 인간을 말하고 있는 것이다. 노자는 하나님이라는 전제가 없다. 노자는 도의 보편적 기능에 대한 인식, 우리의 윤리적 판단의 한계를 극복하는 전관적 인간통찰을 촉구하는 내용을 선포하고 있는 것이다.

이 노자의 주장은 도가적 성향을 가진 군주들의 인재등용론의 골자가 되었다. 도가 선·불선을 뛰어넘듯이, 인재의 가치 또한 선·불선을 뛰어넘는 것이다. 여기 가장 중요한 메시지는 "인지불선人之不善, 하기지유何棄之有"이다. 사람이 좋지 못하다는 피상적 세론世論의 이유만으로, 사람을 내버릴 수는 없는 것이다. 불선인에게도 도가 들어있으므로, 얼마든지 반성과 수련을 통해 도를 드러내도록 할 수 있는 것이다.

"도자道者, 만물지오萬物之奧"에서 "오奧"는 보통 서남쪽에 위치하는 방으로 가장 존귀한 자가 거하는 곳이다. 왕필은 "가려져 있음을 뜻하며 또 덮어서 감싸준다는 뜻도 있다. 奧, 猶曖也。可得庇蔭之辭"라고 했다. 왕필은 또 "불선인지소보不善人之所保"를 주하여, "보이전야保以全也"라고 했다. 좋지 못한 사람도 이것을 지니게 됨으로써 자기 생을 온전하게 한다는 뜻이다.

이 장에서 가장 해석하기 어려운 구문은 "미언가이시美言可以市, 존행가이가인尊行可以加人"이다. 『회남자』「도응훈道應訓」「인간훈人間訓」에 이 구문이 인용되어 있는데, 모두 "미언가이시존美言可以市尊, 미행가이가인美行可以加人"으로 되어있다. 그러면 "아름다운 말만 하더라도 존귀한 지위를 살 수가 있고, 아름다운 행위는 사람들의 경앙심을 얻을 수 있다"가 된다. 매우 그럴듯한데 백서의 출현은 왕본의 위대함을 증명하여 주었다. 왕본 그대로 되어있는 것이다. 그리고 혹자는 이 두 구절을 부정적인 함의를 지니는 것으로 해석하기도 했다.

결국 왜 이 "미언美言"과 "존행尊行"이 언급되었는지에 관한 문맥의 연결이 시원치 않았는데, 나는 불선인이라도 미언과 존행은 할 수 있는 것이라는 맥락에서 나온 말로 보았다.

나머지는 나의 번역을 참고할 것이다. 2장의 가치론을 연상하면 좋을 것이다.

六十三章

爲無爲, 事無事, 味無味。
위 무 위　사 무 사　미 무 미

大小多少, 報怨以德。
대 소 다 소　보 원 이 덕

圖難於其易, 爲大於其細。
도 난 어 기 이　위 대 어 기 세

天下難事, 必作於易;
천 하 난 사　필 작 어 이

天下大事, 必作於細。
천 하 대 사　필 작 어 세

是以聖人終不爲大,
시 이 성 인 종 불 위 대

故能成其大。
고 능 성 기 대

夫輕諾必寡信,
부 경 낙 필 과 신

多易必多難。
다 이 필 다 난

是以聖人猶難之,
시 이 성 인 유 난 지

故終無難矣。
고 종 무 난 의

예순셋째 가름

함이 없음을 함으로 삼고,

일이 없음을 일로 삼고,

맛이 없음을 맛으로 삼는다.

그러므로 작은 것으로도 큰 것을 다스릴 수 있고

적은 것으로도 많은 것을 제어할 수 있으니,

원한일랑 덕으로 갚아라!

어려운 것을 쉬울 때부터 도모하고,

큰 것을 미세할 때부터 도모하라!

하늘 아래 아무리 어려운 일이라도

반드시 쉬운 데서부터 지어지며,

하늘 아래 아무리 큰 일이라도

반드시 미세한 데서부터 지어지느니.

그러하므로 성인은 끝까지 큰 일을 하는 법이

없는 것 같으면서도

늘 큰 일을 이루어간다.

대저 가볍게 응낙하는 것은 신뢰가 적고,

너무 쉽게 하는 일은 반드시 큰 어려움을 몰고 온다.

그러하므로 성인은 만사를 늘 어렵게 생각한다.

그러기에 끝내 어려움이 없는 것이다.

沃案 아마도 63장은 도가적 성인의 삶의 지혜를 표현한 아름다운 시이며, 많은 사람에게 회자되는, 그리고 실제로 인생살이나 사업을 하는데 있어서 효용 가치가 매우 높은 지혜를 가르쳐주는 잠언으로 꼽힌다.

"위무위爲無爲"는 3장에 나왔고, "무사無事"는 48장, 57장에 나왔고, "무미無味"는 35장에 나왔다. 이 세 구절은 도를 구현한 성인의 삶의 자세를 표현하는 명구이다.

"대소다소大小多少"는 명료하게 해석하기가 어려우나, 앞쪽의 말이 동사가 되고 뒤의 말이 목적어가 되는 것이 문법적으로 명백하다. "v+o / v+o"의 형태이다. 그러면 "소小(작은 것)를 큰 것처럼 여기고, 소少(적은 것)를 많은 것처럼 여긴다"가 된다.

그렇다면 앞의 용례를 가지고 생각해보면, "치대국약팽소선治大國若烹小鮮"이 있었으므로 대국을 작은 생선 다루듯 하라는 뜻이므로, 결국 작은 것을 가지고 큰 것을 다스린다는 뜻이 된다. 또 다소多少의 관계를 생각하면, 앞에 "치인사천막약색治人事天莫若嗇"이라는 용례가 있었으므로 결국 적은 것을 가지고 큰 것을 응부應付, 대응, 제어할 수 있다는 뜻이 된다. 역시 주체는 소小요, 소少다! "Small is beautiful"이다. 이러한 철학에 따라 원한도 덕으로 갚는다는 논리가 성립한다.

이것은 예수가 말하는 용서라든가, 죄사함이라든가, 아가페적 사랑의 베풂을 말하는 것은 아니다(비슷한 성격이 없다고도 말할 수 없다). 원한을 원한으로 갚으면 원한만이 이어지는데 그런 고리를 끊어버리는 도의 포용성, 원만성, 대립적 가치의 융섭을 말한 것이다. 그 뒤에 이어지는 이易와 난難의 논의는 참으로 우리의 가슴을 저미게 만드는 깨달음이 있다. 2장의 "난이상성難易相成"을 연상할 것이다.

금강산 구룡폭포. 곡신불사谷神不死, 현빈지문玄牝之門, 천지근天地根 등의 시적 언어들을 생각나게 한다.

여전히 잘 흐르고 있겠지. 이 땅의 곡신이여!

六十四章

其安易持, 其未兆易謀;
기 안 이 지　기 미 조 이 모

其脆易泮, 其微易散。
기 취 이 반　기 미 이 산

爲之於未有, 治之於未亂。
위 지 어 미 유　치 지 어 미 란

合抱之木, 生於毫末;
합 포 지 목　생 어 호 말

九層之臺, 起於累土;
구 층 지 대　기 어 루 토

千里之行, 始於足下。
천 리 지 행　시 어 족 하

爲者敗之, 執者失之。
위 자 패 지　집 자 실 지

是以聖人無爲故無敗,
시 이 성 인 무 위 고 무 패

無執故無失。
무 집 고 무 실

民之從事, 常於幾成而敗之。
민 지 종 사　상 어 기 성 이 패 지

愼終如始, 則無敗事。
신 종 여 시　즉 무 패 사

是以聖人欲不欲, 不貴難得之貨;
시 이 성 인 욕 불 욕　불 귀 난 득 지 화

學不學, 復衆人之所過。
학 불 학　복 중 인 지 소 과

以輔萬物之自然而不敢爲。
이 보 만 물 지 자 연 이 불 감 위

예순넷째 가름

사물이 흔들리지 않을 때 가지고 있기 쉽고,
드러나지 않았을 때 도모하기 쉽다.
그 연약할 때는 바스러지기 쉽고,
초동에 미미할 때는 흩어지기 쉽다.
그것이 드러나기 전에 잘 처치하고
그것이 어지러워지기 전에 다스려라!
아름드리 나무도 털끝같은 싹에서 생겨나고,
아홉층의 높은 누각도 한줌의 쌓인 흙에서 일어나고,
천리의 걸음도 발아래서 시작한다.
인위적으로 할려 하는 자는 반드시 패할 것이요,
잡으려 하는 자는 반드시 놓칠 것이다.
그러하므로 성인은 함이 없기에 패함이 없고,
잡음이 없기에 놓침이 없다.
사람들이 일하는 것을 보면
늘 다 이루어질 듯하다가 꼭 패한다.
끝을 삼가기를 늘 처음과 같이 하라!
그리하면 패하는 일이 없을지니.
그러하므로 성인은 바라지 않음을 바라고,
얻기 어려운 재화를 귀하게 여기지 않는다.
배우지 아니함을 배우고
뭇사람이 짓는 허물을 본래의 모습으로 회복시킨다.
이리하여 만물의 스스로 그러함을 도울 뿐
감히 무엇을 한다고 하지 않는다.

沃案 이 장은 심히 아름다운 시적 언어로 구성되어 있는데 나의 해설을 요구하지 않는다. 중간중간 애매한 부분이 있었으나 거의 말끔하게 전말을 따져 아름다운 우리말로 옮겨놓았다.

그 대의는 모든 삶의 화환禍患을 그 근원에서 다스리고, 그것이 발전하기 이전의 상태에서 예방하고 방비해야 한다는 것이다. 코로나대처의 경험이 있는 우리민족은 이제 이러한 노자의 충언이 가슴에 절절하게 와닿을 것이다.

다음, "합포지목合抱之木, 생어호말生於毫末; 구층지대九層之臺, 기어루토起於累土; 천리지행千里之行, 시어족하始於足下"는 원대한 일을 할 때, 작은 시작으로부터 의연毅然하게 인내심을 가지고 조금씩 조금씩 진행하는 자세를 이야기하는 것인데, 그 말하는 전체적 스타일은 매우 도가적인 느낌이지만 그 실내용은 매우 착실한 유학의 공부와도 같다. 도가적 느낌이라 하는 것은 미세한 시작에서 도생일道生一, 일생이一生二, 이생삼二生三, 삼생만물三生萬物의 전 우주적 변화의 원리를 체찰한다는 것이다.

"위자패지爲者敗之, 집자실지執者失之"는 29장의 "천하신기天下神器"론에서 이미 나왔던 표현이다.

끝부분의 "복중인지소과復衆人之所過"는 내가 『길과 얻음』에서 "뭇사람이 지나치는 본바탕으로 돌아간다"고 번역했었는데, 역시 "과過"는 "지나침"보다는 "허물," "과실"의 의미가 더 적합하다고 생각되어 오늘의 번역문으로 바로잡았다. 물론 어느 것이 더 옳은 번역인지는 알 수가 없다. 하여튼 나의 30년 전 번역이 매우 통찰력이 있었고 과감했다는 생각이 든다.

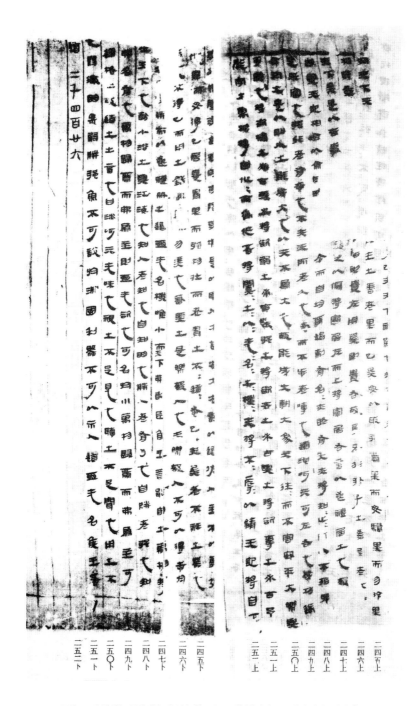

도경道經이 끝나는 부분에 "도2426 道二千四百廿六"이라고 쓰여져 있다. 백서 을본.

六十五章

古之善爲道者,

고 지 선 위 도 자

非以明民, 將以愚之。

비 이 명 민 장 이 우 지

民之難治, 以其智多。

민 지 난 치 이 기 지 다

故以智治國, 國之賊;

고 이 지 치 국 국 지 적

不以智治國, 國之福。

불 이 지 치 국 국 지 복

知此兩者, 亦稽式。

지 차 양 자 역 계 식

常知稽式, 是謂玄德。

상 지 계 식 시 위 현 덕

玄德, 深矣! 遠矣!

현 덕 심 의 원 의

與物反矣!

여 물 반 의

然後乃至大順。

연 후 내 지 대 순

예순다섯째 가름

예로부터 도를 잘 실천하는 자는

도로써 백성을 똑똑하게 만들지 않고

오히려 도로써 백성들을 우둔하게 만들었다.

백성을 다스리기 어렵다 함은

그들에게 교사스러운 지혜가 많기 때문이다.

그러므로 지혜로써 나라를 다스린다는 것은

그 나라의 적해요,

지혜로써 나라를 다스리지 않는다는 것은

그 나라의 복이다.

적해와 복, 이 둘을 아는 것이야말로 또한

늘 그러한 본받음의 기준이니,

항상 이 기준을 아는 심오한 능력을

가믈한 덕이라 일컫는다.

가믈한 덕이여!

깊도다!

멀도다!

만물과 더불어 근원으로 돌아가는구나!

그런 뒤에야 또다시

대도의 스스로 그러함에 따르는 경지에 이르는구나!

沃案 이 장 역시 여태까지 진행되어 온 논리에 충실하면 이해 못할 부분이 없다. 그리고 나의 국문번역이 그 충분한 뜻을 발현하고 있으므로 본문과 잘 대조해서 읽어나가면 일관된 노자의 논리를 터득할 수 있을 것이다.

"계식稽式,"(국가운영의 표준, 원리) "현덕玄德," "대순大順" 같은 말을 원어로 기억해두는 것이 좋겠다. "현덕"은 10장, 51장에 이미 나왔고, "대순"은 여기 한 군데 나온다. 『삼국지』의 한 주인공 유비劉備, 161~223의 자 현덕玄德도 여기서 왔다.

이 장의 주제 역시 "통나무樸"이며, 통나무는 여기 "우愚"로 표현되어있고, "우愚"는 "지智"와 대립되는데, 우리의 상식과는 반대로 우가 좋은 것이고 지는 나쁜 것이다. 국가운영에서 배제되어야 할 것이 "지혜"다. 여기서 말하는 지혜는 『반야심경』이 말하는 쁘라즈냐prajñā가 아니라, "교사巧邪"이며, "잔 꾀"이다. 나라를 망쳐 먹는 것은 본질에서 멀어져가는 교사巧邪인 것이다. 우리나라에는 유능한 대학을 나온 지식인들이 많고, 또 그들 중 정가에서 활약하는 자가 많은데도, 우리나라 정치가 어느 일정한 가치의 한계를 돌파하지 못하는 이유는 지식인들이 교사巧邪에 종사하고 "어리석음愚" 즉 통나무에 종사하지 않기 때문이다.

노자는 위정爲政의 본질이 "진박眞樸"(진짜 통나무)에 있다고 보았다. 정치의 좋고 나쁨은 항상 통치자의 처심處心과 작법作法에 있다고 보았다. 통치자는 진성박질眞誠樸質하면 양호한 정풍政風이 도출된다는 것이다. 그리고 사회가 안녕한 상태로 돌아가게 되는 것이다. 통치자가 사특한 마음으로 기교를 부리게 되면 그것이 생산한 패괴敗壞한 정풍의 악폐는 매우 오래 그 업을 지속시킨다 (이명박시대의 여파를 생각하면 쉽게 연상될 것이다). 정풍이 패괴하면 사람들은 서로를 속이고 적해賊害를 일삼는다. 그러면 사회는 편안할 날이 없게 된다. 노자가 통치자에게 기대하는 것은 우둔한 순박성으로써 백성을 리드하는 것이다. 노자에게 통나무의 가능성과 허와 어리석음과 포용성은 대단히 중요한 것이다.

노자는 춘추 말기의 난세에 태어나서 지식인들의 허위성에 통분을 느낀 사람
이다. 그는 진실로 순박한 세상으로 돌아가는 것을 갈망하고 있고, 지식인들의
교사巧邪가 세상을 망치고 있다고 생각하였다. 그가 할 수 있는 일은 분세교왕
憤世矯枉의 언론을 역사에 남기는 일밖에는 없었다. 인민의 순박을 갈망하면서
그 첩경이 바로 통치자의 순박에 있다고 보았던 것이다. 통치자야말로 끊임없
이 진박眞樸으로써 자려自礪해야 한다고 보았던 것이다. 제20장에 있었던, 내
가 좋아하는 노자의 실존독백적 시를 다시 한 번 생각해보면 좋겠다: "오~ 내
우인愚人의 심사여! 혼돈混沌스럽도다! 속인은 소소昭昭한데 나 홀로 혼혼昏昏
하구나! 속인은 찰찰察察한데, 나 홀로 민민悶悶하구나!"

六十六章

江海所以能爲百谷王者,
<small>강 해 소 이 능 위 백 곡 왕 자</small>

以其善下之。
<small>이 기 선 하 지</small>

故能爲百谷王。
<small>고 능 위 백 곡 왕</small>

是以欲上民, 必以言下之;
<small>시 이 욕 상 민 필 이 언 하 지</small>

欲先民, 必以身後之。
<small>욕 선 민 필 이 신 후 지</small>

是以聖人處上而民不重,
<small>시 이 성 인 처 상 이 민 부 중</small>

處前而民不害。
<small>처 전 이 민 불 해</small>

是以天下樂推而不厭。
<small>시 이 천 하 락 추 이 불 염</small>

以其不爭, 故天下莫能與之爭。
<small>이 기 부 쟁 고 천 하 막 능 여 지 쟁</small>

예순여섯째 가름

강과 바다가 온갖 골짜기물의 왕이 될 수 있는 것은
자기를 잘 낮추기 때문이다.
그러므로 능히 온갖 골짜기물의 왕이 될 수 있는 것이다.
그러하므로 백성의 위에 슬려는 자는
반드시 말로써 자기를 낮추고,
백성의 앞에 슬려는 자는
반드시 그 몸을 뒤로 할 것이다.
그러하므로 성인은 위에 처해 있어도
아랫백성이 무겁다 아니하고,
앞에 처해 있어도
뒷백성이 전도를 막고 있다고 아니한다.
그러하므로 천하 사람들이 즐거이 그를 추대하면서도
싫어하지 아니한다.
그는 항상 다투지 않으니
천하 사람들이 그와 더불어
다툴 건덕지가 없는 것이다.

沃案 "백곡百谷"과 "강해江海"의 비유는 이미 도경에서도 32장에 나왔고, 덕경에서도 61장의 "대국자하류大國者下流"에서도 나왔다. 자연의 현상에서 삶의 교훈을 얻는 태도는 희랍철학이나 서양철학 전반에서 희소하다. 그만큼 그들의 존재 그 자체가 언어화되어 있고 관념화되어 있는 것이다. 우리 조선인들의 사유만 해도 인간을 우주의 일부로서, 자연의 일부로서 파악하고 동일한 법칙 내에 있다는 사실을 자연스럽게 수용한다. 자연과 인간의 대립은 서방인의 질병이다.

노자의 일관된 사상은 "부쟁不爭"의 사상이다. 부쟁의 전제는 겸허, 즉 자기를 낮춘다는 것이다. 자기를 낮춘다는 것은 낮추는 자가 높은 지위를 가지고 있다는 것을 의미한다. 즉 성인의 통치철학에 관한 것이다.

여기 "민부중民不重"이라는 표현이 있듯이, 노자의 시대에서 노자가 느낀 가장 큰 문제점은 통치자의 존재에 대한 민중의 중압감重壓感이었다. 그들이 있다는 사실만으로도 민중에게 부담과 통고痛苦를 안겨주는 그 존재의 중압! 그 중압으로부터 어떻게 인민을 해방시키는가에 대한 고뇌로부터 이 위대한 철학이 탄생했다고도 볼 수 있는 것이다. 그의 정치론은 인생론, 우주론, 가치론 일반으로 확대되어 나간 것이다.

우리나라 국어생활에 관심을 갖는 사람들 중에서 적지 않은 사람들이 우리말을 근거도 없는 관념에 의하여 억지로 조작하고 캠페인을 통하여 바꾸려고 노력한다. 방송계 사람 중에서 그런 어리석은 자가 많다.

"짜장면"을 "즈아장면"이라 말하고, "효과"를 "훗꽈"라 발음치 아니하고 "효구아"식으로 발음하라, "철학과"도 "철학꽈"가 아니고 "철학구아"가 되어야 한다는 식. 이 모든 작태가 알고 보면 군국주의를 거친 일본이 전후에 군국주의를 연상케 하는 된소리, 센소리는 될 수 있는 대로 삼가자는 방침에 따라

정해놓은 것인데, 우리말의 내재적인 법칙이나 자연스러운 흐름을 위배하여 왜식으로 다 고치는 우매한 짓거리밖에 되지 않는다.

"먹거리"도 그 얼마나 천박한 비국어非國語인가? 도무지 우리말이 아닌 것이다. 동사원형의 어간이 관형사형 어미가 없이 직접 명사에 붙을 수 없는 것이다. 먹다가 먹거리가 되어야 한다면, "보다"에서 "보거리"가 나와야 하고, 옷은 "입거리"가 될 것이다. 듣다에서는 "들을거리"가 아닌 "듣거리"가 될 것이다. 이런 추저분한 말을 아름다운 우리말인 것처럼 캠페인을 통해 유포하는 것을 바른 언어생활 운운한다. 심지어 우리말에는 이인칭대명사는 물론 모든 주어를 생략하는 경향이 있는데 이것은 우리말의 아름다움이지 결코 사회의 불평등구조를 만드는 언어생활이 아니다. 그러면서 일률적인 이인칭대명사를 쓰자든가, 존댓말을 없애자든가 하는 식의 망언을 일삼고 있는 것이다. 촘스키의 변형문법도 보편주의, 선험주의를 가장한 획일주의가 숨어있다. 나는 언어의 보편적 통사구조라는 것을 믿지 않는다.

내가 갑자기 이런 말을 하는 뜻은 내 번역문을 보면서 한창기韓彰璂, 1936·1997 선생 생각이 났기 때문이다. 한 선생님은 우리말의 다자인(있는 그대로의 모습)을 존중해야 한다는 입장이었고, 순수한 우리말을 복원해야 한다는 입장이었다. 그리고 내가 귀국해서 곧바로 구어colloquialism를 학술논문에 도입하는 자세를 경이롭게 바라보고 격려해주었다. 여기 내 번역문에 "백성의 위에 슬려는 자는 ……"이라는 표현이 있는데 전혀 읽는 사람들이 부자연스러움을 느끼지 못한다. 한창기 선생은 "to stand"라는 동사의 우리말 원형으로 "스다"를 인정해야 한다고 주장했다. 그 근거는 바로 한국인들의 발음현실이라는 것이다. "서다"는 오히려 표준말 표기법의 영향으로 강제적으로 생겨난 말이라는 것이다. 한창기 선생과의 깊은 우정을 생각하면서 1989년의 『긴과 연음』 판의 표기를 그대로 살려둔다.

六十七章

天下皆謂我道大, 似不肖。
천 하 개 위 아 도 대　사 불 초

夫唯大, 故似不肖。
부 유 대　고 사 불 초

若肖, 久矣其細也夫!
약 초　구 의 기 세 야 부

我有三寶, 持而保之:
아 유 삼 보　지 이 보 지

一曰慈,
일 왈 자

二曰儉,
이 왈 검

三曰不敢爲天下先。
삼 왈 불 감 위 천 하 선

慈故能勇, 儉故能廣,
자 고 능 용　검 고 능 광

不敢爲天下先, 故能成器長。
불 감 위 천 하 선　고 능 성 기 장

今舍慈且勇, 舍儉且廣,
금 사 자 차 용　사 검 차 광

舍後且先, 死矣!
사 후 차 선　사 의

夫慈, 以戰則勝, 以守則固。
부 자　이 전 즉 승　이 수 즉 고

天將救之, 以慈衛之。
천 장 구 지　이 자 위 지

예순일곱째 가름

천하 사람들이 모두 내 도가 거대하여
같지않다고들 빈정댄다.
그런데 오로지 거대하기 때문에
같지않게 보일 수밖에 없는 것이다.
만약 그들 수준대로 같은 것이라면
그것이 보잘것 없는 것임은
더 말할 나위도 없는 것이다.
나에겐 세 보배가 있는데 이를 늘 지니고 지킨다.
첫째는 자애로움이다.
둘째는 검약이다.
셋째는 감히 천하에 앞서지 않는 것이다.
자애롭기 때문에 용감할 수 있고,
검약하기 때문에 널리 베풀 수 있고,
감히 천하에 앞서지 않기 때문에
모든 그릇의 으뜸으로 자연스럽게 추대될 수 있는 것이다.
지금 자애로움을 버리고 용감할려고만 하고,
검약을 버리고 널리 베풀기만을 할려하고,
뒤를 버리고 앞설려고만 한다면,
그것은 죽음에로의 길일 뿐이다!
대저 자애로움으로써 싸우면 이길 것이요,
자애로움으로써 지키면 단단할 것이다.
하늘이 장차 그 사람을 구원하려고 한다면
자애로움으로 그를 막아주고 감쌀 것이다.

沃案 이 장은 참으로 아름다운 시구로서, 노자의 말 중에서도 가장 많이 인용되는 것 중의 하나이다. 도입부에 "불초不肖"와 "초肖"의 표현이 있는데, 우리말에도 같은 표현이 있어(우리말에 끼친 한문의 영향이다) 우리말의 뉘앙스를 살려 번역하였다.

"초肖"는 "같다"라는 뜻이다. "불초소생不肖小生"이라는 것은 "부모님과 같지 않은, 부모님의 소망에 못 미치는 소생"이라는 뜻이다. 그런데 요즈음에도 쓰는 우리 슬랭에 이런 말이 있다: "같지 않은 새끼!" 꼴깝이라는 얘기인데, 결국 상식에 못미치는 놈, 다시 말해서 도道를 닮지 않은 새끼, 도적인 수준에 영 못미치는 새끼라는 뜻이 된다. 그렇다고 "같은 새끼"란 말은 쓰지 않지만, 여기 『노자』텍스트에서는 썼다. 노자는 도와 같지 않아 보이는 "불초"가 진짜 도고, 같아 보이는 "초肖"는 엉터리라고 말하고 있다. 하삐리 새끼들이 웃지 않으면 내 도는 도가 될 수 없다(不笑, 不足以爲道)라는 41장의 말을 연상시킨다.

"삼보三寶"는 도가적 인간형의 세 덕성으로서 매우 인용빈도수가 높은 말이다. 제1이 "자慈"고 제2가 "검儉"이며 제3이 "불감위천하선不敢爲天下先"이다.

"자慈"는 『노자』에 3번 나오는데, 본 장을 제외한 나머지 두 번(18, 19장)은 모두 "효자孝慈"라는 복합명사의 일부로서 나오고 있다. 이 18, 19장의 "자慈"는 가정윤리를 지칭하고 있다. "효"가 자녀의 부모에 대한 자세를 가리키는데 반하여 "자"는 부모의 자녀에 대한 자세를 가리키고 있다. 그러나 이 장의 "자慈"는 이러한 유가적(반드시 유가적일 뿐 아니라 일반적 윤리의식을 가리킨다고 보아야 한다) 덕성의 의미를 벗어나 도가적 성인의 덕성을 가리키고 있는 것이다. 하상공의 주에 "백성을 적자赤子처럼 아끼는 마음"이라고 했는데 이것 역시 유가적 자慈를 말하고 있는 것이다. 『장자』의 「제물론」에 "대인불인大仁不仁"이라는 표현이라든가 5장의 "천지불인天地不仁"과 같은 경지가 여기서 말하는 자에 해당될 것이다.

두 번째 덕성인 "검儉"은 이미 "치인사천막약색治人事天莫若嗇"에서 "색嗇"의 덕성으로 충분한 설명이 되었다. 세 번째의 "불감위천하선不敢爲天下先"은 41장에서 말하는 "진도약퇴進道若退"라든가 "대백약욕大白若辱" 같은 표현에서 그 의미의 핵심을 발견할 수 있다.

자慈는 용勇으로 연결되고, 검儉은 광廣으로 연결되고 불감위천하선不敢爲天下先은 능성기장能成器長으로 연결된다. 이것은 아이러니인 동시에 양면성을 전관하는 도가적 성인의 지혜를 말한 것이다. 이러한 지혜는 실상 명료한 소기의 결과를 나타내는 것은 아니다.

제일 마지막의 "천장구지天將救之, 이자위지以慈衛之"도 마치 하늘이 이 사람을 구원하려고 한다면 자애로써 이 사람을 보위할 것이다라는 식으로 해석하면 기독교성경이 되고 만다. 하늘天은 의인화된 존재가 아니다. 그것은 도법자연의 개방적 운행이다. 결국 이러한 삼보를 구현하는 성인을 통해 이미 자애로움의 미덕이 백성의 마음속에 심어졌으므로, 백성이 서로 자애로운 마음으로 스스로를 구원하게 될 것이라는 뜻으로 해석하는 것이 옳다.

六十八章

善爲士者不武,
선 위 사 자 불 무

善戰者不怒,
선 전 자 불 노

善勝敵者不與,
선 승 적 자 불 여

善用人者爲之下。
선 용 인 자 위 지 하

是謂不爭之德,
시 위 부 쟁 지 덕

是謂用人之力,
시 위 용 인 지 력

是謂配天。
시 위 배 천

古之極。
고 지 극

沃案 "사士"라는 글자를 한국인들은 일차적으로 선비 사 자로 알고 있지만, 그 원래 의미는 "무사武士"의 뜻이다. 사士라는 글자가 본시 "도끼"의 형상이며 이 도끼 중에 큰 것이 "왕王"의 형상에 해당된다. 사는 전사계급으로서 왕에 복무했던 사람들이다. 따라서 "선위사자善爲士者, 불무不武"는 "무사가 무를 쓰지 않는다"는 의미이니까, 반어적인 아이러니가 들어있다. 제15장에 이미 "고지선위사자古之善爲士者, 미묘현통微妙玄通, 심불가식深不可識"이라는 표현이 있었다. 무위의 지혜를 터득한 위대한 장수의 미묘현통함을 이야기하고 있는 것이다. 도道와 병兵은 하나라는 나의 견해를 상기해보면 이해가 갈 것이다.

노자가 옳았다

예순여덟째 가름

군대통솔을 잘하는 자는 무력을 쓰지 않는다.

싸움을 잘하는 자는 노여움을 드러내지 않는다.

적을 잘 이기는 자는 대적하여 맞붙지 않는다.

사람을 잘 쓰는 자는 자기를 잘 낮춘다.

이것을 일컬어

부쟁의 미덕이라고 한다.

이것을 일컬어

용인의 힘이라고 한다.

이것을 일컬어

하늘에 짝한다 한다.

이것은 모두

예로부터 내려오는 무위의 준칙이다.

　

마지막에 "고지극古之極"이라는 표현이 있는데, "고古"라는 표현은 여러 번 나왔다. 14장에 "고지도古之道를 집執하여 금지유今之有를 제어한다. 고시古始를 아는 것을 도기道紀라 한다"라는 표현이 있었고, 21장에는 "자고급금自古及今, 기명불거其名不去"라는 표현이 있었고, 62장에 "고지소이귀차도자하古之所以貴此道者何?"라는 표현이 있었고, 65장에는 "고지선위도자古之善爲道者"라는 표현이 있었다. 기나긴 시간을 통하여 유지되는 인간세의 원칙 같은 것을 의미하며, 단순히 천지자연의 과거라는 의미로 쓰이지는 않았다. 도의 실천과 관계된 의미도 함축하고 있다.

六十九章

用兵有言：
용 병 유 언

吾不敢爲主而爲客，
오 불 감 위 주 이 위 객

不敢進寸而退尺。
불 감 진 촌 이 퇴 척

是謂行無行, 攘無臂, 扔無敵,
시 위 행 무 행　양 무 비　잉 무 적

執無兵。
집 무 병

禍莫大於輕敵,
화 막 대 어 경 적

輕敵幾喪吾寶。
경 적 기 상 오 보

故抗兵相加, 哀者勝矣。
고 항 병 상 가　애 자 승 의

예순아홉째 가름

병가의 속담에 다음과 같은 말이 있다:
나는 감히 주인이 될 생각을 아니하며
손님이 될 뿐이요,
나아갈 때는 촌으로 나아감도 삼가고
물러날 때는 척으로 물러난다.
이것을 일컬어:
감이 없이 가고
팔 없는 팔을 걷어붙이고
적대함이 없이 적을 내편으로 끌어당기고
무기를 쓰지 않고도 적을 제압한다고 한다.
적을 가벼이 여기는 것보다 더 큰 화는 없다.
적을 가벼이 여기면 나의 세 보배를 거의 다 잃을지니.
그러므로 접전하는 군대가 서로 비등할 땐
애통해 하는 자가 이기느니.

沃案 이해하기에 별로 어려울 것이 없는 장처럼 보이지만, 텍스트의 문제가 얽혀 정확한 해석을 하기가 실로 난감한 장이다. 문제는 "행무행行無行, 양무비攘無臂, 잉무적扔無敵, 집무병執無兵"의 네 구절을 어떻게 해석하느냐에 관한 것인데, 왕필이 주석을 달면서도 그 주석 속에서 "잉무적"과 "집무병"의 순서를 바꿔놓고 있다. "행무행, 양무비, 집무병, 잉무적야"로 되어있는 것이다. 그런데 백서본이 왕필 주석 내에서 인용한 바와 같이 순서가 바뀌어 있는데 마지막 구절이 "내무적의乃无敵矣"로 되어 있다. 그러면 마지막 구문의 뜻은, "그리하여 적이 없게 되는 것이다"가 된다.

그러나 본 서는 왕필본을 저본으로 하는 것이고 또 왕필본은 왕필본 나름대로의 정갈한 의미체계가 있기 때문에 왕필본에 즉하여 해석할 수밖에 없다. 왕필본을 보면 "무행無行, 무비無臂, 무적無敵, 무병無兵"의 네 가지 무가 연속되어 매우 추상적인 의미를 전달하고 있는 것이다.

그런데 38장에 "상례上禮"를 설명하는 부분에 "양비이잉지攘臂而扔之"라는 말이 있었다. "양攘"이라는 글자는 원래 "양이攘夷"라는 표현이 있듯이 "내친다," "물리친다"는 의미가 있다. 그런데 "잉扔"은 내 쪽으로 끌어당긴다는 의미가 있다. 그러니까 양과 잉은 운동방향이 서로 상반된다. 사실 내 느낌으로는 38장의 "양비이잉지攘臂而扔之"는 "팔뚝을 휘어잡아 잡아끈다"라는 의미가 가장 자연스러운 듯하다. 그러니까 예禮는 자기에게 응하지 않으면 사람을 낚아채서 예를 행하도록 억지로 복속시킨다는 의미를 지니고 있는 것이다. 그런데 보통 "양비攘臂"를 중국인들은 "팔뚝을 걷어붙인다"로 쓴다. 그렇게 되면 "양무비攘無臂"는 없는 팔뚝으로 싸움에 임한다는 뜻이 된다. 육박전에서 팔뚝이 중요하고, 또 팔뚝을 써서 무엇을 밀쳐내야 할 텐데 그러한 물리적 완력을 쓰지 않고 적을 물리친다는 의미가 된다. 앞의 "행무행"을 "선위사자불무善爲士者不武"의 뜻으로 해석하면 이것은 "선전자불노善戰者不怒" 정도의 의미가 될 것이다.

"잉무적扔無敵"은 "적 없이 적을 끌어당긴다" 즉 "적을 내 편으로 귀속시킨다"는 의미가 된다. 나에게 적개심을 갖지 않도록, 상대방의 적개심을 해소시켜, 결국 상대방의 군심軍心을 나에게로 끌어당긴다는 뜻이 된다. 앞 장에서 말한 "선승적자불여善勝敵者不與"정도가 이에 해당될 것이다.

"집무병執無兵"은 병기를 쓰지 않고 상대방을 제압한다는 의미가 될 것이다.

제일 마지막에 있는 "애자승의哀者勝矣"의 "애哀"는 삼보 중의 "자慈"에 해당되는 의미일 것이다. 도경 31장에 "살인지중殺人之衆, 이애비읍지以哀悲泣之"라 했고, 전쟁에서 승리를 거두어도 반드시 상례로써 처할 것이라고 했는데, 그러한 자애로운 마음을 끝까지 잃지 말아야 한다는 것이다. 전쟁은 궁극적으로 심리전이다. 춘추전국시대의 싸움은 더욱 그러했다. 호전호살好戰好殺의 성품으로 용병用兵을 하는 자는 반드시 낭패를 보고 만다는 것을 노자는 이야기하고 있는 것이다.

노자는 분명 반전反戰 사상가이다. 그러나 그는 전쟁수행능력이 없는 반전을 말하고 있는 것이 아니다. 반전을 말할 수 있는 사람은 전쟁수행능력의 선두를 달리는 사람이어야 한다. 노자가 말하는 반전은 "겸퇴무쟁謙退無爭"의 사상이다. 어떻게 하면 강력한 군대를 가지고 있으면서도 그 군대를 사용하지 않을 수 있을까에 대한 고민이 깊은 사람이다. 미국이 월남전으로부터 시작하여 명분 없는 전쟁을 즐기면서 타락해간 세계사의 적나라한 현실을 목도해온 우리는 노자의 형안을 계속 다시 곱씹어볼 수밖에 없다. 본 장은 앞의 두 장과 함께 동일한 주제를 펼쳐내고 있다. 위대한 고전은 심포니와도 같다. 같은 테마가 다양한 변주를 통해 풍요로운 의미를 전한다.

七十章

吾言甚易知, 甚易行。
오 언 심 이 지　심 이 행。

天下莫能知, 莫能行。
천 하 막 능 지　막 능 행

言有宗, 事有君。
언 유 종　사 유 군

夫唯無知, 是以不我知。
부 유 무 지　시 이 불 아 지

知我者希,
지 아 자 희

則我者貴。
칙 아 자 귀

是以聖人被褐懷玉。
시 이 성 인 피 갈 회 옥

沃案 이 장 역시 노자의 실존적 심정을 나타내는 시로서 잘 인용이 되는 것이다. "피갈회옥被褐懷玉"은 자기가 처한 세상의 불우한 모습과 내면의 진박眞樸한 인격자세의 모순된 양면을 잘 그려내는 말로서 다양한 맥락에서 잘 인용되고 있다. 보옥을 가슴에 품은 자가 갈포를 두려워할 리가 없다. 도가적 은둔자의 프라이드를 나타내는 말이기도 하다.

해석상의 어려움은 "지아자희知我者希, 칙아자귀則我者貴"두 구절의 이해

노자가 옳았다

일흔째 가름

나의 말은 매우 알기 쉽고

매우 행하기 쉬운데,

천하 사람들이 능히 아는 사람이 없고

능히 행하는 사람이 없다.

말에는 그 본원이 있고

일에는 그 통합적 원칙이 있다.

그런데 대저 나의 말을 알지 못하니

나를 알 까닭이 없는 것이다.

나를 아는 자도 거의 없고

나를 본받는 자도 거의 없다.

그러므로 성인은

겉에는 남루한 갈포를 입고

속에는 아름다운 보옥을 품을 수밖에 없는 것이다.

에 있는데, 보통은 이 두 구를 병치구조로 보아 "칙則"을 "본받는다"라는 타동사로 보는 것이다. 그러면 "나를 아는 자도 희소하고, 나를 본받는 자도 희소하다"의 뜻이 된다. 그러나 "則"을 "…… 즉"의 의미의 접속사로 해석할 수도 있다. 그러면 "나를 아는 자가 희소하면 희소할수록 나는 귀하게 된다"의 뜻이 된다. 둘 다 의미 있는 해석이다. 어느 것으로 해석해도 무리가 없다. 백서본은 "지자희知者希, 즉아귀의則我貴矣"로 되어 있다. "나를 아는 자가 적을수록 나는 귀하게 된다"는 뜻이다.

七十一章

知不知, 上; 不知知, 病。
지 부 지　상　부 지 지　병

夫唯病病, 是以不病。
부 유 병 병　시 이 불 병

聖人不病。
성 인 불 병

以其病病, 是以不病。
이 기 병 병　시 이 불 병

沃案 짧지만 "앎"에 관한 이야기로서 많은 추론을 가능케 하는 파편이다. 사실 이런 이야기는 『장자』 『논어』 등에 유사한 형태로 많이 언급되어 있다. 고대 중원의 사유가 인식론적으로 얼마나 성숙해 있었는가 하는 것을 말해주고 있다. 덕경이 "상덕부덕上德不德, 시이유덕是以有德"으로 시작되었다. 지知에 대한 것도 같은 논리로써 문제를 펼쳐내고 있다. "가장 좋은 덕은 덕스럽지 아니하다. 그래서 덕이 있다"라는 논리대로 따라가면, "가장 좋은 앎은 앎스럽지 아니하다"가 될 것이다. 앎은 확신의 체계가 아니라, 불확실성의 가능성을 무한히 개방하는 것이요, 앎은 앎의 한계를 스스로 자각할 때만이 앎으로서 위대한 생명력을 가지게 되는 것이다. 공자가 자로에게, "아는 것을 안다고 하고, 모르는 것을 모른다고 하는 것이 진정한 앎이다知之爲知之, 不知爲不知, 是知也。"라고 말했을 때도 포인트는 앎에 있는 것이 아니라 모름에 있는 것이다. 모른다고 하는 것을 정확히 아는 것이야말로 무궁한 인식의 세계를 헤쳐나갈 수 있는 출발점이라는 것이다. 그러나 그 모름은 영원한 과정이다. 모름이 다 앎으로 화한다는 것은 거짓이요, 위선이다. 누군가 공자에게 참 유식한 사람이라고

일흔한째 가름

알면서도 아는 것 같지 않은 것이 가장 좋은 것이다.
알지 못하면서도 아는 것 같은 것은 병이다.
대저 오로지 병을 병으로 여길 줄 알면,
병이 되지 않는다.
성인은 병이 없다.
병을 병으로 스스로 깨닫고 있기 때문에,
병이 될 수 없는 것이다.

평을 한 모양이다. 공자는 말한다: "세인들이 나 보고 박식하다고들 하는데, 과연 내가 뭘 좀 아는가? 돌이켜보면 나는 별로 아는 것이 없다 吾有知乎哉? 無知也。" 공자나 노자나 앎의 문제에 있어서 같은 의식을 가지고 있었다.

『장자』「대종사」에서 장자는 인간이 건설하는 지식의 세계에 관해서 이런 말을 한 적이 있다: "앎이 아는 바를 가지고서 앎이 알지 못하는 바를 키워나가는 것, 그리하면서 천수를 다 누리고 도중에 일찍 죽지 않는 것, 그것이야말로 앎의 최상품이다 知人之所爲者, 以其知之所知, 以養其知之所不知, 終其天年, 而不中道夭者, 是知之盛也。"

결국 아는 것을 가지고 모르는 것을 키워나가는 것이 인간의 삶의 과정이다. 끊임없이 다가오는 더 많은 무름의 세계에 대해 인간은 겸손해야 하고 끊임없이 자기를 비워야 한다. "허기심虛其心"이 없으면 앎은 확장되지 않는다. 앎이 확장되지 않으면 도의 전체를 볼 수가 없다.

七十二章

民不畏威,
민 불 외 위

則大威至。
즉 대 위 지

無狎其所居,
무 압 기 소 거

無厭其所生。
무 염 기 소 생

夫唯不厭,
부 유 불 염

是以不厭。
시 이 불 염

是以聖人自知, 不自見;
시 이 성 인 자 지   부 자 현

自愛, 不自貴。
자 애   부 자 귀

故去彼取此。
고 거 피 취 차

노자가 옳았다

일흔두째 가름

백성이 통치자의 치술이 너무 가혹하여

백성이 통치자의 권위조차 두려워하지 않게 되면

결국 가장 두려운 하늘의 형벌,

민중의 뒤엎음이 닥치게 된다.

치자는 백성이 사는 곳을 들들 볶지 마라!

치자는 백성이 사는 것을 지겹게 느끼지 않게 하라!

백성들이 자기 삶을 지겹게 느끼지 않아야만

치자를 지겹게 느끼지 않고 즐겁게 추대하게 되는 법이다.

그러하므로 무위의 성인은

자기는 밝은 지혜를 가지고 있으면서도

스스로 그것을 밖으로 드러내지 않고,

자기 몸을 아끼면서도

스스로 그 몸을 높이지 않는다.

그러므로 위광을 발하는 저것을 버리고

무위의 이것을 취한다.

沃案 이 장은 민중혁명의 가능성, 물론 오늘날 우리가 생각하는 "혁명"은 아니겠지만, 민중소요, 핍박에 시달린 민중의 마지막 선택을 강력하게 시사하고 있다. 이것은 당시의 폭력적인 고압정치에 대하여 노자가 제출하는 경고장이다. 이러한 노자의 사상 때문에 중국역사에서 모든 민중의 혁명은 도가사상과 깊은 관련을 맺고 있었다. 우리나라에서조차 도가사상이나 선도仙道는 항상 반체제적인 성격을 지니고 있었다.

처음에 "민불외위民不畏威"라는 것은 민중이 통치자의 권위를 인정하지 않는다, 근본적으로 무서워하지 않는다는 뜻으로, 폭압정치가 막판에 이르렀다는 뜻이다. 통치가 너무 가혹했기 때문에 치자의 위세가 더 이상 공포스럽게 느껴지지 않는다는 뜻이다. 이러한 지경에 이르게 되면 반드시 "대위大威"가 이르게 된다는 것이다. "대위大威"는 진짜 큰 두려움, 민심이 천심이 되는 사태를 가리킨다. "천위天威"라고도 하는데, 하늘의 징벌을 가리킨다. 인민의 반항이나 폭동, 조반造反을 가리킨다. 왕필도 "치자, 피치자가 다같이 무너지는 위기상황, 하늘의 징벌이 이르는 사태"라고 주석했다.

다음 줄의 "무압기소거無狎其所居, 무염기소생無厭其所生"은 통치가 민중을 쥐어짜고 괴롭히는 폭정을 가리키는 것으로 그런 짓을 하지 말라고 노자가 치자에게 경고하는 말이다.

그 다음 줄의 "부유불염夫唯不厭, 시이불염是以不厭"은 "불염"이 두 번 나오고 있는데 전혀 다른 맥락에서 쓰이고 있는 말이다. 부유불염의 "불염"은 그 앞에 있는 "무염기소생無厭其所生"을 받은 말이며 백성들이 자기들의 삶을 지겹게 느끼지 말아야 한다는 뜻을 내포한다. 그런데 그 결구인 "시이불염是以不厭"의 "불염"은 66장의 "민부중民不重" 운운한 곳에서 "시이천하락추이불염是以天下樂推而不厭"(그러므로 천하사람들이 그를 즐겁게 추대하면서도 싫어하지 아니한다)이라는 말이 있었는데, 바로 그러한 의미를 내포하고 있다. 치자가 백성에게 염증을 주지 않아야 백성 또한 통치자를 염증을 느끼지 않고 받들어 모시게 된다는 뜻이다.

"거피취차去彼取此"는 노자의 영원한 현실감각을 나타내는 말이다. 12장, 38장에 나왔다. 여기서는 위압적인 정치행위를 버리고 백성의 삶에 밀착된 무위의 정치를 실현하라는 뜻이다.

우리나라 박정희시대나 전두환정권 때만 해도 누가 이런 정도의 말을 했다면 분명 감옥에 들어갔을 것이다. 노자가 살았던 시대는 어지러웠던 만큼 사상의 자유가 있었고, 패권이 난립하여 인재등용이 활발했으므로 지식인들의 발언권이 항상 사태의 본질을 꿰뚫고 있었다. 중국은 이 춘추전국시대가 끝나면서 일통一統을 이루었지만 사상의 자유는 끝이 나고 말았다. 정치적 안정은 필연적으로 사상의 고착을 가져온다는 것을 잊어서는 아니 된다.

중국역사는 진시황 이래로는 참으로 창조적인 시대가 없었다는 것은 중국의 양심적 지성들이 누누이 하는 말이다. 우리 조선은 21세기를 맞이하여 매우 혼란스러운 역사의 형국을 맞이하고 있다. 그러나 우리가 현재 겪고 있는 혼란은 중국의 춘추전국시대에나 비교할 수 있는 매우 창조적인 카오스다. 19세기 말까지 우리는 초월자의 허구에 의존하지 않는 유교적 윤리문화의 순결성을 유지하였고 성리학을 통하여 심성心性의 깊이를 길렀다. 그리고 20세기 한 세기에 걸쳐 인류역사의 모든 죄악의 업보를 체화시킬 수 있는 수없는 비극을 우리 역사 무대 위에 올렸다. 그리고 문화적으로 이 죄악의 근원을 극복할 수 있는 사유의 심층을 파헤쳤다. 그리고 동·서·고·금을 포섭하는 진리의 보편성에 도달했다. 이러한 20세기의 반사反思로서 우리는 21세기의 새로운 혼란을 체험하고 있지만 이 체험은 인류사가 여태까지 겪어보지 못한 매우 이질적인 요소들의 융합이다. 이러한 융합 속에서 우리 조선민중은 새로운 아이덴티티를 창조하고 있는 것이다. 21세기 조선민족의 새로운 가능성을 참신한 시각에서 통찰할 필요가 있다.

七十三章

勇於敢則殺,
용 어 감 즉 살

勇於不敢則活。
용 어 불 감 즉 활

此兩者, 或利或害。
차 양 자 혹 리 혹 해

天之所惡, 孰知其故?
천 지 소 오 숙 지 기 고

是以聖人猶難之。
시 이 성 인 유 난 지

天之道, 不爭而善勝,
천 지 도 부 쟁 이 선 승

不言而善應,
불 언 이 선 응

不召而自來,
불 소 이 자 래

繟然而善謀。
천 연 이 선 모

天網恢恢, 疏而不失。
천 망 회 회 소 이 불 실

沃案 『노자』를 읽는 데 있어 본 장처럼 언뜻 보기에 의미맥락이 연결되지 않고 대의가 잘 파악이 안되는 장도 없을 것이다. 사실 보통 『노자』를 읽는다 하면 앞에 있는 도경 중심으로 읽는 것이고, 뒤에 있는 덕경 부분에까지 눈이 안 닿는 경우가 많다. 그래서 사람들에게 회자가 안 되니까 뒷켠에 애매한 채로 쑤셔박혀 있는 경우가 허다하다. 『도덕경』의 말미 부분에는 숨어있는 보옥이

일흔셋째 가름

감히 주저없이 일을 강행하는 데 용감한 자는

제명을 살지 못하고,

감히 주저없이 일을 강행하지 아니하는 데 용감한 자는

제명을 산다.

둘다 용기는 용기로되

하나는 용기를 통하여 이로운 결과를 낳았고

하나는 용기를 통하여 해로운 결과를 낳았다.

그러나 하늘이 진정 미워하는 바는 무엇이며,

과연 누가 그 까닭을 알 수 있으리오?

그러하므로 성인은 늘 매사를 어렵게 생각하는 것이다.

하늘의 도는 다투지 아니하는데도 잘 이기고,

말하지 아니하는데도 만물이 잘 응하고,

부르지 아니하는데도 만물이 저절로 온다.

하늘의 도는 무심하게 천천히 하는데도 치밀하게 일을 잘 꾀한다.

하늘의 그물은 한없이 크고 또 너르다.

성글성글한데도 놓치는 것이 없다.

많은 것이다. 그러나 그것을 제대로 이해하기 위해서는 씹고 또 씹는 고통을 겪어야 한다.

이 장에서 제일 마지막에 있는 "천망회회天網恢恢, 소이불실疏而不失"(혹은 소이불루疏而不漏)이라는 어구는 뜻도 영문도 모르는 채, 많은 사람들이 뇌까리는 성어成語로서 회자되고 있다.

勇於敢則殺, 勇於不敢則活。

언뜻 해석하기가 난감한 구절이다. "살殺"과 "활活"은 운을 맞추기 위해 쓴 과도한 의미의 글자이다. "살"은 "제 명을 못누린다," "활"은 "제 명을 누린다" 정도의 뜻으로 해석하면 원만하다.

문제는 "감敢" "불감不敢"을 어떻게 이해하느냐 하는 것인데, "감"은 역시 우리말의 "감행敢行"이라는 표현이 있듯이, 과단성 있게 어떤 결단을 감행하는 것이다. 그렇다면 이러한 과감한 결행은 좋은 의미로 해석될 수도 있다. 그러나 노자의 정신세계에 있어서는 이것은 강강剛强의 가치에 속하는 것이다. 유약으로써 강강을 이긴다고 하는 노자의 발상에서는 경계되어야 할 유위적 가치인 것이다. 과감하게 결단하고, 용기 있게 전진하고, 문명의 확대를 결행하는 사나이! 20세기 전반에는 영광스럽게 찬양된 인간형이었지만, 그런 인간은 노자의 입장에서는 위험천만의 인물이 될 수도 있다.

그런데 반하여 주저없이 사업을 강행하지 아니하는 데 용감한 자, 우물쭈물하는 것처럼 보이지만 모든 상황을 총체적으로 고려하면서 신중하게 숨을 죽이고 있는 자, 이런 자는 노자에게는 유약柔弱의 상징이다. 신자유주의자들의 현란한 구라와 과감한 사업전개, 그리고 폭리의 갈취, 그리고 경제의 양극화를 오히려 조장하고 찬양하는, 그러한 성향의 사기꾼들이야말로 노자의 시대에도 세속에 설치는 인간형들이었다. 이들은 후왕侯王의 등에 올라타 세상을 호령하던 감행파들이었다.

이제 독자들은 대강 "용어감즉살, 용어불감즉활"이라는 말의 의미를 파악했을 것이다. 나의 일본 선생님이신 후쿠나가는 이 구절은 도가적 성인이 재판을 행할 때 기준으로 삼던 명구 같은 것이라고 추론한다. 앞 장의 "대위지大威至"라는 경고와 관련하여 재판의 기준을 제시하는 말이라고 한다. 본 장 전체가 재판과 관련된 것으로 해석해야 전체 문맥이 통한다는 것이다. 하나의 참고할 만한 견해라 생각된다.

여기 "용勇"이라는 단어는 유가에서는 "지知" "인仁"과 병치될 정도로 높은 가치를 지니고 있으며, 『논어』에서도 "용"에 관한 논의가 많다. "지자불혹知者不惑, 인자불우仁者不憂, 용자불구勇者不懼"(「자한子罕」)는 어렸을 때부터 나도 외웠던 문구이다. 그러나 『노자』에서는 "용"이라는 것을 그렇게 높게 평가하지 않는다. 그리고 본 장 외에 67장에 한 번 나왔을 뿐이다. 67장에서는 "용"을 삼보三寶 중의 하나인 "자慈"에 예속시켰다. "자"는 부드러운 가치이므로 "용" 역시 부드러운 가치일 것이다. 자慈 없이 용감하기만 하면 죽음의 길로 빠질 것이라고 했다.

이제 "감행하는 데 용감한 자는 죽고, 감행하지 않는 데 용감한 자는 산다"는 말의 의미를 명료하게 깨달았을 것이다. 그러니까 후자의 용기는 같은 용기라 할지라도 자애롭고 유약한 용기인 것이다. "감敢"은 강강剛強을 상징하고 "불감不敢"은 유약柔弱을 상징한다고 보면 대의를 파악하고 들어가는 셈이다.

"감"과 "불감"의 양자兩者가 모두 용기인데도 불구하고, 하나는 이로운 결과를 낳았고 하나는 해로운 결과를 낳았다. 그러나 하늘이 과연 무엇을 미워하는지, 그리고 그 진정한 의도는 알기가 어렵다는 것이다.

天之所惡, 孰知其故?

사실 이 말은 수수께끼 같은 문장이다. 주석가들은 "천지소오"(하늘이 미워하는 바)를 "하늘은 강강을 싫어한다"라고 가치론적 규정성을 깔고 들어가는데 나는 그렇게 읽어나가면 재미가 없다고 생각한다. 여기 현실적으로 이利, 해害의 판정은 나왔지만 궁극적으로 하늘이 어떻게 생각할지는 정말 알기 어렵다는 것이다. 하늘은 근본적으로 이·해라고 하는 인간적인 좁은 가치판단을 벗어나 있다. 천天은 도道를 본받고, 도는 스스로 그러함을 본받는다道法自然고 했다. 하늘의 호오는 알 수 없는 것이고 개방적인 것이다. 코로나바이러스에 대해 선악, 호오의 판단을 내릴 수 없는 것과도 같다. 코로나바이러스가 절대적인 악의 실체라고 한다면 전 세계의 항공모함을 동원해서라도 일사불란하게 대처할 것이다. 그러나 코로나바이러스는 선악을 벗어나 있다. 이해를 벗어나 있다. 그래서 전 세계의 인민들이 현실적으로 해를 입고 있으면서도 코로나를 욕할 수가 없다.

58장에도 이미 "숙지기극孰知其極"(순환하는 화와 복의 궁극적 근원을 과연 누가 알 수 있겠느냐는 의미)이라는 표현이 나왔고, 『열자列子』「역명力命」편에 노담의 말로서 바로 이 구절이 인용되고 있다.

> 노담이 관윤關尹에게 말했다: "하늘이 싫어하는 것을 누가 그 까닭을 알겠느냐?" 이 말을 되씹어본다면, 하늘의 뜻에 맞게 이利와 해害를 따져본다는 것은 인간의 이지를 넘어서는 일이므로 그만두는 것이 좋다.
> 老聃語關尹曰: "天之所惡, 孰知其故?" 言迎天意, 揣利害, 不如其已。

그 다음에 이런 말이 나오고 있다.

是以聖人猶難之。

그런데 이 말은 이미 63장에 나왔다. 63장의 맥락과 여기의 맥락이 상통하는 측면이 있고, 『열자』「역명」의 설명은 간결하지만 우리가 말하고자 하는 의미의 맥락을 잘 해설해주고 있다. 다시 말해서 감敢의 용勇을 죽이고, 불감不敢의 용勇을 살려서 이해를 도모했지만 그러한 형벌에 의한 인간세의 다스림이 명백한 한계가 있다는 것이다. 그래서 감敢의 용자勇者를 죽인다 해도, 성인은 매사를 조심스럽게, 어렵게 생각하고 판단을 신중하게 해야 한다는 것이다.

바로 이 성인의 "유난지猶難之" 후에 "천지도天之道"가 나오는 것은 인간의 형벌을 하늘의 형벌로 바꾸려는 도가적 발상이 개입되고 있다.

"하늘의 도天之道"라는 표현은 이미 9장에 나왔고, 77장, 81장에도 나온다. 『장자』「재유在宥」「천도天道」편에는 "천도天道"라는 표현으로 나오고 있다. 이 천도에 대한 설명은 내가 따로 해설할 바가 없다.

마지막의 "천망회회天網恢恢, 소이불실疏而不失"은 이제 그 의미가 명확해진다. "천망"이라는 표현은 어디까지나 "그물"이므로 그것은 그물을 씌워 범인을 잡는다는 구체적인 이미지가 들어있다. 살활殺活의 우리 인간적 판단은 한계가 명확하다는 것이다. 법망을 통한 사회기강의 정립은 좁은 소견에 그치고 만다는 것이다. 결국 "법망法網"이 아닌 "천망天網"으로 잡아야 한다는 것이다. 천망은 매우 성글게 보이지만 범인을 놓치지 아니한다. 그것이 "소이불실疏而不失"의 의미이다.

코로나를 법망으로 잡겠는가? 결국 천망으로 잡을 수밖에 없다. 그러면 결국 우리 인간이 하늘의 도를 배워 부쟁不爭, 불언不言, 불소不召, 천연繟然의 미덕을 실천해야 하는 것이다.

본 장은 매우 심오한 의미가 감추어져 있는 장이라 할 수 있다.

七十四章

民不畏死,
민 불 외 사

奈何以死懼之?
내 하 이 사 구 지

若使民常畏死, 而爲奇者,
약 사 민 상 외 사 이 위 기 자

吾得執而殺之。
오 득 집 이 살 지

孰敢?
숙 감

常有司殺者殺。
상 유 사 살 자 살

夫代司殺者殺,
부 대 사 살 자 살

是謂代大匠斲。
시 위 대 대 장 착

夫代大匠斲者,
부 대 대 장 착 자

希有不傷其手矣。
희 유 불 상 기 수 의

일흔넷째 가름

백성들이 통치자의 학정으로 인하여

죽음조차 두려워하지 않는 지경에 이르렀는데

또다시 어떻게 죽음으로 그들을 두렵게 할 수 있겠는가?

만약 백성이 죽음을 두려워하는 평온한 세상을 살고 있을 때

사악한 짓을 하는 놈이 있다면

나는 그놈을 붙잡어서 법에 의하여 처형하고 말 것이다.

과연 누가 또다시 사악한 짓을 감행하려할까?

그러나 문제는 여기서 끝나지 않는다.

인위적 형륙의 효용은 한계가 있는 것이다.

사람을 죽인다고 하는 것은

반드시 전문적으로 죽임을 관장하는 자가 있어 그가 죽여야 한다.

대저 죽임을 관장하는 자를 대신해서 죽이는 것을 일컬어

목수를 대신해서 자귀질을 한다고 한다.

목수를 대신해서 자귀질을 하는 사람치고

그 손을 다치지 않는 자가 없을 것이다.

沃案 이 장 역시 문맥의 단절이 심해 연속적 이해가 어려운 장에 속한다. 내가 세심하게 그 문맥을 다듬어 번역해놓았으므로 번역문으로써 충분히 그 본의가 파악될 것이다. 이 장 역시 앞에서 말한 "천망회회天網恢恢, 소이불실疏而不失"의 정신을 계승한 프라그먼트라 볼 수 있다.

제일 처음의 "민불외사民不畏死"는 72장의 "민불외위民不畏威"와 같은 정황을 계승하고 있다. 그러한 극한상황, 즉 법치적 폭정의 극한상황, 이미 민중에게 죽음이 두려움의 대상이 아닌 정황을 전제로 하고 있는 것이다. 법제의 권위, 통치권력의 권위는 실상 민중이 삶을 갈망하고 있다는 전제하에서만 의미 있는 것이다. 내가 앞에서 『장자』를 인용할 때, 언급하지 않고 지나간 문제가 있는데, 장자와 노자의 가장 큰 차이는 장자는 "생사일여生死一如"의 해탈의 경지를 주장하는데 반하여(꽤나 불교와 상통한다), 노자는 철저히 "생生의 철학"을 말하고 있다는 것이다. 죽음과 삶이 같아지는 초월의 경지가 아니라, 죽음을 멀리하고 삶다운 삶을 갈망하는 철학이라는 것이다. 그가 말하는 무위, 허, 무욕, 자연, 이 모든 것이 삶의 문제이지 죽음의 문제가 아니다. 그러기 때문에 장자에게는 정치론이 별로 없는 것이다. 그러나 노자는 삶의 현실을 궁극적인 문제로 삼기 때문에 정치철학이 있고, 그의 법제法制에 관한 다양한 의견도 삶을 윤택하게 하려는 노력의 소산이다.

민중이 죽음조차 두려워하지 않는 삶의 극한상황에 빠졌을 때 그들을 또다시 통치권력이 죽음으로 공갈을 친다? 과연 그것이 멕힐까? 여기서 노자는 이미 법치주의의 한계를 말하고 있는 것이다.

若使民常畏死, 而爲奇者,

그 다음은 앞의 문장과 정반대되는 상황을 가설적으로 설정한 것이다. 자아! 생각을 바꾸어 생각해보자! 백성이 항상 죽음을 두려워하는 태평성세, 즉 안정된 세상이라는 가정을 해보자! 이러한 상황에서 어떤 사악한 새끼가 나타나서 사특한 짓을 한다고 생각해보자! 왕필은 "위기자爲奇者"에 대하여 "괴이한 짓으로 민중을 어지럽히는 놈詭異亂群, 謂之奇也"이라는 주를 달았다.

吾得執而殺之。孰敢?

그런 놈일랑 내가 곧 잡아 죽여버리지! 내가 그렇게 과감하게 형법을 집행하면(여기서 이 말을 하는 자는 성인일 것이다), 어느 놈이 감히 또 그런 사특한 짓을 하겠다고 덤빌 것인가? 이런 뜻이 바로 "숙감孰敢?"에 담겨 있다.

자아! 그런데 이 단락과 다음 얘기 사이에 사유의 회전이 개입되는데 그 회전이 충분히 설명되지 않고 있다. 인간세의 문제가 그렇게 사특한 짓을 하는 놈들을 가차 없이 형법으로 처단한다는 방침만으로 질서가 유지되는 것은 아니다. 제일 첫 줄의 상황, 민이 죽음을 두려워하지 않는 상황, 이 상황이 이미 노자의 현실이고 노자가 같이 서 있는 민중의 현실이다. 이러한 상황에서는 상기의 가설적 조치가 의미가 없는 것이다. 이미 형륙刑戮은 효용을 상실한 상태인 것이다.

그 다음에 "사살자司殺者," 즉 "전문적으로 사람을 죽이는 자"에 관한 이야기는 비유적인 어법이며 그것은 법을 초월하는 "천망天網"에 관한 이야기지, 실제로 전문적으로 사람을 죽이는 자가 있다는 얘기가 아니다.

"목수를 대신해서 자귀질을 하는 사람 치고 그 손을 다치지 않은 자가 없다"는 이야기는 앞서 가설적으로 언급한 "오득집이살지吾得執而殺之"의 부정을 내포하는 내용이다. 당시 "법法"이라는 것은 형법刑法punitive law밖에는 없었고, 민법民法civil law이라는 것은 존재하지 않았다. 그리고 형법이라는 것도 군주의 마음 먹는 대로, 제멋대로 적용되는 것이었기 때문에 백성의 입장에서는

"법"이라는 것은 피할수록 좋은 것이지, "법"의 형평 있는 적용을 바라는 그러한 사치는 기대하지 않았다. 그러니까 이 장의 전체적 의미는 당시의 엄형준법嚴刑峻法에 대한 전면적인 부정을 의미하는 것이지 법치의 공정을 요구하는 글이 아니다. 노자는 폭정에 시달리는 민중을 위하여 침통한 항의를 제출하고 있는 것이다.

공자(유가)에게나 노자(도가)에게나 법法이라는 것은 법을 없애기 위해서, 법이 없어도 되는 사회를 만들기 위해서 방편적으로 필요한 것이지, 법 그 자체를 위하여 법이 존재하는 것은 아니었다. 여기 "목수"(대장大匠)의 비유는 궁극적으로 "형조불용刑措不用"(백성이 죄를 저지르지 않기 때문에 형법을 폐하여 쓰지 않는다)을 이야기하고 있는 것이다.

현대사회의 지고의 가치인 것처럼 여기고 있는 "민주Democracy"라는 개념도, 과거의 사회가 형법의 지배하에 있었던 것과는 달리 "민법"이라는 개념이 보편화되면서 인류의 가슴에 자리잡기 시작한 것이다. 귀족들이 왕권에 제약을 가하는 마그나 카르타Magna Carta(1215년)로부터 미국의 헌법의 성립에 이르기까지 인류는 법 아래 만인이 평등하다는 전제하에 새로운 사회계약의 개념과 삼권분립의 제도를 발전시켰고, 법이 나를 제약하는 형법적인 것이 아니라 나를 해방시키는, 나의 권리를 찾아주는 민법적인 것으로 인식되면서 인류의 법에 대한 생각도 거대한 변화를 일으켰다. 사실 민주라는 것은 기본적으로 법치주의적 사회구도 속에서만 가능한 것이다.

지금 우리는 개인적 인권의 모든 요소를 법으로써 보장받고 있는 것이다. 그러나 법을 집행하는 사법부의 인적구성의 제반요건이나, 또 법이 처한 사회의 성격의 변화, 법조계의 타락, 법대교육의 부실, 변호사의 윤리를 지배하는 사회적 가치의 다양성, 그리고 헌법 자체의 역사적 후진성 등등의 이유로 많은 사람들이 법이 더이상 인간사회의 민주적 희망으로서 중추적 역할을 담당하고 있다는 생각을 하지 않는다. 법은 또다시 자본주의의 노예이거나 돈과 권력에 아부하는 노리개 정도에 지나지 않는다는 비관론이 머리를 쳐들고 법치주의에 대한 니힐리즘이 팽배해져가고 있는 실정이다.

우리나라만 해도 쌩으로 조봉암을 죽이는 사법살인의 시절로부터 전두환을 감옥에 넣고 박근혜를 파면하고 이재명에게 무죄를 선언하는 시점에 이르기까지 우리나라 판례의 변화는 법의 존립근거를 정당화하는 도덕적 측면도 있지만, 실제로 법이 저지르고 있는 사소한 죄악들은 열거할 수 없을 만큼 많다.

따라서 결국 법은 궁극적으로 법을 집행하는 인간의 문제라는 것을 우리는 알아야 한다. 법제만으로 민주는 달성될 수 없다는 진리의 철칙을 깨달아야 한다. 그 문제의식의 가장 심오한 측면은 법이란 결국 법을 없애기 위하여 존재한다는 무위의 철학을 체득하는 것이다. 법관이 자귀질의 전문가가 아니라 그들의 손을 상하게 하는 서툰 사람일 뿐이라는 겸허한 생각을 가져야 한다. 이 장이 던지고 있는 법제사회에 대한 비판은 영원히 되씹어봐야 할 인간의 숙제이다.

七十五章

民之饑, 以其上食稅之多,
민 지 기   이 기 상 식 세 지 다

是以饑。
시 이 기

民之難治, 以其上之有爲,
민 지 난 치   이 기 상 지 유 위

是以難治。
시 이 난 치

民之輕死, 以其上求生之厚,
민 지 경 사   이 기 상 구 생 지 후

是以輕死。
시 이 경 사

夫唯無以生爲者,
부 유 무 이 생 위 자

是賢於貴生。
시 현 어 귀 생

일흔다섯째 가름

백성이 굶주리는 것은

그 윗사람들이 세금을 너무 많이 받아 처먹기 때문이다.

그러하므로 굶주리게 되는 것이다.

백성이 다스리기 어려운 것은

그 윗사람들이 너무 유위적인 짓을 많이 하기 때문이다.

그러하므로 다스리기 어렵게 되는 것이다.

백성이 죽음을 가벼이 여기는 것은

그 윗사람들이 너무 그 사는 것을 후하게 구하여

백성이 그들을 봉양하는 데 허덕이게 되기 때문이다.

그러하므로 죽음을 가벼이 여기게 되는 것이다.

대저 오로지 사는 것에 매달려 있지 않은 무심한 지도자가

사는 것을 귀하게 여기는 지도자보다

억압받는 백성의 입장에서는 훨씬 더 슬기로운 지도자이다.

沃案 이 장에 대하여 왕필은 매우 좋은 주석을 남겼다: "백성이 비뚤어지고 정치가 어지러워지는 까닭은 모두 위로부터 말미암는 것이지 그 아래로부터 말미암는 것이 아니다. 백성은 결국 위를 따를 수밖에 없기 때문이다. 言民之所以僻, 治之所以亂, 皆由上, 不由其下也。民從上也。"

이것은 사실 21세기 한국에도 똑같이 들어맞는 말이다. 일반 백성들은 결국 정치지도자들을 따를 수밖에 없기 때문이다. 현재 정치가 과거와 다른 것은 권력을 민중의 다수결에 의하여 일정기간 동안 위탁한다는 형식만 다르지 그 실권력의 내용은 크게 차이나지 않는다. 위탁받은 기간 동안 권력자는 그 권력을 남용함이 없이 오로지 국민의 복리를 위하여 권위롭게 행사해야 하는 것이다.

여기 민과 왕·제후를 대립시키지 않고 민과 상上을 대립시킨 것은 노자의 사회이해의 구조적인 성격을 나타내는 것이다. 국민들의 입장에서 보면 착취의 루트가 너무도 다양하고 많기 때문에 그것을 총괄해서 "상上"이라 말한 것이다. 민중이 굶주리는 것은 위에 있는 놈들(지배층 전체)이 세를 너무 많이 받아 처먹기 때문이다. 그들의 기아는 기근 때문이 아니라, 실제로 이러한 현실이 초래하고 있는 것이다. 이러한 노자의 멘트는 당시의 고압적 정치의 박삭剝削에 대한 극렬한 경고이다.

인민의 굶주림은 크게 두 가지 원인이 있었다. 첫째는 천재天災요, 둘째는 인화人禍다. 천재는 천지의 조홧속이며 계속 닥치는 것도 아니며 폭정만 없다면 인민 스스로 지혜롭게 해결해나가는 것이다. 정말 괴로운 것은 인화이다. 폭군의 무도함, 무모한 전쟁의 최잔摧殘, 관의 가렴주구로 인한 억압은 끊임없이 닥치는 보편적인 현상이다. 여기 "식세지다食稅之多"라는 적나라한 표현은 우리나라 조선왕조의 적폐를 나타낸 말이기도 하다. 최소한의 합리적인 방안이었던 "대동법"조차 조선왕조의 사대부계층 전체가 오랫동안 저항했던 것을 보면 기득권층 이해의 관성이 얼마나 무서운 것인가를 말해준다. 그러한 사대부의 권력독점은 오늘날의 기득권층의 행태에까지 연속되고 있는 것이다. 국가에서 주는 면허로써 권위를 보장받는 사람들은 더욱더 공적 가치를 위해 헌신해야 하는데 오히려 가장 악랄하게 기득권을 주장하고 있다. 노론전정老論專政의 연장이라 말할 수밖에!

두 번째의 "상지유위上之有爲"는 지배층이 쓸데없는 토목공사를 벌인다든 가, 정령을 번거롭게 한다든가, 부세를 가혹하게 한다든가, 법망을 엄하게 한다든가 하는 일체의 유위적 행위를 가리킨다. 그러면 국민도 그러한 법치에 대응하여 약싹 빠르게 움직이기 때문에 근본적으로 다스리기가 어렵게 된다難治는 것이다.

夫唯無以生爲者, 是賢於貴生。

이 문장은 총결부분인데 주어가 명료하게 표시되어 있질 않아 헷갈리는 문장이다. 앞의 "무이생위자無以生爲者"는 문자 그대로 "생명에 집착함이 없다"는 뜻이다. 다시 말해서 통치자가 된다는 것은 자기 생명에 대한 집념이 없어야 한다는 것이다. 자기 목숨을 전 국민의 목숨과 같게 생각해야 한다. 21세기에도 대한민국의 참된 지도자가 되려면, 남북문제, 종교문제, 이념문제, 대국과의 관계를 생각할 때 반드시 목숨을 내걸고 자기 생명을 국민의 생명으로 바칠 수있는 자만이 비로소 지도자 자격이 있는 것이다. "무이생위자無以生爲者"라는 것은 문자 그대로 새기면 "생으로써 함이 없는 자"라는 뜻인데, 무심한 무위적 삶을 영위하며 목숨에 집착이 없는 지도자라는 뜻이다.

그에 반하여 "귀생貴生"은 "삶을 귀하게 여긴다"는 뜻인데, 결국 자기 삶에 애착을 가지는 지도자는 자기 생애기간 동안에 무엇인가 공을 이루려 하고, 인민의 행복을 희생해서라도 자기의 가치를 높이려 한다는 것이다. "현어賢於"는 당연히 백성의 입장에서 보면 무위적 지도자가 귀생貴生의 지도자보다 훨씬 더 낫다는 뜻이다.

七十六章

人之生也柔弱,
_{인 지 생 야 유 약}

其死也堅强。
_{기 사 야 견 강}

萬物草木之生也柔脆,
_{만 물 초 목 지 생 야 유 취}

其死也枯槁。
_{기 사 야 고 고}

故堅强者死之徒,
_{고 견 강 자 사 지 도}

柔弱者生之徒。
_{유 약 자 생 지 도}

是以兵强則不勝,
_{시 이 병 강 즉 불 승}

木强則兵。
_{목 강 즉 병}

强大處下, 柔弱處上。
_{강 대 처 하 유 약 처 상}

노자가 옳았다

일흔여섯째 가름

사람의 살아있음의 특질은
부드럽고 약하다는 것이며,
사람이 죽음으로 가는 길은
단단하고 강한 특질이 있다는 것이다.
풀과 나무 등, 만물은
살아있을 때는 부드럽고 연한데,
죽으며는 마르고 딱딱해진다.
그러므로 딱딱하고 강한 것은 죽음의 무리요,
부드럽고 약한 것은 삶의 무리다.
그러하므로 병력으로써 강함만을 과시하면
적을 이길 수 없을 것이며,
나무도 강대하기만 하면 도끼에 찍히고 마는 것이다.
살아있는 고목을 보라!
나무에서 딱딱하고 커다란 것은
모두 뿌리 쪽으로 내려가 있게 마련이고,
부드럽고 연약한 것은
가지 끝 쪽으로 올라가게 마련이다.

沃案 마지막 부분에 "목강즉병木強則兵"이라는 구절이 있는데, 이 구절은 왕필본을 따른 것이다. 그런데 보통 왕필본 그대로 하면 뜻이 잘 통하지 않는 다 하여 "병兵"이라는 글자를 고쳐야 한다는 논의가 많았다. 『열자』「황제」편, 『문자』「도원道原」편, 『회남자』「원도훈原道訓」에는 이 노자의 구절을 인용한 것이 있는데, 모두 "병강즉멸兵強則滅, 목강즉절木強則折"로 되어있다. 그래서 많은 사람들이 "목강즉병"은 "목강즉절"(나무도 강해지면 꺾인다)로 고쳐 읽어야 한다는 것을 주장했다. 그리고 "병강즉불승兵強則不勝"도 "병강즉멸兵強則滅"로 읽어야 한다고 주장했다.

그런데 백서본의 출현은 "병강즉불승"은 왕필본 모습 그대로임을 입증하였다. 왕필본이 제멋대로 고친 텍스트가 아님을 입증하였던 것이다. 단지 "목강즉병木強則兵"이 갑본에는 "목강즉항木強則恒"으로 되어있고 을본에는 "목강즉경木強則競"으로 되어있다. "경競"을 "경竟"으로 읽으면, "나무도 강하기만 하면 제명을 다 마치지 못한다(끝까지 가지 못한다)"의 뜻으로 해석할 수 있다. 고명高明은 "항恒"과 "경競"을 다 "공共"으로 보았고, "홍烘"의 가차로 보았다. 나무꾼에게 발각되어 벌목 당해 아궁이 불쏘시개가 된다는 뜻이다.

하여튼 이와 같은 훈고는 끝이 없다. 그리고 추론의 확고한 정당성도 없다. 왕필본은 왕필본 나름대로 해석하면 그만이다. "목강즉병木強則兵"은 "병"이 병기이므로, 도끼 같은 것으로 보면 된다. 그러면 "나무는 강하기만 하면 도끼에 찍힌다"는 뜻이 된다. 그런데 왕필도 그렇게 읽었다. 그의 주석은 다음과 같다: "외물이 친다 物所加也." 밖으로부터 병기가 그를 찍는 것으로 본 것이다.

이상은 훈고적인 문제를 지적한 것이지만 본 장은 내가 50년 전에 『노자』를 읽어갈 때에 나에게 "대각大覺"이라고나 할까, 사고의 전환이라고나 할까, 하여튼 거대한 깨달음을 주었고, 이 깨달음을 통해 나는 나 자신의 기철학적 사고를 조직하는 계기를 얻었다. 남들은 평범하게 지나치고 말았지만 나는 이 장

노자가 옳았다

을 평범하게 지나칠 수 없었다. 사실 이 장의 주제는 앞의 50장, 그리고 뒤에 나오는 78장의 테마와 함께 고려해야 한다.

노자는 본 장에서 "인지생人之生"과 "인지사人之死"를 유약柔弱과 건강堅强으로 대비해놓고 있지만, 가장 중요한 사실은 그것을 하나의 유기체인 나무의 현존태를 놓고 이야기하고 있다는 것이다. 나는 노자가 나무라는 생명체의 현상을 놓고 "생지도生之徒"와 "사지도死之徒"를 말하는데 충격을 받았다.

그러니까 노자가 말하는 생生과 사死는 한 시점에서 시간적으로나 공간적으로나 실체화될 수 있는 사태나 물건이 아니다. 그것은 바로 유기체 속에서 진행되는 과정일 뿐이다.

노자가 말하는 생生과 사死는 분리될 수 있는 일 시점의 사태가 아니라, 삶을 구성하는 생성生性과 사성死性을 지칭하는 것이다. 생성生性이란 삶의 방향으로 움직이는 기의 성性(본성, 특성, 경향성)을 말하는 것이며 사성死性은 죽음의 방향으로 움직이는 기의 성性이다. 성性은 이벤트이며 집단적 사회society를 구성하여 그 특성을 나타낸다. 다시 말해서 나의 몸에서 일어나는 유약柔弱한 성격의 기의 창발이 생성生性이며, 나의 몸에서 일어나는 건강堅强한 성격의 기의 고착이 사성死性이다. "인지생야유약人之生也柔弱, 기사야건강其死也堅强"은 바로 노자의 이러한 프로세스 필로소피Process Philosophy적인 사유를 나타낸 명언이다.

이러한 사유는 만유萬有에게 적용된다. 일례를 들면, 내가 내 서재 뒷산에서 바라볼 수 있는 저 묵묵한 인수봉 바위의 장쾌한 모습! 그것을 무생명이라고 생각해야만 할까? 거기에는 생지도生之徒(삶의 무리)는 없고 사지도死之徒(죽음의 무리)만 있나? 과연 인수봉바위는 의식이 있을까? 없을까? 물론 우리가 생각하는 신경체계라든가 대뇌피질이 발생시키는 의식이라는 것이 없는 것은 확실하겠지만 전 우주를 하나의 생명체로 생각할 때에는 저 인수봉에게도 가장 저급한 수준의 의식, 최소한 자기 아이덴티티를 지키는 어떠한 생명력이 있다고 보아야 한다는 것이다.

나는 "만유일체"를 생각하면서 어느날 내 손에 피흘린 상처를 덮고 있는 피딱지의 모습이 녹슨 쇠의 모습과 너무도 흡사하다는, 단 일순간의 생각으로 나는 우주가 하나의 생명임을 깨달았다. 철기로 구성되어 있는 헤모글로빈의 산화나 쇠가 녹스는 것은 같은 자연의 섭리인 것이다. 그러니까 내 몸은 어떠한 방식으로든지 철분을 섭취하여 헴기heme group를 만드는 것이다. 그러니까 내 몸 밖에 있는 쇳덩어리와 내 몸 안에 있는 철분은 동일한 장의 생명고리를 이루고 있는 것이다.

"저 나무를 보라! 강대한 것은 밑으로 내려가기 마련이고, 유약한 것은 위로 올라가기 마련이다. 強大處下, 柔弱處上。"사성死性과 생성生性은 끊임없이 혼합되어 나무를 구성한다. 아랫도리로 내려가는 딱딱하고 강한 것은 고목의 사성을 대표하지만, 고목의 윗도리에서는 봄이 되면 연약한 녹색의 생명의 향연이 춤을 춘다.

하나의 우주에서도 엔트로피가 증가하는 성향(사지도), 엔트로피가 감소하는 성향(생지도)이 공재共在한다면, 한 나무에서도, 인간의 한 몸에서도 삶의 무리와 죽음의 무리는 같이 춤을 추고 있는 것이다. 죽음의 무리가 삶의 무리를, 다시 말해서 건강이 유약을 완전히 지배해버리면 죽음으로 끝인하지만, 인간의 삶이란 어떻게 유약을 가지고 건강을 이겨내는가 하는 삶의 철학에서 그 의미를 찾고 있는 것이다. 노자가 유약을 강조하는 이유, 그 우주론적 함의를 이해하고, 그 무위의 생명철학의 장쾌한 구상을 이해하게 될 때 비로소 우리는 노자의 "무위無爲"가 무엇을 의미하는지 깨닫게 된다.

제일 마지막 줄의 "강대처하强大處下, 유약처상柔弱處上"을 내가 한 그루의 나무의 모습으로 파악한 것은 왕필주에 의거한 것이다. 왕필은 강대처하에 대하여 "목지본야木之本也"(나무의 뿌리 쪽의 모습이다)라고 주를 달았고 유약처상에 대하여 "지조시야枝條是也"(끝 가지의 모습이 바로 이러하다)라고 주를 달았다. 왕필은 세포학을 몰랐어도 세포벽의 경화현상을 잘 알고 있었던 것이다. 그런데 많은 주석가들이 왕필의 말이 이해가 안된다고 처하處下, 처상處上을 여태까지 진행되어온 일반적 주제의식에서 풀어야 한다고 주장한다. 참으로 오늘날의 지성의 힘이 위진시대의 한 소년의 발랄한 인식체계도 따라가지 못한다는 것이 비애로울 뿐이다! Alas!

七十七章

天之道, 其猶張弓與!
천 지 도   기 유 장 궁 여

高者抑之, 下者擧之。
고 자 억 지   하 자 거 지

有餘者損之, 不足者補之。
유 여 자 손 지   부 족 자 보 지

天之道,
천 지 도

損有餘而補不足。
손 유 여 이 보 부 족

人之道, 則不然:
인 지 도   즉 불 연

損不足以奉有餘。
손 부 족 이 봉 유 여

孰能有餘以奉天下?
숙 능 유 여 이 봉 천 하

唯有道者。
유 유 도 자

是以聖人爲而不恃,
시 이 성 인 위 이 불 시

功成而不處,
공 성 이 불 처

其不欲見賢。
기 불 욕 현 현

노자가 옳았다

일흔일곱째 가름

하늘의 도는 그것이 활을 펴는 것 같도다!

높은 것은 아래로 누르고,

낮은 것은 위로 들어 올린다.

남는 것은 덜고 부족한 것은 보탠다.

하늘의 도는

남는 것을 덜고 부족한 것을 보태기 마련이다.

그런데 사람의 도는 그러하지 못하다.

오히려 부족한 것을 덜어내어

남는 것에 더 보태는 짓을 하고 있는 것이다.

누가 능히 남음이 있으면서도

천하의 모자람을 보태고

또 천하 사람들을 섬길 수 있을까 보냐?

무위의 도를 몸에 구현한 자만이 그러하리로다.

그러하므로 성인은

만물이 되도록 만들어가며 그 성취에 기대지 아니하고,

공이 이루어져도 그 속에 처하지 아니하고,

자신의 슬기로움을 밖으로 드러내지 않는다.

沃案 여기 "장궁張弓"이라 하는 것은 활의 현弦을 활의 양단에 거는 행위를 말하는 것이다. 옛날 우리 조선의 활들도 활줄을 걸기 전에는 반대방향으로 동그랗게 오므라져 있었다. 활에 활줄을 걸 때 비로소 높았던 양끝이 내려오고 가운데가 솟아 올라간다. 그래야 활의 강력한 탄성이 생긴다. 이것이 "고자억지高者抑之, 하자거지下者擧之"의 뜻이다. 이 장의 대의는 사회불평등, 경제불평등에 관한 것이다. 노자의 사상은 평등이라는 측면에서는 맑시즘 못지 않은 강력한 평등사상을 가지고 있다고 보아야 할 것이다.

그는 자연의 이법laws of nature과 인간사회적 규율laws of human society을 하나의 차원에서 바라보는 특이한 관점을 가지고 있다.

이 장의 핵심은 이것이다! "하늘의 도는 남는 것을 깎아서 부족한 것을 채우는데, 사람의 도는 부족한 것을 더 덜어내어 오히려 남는 것에 더 보탠다"는 것이다. 여기서 스스로 그러한 천지(=도道)의 행위와, 인간세의 가렴착취의 현실이 대비되는 것이다. 물이 한번 쓸고 가면 둔덕은 깎이고 움푹한 곳은 뻘로 채워진다. 이런 것은 자연의 현상이다. 불평등구조를 화해구조로 끊임없이 리밸런싱rebalancing하는 것이 자연의 법칙이다.

노자는 이러한 자연의 법칙, 존재의 법칙을 가지고서 인간세의 당위를 요청한다. 야! 이놈들아! 남는 것을 덜어내어 모자라는 것에 보태는 것이 하늘의 명령이거늘, 모자라는 것을 더 덜어내어 남는 것에 보탠단 말이냐! 과연 누가 남는 것을 가지고 인간세의 모자람에 보태는 보편자적 행위를 할 수 있단 말인가? 도를 구현한 무위의 성인만이 할 수 있소!

노자가 살았던 시대는 거대한 사회변혁의 시기였다. 이 장의 논지대로 부족不足을 박탈하여 유여有餘를 봉공하던 시대였다. 주문朱門(붉은 큰 대문)에 주육酒肉의 냄새가 코를 찌르는데, 길거리에는 얼어죽은 인골이 뒹구는 시대였다

(朱門酒肉臭, 路有凍死骨。두보의 시 중의 명구절). 노자는 이러한 현실을 간과할 수 없어 자연의 법칙에 의거하여 인세의 당위를 논하고 있는 것이다.

결국 앞서 75장에서 말했듯이 당시 민중의 현실은 오직 군주나 통치계급, 즉 "상上"이 어떠한 윤리적 통찰을 갖느냐에 따라 사회적 변화를 기대할 수밖에 없었다. 그러한 기대로 인하여 지배계급의 윤리를 광정하고자 했던 노자의 논리는 명백한 한계가 있다. 노자의 논리는 통치계급이 묵살하면 그만이기 때문이다. 그래서 맑스는 이러한 권력의 횡포를 프롤레타리아 전정專政에 의하여 제거하는 매우 조직적인 폭력혁명이론을 제시했고, 그러한 이론은 20세기 초에 실천의 역량을 과시하여 세계사의 흐름에 충격을 주었다. 왕정의 관성을 절단시키는 결정적 역할을 했다.

그러나 과연 공산혁명이 맑스가 꿈꾸었던 "평등사회"를 도래시켰는가? 맑시즘이나 레닌혁명이 기여한 것은 "평등"에 대한 관념을 보편적 가치로서 인류의 심상에 심었을 뿐 아니라, 지나친 불평등은 폭력혁명의 에너지가 될 수 있다는 공포감, 그리고 혁명의 재현 가능성에 대한 역사적 체험을 남겼다는 데 있다. 그러나 "평등사회의 구현"이라는 측면에서는 지속가능한 실험이 되질 못했다.

이제 21세기는 민주라는 제도의 틀을 통하여 노자가 말하는 "손유여이보부족損有餘而補不足"을 실천할 수 있는 결정적 시기를 맞이하고 있다. 민중의 민주의식의 성장, 자본주의적 불평등구조에 대한 심화된 반성, 그리고 평등의 당위성에 대한 인식, 그리고 자본주의는 사회주의적 성격에 의하여 수정되어야만 살아남을 수 있다는 전망이 모든 사람의 상식이 되어가고 있기 때문이다.

우리나라는 역사적으로 자본주의라는 것이 없었다. 조선조는 부의 원천이 농업에 있었고 상·공업을 철저히 통제했다. 한국의 공장제 산업은 일본제국주의하에서 식민지수탈의 수단으로 생겨나기 시작했지만 자본주의적 체제를 갖추지 못했다. 자본주의 운운할 수 있게 된 것은 "월남파병" 이후의 사건이다. 한일회담과 파병 이후로 비로소 국제적으로 의미 있다 할 수 있는 자본이 형성되기 시작한 것이다. 그러니까 우리나라의 대기업이라고 하는 것은 모두 박정희시대의 군사독재권력의 비호 아래서 일종의 "국가자본주의state capitalism"로서 발전한 것이다. 그래서 매우 효율이 높은 성장을 할 수 있었지만 공정성fairness을 결한 사회구조와 자본구조를 탄생시켰다.

오늘날 우리사회의 양극화는 모두 박정희 독재정권의 경제성장에 뿌리박고 있다. 그래서 자본의 주인이 순환하지 않고 패밀리승계를 계속하거나 불합리한 보호체제를 계속 가지고 가는 것이다. 따라서 한국의 대기업은 자체의 부를 존속시키는 도덕적 정당성이 부족하다. 민중의 희생을 전제로 하여 그 지속의 모델을 확립했기 때문이다. 따라서 이제부터는 과감하게 "유여有餘를 덜어내어 천하天下를 봉공奉供하는" 노자의 무위철학을 실천해야 한다.

노자가 옳았다

마왕퇴1호묘 대후 이창의 부인의 시신이
들어있는 관은 놀랍게도 4겹으로 되어
있었다. 제일 겉의 관은 까만 옻칠의 단
색 관인데 길이 2.95m, 너비 1.5m, 높이
1.44m의 목재 관이다. 그런데 그 속
에 있는 두 번째 관을 꺼냈을 때 그 충격
은 말할 수 없었다. 길이 2.56m, 너비
1.18m, 높이 1.14m의 까만 옻칠 관에
구름이 흘러가는 듯 오묘한 색깔로 그림을
그린 관인데, 그 분방한 구름의 흐름을
타고 기기묘묘한 괴수들 50여 마리가 제
각기 달아나고 쫓아가고, 가격하고, 춤추고,
악기를 연주하는 모습은 변화만단變化萬
端의 농후한 낭만성을 과시하고 있었다.
칠에 상감기법을 도입해 그 다이내미즘
을 극대화시켰다. 고대인들의 자유분방
한 신화적 상상력의 일단을 엿볼 수 있는
위대한 코스믹 댄스였다.

七十八章

天下莫柔弱於水,
천 하 막 유 약 어 수

而攻堅强者莫之能勝,
이 공 견 강 자 막 지 능 승

以其無以易之。
이 기 무 이 역 지

弱之勝强, 柔之勝剛,
약 지 승 강 유 지 승 강

天下莫不知, 莫能行。
천 하 막 부 지 막 능 행

是以聖人云:
시 이 성 인 운

受國之垢, 是謂社稷主;
수 국 지 구 시 위 사 직 주

受國不祥, 是爲天下王。
수 국 불 상 시 위 천 하 왕

正言若反。
정 언 약 반

일흔여덟째 가름

하늘 아래 물보다 더 부드럽고 연약한 것은 없다.

그런데 단단하고 강강한 것을 치는 데

물을 이길 것이 없다.

이러한 물의 기능을 대신할 게 없는 것이다.

약함이 강함을 이기고,

부드러움이 딱딱함을 이기는 것은

천하 사람들이 모르는 이 없건마는,

그것을 능히 행하지 못하노라.

그러하므로 성인은 말한다:

나라의 온갖 오욕을 한 몸에 지닐 수 있어야

사직의 주인이라 할 것이요,

나라의 온갖 재해를 한 몸에 수용할 수 있어야만

천하의 왕이 될 수 있는 것이라고.

이와같이

바른 말은 반대로 들린다.

沃案 해석에 큰 어려움이 없다. 지극히 아름다운 한 편의 시라 할 수 있다. 유약을 상징하는 물로 시작하여 "정언약반正言若反"으로 끝난다. 이 장의 "정언약반"은 반어적인 표현에 대해 잘 쓰이는 성어成語가 되었다. "정언약반"의 배경에는 "반자도지동反者道之動"(40장)의 세계관이 자리잡고 있다. 표면과 그 반면이 결국 하나로 통하는 것이다.

단지 이 장에서 한 구절이 의론의 대상이 된다. "이기무이역지以其無以易之"라는 말인데, 혹자는 이 구문을 "천하의 어떠한 것도 물의 유약한 본성을 바꿀 수 없기 때문이다"라고 번역한다. 그러나 "물의 본성을 바꾼다"는 말은 노자의 언어에 잘 들어맞지 않는다. 그 어떤 것도 물의 기능을 대신할 수 없다고 해석하는 것이 옳다. 왕필도 나처럼 읽었다(내 식의 해석을 따르지 않는 자들은 왕필의 해석도 그들 식으로 해석한다. 여배림余培林의 『노자독본老子讀本』).

정언약반正言若反의 사례는 『노자』 내에도 수없이 많다. "대직약굴大直若屈"이라든가 "대교약졸大巧若拙," "진도약퇴進道若退," "대백약욕大白若辱," "대방무우大方無隅" 등등 다 정언약반의 사례들이다.

잊지말자! 노자의 유약은 모든 견강함을 이길 수 있는 힘이다. 그것은 연약하고 무력한 것이 아니다. 노자의 "부쟁不爭"은 "쟁爭"을 극복하는 부쟁이다.

얼마 전까지만 해도 창녕 지역을 그냥 신라의 영토인 것처럼 보는 시각이 보편적이었다. 여태까지 발견된 진흥왕순수비 중에서도 글자수가 제일 많은 순수비(643자)가 창녕에 있는 것도 그 한 이유일 것이다. 창녕순수비는 561년 2월 1일에 세워졌으며 그 다음해(562년) 가야의 마지막 중추세력이었던 대가야를 병합시킨다. 금관가야는 이미 30년 전(AD 532)에 신라에 병합되었다. 이로써 가야의 역사는 망국의 설움을 애사에 묻고 역사의 뒤안길로 사라졌다. 이 순수비는 마지막 가야 대공략을 앞둔 진흥왕의 세력과시였다. 이 창녕 순수에 동원된 관원의 이름 중에는 김유신 할아버지의 이름, 한강유역 총사령관의

창녕 교동 63호분의 덮개돌蓋石

교동 63호분

교동 39호분

이름도 보이고 있다. 그런데 왜 이렇게 중요한 시기에 중요한 인물들을 대거 거느리고 창녕에 왔을까? 창녕은 불사국不斯國(『삼국지』변진弁辰 조에 보인다)이라고도 불리는데, 가야제국諸國의 모태로서 가야 전체를 아우르는 상징성을 지니기 때문이다. 이 지역은 비화가야非火伽耶, 비사벌 등등의 이름으로도 불리는데, 모두 우리말의 "빛"을 그 어원으로 하는 말들이다. 이것은 가야의 땅이 유독 빛이 많이 내리쬐는 "빛벌"이기도 하지만, 빛의 근원인 태양숭배, 하늘숭배와 관련이 있다. 이것은 고조선의 하늘숭배사상과도 상통하는 것이다.

우리나라 고대사의 가장 큰 맹점은 모두 시조설화를 중심으로 역사의 원점을 삼는 옛 문헌기록자들의 잘못된 사관을 신봉한다는 데 있다. 가야를 생각할 때도 6가야의 시조가 하늘에서부터 내려왔다는 신화적 이야기를 그 역사의 기점으로 삼는 것이다. 이것은 진실로 넌센스 중의 넌센스이다. 가야의 역사는 6국에 국한된 역사가 아니다. 시조설화의 의미는 그 이전부터 내려오는 풍요로운 역사를 배경으로, 새로운 면모를 갖추고 새 역사를 시작하고자 한 하나의 계기로서 해석해야 할 뿐이다. 가야사의 가장 큰 신비는 12개가 넘는 풍요로운 나라들이 왜 통일제국을 형성하지 못하고 신라와 같은 빈약한 후진세력에게 개별적으로 병합되고 말았는가 하는 것이다. 문헌상으로도 최소한 6백 년을 지속했지만 실제로 모두 천년왕국이었고, 국력이 만만치 않았다. 옛날의 항구는 오늘의 군함이 들락거리는 깊은 바다와는 달리, 뻘이 있고 밀물과 썰물의 간만의 차가 큰 곳이 이상적이었다. 김해(금관가야)는 철의 생산지였으며 이상적 항구로서 국제교역의 센터였다. 바다와 철을 가진 세계문명의 아방가르드가 왜 힘없이 무너졌는가? 생각해 볼 주제가 한둘이 아니다.

창녕 교동과 송현동 고분군은 비화가야의 최고지배자의 묘역이다. 목마산과 화왕산 기슭에 4개의 군, 250여 기의 고분이 남아있다. 내가 가본 발굴현장은 교동 39호분인데 매우 우람한 큰 판석들로 벽면이 세워졌고 8개의 판석으로 덮개가 덮여 있었다. 이미 옆으로 도굴되어 내용물이 별로 남지 않았다. 그런데 뜻하지 않게 그 남서쪽 가려진 곳에 7매의 대형 판석으로 덮인 63호분이 발굴되었다. 도굴꾼의 손이 미치지 않은 채 온전하게 남아있어 대량의 부장품을 얻을 수 있었다. 나는 신문기사를 보고 당장 내려갔다. 2019년 12월 3일, 쌀쌀할 때였다. 그 현장에서 내가 얻은 영감은 이루 말로 다할 수 없다.

창녕 진흥왕 순수비

노자가 옳았다

교동 39호분 지역
발굴현장
2019년 12월 3일

완벽하게 보존된 교동 63호분의 신비스러운 부장품

七十九章

和大怨, 必有餘怨,
화 대 원　필 유 여 원

安可以爲善?
안 가 이 위 선

是以聖人執左契,
시 이 성 인 집 좌 계

而不責於人。
이 불 책 어 인

有德司契, 無德司徹。
유 덕 사 계　무 덕 사 철

天道無親, 常與善人。
천 도 무 친　상 여 선 인

일흔아홉째 가름

커다란 원한은 아무리 잘 화해시켜도

반드시 그 원망의 앙금이 남는다.

그러니 어찌 선처했다고 말할 수 있겠는가?

근본적으로 원한을 사지 말아야 한다.

그러하므로 성인은

채권자의 왼쪽 어음을 가지고 있으면서도

채무자를 독촉치 아니한다.

덕이 있는 자는 어음으로써 여유있게 거래하고

덕이 없는 자는 현물로써 각박하게 징수한다.

하늘의 도는 친소가 없음에도 불구하고

늘 좋은 사람과 더불어 하게 마련이다.

沃案 덕경의 뒷부분은 실상 매우 중요한 장들인데도 불구하고 우리나라에서는 정확하게 읽혀 오질 않았다. 그 전체적 의미맥락을 파악함이 없이 몇 개의 성구成句로써 대신하고 마는 성향이 있다. 본 장도 갑자기 뭔 "대원大怨"하고, 생소하게 느낄 수 있지만 그 함의의 주체적 정황을 살펴보면 매우 중요한 의미를 가지고 있음을 알 수 있다.

우리가 몰라서 그렇지 한대까지만 해도 『도덕경』이 인용되는 것을 보면 덕경의 부분이 도경보다 훨씬 더 많은 것을 알 수 있다. 그러니까 『덕도경』의 형태가 훨씬 더 포퓰러했고 일반적이었다는 것을 알 수 있다. 왕필이 『도덕경』의 체제를 새로 만들었는지 어떠했는지는 확언할 수 없지만, 왕필이 『도덕경』체제로 주석을 단 후부터, 현학玄學적 분위기와 함께 도경의 내용이 덕경보다 더 화려하게 회자되고 해석된 것 같다. 그만큼 왕필은 에포칼한 사나이였다.

여기 "대원大怨"을 맺는다든가, 원한을 화해시킨다고 하는 이야기는 개인의 문제가 아니다. 기본적으로 통치자와 피통치자인 백성 사이에서 일어나는 감정의 축적태에 관한 문제인 것이다. 그러니까 72장의 "민불외위民不畏威, 즉대위지則大威至"라는 주제가 79장에까지 일관되게 그 저변에 깔려있는 것이다. 노자의 정치철학적 관심의 집요함을 엿보게 한다.

통치자와 백성 사이에는 근원적으로 원망이 있어서는 아니 된다. "원망"이란 대체적으로 피통치자가 통치자에 대해 품는 감정이므로, "대원"이 쌓이게 되면 대위大威(민란 같은 사태)가 이르기 전에 화해시키는 노력을 경주하게 마련이다. 그러나 일단 대원大怨이 맺어지면, 아무리 군주가 그것을 풀려는 노력을 기울여도 반드시 "여원餘怨"이 있게 된다는 것이 첫 줄의 의미다. 앙금 서린 원망이 남게 된다는 것이다. 그러니까 아무리 "대원大怨"을 잘 풀었다 하더라도 선처가 될 수는 없는 것이다. 임기응변의 땜빵밖에는 되지 않는다. 문제는 근본적으로 군주가 민중에게 원한을 맺지 않는 것이 상책이라는 생각이 깔려 있는 것이다. 그런데 통치자와 백성 사이에 왜 원한이 생기는가? 지금 우리나라에도 통치자와 백성 사이에 원망이 쌓이는 가장 중요한 이슈가 아파트값이니 땅값이니 세금이니 하는 것들이다. 구체적인 삶의 문제에 있어서 가장 중요한 것은 경제요, 기회공평의 문제요, 토지분배에 관한 것이다. 여기서도 "시이是以" 이후에 다루고 있는 것은 결국 세금의 문제이다.

크게 보면, 여기 두 종류의 세제문제가 부각되고 있다. 하나는 "계契"라는 것인데 그것은 어음과 같은 것으로서 채권자가 좌계左契를 잡고 있으면 갑이 되는 것인데, 이 어음은 채무자에게 여유를 주는 것이다. 당장 현물로 세금을 징수하지 않는 것이다. 그 다음에 다른 종류는 "철徹"인데 이 철의 제도는『논어』,『맹자』에 다 언급되어 있는데 구체적인 성격은 시대에 따라 변하는 것이기 때문에 정확히 규정할 수 없지만, 각박하게 당장 현물로써 세금을 징수하는 것을 가리키는 것이다. 그러니까 계가 철보다는 관용성이 높은 것이다. 세제에 있어서 통치자의 관용을 촉구하는 내용인 것이다. 유덕자는 사계司契하고, 무덕자는 사철司徹한다는 것은 이러한 정황을 가리키고 있는 것이다.

그런데 이 전체논의를 노자는 다음과 같은 말로써 마무리짓고 있다.

天道無親, 常與善人。

"천도는 친함이 없다"라는 의미는 하늘의 길은 근본적으로 인간적인 감정을 벗어나 있기 때문에 인간에 대해 친소親疏의 감정을 지니지 아니한다. 이것은 5장의 "천지불인天地不仁"과 동일한 어법이다. 그것은 일종의 "비정적非情的 자연관"이다. 그런데 "상여선인常與善人"이란 무슨 뜻인가? "선인善人"이란 뜻은 이미 인간적인 가치판단을 깔고 있다. 천도는 편애함이 없지만 항상 선인과 더불어 한다는 것을, 기독교 성경에서 말하는 선인의 선행에 대한 인격신의 보상이 있다는 말로 해석할 수는 없다. 노자에 있어서는 의인화된 신관(명사로서의 신神)은 철저히 부정된다. 따라서 여기서 말하는 선인善人(27장, 62장의 용례가 있음)은 무위를 실천하는 인간(=성인)으로서 대자연의 생생지덕生生之德과 부화附和하는 인간이다. 여기서 천도가 선인과 같이한다는 것은, "천망회회天網恢恢, 소이불실疏而不失"과 같은 뜻으로 인간적인 친소를 떠나 무위적으로 스스로 그러하게 된다는 뜻이다. 인격화된 천도가 선인을 돕는다는 얘기가 아니고, 선인이 도움을 받게 되는 것 자체가 선인 자신의 스스로 그러한 위爲의 결과인 것이다.

이것은 곧 통치자가 백성에게 관용을 베풀면 결국 천도天道의 도움을 얻게 된다는 것을 암시하고 있는 것이다. 존 로크는 종교문제에 있어서 관용Tolerance을 말했지만 노자는 경제문제에 있어서 관용을 말하고 있는 것이다.

노자가 옳았다

사마천은『사기』열전의 머리인「백이열전伯夷列傳」에서 바로 이 노자의 구절을 인용하고 있다: "천도무친天道無親, 상여선인常與善人이라고 누군가 말했는데, 과연 백이와 숙제는 선인이라 말할 수 있는가? 없는가? 그토록 인덕을 쌓고 행실을 깨끗하게 하였는데도 그들은 굶어 비참하게 죽고 말았다." 사마천은 이렇게 선한 삶을 살았지만 비참한 죽음을 맞이한 사람들을 열거하면서 이와 같이 말한다: "나는 이런 문제에 대해 매우 의혹스러움을 느낀다. 만약에 이런 것이 이른바 천도라고 한다면, 그 천도는 과연 맞는 것이뇨? 틀린 것이뇨? 余甚惑焉, 儻所謂天道, 是邪非邪?"

사마천은 도덕적인 선善과 세속적인 복福의 불일치를 지적하면서 통탄하고 있는 것이다. 임마누엘 칸트와 동일한 질문을 던지고 있는 것이다.

八十章

小國寡民。
소 국 과 민

使有什伯之器而不用,
사 유 십 백 지 기 이 불 용

使民重死而不遠徙。
사 민 중 사 이 불 원 사

雖有舟輿, 無所乘之;
수 유 주 여　무 소 승 지

雖有甲兵, 無所陳之。
수 유 갑 병　무 소 진 지

使人復結繩而用之。
사 인 복 결 승 이 용 지

甘其食,
감 기 식

美其服,
미 기 복

安其居,
안 기 거

樂其俗。
락 기 속

鄰國相望,
린 국 상 망

鷄犬之聲相聞,
계 견 지 성 상 문

民至老死, 不相往來。
민 지 노 사　불 상 왕 래

여든째 가름

될 수 있는 대로

나라의 크기를 작게 하고

나라의 인구를 적게 하라!

온갖 생활의 그릇이 있어도

쓸 일이 없게 하라!

백성들로 하여금 죽는 것을 중하게 여겨

멀리 이사다니지 않게 하라!

비록 배와 수레가 있어도

그것을 탈 일이 없게 하라!

비록 갑옷과 병기가 있어도

그것을 펼칠 일이 없게 하라!

사람들로 하여금 다시 끈을 매듭지어 쓰게 하라!

백성이 먹는 것을 달게 해주며,

백성이 입는 것을 아름답게 해주며,

백성이 사는 것을 편안하게 해주며,

백성이 스스로 만들어가는 그들의 풍속을 즐겁게 해주어라!

이웃하는 나라들이 서로 바라다 보이는데,

꼬끼요소리와 멍멍소리가 서로 들려도,

백성들이 늙어 죽을 때까지

서로 왔다갔다 하지 아니한다.

沃案 제80장을 대하는 나의 마음은 부르르 떨림을 느낀다. 이 기나긴 노자 오딧세이를 감행한 나의 여정은 실제로 이 80장에서 대단원의 막을 내리게 되리라고 끊고 있었기 때문에, 80장 앞에 의식이 멈추는 순간 말할 수 없는 감격, 공포에 가까운 부담감이 나를 휘감아 버리는 것이다. 코로나사태가 심각했던 지난 두 달 동안 나는 오직 노자와 씨름하고 있었기 때문에 잡념 없이 자연적으로 격리생활을 할 수 있었다. 정말 지난 50년의 나의 생애의 사유를 총정리한다는 심정으로 원고를 긁어댔는데 막바지에 이르고 보니 무언가 시원하다는 생각보다는 혼혼昏昏한 심사에 싸여 민민悶悶키만 하다.

나는 80장에 이르게 되면 할 말이 너무도 많을 것 같았다. 그래서 잔뜩 긴장하고 있었는데 막상 『길과 얻음』의 번역(1989)을 읽어보니 내가 손댈 것도 없이 잘 되어있었다. 그만큼 이 장은 회자가 많이 되고 충분한 토론을 거쳤기 때문에 더할 나위 없이 내공이 들어갔던 것이다. 실제로 내가 해설할 것이 별로 없다. 지금 내 머릿속에 떠오르는 아주 단순한 몇 마디로써 해설을 대신하면 족할 것 같다. 독자들은 원문을 되씹고 암송하고 타 장과의 상호관련성을 깊게 생각해보기를 바란다.

이 장은 노자의 이상국가론으로서 사람들에게 인식되어 있다. 플라톤이 "폴리테이아πολιτεία"(정부의 형태a form of government라는 뜻)라는 제목으로 엄청난 양의 이상국가론을 썼는데, 그 국가론을 엄청난 느티나무 고목 전체에 비유한다면 노자의 이상국가론은 봄철의 냉이풀 한 닢밖에는 아니 될 분량이다. 그렇지만 노자는 그 한 닢으로 폴리테이아 전체를 압도하고도 남을 메시지를 발했다. 플라톤은 폴리테이아를 통하여, 초월, 강압, 획일, 복속, 우생학적 질서, 패권, 집체 등의 단어를 떠올리게 되는 스파르타적 가치를 인류에게 가르쳤다. 그 폴리테이아는 실상 내가 말하는 "형이상학적 폭력metaphysical violence"의 원천이다.

그러나 노자는 물, 허, 유약, 무위, 관용, 반자도지동, 문명의 축소, 절성기지, 절학무우와도 같은 아주 평화롭고 여유로운 소박한 가치를 전했다. 그러나 노자는 이 80장의 "소국과민론小國寡民論"때문에 터무니없는 비판에 휘몰렸다. 현실감각을 결여한 목가적 소농경제사회주의小農經濟社會主義적 관념론자, 이상주의자니 하는 따위의 억울한 팻말을 목에 걸고 계속 비판을 받아야 했다. 더욱이 맑시즘이 중국사회의 지도원리가 된 이후로는 노자는 유심론자에다가 또 주관유심론의 망상을 더한 인물로 둔갑되었다(임계유任繼愈 역저譯著, 『노자신역老子新譯』 참고). 도대체 왜 노자가 유물주의자가 되어야 하고, 유물주의자가 못되기 때문에 유심론자로 전락하고 마는 억지춘향의 논리를 이해할 길이 없다. 중국에서는 아직도 무전제의 정직한 노자사상논의가 일어나지 않고 있다. 그리고 유물주의 운운치 않더라도, 중국이 패권주의, 대국굴기大國崛起를 운운할 때에는 노자의 "소국과민"은 환영을 받을 길이 없다.

그런데 노자의 "소국과민"을 "소국주의," "과민주의"를 표방한 유토피아론으로서 실체화하는 것조차, 근원적 넌센스이다. 우리는 이미 60장(치대국治大國, 약팽소선若烹小鮮), 61장(대국자하류大國者下流), 또 66장(백곡왕百谷王) 등에서 노자가 대국을 어떻게 운영해야 하는가에 관한 현실적 처방을 충분히 토론하고 있는 것을 보아왔다. 노자는 당대 세계질서의 평화는 대국의 올바른 세계질서감각과 국내정치운영방식에 좌우된다고 본 현실론자real politik였다. 그리고 노자는 끊임없이 대국의 자성雌性(여성성, 겸허, 낮춤, 포용, 웅성雄性에 대비됨)을 강조하였다. 10장, 그리고 28장의 "지기웅知其雄, 수기자守其雌, 위천하계爲天下谿"와 같은 논의가 그 대표적 예이다. 그러므로 단순히 노자의 정치이상을 일정한 사이즈의 "소국주의"로 폄하하는 것은 넌센스 중의 넌센스이다.

원래 "유토피아론"이라고 하는 것은 아무 곳에도 없는 국가의 모습(우토포스: 1516년 토마스 모아가 희랍어 우ou와 토포스topos를 합쳐 만든 말. 원래 희랍어에는 없는 말이었다)이다. 따라서 우토포스는 현실적인 국가사회의 모습에 대한 리얼한 기술이 아니라, 문학적 상상력과 이상주의적 동경, 시대모순의 해탈을 자극하기 위하여 제시하는 "자유로운 구상"의 세계인 것이다. 이미 BC 6세기에 치밀한 사상체계를 소유한 한 사상가가 자기의 사상을 유토피아적으로 구성해낼 수 있었다는 상상력, 그 자체가 인류철학사에서 빛날 수밖에 없는 금자탑이라 할 것이다.

그런 맥락에서 사람들이 "소국과민"이라는 말을 실체적으로 오해하고 있다는 사실부터 우리는 지적해야 한다. 소국과민에서 소小와 과寡를 형용사로 이해하는 오류에 관한 것이다. 이것을 형용사로 이해하면 "작은 나라, 적은 백성"이 되어 국과 민이 실체화된다. 그러나 노자는 소와 과를 타동사로 쓰고 있는 것이다. 그것은 될 수 있는 대로 나라를 작게 하고 백성을 적게 하라는 과정론적인, 비실체론적인 명령이다. 즉 소와 과의 "줄임"은 언제 어디서나 모든 국가형태에 적용될 수 있는 유동적인 동사인 것이다(이런 문제를 나는 이미 나의 대만대학 철학과 석사논문에서 충분히 토의하였다. 진고응陳鼓應 선생은 걸출한 논의라고 평하였다. 나의 논문의 제목은 "노자『자연』철학중「무위」지공능老子『自然』哲學中「無爲」之功能"이다. 지도교수는 오이吳怡와 손지신孫智燊. 1974년 6월).

그러니까 노자 당대의 가장 큰 문제점은 대국들이 "광토중민廣土衆民"의 침략주의를 앞세우고 소멸겸병消滅兼倂의 전쟁을 일삼는 정치경향성이었다. 노자는 이에 대한 안티테제로서 소국과민의 명령을 발하고 있는 것이다. 실상 80장에서 "소국과민"이라는 머리말만 제거하면 그 다음에 있는 말들은 매우 평화로운 유토피아의 정감 어린 광경을 노래하는 시어詩語들이 이어지고 있을 뿐이다.

使有什伯之器而不用。

"십백什伯"이란 열 가지 백 가지의 뜻으로 온갖 기물을 가리키고 있으니 그것은 문명의 이기의 축소를 말한 것이다. 지금 이 원고를 쓰고 있는 내 방에는 전구 외에는 일체의 전자기기가 없다. 내가 쓰고 있는 이 원고도 종이 위에 잉크 넣는 만년필로 긁고 있는 것이다. 아무리 위대한 인공지능이 있다 한들 이 내 머리와 손가락의 놀림은 대치할 수 없다. 그리고 나는 죽을 때까지 피씨자판을 두드리지 않을 것이다.

"불용不用"은 쓸 일이 없다는 뜻이다.

使民重死而不遠徙。

"이사다니는 것"과 "죽는 것을 중하게 여긴다"는 것은 무슨 직접적 관계가 있느냐? 옛날에는 농업기반사회였기 때문에 땅에 뿌리 박고 사는 사람에게는 이사라는 것은 생애에 있어서 거의 있기 힘든 사태였다. 멀리 이사를 다닌다는 것은 유리걸식流離乞食 아니면 명리名利를 추구하기 위하여 목숨을 걸고 타향他鄕으로 분파奔波하는 것이다. 요즈음 같으면 부동산투기를 하느라고 죽으라고 이사다니다 보면 패가망신하는 상황이 적지 않다. "중사重死"는 "생명을 귀하게 여긴다"는 것도 된다. 그러니까 삶의 기반을 귀하게 여겨 함부로 이사다니지 않는다는 뜻이니, 모두 안정된 사회, 소박한 사회를 상징하고 있는 것이다.

雖有舟輿, 無所乘之。

요즈음 코로나사태로 이런 말은 더욱 실감이 난다. 배가 있고 수레가 있어도 탈 일이 없다는 것은, "쓸데없는 여행, 유람을 다니지 말라"는 뜻이니, 요즈음 같이 전 인류가 관광명승지를 짓밟아 오염의 폐허로 만드는 여행에 광분했던 지난 몇십 년(글로벌한 관광여행이 보편하는 봄과 지난 한 20년간의 인류의 문화에 자리잡은 특이한 망행妄行이었다)의 행태를 반성해보면 노자의 경고가 리얼하게 느껴진다. 위의 사유십백지기이불용과도 상통하는 말이다.

雖有甲兵, 無所陳之。

이 말은 앞의 십백지기什伯之器를 "병기兵器"로 해석하면 상통하는 측면이 있다. 문명의 이기, 병기의 발전은 필연적으로 인류를 전쟁으로 휘몬다. 『노자』 전체를 흐르고 있는 일관된 반전평화주의의 한 시적 표현이다.

使民復結繩而用之。

여기 "결승結繩"이라는 말은 『주역』「계사」에 있는 "결승"(하전下傳 제2장)이라는 말과 관련하여 일종의 문자생활을 지칭하는 의미로 새기는 사람들이 있고, 또 고기잡는 그물을 만드는 작업으로 새기는 사람들도 있다. 대체로 문자를 의미하는 것으로 본다. 옛날에는 노끈에 매듭을 만드는 것으로 간단한 약속을 나타냈던 것이다. 다시 결승하여 쓰라는 것은 별 뜻이 아니고 통나무의 소박한, 문명 이전의 모습으로 돌아가라는 것을 시적으로 표현한 것이다. 그런데 그의 주장이 단순한 원시사회로의 복귀를 의미하는 것이 아니라는 것은 너무도 명백하다. 이 장에는 유토피아적 그림의 핵심이 다음과 같이 표현되고 있기 때문이다.

甘其食,
美其服,
安其居,
樂其俗。

이 4구절 이전의 그의 주장을 일견하면, 결국 소과小寡의 융통성 있는 적용 (Small is beautiful), 반문명론, 반전론, 공예기술에 대한 절제, 반주지주의적 성향, 문화지식에 대한 무조건적 신뢰의 거부 등등의 과격한 주장으로서 일관되어

있는 것 같지만 그 총체적 결론은 다음의 네 마디인 것이다.

> 그 먹는 것을 달게 해주며
> 그 입는 것을 아름답게 해주며
> 그 사는 것을 편안하게 해주며
> 그 풍속을 즐겁게 해주어라!

이 네 구절이야말로 노자철학의 총결이라 말할 수 있다. 그의 궁극적 관심은 선남선녀 평범한 인민들이 감미甘美롭고 안락安樂한(감은 식, 미는 의복, 안은 사는 집, 락은 풍속과 관련됨) 삶을 사는 것, 그 심미적 삶의 느낌에 있다. 그 느낌을 정치적으로 보장받고자 하는 것이며, 또 그 보장을 위해 철학적으로 의식의 변화를 꾀하고자 하는 것이다.

이 노자의 감기식, 미기복, 안기거, 락기속 때문에 동방에는 음식문화, 의복문화, 주거문화, 축제문화가 비상하게 발전했고, 특히 미술(중국문명의 깊이)과 음악(조선문명의 우월성)이 유니크한 심미적 감성의 절묘한 경지에 이르렀다. 노자는 예술이다.

八十一章

信言不美, 美言不信;
신 언 불 미　　미 언 불 신

善者不辯, 辯者不善;
선 자 불 변　　변 자 불 선

知者不博, 博者不知。
지 자 불 박　　박 자 부 지

聖人不積,
성 인 부 적

旣以爲人己愈有,
기 이 위 인 기 유 유

旣以與人己愈多。
기 이 여 인 기 유 다

天之道, 利而不害;
천 지 도　　리 이 불 해

聖人之道, 爲而不爭。
성 인 지 도　　위 이 부 쟁

노자가 옳았다

여든한째 가름

신험한 말은 아름답지 아니하고,
아름다운 말은 신험하지 아니하다.
좋은 사람은 따지지 아니하며,
따지기를 사랑하는 사람은 좋지 아니하다.
참으로 아는 자는 박식과는 거리가 멀고,
박식하여 떠벌이는 자는 참으로 알지 못한다.
성인은 재화를 감추어 쌓아두는 법이 없나니,
힘써 남을 위하여 재화를 쓰면 쓸수록
자기가 더 많은 것을 가지게 된다.
힘써 남에게 주면 줄수록
자기가 더 풍요롭게 된다.
하늘의 도는
만물을 잘 이롭게 하면서도
해치지 아니하고,
성인의 도는
사람을 위해 잘 하면서도
사람과 다투는 법이 없다.

沃案 백서 노자에 보면 소국과민장이 덕경 중에서도 제일 뒤쪽에 있는 것이 아니라 현행본의 66장 다음에 위치하고 있고, 또 81장도 소국과민장의 뒤에 붙어있다. 그러니까 현행본으로 따지면 "66-80-81-67"의 순서로 되어 있는 것이다. 아마도 원래의 순서는 백서본이 맞을지도 모른다. 그러나 소국과민장과 신언불미信言不美장을 전체 『도덕경』의 대미로써 최후의 위치로 옮긴 것은 "신의 한 수"라고 할 것이다.

나는 왕필이 탁월한 편집감각의 소유자이기 때문에 그의 주해의 흐름을 살펴 오늘의 차서次序를 만든 것이라고 생각한다. 80장이 중간에 묻혔으면 이상국가론으로서 그 중요성이 덜 부각되었을 것이다. 그리고 81장으로써 마감을 한 것은 정말 80장의 이상국가론을 드높이는 한 수라 할 것이다. 우리나라의 대표적인 박자인 중모리가 12박으로 구성되어 있는데 가장 중요한 액센트가 제9박에 온다. 제9박에서 맺고 다음의 박은 푸는 박이다. 우리의 언어가 음성학적으로 그러한 구조를 가지고 있다. 이 81장은 "푸는 박"으로서 제격이다.

고전에서 "신信"이라는 글자는 기독교에서 말하는 믿음, 즉 빌리프Belief, 즉 외재적 대상에 대한 경복이나 신앙을 의미하는 적이 없다. "신"은 기껏해야 "신뢰" 정도의 의미를 갖는 말인데, 더 정확하게는 "신험信驗"의 뜻이다. 신信은 회의자會意字로서 사람 인人과 말씀 언言으로 구성되어 있는데, 일차적으로 인간의 언어와 관련이 있다. 한 인간의 말이 허황되지 않고 천지의 도리에 합당하는 성실성을 갖는다는 뜻으로, 즉 그 말이 신험될 수 있다, 즉 그 말의 내용이 사실과 부합되어 증명될 수 있다는 뜻이다. 영어에서 말하는 "베리피케이션 Verification," 즉 증명가능성을 의미하는 것이다.

통치자의 말은 반드시 증험되어야 한다. 헛구라가 되면 안된다. 요즈음 이재명 지사가 젊은이들에게 인기가 있다고 하는데, 그것은 매우 단순한 이유이다. 그의 말이 신험하기 때문이다. 신뢰감을 던져주기 때문이다. 그만큼 그는 신뢰감을 주기 위하여 명분 있는 권력을 정확하게 행사하고 있다. 경기도 산하 계곡의 무허가상행위를 일률적으로 금지시키기 위하여 매우 성실한 언어로써 몸소 현장을 다니면서 최선을 다했다. 그래서 보편적인 신뢰감을 얻은 것이다. 그때 그의 말은 아름답지 않았을 것이다.

> 信言不美, 美言不信。
> **신험할 수 있는 말은 아름답지 아니하고**(아름답게 들리지 아니하고),
> **아름다운 말**(아름답게 들리는 말)**은 신험하기 곤란하다.**

노자가 81장 전체의 텍스트를 신信의 문제로써 완결지으려고 하는 태도는 노자가 얼마나 현실적 감각의 정치이론가인가를 깨닫게 한다. 인간세의 핵심은 통치자의 신험할 수 있는 말들이고, 또 그 말들의 실천이다. 그것만 확보되어도 인간세는 감기식하고 미기복하고 안기거하고 락기속할 수 있게 돌아간다고 보았던 것이다.

이 신信과 미美의 정언약반적인 댓구 다음에 제시하는 것이 선善과 변辯의 문제이다. 통치자는 본성, 심성이 선해야지, 변辯해서는 아니 된다는 것이다. 선이란 언어를 초월하는 박樸의 선이다. 짜르고 쪼개고 따지고 하는 변론의 선이 아니다. 서양철학이 20세기로 접어들면서 변론가들의 춤판이 되고 말았는데, 이 지구상의 민중은 언어철학 전문가 이외에 어느 누구도 그 논리철학에 경복하지 않는다. 그것은 자곤jargon을 알아들을 수 있는 지들끼리 지지고 볶는 장난인 것이다. 이러한 변론가들의 장난은 춘추전국시대에도 많이 있었다.

장자와 혜시惠施와의 이야기가 유명하지만, 『장자』「천하」편에 있는 다음과 같은 이야기는 그 대체적 정황을 말해준다: "환단이나 공손룡은 변자의 무리인데, 그들은 사람의 마음을 장식하고, 사람들의 뜻을 바꾸는 데는 둘도 없는 도사들이었다. 그러나 이들은 사람의 입은 정복했지만, 사람의 마음은 정복하지 못했다. 이것이 바로 논리학자들의 명백한 한계이다. 桓團公孫龍辯者之徒, 飾人之心, 易人之意。能勝人之口, 不能服人之心, 辯者之囿也。"진정한 정치지도자는 말로써 사람을 정복하지 않는다는 것이 바로 노자의 지론이다.

다음은 지知와 박博의 문제이다. "박博"이란 "박학"이 아니라 "박식"이다. 학자들 중에서도 진짜 박식한 자가 있는데 별 쓸모가 없다. 이 세상 사물을 너무 많이 아는 자들은 참다운 지식에 도달하지 못한다. 특히 정치지도자의 박식은 질병이다. 박식하기 때문에 남의 말을 알아들을 수 있는 귀가 열리지 않고, 참모를 거느릴 수 있는 역량의 인간이 되지 못한다. 정치가에게 박식은 쥐약이다. 폼만 잡다가 아무것도 못한다. 이것은 나 도올의 말이 아니라 노자의 가슴에서 우러나오는 마지막 충언이다.

그런데 갑자기 노자는 테마를 바꾼다.

聖人不積。

여기 "적積"이라는 것은 꼬불쳐 쌓아두는 것이다. 재화든 지식이든 꼬불쳐 쌓아두는 것은 통치자가 할 일이 아니라는 것이다. 통치자는 재화를 쌓아두지 아니할수록 더 많이 소유하게 되고, 지식을 전유하지 않을수록 더 창조적인 인간이 된다. 노자가 마지막으로 제시하는 것은 정치가의 덕성, 무위정치의 마지막 덕성이다. 이것이 바로 덕경의 마지막의 덕성이 되고 있는 것이다.

통치자는 남을 위해 자기를 버릴수록 더 많은 것을 소유하게 되고, 남에게 주면 줄수록 더 풍요롭게 된다. 사실 노자의 정치철학의 마지막의 장은 결국 통치자의 "비움"과 "줌"이다. 20세기는 비움의 세기가 아니라 채움의 세기였으며, 줌의 세기가 아니라 가짐의 세기였다. "나는 존재한다"라는 명제는 "나는 소유한다"였으며, "나는 소유한다"는 "나는 소비한다"와 등가의 가치를 지녔다. 소비하기 위해서 끊임없이 소유해야 하고, 소유하기 위해서 주체와 객체를 모두 물건으로 만든다. 주체와 객체의 관계가 죽음의 관계가 된다.

배부름은 포화점이 있다. 위장이 쪼끄마하니까 처먹어봤자 고량진미 한 숟가락이다. 그러나 소유욕은 포화점이 없다. 소유는 필연적으로 내적 공허감, 권태, 외로움, 우울을 가져온다. 코로나사태 이전의 인류는 모두가 전 세계를 소유하려고 했고, 전 세계를 소비하고자 했다. 노자는 이미 이러한 비극을 2500년 전에 예지했던 것이다.

이 장쾌한 논의의 마지막은 다음 두 줄이다.

天之道, 利而不害;
聖人之道, 爲而不爭。

여기서도 하늘과 성인이 대비되고 있다. 다시 말해서 천天과 인人이 같은 길道로 소통되고 있는 것이다. 하늘의 도는 리이불해利而不害, 만물을 이롭게 하면서 해치지 아니한다. 성인(통치자)은 "위이부쟁爲而不爭"이다. 노자는 81장의 장쾌한 "무위無爲"의 언설을 아이러니칼하게도 "위爲" 그 한마디로 끝내고 있다. 무위는 결국 현실적 위爲의 철학이며, 그것은 궁극적으로 통치의 철학이다. 그 위爲가 향하는 궁극적 목적은 "부쟁不爭"이다. 이것이 노자가 제시하는 인류행위의 최고준칙이다. 우리는 우리의 세계를 재건해야 한다.

유황유홀 惟恍惟惚

　노자는 고조선의 사상가이다. 나는 그렇게 생각한다. 아니, 그렇게 느낀다. 노자가 과연 어느 나라 사람인지, 언제 태어난 사람인지, 어떻게 생긴 사람인지 정말 아무도 모른다. 그러나 누구든지 『노자도덕경』을 통달할 수 있는 사람이라면 그 속에 한 사람이 들어있다는 것을 부정할 사람은 아무도 없다. 선진시대의 경전이 그토록 많건만 『노자』처럼 일관된 통일성을 갖춘 문헌은 없다. 여러 사람이 모여서 그러한 경전을 만들어낸다는 것은 불가능하다. 『장자』나 『여씨춘추』나 『회남자』는 그럴 수 있어도 『노자』는 불가능하다. 그런데 그 한 사람이 고조선시대의 사람이었다는 것은 매우 확실한 사실이다.

　내가 이런 말을 하는 근거는 노자가 중국에서 잘 이해되지 않았고 지금도 노자는 열심히 중국사상가들에 의해 배척당하고 있기 때문이다. 노자가 진실로 체화된 토양은 백두대간의 흙내음새에서 찾을 수밖에 없다. 『노자』를 읽다보면 이 노자는 정말 우리 조선인의 가슴과 조선인의 삶과 조선인의 우주에 편재해 있는 것이다.

　이제 우리 조선인은 노자를 전 우주에 펼쳐야 한다. 참으로 노자적 생각을 가지고 인류의 역사를 리드해야 한다. 코로나19를 계기로 우리는 모든 종교, 철학, 문명, 과학의 편견을 버리고 "우리의 존재하기"를 발견해야 한다. 우리는

노자가 옳았다

너무도 긴 세월을 거짓 속에서 살아왔다.

최근에 나는 나주 지역, 해남 지역, 창녕 지역의 고분 속을 들어가 볼 기회가 있었는데 그 속에서 나는 그 고분의 주인공들이 노자와 같은 생각을 한 사람들이라는 생각을 했다. 문헌에만 의존하여 우리는 역사를 말해서는 아니 된다. 지금 우리가 살고 있고 생각하는 모든 것이 존재의 모습 그대로 인류사의 정위正位이며 정점頂点이라고 생각해야 한다. 나는 50년 동안 품어왔던 노자를 털어내면서 이제는 정말 우리가 모두 노자가 되어야 하겠다고 생각했다.

누구든지 『노자』연구의 세계적인 석학들의 존함을 열거하면, 거의 다 내가 직접 배운 스승들의 이름들이 열거될 것이다. 한국에서, 중국에서, 일본에서, 미국에서 나는 운좋게도 당대의 마지막 석학들을 거의 모두 스승으로 모셨다. 이 모든 스승님들께 이 책을 쓸 수 있는 자양분을 주신 것에 엎드려 감사한다.

이제 장마가 걷히는 것 같다.

2020년 9월 1일
오후 6시 낙송암에서

노자가 옳았다

2020년 10월 9일 초판 발행
2023년 2월 2일 1판 8쇄

───────────────

지은이 · 도올 김용옥
펴낸이 · 남호섭

편집책임 _김인혜
편집·사진 _임진권
제작 _오성룡, 신수기
표지디자인 _박현택
인쇄판출력 _토탈프로세스
라미네이팅 _금성L&S
인쇄 _봉덕인쇄
제책 _우성제본

펴낸곳 · 통나무
서울특별시 종로구 동숭동 199-27
전화: 02) 744-7992
출판등록 1989. 11. 3. 제1-970호